Leonardo Papp

DIREITO E PAGAMENTO POR SERVIÇOS AMBIENTAIS

Fundamentos teóricos, elementos técnicos e experiências práticas

Leonardo Papp

Direito e Pagamento por Serviços Ambientais

1ª edição

Jaraguá do Sul (SC)
Edição do Autor
2019

Direito e Pagamento por Serviços Ambientais

1ª. Edição
2019

Revisão de Texto
Helena Cristina Lübke

Capa
Rubens Lima

Diagramação
David Vieira Nunes

Dados Internacionais de Catalogação na Publicação (CIP)

Angélica Ilacqua CRB-8/7057

P236d Papp, Leonardo.

Direito e pagamento por serviços ambientais : fundamentos teóricos, elementos técnicos e experiências práticas / Leonardo Papp; apresentação Vladimir Passos de Freitas; prefácio Paulo de Bessa Antunes. – Jaraguá do Sul : [S.n.], 2019.

306 p.

ISBN: 978-65-901557-0-2

1. Direito ambiental - Disposições penais 2. Pagamentos por serviços ambientais 3. Meio ambiente - Legislação I. Título II. Freitas, Vladimir Passos de III. Antunes, Paulo de Bessa

19-1961 CDD 344.81046

Leon

Advogado, com atuação nas áreas de meio
patrimônio. Professor de Direito Ambiental
(PUCPR). Pesquisador Visitante na Pace Sc
em Direito (UFSC). Especialista em Direito I
do Grupo de Pesquisa "Direito na aceleração
nologias", da Escola de Direito da CatólicaS
Novo Código Florestal Brasileiro (Editora
em revistas especializadas.

Sempre aos meus:

Roberta e Pedro, meus amores;

José e Elsa, meus exemplos;

Juliana, Heloisa, Rafael, Fernando, Tarcísio,

Marilucia, Flávia, Henrique, Marco, Raquel,

Lara, Letícia, Lívia e André, minha grande família.

Agradecimentos

Este livro é a versão comercial da tese de doutoramento que submeti ao Programa de Pós-Graduação em Direito da Pontifícia Universidade Católica do Paraná – PUC/PR, iniciativa que não seria possível sem a presença de diversas pessoas e o auxílio de algumas instituições. É o momento de agradecer.

Ao Professor Vladimir Passos de Freitas, não apenas por aceitar a incumbência da minha orientação no doutorado, mas também e especialmente pelo exemplo de sabedoria acadêmica e pessoal.

Ao Professor David Cassuto, à Irmã Susan Becker e à Deborah Zipf, pela gentil acolhida em White Plains (EUA), onde vivenciei marcante experiência acadêmica e cultural na *Pace School of Law*, durante a fase de pesquisa que culminou neste livro.

À Pontifícia Universidade Católica do Paraná – PUC/PR, pelo ambiente acadêmico instigador, propiciado no convívio com os Professores e colegas do Doutorado.

À Coordenação de Aperfeiçoamento de Pessoal de Nível Superior – CAPES, pelo custeio de parte das mensalidades devidas ao Programa de Doutorado da PUC/PR.

Ao Centro Universitário Católica de Santa Catarina – CatólicaSC, onde revigoro minha paixão pelo Direito e pela docência, toda vez que entro numa sala de aula.

Ao Padre Tito, pela disponibilidade em me ceder uma sala de estudos no Seminário Nossa Senhora de Fátima, onde encontrei a tranquilidade necessária para concluir a redação desta obra.

Ao Samuel Taranto, ao Fernando Chaves, à Marjorie Maestri Brognoli Voigt, ao José Olívio Papp e à Maraíza da Silva, companheiros de escritório e com quem divido as agruras e as alegrias da advocacia.

Finalmente – e muito especialmente – à minha esposa e a meu filho, Roberta Küster Papp e Pedro Küster Papp, de quem este Livro me privou preciosos momentos de convivência. Obrigado pelo apoio e compreensão.

Sumário

Apresentação

Honra-me Leonardo Papp com o convite para apresentar a sua obra "Direito e Pagamento Por Serviços Ambientais". Antes de tratar da obra, cumpre traçar um resumo do perfil do autor, a fim de que o leitor possa vislumbrar o que o espera nas duas centenas e meia de páginas.

Conheci Leonardo Papp na sua defesa de dissertação de mestrado, perante a Universidade Federal de Santa Catarina. Aquele jovem, mal saído da adolescência, defendia suas posições com firmeza e elegância raras. Lembro-me bem de sua segura sustentação de que a Lei da Política Nacional do Meio Ambiente adotava a responsabilidade administrativa subjetiva e não a objetiva, adotada para a responsabilidade civil. Esta tese, vencida à época, veio a ser adotada pelo Superior Tribunal de Justiça décadas depois. Leonardo tinha razão.

Aprovado com louvor, ele se tornou mestre. Anos depois, sob minha orientação, conquistou o título de doutor pela Pontifícia Universidade Católica do Paraná. Sequioso de novos conhecimentos, foi Pesquisador Visitante na Pace School of Law, em White Plains, NY, EUA. Os conhecimentos teóricos, aliados à prática da advocacia, passaram a ser compartilhados através da docência em Direito Ambiental no Centro Universitário Católica de Santa Catarina. O complemento foi o lançamento do livro "Comentários ao novo Código Florestal Brasileiro", pela Editora Millennium.

Feita uma breve apresentação do autor, vejamos o tema da obra. O meio ambiente no Brasil passou a ser objeto de proteção a partir dos anos 1970. De lá para cá as ofensas que lhe foram e são feitas agravaram-se sobremaneira. Da morte de um só exemplar da fauna ou o corte de árvores de um terreno baldio, passou-se a agressões com sérias repercussões, inclusive na área social e econômica. O desastre de Brumadinho, em janeiro deste ano, dispensa outras menções.

Apesar do fortalecimento da legislação ambiental brasileira, não se registra melhora nos mais importantes setores. A repressão administrativa mostrou-se ineficiente, na medida em que as multas – mais utilizada forma de sanção – não têm nenhuma efetividade, ficando os índices de quitação das aplicadas pelo IBAMA em torno de 5%, percentual bem modesto. No âmbito da reparação civil, inúmeros são os problemas para que alcancem o seu objetivo, entre eles a necessidade da avaliação por demoradas e custosas perícias. Na esfera criminal, muito embora tenha havido boa evolução na última década, estamos muito longe da efetividade. O resultado disto tudo é que o sistema sancionatório não vem intimidando os infratores de forma adequada.

Enveredando pela via pouco explorada do pagamento por serviços ambientais, o autor analisa a relação do ser humano com o meio ambiente, sob o foco jurídico. Traça, então, os limites entre o antropocentrismo clássico, no qual *a relação do homem com o meio ambiente é marcada pela absoluta priorização de preferências humanas individuais (visão individualista) e pela instrumentalização da natureza como recurso produtivo para a satisfação imediata de tais preferências (visão produtivista)* e o antropocentrismo alargado, onde *seria viável construir uma relação mais harmoniosa com a natureza, superando as dificuldades do antropocentrismo clássico, sem, contudo, a necessidade de buscar apoio nas controversas teses do não-antropocentrismo.*

Conclui, observando que o antropocentrismo alargado abrange o compromisso com as futuras gerações e que o Pagamento por Serviços Ambientais (PSA) harmoniza-se com todos os princípios constitucionais que tratam da matéria.

No Capítulo II o autor passa aos fundamentos teóricos do PSA, indicando-os como algo que vai além da função repressiva do Estado. Depois de tecer considerações sobre o meio ambiente na Constituição Federal, o autor analisa a ação repressiva do Estado frente às transgressões às suas normas.

Nesta abordagem, entre outras coisas, no âmbito da atividade administrativa, menciona como exemplo as unidades de conservação de proteção integral, onde, por vezes, o direito à propriedade torna-se praticamente sem uso. Na reparação civil, destaca os detalhamentos criados pela jurisprudência do Superior Tribunal de Justiça, como a extensão da solidariedade a terceiros e as hipóteses de aplicação de sanções negativas. Na esfera penal, aponta para a utilização de normas penais em branco e a posição jurisprudencial tomada no sentido de que a transação efetuada com o Ministério Público na esfera civil não alcança o âmbito penal, por serem autônomas as responsabilidades.

Assim chega o autor ao item 2.3, onde, baseado na Teoria Promocional do Direito, ressalta que o Direito Ambiental não necessita ficar restrito à atividade sancionadora para mostrar-se efetivo, podendo o pagamento por serviços ambientais ser um de seus instrumentos. Aí são lembradas as palavras de Bobbio, para quem *um ordenamento promocional busca atingir o próprio fim pelas três opções contrárias [às utilizadas pela função repressiva], isto é, buscando tornar a ação desejada necessária, fácil e vantajosa.*

Invocando o Princípio do Protetor Recebedor (PPR) como fundamento (principiológico) da função promocional do Direito Ambiental, Leonardo Papp formula proposta de que, independentemente do tradicional sistema de comando e controle, possam ser levadas em conta externalidades ambientais positivas, como forma de estimular os ocupantes de imóveis a adotarem determinadas formas de conduta, para tanto, recebendo pagamento.

Chega-se, em seguida, ao Capítulo III da obra, onde se abordam os "Aspectos técnicos do Pagamento por Serviços Ambientais (PSA): objeto, conceito e características". Em percuciente pesquisa, o autor traz-nos os primeiros artigos a respeito nos anos 1990, relata a ignorância geral diante do assunto, aponta circunstâncias técnicas, a valoração econômica dos serviços ambientais, onde se acham o valor de uso e do não-uso, a depender das circunstâncias, dedicando o item 3.3.3.1 aos serviços ambientais envolvidos no PSA e apontando como sendo os mais comuns *(i) à conservação da biodiversidade; (ii) à proteção de bacias hidrográficas; (iii) ao sequestro e estocagem de carbono; e (iv) à beleza cênica.*

Muito embora favorável ao fortalecimento do PSA no Brasil, o autor formula críticas contra o mau uso desta via de proteção. Por exemplo, no risco do chamado escape (*leakage*), que *consiste na possibilidade de que a implantação de um esquema de PSA em determinado local aumente as pressões por usos da terra que sejam ambientalmente degradantes em outro lugar, não coberto pelos pagamentos diretos.*

Segue no Capítulo IV com "Experiências práticas e marco legal em programas de Pagamento por Serviços Ambientais (PSA)". Aí se revela o lado advogado do autor. Antes preocupado com o suporte teórico de suas afirmações, agora direciona sua investigação científica para os aspectos da realidade no âmbito internacional e nacional.

Exemplos obtidos na França, Estados Unidos, Austrália, China e Costa Rica, mostram que é possível concretizar esta forma de proteção ambiental. E note-se que os cinco países citados se destacam em vários campos, sendo a Costa Rica pioneira na América Latina.

No Brasil, faz referência aos projetos nos três níveis de governo. Note-se que alguns existem sem que se saiba quais foram os resultados, por exemplo, no âmbito federal, o Fundo Nacional sobre Mudança Climática, objeto da Lei 12.114/09. Outros com maior nível de reconhecimento, como o chamado "Bolsa Verde", previsto na Lei Federal n. 12.512/11 e regulamentado pelo Decreto Federal n. 7.572/11, mostra bons resultados no âmbito social junto a populações de baixa renda, principalmente na Amazônia. Na área estadual há também diversos projetos, minuciosamente descritos na obra.

Mas é na pequena cidade de Extrema, ao sul de Minas Gerais, divisa com São Paulo, que se acha o "Projeto Conservador de Águas", criado pela Lei Municipal n. 2.100, que é o de maior sucesso na área. São atores principais o município, o Estado de Minas Gerais, a Agência Nacional de Águas – ANA e a sociedade civil, no caso representada pela SOS Mata Atlântica. Segundo divulgação da municipalidade, *entre os anos de 2007 e 2010, o PCA atendeu 94 propriedades rurais, resultando na celebração de 76 contratos, envolvendo ações como a implantação de mais de 121 mil metros lineares de cercas para isolamento de áreas ambientalmente protegidas ou sensíveis e o plantio de mais de 146 mil mudas de árvores e outras formas de vegetação em tais locais (DMAE, 2010, pp. 86-87), associados à adoção de práticas conservacionistas do uso do solo.*

Eis, pois, o estudo que Leonardo Papp oferece à comunidade jurídica brasileira. Sem qualquer dúvida, o mais completo na área do Pagamento por Serviços Ambientais, área esta tão importante quanto inefetiva em nosso país. Participar, apresentando-a, é uma ínfima forma de contribuição que muito me alegra. Aos estudantes e profissionais da área jurídica e aos integrantes de outras áreas interdisciplinares, em especial os gestores públicos, este será um livro de consulta obrigatória, premonição que faço sem hesitação. A todos, boa leitura.

Curitiba, 13 de agosto de 2019.

Vladimir Passos de Freitas

Professor doutor de Direito Ambiental do Programa de Pós-graduação da PUC-PR.

Chefe da Assessoria Especial de Assuntos Legislativos do MJSP.

Desembargador Federal Aposentado, ex-presidente do TRF da 4ª. Região.

Prefácio

Direito e Pagamento por Serviços Ambientais, de Leonardo Papp, é livro que traz mais do que o prometido pelo título. Em verdade, cuida-se de obra de profundidade que faz uma análise meticulosa do desenvolvimento do Direito Ambiental e das suas principais encruzilhadas e perplexidades no momento atual. O livro, deve ser dito em primeiro lugar, foi escrito por um jovem autor que, apesar de sua pouca idade, já possui uma importante experiência com a prática diuturna do Direito e com as dificuldades que ela apresenta. Todavia, não se está diante de obra voltada exclusivamente para a práxis jurídica que, muitas vezes, pode impedir a reflexão crítica sobre o objeto. Muito pelo contrário, a amplíssima pesquisa bibliográfica demonstra que o Autor foi às mais importantes fontes doutrinárias existentes, *urbe et orbi*. A excelente base teórica de Leonardo Papp permite-lhe alçar voos seguros em áreas que apenas poucos se arriscariam. Neste ponto, é preciso ressaltar o caráter eclético da pesquisa doutrinária que buscou a qualidade e não apenas a concordância com posições previamente pactuadas. O Autor buscou a diversidade como baliza para orientar suas principais tomadas de posição.

Os excelentes capítulos sobre a formação e sentido do Direito Ambiental, bem como as suas relações com o nosso ordenamento constitucional, com toda certeza, serão referências obrigatórias para os estudiosos do tema que tiverem a oportunidade de travar contato com o interessante trabalho que ora tenho a honra de prefaciar. Neles é possível se vislumbrar uma concepção madura do Direito Ambiental e do seu relevante papel no Brasil e no mundo moderno. Os aspectos (1) ecológicos, (2) humanos e (econômicos) do Direito Ambiental estão bem dimensionados e equilibrados de forma justa e coerente. Isto é excelente, pois como sabemos, a doutrina especializada tem se dividido, em meu modo de ver, artificialmente quanto à matéria. Há uma oposição estéril entre meio ambiente, economia e direitos humanos que pouco, ou nada, tem contribuído para o desenvolvimento do novo ramo do Direito. Impasses são gerados com frequência, fazendo com que se esqueça que o Direito existe fundamentalmente para resolver problemas, acomodar situações e transmitir segurança e previsibilidade para os agentes sociais.

Talvez o aspecto mais saliente de *Direito e Pagamento por Serviços Ambientais* seja a sua adequada compreensão de que o Direito Ambiental pode e deve desempenhar a função de formulador de políticas prospectivas, sobretudo tendo em vista o compromisso constitucional da proteção do meio ambiente para as futuras gerações. Leonardo Papp parte da constatação, auto evidente, que as medidas meramente repressivas de comando e controle são inapropriadas para solucionar questões complexas que envolvam direitos de propriedade e proteção do meio ambiente.

Serviços ambientais, como se sabe, são os benefícios gerados pelo meio ambiente para a coletividade. Tais benefícios, todavia, não podem implicar em sacrifício de uma parte, no caso o proprietário do solo que gera os benefícios coletivos. Leonardo Papp rompe com a velha tradição autoritária, tão presente em nosso Direito Administrativo, de que o bem comum pode ser feito a partir do sacrifício de um cidadão. Na verdade, o bem comum resulta de um equilíbrio entre benefícios coletivos e sacrifícios individuais. É tão injusto o benefício individual às custas do sacrifício da coletividade, como o seu inverso. A justa medida é o equilíbrio. Este é o objetivo do moderno estado de direito ambiental apregoado por nossa Constituição. Aliás, os inúmeros exemplos trazidos pelo Autor em seu excelente livro, demonstram que este é o caminho a ser seguido.

Em síntese, Leonardo Papp oferece à comunidade jurídica uma obra que está destinada a ter um lugar de destaque em nossas letras jurídicas.

Rio de Janeiro (RJ), agosto de 2019.

Paulo de Bessa Antunes

Professor da Universidade Federal do Estado do Rio de Janeiro (UNIRIO).

Doutor pela Universidade do Estado do Rio de Janeiro.

Procurador Regional da República (aposentado).

Introdução

A proteção e promoção do meio ambiente ecologicamente equilibrado é atualmente um tema central e dos mais recorrentes nas agendas política, econômica, científica etc. Nesse cenário, e na medida em que os sistemas jurídicos ainda representam um dos principais instrumentos de controle e direção das relações mantidas entre os diversos atores sociais (pessoas, empresas, governos, sociedade civil, organismos internacionais etc.), o meio ambiente não apenas passou a ser reconhecido como um valor jurídico, como também a necessidade de sua proteção vem promovendo significativas repercussões na própria formação e aplicação do Direito, implicando a necessidade de serem identificadas e adotadas estratégias para a tutela de bens jurídicos que apresentam características próprias e envolvem desafios novos.

Não é diferente no ordenamento jurídico nacional, notadamente a partir da Constituição Federal de 1988 (CRFB/88). Para atender à necessidade de disciplinar juridicamente as mais diversas atividades e condutas que impactam na qualidade do meio ambiente, a cada ano vem sendo editada significativa quantidade de diplomas legais. Além disso, a frequência com que temas relacionados à matéria são levados à apreciação do Poder Judiciário tem culminado na formação de expressiva jurisprudência. De sua parte, no plano acadêmico, o reconhecimento do Direito Ambiental como disciplina especializada vem propiciando o aprofundamento dos estudos doutrinários.

Porém, mesmo diante desse inegável movimento de consolidação – legislativa, jurisprudencial e doutrinária – não parece despropositado afirmar que o Direito Ambiental, no âmbito nacional, vem se desenvolvendo preponderantemente (quase exclusivamente) a partir de instrumentos jurídicos de caráter repressivo. Tanto é assim que um dos temas do Direito Ambiental que mais vem sendo objeto de previsão legislativa, estudo doutrinário e atuação jurisdicional é o denominado sistema constitucional de tríplice responsabilidade (art. 225, § 3º CRFB/88), o qual adota a imposição de sanções negativas (penais, administrativas e civis) como a principal (exclusiva) estratégia para buscar a concretização da tutela jurídica do meio ambiente.

Não há discordância quanto à necessidade e à importância da previsão e aplicação de mecanismos jurídicos repressivos em matéria ambiental, sendo certo que a legislação e o aparato estatal devem reagir com a devida severidade diante de ações ou omissões consideradas ilícitas e que causam impactos negativos para o equilíbrio ecológico. Entretanto, o reconhecimento da necessidade de que sejam estabelecidas e impostas sanções jurídicas negativas, para evitar e coibir ilícitos ao meio ambiente como bem juridicamente protegido, não implica a conclusão de que a legislação ambiental possa (ou deva) contemplar unicamente instrumentos de cunho repressivo para a consecução de seus objetivos. Dito de outra forma, pelo menos na posição de mecanismos auxiliares e complementares, desponta a possibilidade teórica (e a utilidade prática) de a legislação ambiental utilizar instrumentos jurídicos que promovam estímulos e incentivos à adoção de condutas consideradas ambientalmente adequadas, o que também pode conduzir à concretização da tutela jurídica do meio ambiente em determinada situação.

É partindo dessa premissa que este Livro tem como tema central o estudo do denominado Pagamento por Serviços Ambientais (PSA), na condição de um dos instrumentos jurídicos destinados a contribuir para a concretização do direito fundamental ao meio ambiente ecologicamente equilibrado, atuando por meio da adoção de técnicas promocionais (e não repressivas).

Entre os vários recortes metodológicos possíveis para o tema, busca-se aprofundar o estudo e o debate acerca da compatibilidade e utilidade do PSA no sistema legal brasileiro, por meio da identificação e sistematização de alguns de seus (do PSA) principais fundamentos teóricos, aspectos técnicos e experiências práticas. Para tanto, o livro está dividido em cinco Capítulos.

O primeiro se destina a uniformizar premissas que se aplicam a qualquer instrumento contemplado na legislação ambiental nacional, inclusive o PSA. Em razão disso, nele é abordado o debate doutrinário (e alguma das suas repercussões) que se estabeleceu em torno de questões gerais do Direito Ambiental, como disciplina jurídica especializada, mais especificamente *(i)* a relação ser humano-meio ambiente sob o enfoque jurídico, *(ii)* o conceito e características atribuídos ao meio ambiente como bem juridicamente protegido, *(iii)* além de indicar o papel constitucionalmente atribuído ao Estado quanto à proteção ambiental.

A partir desses subsídios iniciais, o segundo Capítulo busca identificar elementos que possam auxiliar nas discussões relativas à fundamentação teórica do PSA no sistema legal brasileiro. Para tanto, são abordados vários aspectos que conformam o ordenamento jurídico nacional e que atuam de modo concomitante, buscando-se a fundamentação teórica do PSA *(i)* a partir da própria Teoria do Direito, *(ii)* passando pelo conteúdo dos princípios norteadores do Direito Ambiental, *(iii)* além do tratamento conferido para a tutela do meio ambiente no plano constitucional, *(iv)* bem como no exercício das diversas formas de manifestação da função estatal administrativa (Estado-Administração).

Por sua vez, o terceiro Capítulo se dedica a sistematizar aspectos técnicos que influenciam a estruturação de programas de PSA na legislação, *(i)* iniciando com a conceituação e caracterização da categoria *serviços ambientais* e sua relação com o Direito, *(ii)* formulando uma proposta de conceituação jurídica de Pagamento por Serviços Ambientais, *(iii)* apresentando alguns dos principais elementos que conformam programas de PSA e que podem (devem) ser contemplados em seus marcos legais, *(iv)* bem como apresentando alguns dos principais cuidados e reflexões críticas direcionados à sua utilização.

Na sequência, o quarto Capítulo se propõe a indicar e descrever aspectos destacados de algumas das experiências práticas de PSA mais frequentemente mencionadas pela literatura especializada, tanto em outros países como no Brasil. Além de auxiliar na identificação de potencialidades e limitações da atuação prática de programas de PSA, especificamente no plano nacional, ante a ausência de legislação de caráter geral para a matéria, as iniciativas de PSA que já vêm sendo desenvolvidas também revelam os diversos marcos legais que lhes têm servido de sustentação jurídica.

Nesta etapa do livro, espera-se que já tenham sido reunidos subsídios teóricos, técnicos e práticos suficientes para a abordagem do Pagamento por Serviços Ambientais no contexto do sistema legal brasileiro. Desde logo, entretanto, tem-se a convicção de que há mais elementos, inclusive oriundos de outras disciplinas jurídicas especializadas, que também podem repercutir na conformação do regime jurídico e na aplicação concreta de programas de PSA, conduzindo à necessidade de que sejam estimulados a continuidade e o aprofundamento do estudo do assunto.

É estritamente dentro dessa perspectiva que, no Epílogo, é proposta uma reflexão (inicial) acerca do papel que o jurista (e a doutrina jurídica) pode desempenhar nos debates relativos à elaboração ou revisão da legislação ambiental, especificamente no que se refere ao(s) critério(s) de definição (escolha) entre a utilização de programas de Pagamento por Serviços Ambientais (PSA) ou de outros instrumentos jurídicos (repressivos ou promocionais) de tutela do meio ambiente ou, ainda, das diversas possibilidades de combinação entre esses mecanismos.

Por fim, como Considerações Finais, são retomadas, de modo resumido e sistematizado, as principais propostas formuladas ao longo do desenvolvimento deste Livro e que são apresentadas como elementos (teóricos, técnicos e práticos) para vislumbrar a compatibilidade e a utilidade do Pagamento por Serviços Ambientais como um dos instrumentos de que a legislação nacional dispõe para buscar concretizar a tutela jurídica do meio ambiente ecologicamente equilibrado.

1 TUTELA JURÍDICA DO MEIO AMBIENTE: UNIFORMIZANDO PREMISSAS

1.1. Contextualização

Este Livro se dedica a investigar, no âmbito do atual ordenamento jurídico-constitucional brasileiro, o mecanismo conhecido como Pagamento por Serviços Ambientais (PSA) como instrumento de tutela do meio ambiente. Dito de outro modo, o desenvolvimento do trabalho ora apresentado tem como recorte metodológico: tratar da (in)compatibilidade e (in)utilidade do PSA *no* sistema jurídico-constitucional brasileiro de tutela do meio ambiente, circunscrevendo a investigação aos limites e possibilidades do ordenamento jurídico nacional, tal como atualmente vigente.

Essa não é a única abordagem de investigação que seria possível quanto ao tema Pagamento por Serviços Ambientais. Aliás, não é novidade que o mesmo objeto possa ser investigado a partir de perspectivas distintas (e até mesmo inconciliáveis entre si), sem que isso implique negar interesse acadêmico e prático a qualquer uma delas. Por exemplo, ao invés de investigar o PSA *no* ordenamento jurídico-constitucional vigente, caso fosse adotada outra opção metodológica, os esforços poderiam ser direcionados para questionar a própria conveniência da existência e manutenção de um sistema constitucional que admita (ou negue) a possibilidade do emprego de instrumentos jurídicos como os programas de PSA.

Embora, *a priori*, ambas as abordagens tratem de Pagamento por Serviços Ambientais, a reflexão sobre serem "os programas de PSA compatíveis com o atual sistema jurídico-constitucional e/ou úteis aos objetivos por ele propostos (?)" não pode ser confundida com a reflexão sobre se "*deveríamos ou não* ter um sistema jurídico que viabilize a utilização de mecanismos como os programas de PSA (?)". No primeiro contexto – que constitui a abordagem deste Livro – busca-se identificar potencialidades pouco (ou ainda não) exploradas *no* sistema jurídico-constitucional vigente, o que implica o manejo de suas categorias e institutos de acordo com os limites e as possibilidades atualmente existentes. Já o segundo contexto aventado – que, repita-se, não constitui a abordagem deste Livro, embora também seja pertinente teórica e praticamente – estaria direcionado à manutenção ou à proposta de (profunda) transformação do sistema jurídico-constitucional vigente, abrindo-se o debate acerca do abandono ou da substituição de categorias e institutos jurídicos hoje utilizados e, por conseguinte, não havendo compromisso com os seus limites e possibilidades atuais.

Não se trata de questão meramente retórica, na medida em que a falta de clara indicação ou o desconhecimento acerca do recorte metodológico adotado pode dificultar ou mesmo inviabilizar a transmissão e a compreensão das ideias propostas, bem como pode conduzir o debate para discussões que, embora estejam relacionadas ao mesmo objeto (i.e., o Pagamento por Serviços Ambientais), não se inserem no contexto aqui investigado. É justamente com o intuito de evitar (minimizar) tais riscos que se considerou pertinente, desde logo, explicitar o recorte metodológico com base no qual este Livro se desenvolve.[1]

Porém, antes de abordar aspectos diretamente relacionados ao cabimento e à operacionalização jurídica de programas de PSA, não se pode prescindir da tarefa de delinear alguns dos principais fundamentos da tutela jurídica do meio ambiente no ordenamento nacional. São temas que estão inseridos no que se poderia denominar de Teoria Geral do Direito Ambiental, pois envolvem questões básicas de toda análise realizada no âmbito dessa disciplina jurídica especializada, inclusive para as reflexões relativas ao denominado Pagamento por Serviços Ambientais.

1 Portanto, deve-se ao recorte metodológico que lhe foi atribuído o fato de não serem abordados neste Livro determinados aspectos que poderiam ser relacionados ao tema de estudo. É em razão disso que, por exemplo, não se aprofundará o debate acerca da conveniência ou não dos fundamentos do sistema jurídico-constitucional brasileiro de tutela do meio ambiente, na medida em que este Livro se propõe a estudar o PSA *no* contexto atualmente vigente. Justamente por envolver questões que transcendem o recorte metodológico proposto, isso não representa promover a defesa do (ou o ataque ao) sistema jurídico-constitucional atual, tampouco implica necessariamente concordância (ou discordância) quanto à lógica que o preside ou às categorias que nele são utilizadas.

Em razão da própria natureza da discussão, o texto constitucional (ou legal) não esgota a configuração de tais temas fundamentais do Direito Ambiental, estando o debate situado num contexto de constante releitura e readaptação.[2] Segundo menciona Cristiane Derani (2001, p. 217), tal tarefa demanda um preenchimento via implementação fática:

> [...] ao analisarmos a Constituição, é possível percebermos que suas normas e princípios comportam mais de uma interpretação. Tais normas reclamam um preenchimento via implementação fática. São portais que, uma vez transpostos, conduzem a um campo fértil receptível àquilo que se semear. A metáfora é utilizada especificamente para argumentar que, muitas vezes, a norma jurídica na Constituição é a permissão a um assunto, porém o que se desenvolve a partir dela é uma surpresa, fugindo dos limites do seu texto. O portal permite a entrada, porém não se responsabiliza pelo que lá é encontrado, nem pelo que, no ambiente em que permitiu o acesso, é feito.

De todo modo, ainda que a definição do conteúdo de tais categorias fundamentais do Direito Ambiental esteja diretamente relacionada com a implementação fática que a elas se atribuir, não se pode negar que o próprio texto constitucional possui limites interpretativos.[3] Por isso, deve-se uniformizar a compreensão que se empregará acerca da *(i)* finalidade, do *(ii)* objeto e das *(iii)* características do meio ambiente como bem juridicamente protegido no atual ordenamento brasileiro, assim como *(iv)* o papel constitucionalmente atribuído ao Estado no que se refere à proteção ambiental. É isso que se passa

2 Tratando da distinção entre texto normativo e norma jurídica (essa, resultado da interpretação), eis a lição de Eros Grau (2002, pp. 69-72): "o sentido expressado pelo texto já é algo novo, distinto do texto. É a norma. [...] As normas, portanto, resultam da interpretação. E o ordenamento, no seu valor histórico-concreto, é um conjunto de interpretações, isto é, conjunto de normas. O conjunto das disposições (textos, enunciados) é apenas ordenamento em potência, um conjunto de possibilidades de interpretação, um conjunto de normas potenciais. O significado (isto é, norma) é o resultado da tarefa interpretativa. Vale dizer: o significado da norma é produzido pelo intérprete".

3 A circunstância de a norma jurídica resultar da atividade interpretativa do texto legal não leva à conclusão de que, a partir da atividade de interpretação, seria possível extrair qualquer conteúdo da norma jurídica. Nas clássicas palavras de Sebastián Sóler (*apud* DELMANTO, 1981, p. 448), "uma coisa é a lei, outra nossa opinião: quando ambas não coincidem, ninguém nos impedirá de dizer o que pensamos a respeito. Todavia, precisamos saber *distinguir* entre *o que é* a lei daquilo que *desejássemos* que ela fosse".

a abordar nos próximos itens, haja vista que – assim como ocorre em relação a todos os demais institutos de Direito Ambiental – o exame da compatibilidade e utilidade dos programas de PSA, como instrumento de tutela jurídica do meio ambiente *no* atual sistema constitucional, também depende do delineamento de tais premissas básicas.[4]

1.2. Direito ambiental para quem (?): a relação ser humano-meio ambiente sob o enfoque jurídico

Inicialmente, considera-se pertinente abordar como se estrutura a *relação ser humano/meio ambiente* no ordenamento jurídico-constitucional pátrio. É a partir dessa relação que se pode identificar qual o sentido que a tutela jurídica do meio ambiente assume diante da legislação, haja vista que "saber o que se vai tutelar, e como, depende de uma opção ideológica que reside em saber se o que se pretende é salvaguardar a natureza enquanto bem para o *Homem*, ou enquanto bem *em si mesma*" (GOMES, 20013, pp. 3-4).

Trata-se de tema controverso, inclusive, fora do mundo jurídico, havendo diversas correntes teóricas na Filosofia e Ética Ambiental que abordam a questão de modo significativamente divergente. Entretanto, em termos gerais e para fins didáticos, os posicionamentos acerca da relação do ser humano com o meio ambiente costumam ser divididos em *antropocentristas* e *não-antropocentristas,* embora seja possível identificar entendimentos bastante distintos mesmo dentro de cada um de tais grupos.

Diante desse contexto, alertando que "diferentes autores têm oferecido diferentes definições de 'antropocentrismo' e 'não antropocentrismo'", Katie McShane (2007, p. 170)[5] propõe a seguinte explicação:

> Antropocentrismo [...] é a visão segundo a qual o mundo não-humano [é dizer, os demais elementos da natureza] tem valor apenas porque, e

4 Estes temas serão abordados de modo instrumental, é dizer, apenas com o intuito de subsidiar o avanço das demais etapas do conteúdo deste Livro. O tratamento completo destas questões demandaria aprofundamentos que extrapolam os objetivos aqui propostos.

5 Ao longo do texto, todas as citações de obras escritas em outros idiomas serão livremente traduzidas e apresentadas em português.

> na medida em que, direta ou indiretamente servirem a interesses humanos. Não-antropocentrismo é justamente a negação disso – isto é, a visão segundo a qual não é caso de que o mundo não-humano tenha valor apenas porque, e na medida em que, direta ou indiretamente servir a valores humanos.

A definição acima proposta foca o caráter instrumental que se atribui (ou não) à natureza, para distinguir entre posturas antropocêntricas e não-antropocêntricas. Embora necessite de complementações – o que será realizado ao longo dos próximos itens –, como ponto de partida, tais definições são suficientes para abordar o tema da relação ser humano/meio ambiente, a fim de identificar de que modo tais correntes teóricas influenciam a formação e a estruturação do Direito Ambiental, notadamente, no sistema jurídico-constitucional brasileiro.

1.2.1. Antropocentrismo clássico: ambiente-mero-objeto

Embora a atitude que o ser humano adota em face da natureza venha se transformando drasticamente ao longo da história, deve-se ter na devida conta a premissa de que, pelo simples fato de existir, a humanidade interfere e provoca alterações no ambiente em que vive. Entre aqueles que se dedicam ao estudo da matéria, inclusive, há quem se posicione no sentido de que tal relação sempre foi marcada por um conflito inerente entre o ser humano e a natureza que o cerca, embora variando a intensidade das alterações ambientais provocadas e a justificação para tais comportamentos (BACHELET, 1995, p. 101). Tal tensão estaria presente em todas as etapas do desenvolvimento da humanidade, mesmo quando "[...] a relação entre o Homem e o ambiente que o rodeava caracterizou-se pela resignação do Homem à *hostilidade* da natureza" (ARAGÃO, 1997, p. 17).

De acordo com tal visão, num contexto em que o ser humano não era capaz de apresentar explicações racionais e objetivamente demonstráveis para os fenômenos naturais – tampouco dispunha de meios para interferir significativamente em tais acontecimentos – a sacralização da natureza e a criação de mitos eram os principais instrumentos utilizados pelo homem para se *proteger* da "natureza hostil".

Contudo, esse cenário restou radicalmente alterado com o advento da modernidade[6] e com o resgate do humanismo[7] que a acompanhou. Isto é, a conflituosidade ser humano/meio ambiente passa a ter os seus polos invertidos, arrogando-se o homem no papel de conquistador da natureza. Trata-se do resultado de uma marcha gradual que conduziu à "[...] desestruturação, constante ao longo dos séculos, dos elementos mágicos que ele [o ser humano] tinha imaginado, mais para se preservar dela [da natureza] do que para a conquistar" (BACHELET, 1995, p. 95).

Embora a noção de centralidade do homem – e a correspondente instrumentalização da natureza – já havia sido utilizada como fundamento ético-filosófico em épocas anteriores,[8] é a partir da modernidade que o ser humano desenvolveu conhecimentos científicos e instrumentos tecnológicos que lhe permitiram compreender e transformar a natureza em escala e profundidade nunca antes experienciadas em sua história.[9] Sendo o homem a medida de todas as coisas, também se buscava fundamentar a relação do ser humano com o meio

6 A definição do que seja a modernidade é algo extremamente controvertido entre os estudiosos do tema, de modo que aprofundar essa discussão seria desviar-se dos objetivos propostos neste Livro. Todavia, para situar o termo aqui utilizado, tem-se por modernidade a refutação da concepção de mundo que presidiu a Idade Média, ou seja, a emergência de uma nova maneira de compreender as relações dos homens uns com os outros (no plano histórico, na política, na economia, etc.). No que interessa a este Livro, a modernidade também alterou a relação do ser humano com o ambiente no qual está inserido. Suas bases remontam ao Renascimento do século XIV, mas é certo que a noção de modernidade foi se alterando e consolidando com a passagem de diversos outros movimentos, tais como o Iluminismo, a Revolução Francesa e a Revolução Industrial.

7 No âmbito da Filosofia, o termo humanismo é dotado de vários significados, os quais nem sempre guardam relação entre si (*cf.* LALANDE, 1999, pp. 478-482). A fim de evitar possíveis confusões, esclarece-se que a expressão humanismo é aqui utilizada no sentido apresentado por Nicola Abbagnano (2000, p. 519), ou seja, como qualquer atitude (filosófica, ética, jurídica, econômica, etc.) "[...] que tome como fundamento a natureza humana ou os limites e interesses do homem".

8 Já na Grécia Antiga a ideia de centralidade do ser humano era empregada no âmbito da Filosofia, expressada pela máxima, atribuída à Protágoras de Abdera, de que o homem seria a medida de todas as coisas. Aplicações desse mesmo princípio filosófico, que restringe considerações morais apenas aos seres humanos (na realidade, apenas a um grupo de seres humanos) podem ser identificadas, por exemplo, na obra de Platão: "ao tirar a vida de um ser humano causamos a fúria de Deus, mas tirando a vida de um animal causamos a fúria somente a seu dono" (*apud* LOURENÇO, 2008, p. 64).

9 Cabe destacar que, mesmo em relação a períodos anteriores, há relatos de interferências negativas que o ser humano produziu no meio ambiente, implicando a necessidade de modificação de hábitos, ainda que no âmbito local. Nesse sentido, por exemplo, Juraci Magalhães (2002, p. 2) informa que, no norte da França, já no século XIII, a escassez de madeira elevara tanto o preço desse bem que as famílias pobres alugavam caixões para enterrar os seus mortos, devolvendo as urnas funerárias logo após a cerimônia.

ambiente em torno dessa premissa. Estava justificado "[...] o domínio integral da natureza, com vistas a melhorar a sorte do gênero humano" (OST, 1998, p. 36), o que se acreditava possível por meio da *tecnociência*, inaugurada pela modernidade, caracterizadora do

> [...] verdadeiro objetivo da nova ciência que se anuncia: esta não conduzirá por si própria, nem à salvação, nem à sabedoria, nem ao conhecimento; sua ambição é prática, seu triunfo é técnico. [...] O seu objetivo não é conhecer o mundo, mas fabricar um outro mundo, mais avançado. Assim se inicia, conquistadora e triunfante, a era do artifício (OST, 1998, pp. 48-49).

Raízes dessa transformação de atitude do homem em relação ao ambiente que o rodeia podem ser encontradas já na obra de Galileu Galilei (1564-1642), sendo que o seu instrumento de estudo – a luneta – "[...] simboliza também a visão penetrante que expulsa os elementos espirituais, estéticos e éticos do conhecimento" (PELIZZOLI, 2003, p. 19), alçando o homem ao patamar de centro do universo.

Contudo, para atingir esse desiderato, não bastava a consciência da centralidade do ser humano. Mais do que isso, era necessário que o homem dispusesse de conhecimento científico e de instrumentos técnicos que possibilitassem a dominação da natureza, a fim de que pudesse utilizá-la segundo o projeto da modernidade, supondo-se ser possível a sistematização de um "[...] verdadeiro método para chegar ao conhecimento de todas as coisas [...]" (DESCARTES, 1999, p. 48), por meio do qual se alcançariam

> [...] conhecimentos que sejam muito úteis à vida, e que, em lugar dessa filosofia especulativa que se ensina nas escolas, é possível encontrar-se uma outra prática mediante a qual, conhecendo a força e as ações do fogo, da água, do ar, dos astros, dos céus e todos os outros corpos que o cercam, tão claramente como conhecemos os vários ofícios de nossos artífices, poderíamos utilizá-los da mesma forma em todos os usos para os quais são próprios, e assim *nos tornar como senhores e possuidores da natureza*. O que é de desejar, não apenas para a invenção de uma infinidade de artifícios que permitiriam usufruir, *sem custo algum*, os frutos da terra e todas as comodidades que nela se encontram [...] (DESCARTES, 1999, pp. 86-87).

Emblemáticas dessa nova racionalidade também são as ideias contidas no relato Nova Atlântida, de Francis Bacon (1561-1626), o qual deixa transparecer o mote da modernidade: "o fim de nossa instituição é o conhecimento das causas e dos segredos dos movimentos das coisas e a ampliação dos limites do império humano para a realização de todas as coisas que forem possíveis" (BACON, 1999, p. 245), o que seria atingido às custas da manipulação, modificação e transformação das propriedades originais dos recursos naturais, em exemplos visionariamente descritos no referido texto clássico.

Estavam lançadas, portanto, as bases para o que aqui se vai denominar *antropocentrismo clássico*, que apresenta como principais características: *(i)* a centralidade do ser humano que, galgado à posição de medida de todas as coisas, assume a condição de sujeito do conhecimento, estando completamente dissociado da natureza, relegada à posição de objeto do conhecimento; *(ii)* o interesse pelos recursos da natureza se restringia às utilidades produtivas que dela se pudesse extrair (visão produtivista), para a satisfação de interesses imediatos e específicos do seu dono (visão individualista); *(iii)* a crença na constante evolução da tecnociência, na sua capacidade de compreender, imitar, aperfeiçoar, transformar e substituir a natureza (OST, 1998, p. 37) para atender a interesses humanos de desenvolvimento e de progresso; e *(iv)* a convicção de que a domesticação da natureza "[...] é uma tarefa possível, fácil e sem efeitos colaterais negativos" (SOARES, 2001, p. 34).

1.2.2. Antropocentrismo clássico e Direito

Enfim, o modelo antropocentrista clássico é caudatário e produtor de uma espécie de conhecimento que buscava a transição de um (suposto) estado de ignorância e caos para uma situação de ordem e constante progresso, calcada na razão, organização e hierarquia. O (Estado de) Direito assume papel de destaque nesse contexto, sendo-lhe conferida a missão de promover a ordem, estando fortemente influenciado pela (e a serviço da) racionalidade cognitiva-instrumental da ciência moderna (SANTOS, 2000, p. 78 e p. 120).

Assim como no campo ético e filosófico, o antropocentrismo clássico também fundamentou a separação entre sujeito e objeto no plano jurídico, conduzindo o Direito a proceder a total distinção entre o *mundo social* (afeito às coisas do homem) e o *mundo natural* (englobando todas as relações internas da natureza, mas do qual o homem não participa). Isso fica evidenciado na estrutura tradicionalmente atribuída à relação jurídica, categoria basilar de todo o fenômeno jurídico moderno, na qual a posição assumida pelo ser humano (sujeito de direitos) não se confunde com aquela ocupada pelos elementos da natureza (objeto jurídico).

De mais a mais, a ilusão do progresso tecnocientífico inexorável afastou dos instrumentos de regulação jurídica a preocupação mais aprofundada em relação à (i)limitabilidade dos recursos naturais. Como resultado, o campo de atuação das normas jurídicas de proteção ambiental foi consideravelmente restringido, haja vista que, "numa fase de otimismo científico, a opção foi no sentido de se recorrer ao uso de técnicas de diluição dos elementos poluentes" (SOARES, 2001, p. 45).[10]

Uma vez disseminada a ideia de que os recursos da natureza estariam à disposição dos interesses humanos e que poderiam ser utilizados sem qualquer custo ou consequência deletéria, cabia ao Direito fornecer os mecanismos que disciplinariam a total apropriação humana sobre os elementos do meio ambiente. Segundo essa concepção, tal como se depreende da emblemática metáfora de Portallis, a "[...] terra é comum, é certo, mas à maneira de um 'teatro público, que espera que cada um venha tomar o seu espaço específico'" (*apud* OST, 1998, p. 64), figurando o sistema jurídico como verdadeiro organizador do espetáculo. Vários são os institutos jurídicos que encerram esse desiderato, todos eles norteados pela noção de propriedade individual e absoluta, em consonância com a visão individualista e produtivista que marca o antropocentrismo clássico.

Juridicamente considerados, os recursos naturais assumiram a feição de *res nullius*, ou seja, bens que originariamente não pertenceriam a ninguém e que, por isso mesmo, poderiam (deveriam) ser apropriados por quem desejasse deles fazer uso, sendo que, "[...] como qualquer indivíduo pode ter acesso a eles livremente, ninguém é responsabilizado pela sua degradação" (ARAGÃO, 1997, p. 25).

É certo que há bens que não poderiam ser apropriados em sua totalidade (ou melhor, não havia interesse humano imediato em apoderar-se deles em sua globalidade), para os quais o Direito conferiu a natureza jurídica de *res communes*, tal como ocorre com a água do mar ou dos rios, o ar da atmosfera, etc. Contudo, mesmo esse instituto está inserido na lógica de apropriação to-

10 Mesmo nesse período, havia legislação que disciplinava a interferência em recursos naturais, mas dentro dessa concepção instrumentalizada, individualista e produtivista. Por exemplo, já no Brasil colonial, as Ordenações Filipinas proibiam aos súditos o corte do pau-brasil, inclusive imputando ao transgressor a pena de morte e o confisco de seu patrimônio. Todavia, prioritariamente, tais normas jurídicas visavam garantir o monopólio da Coroa Portuguesa na exploração e aproveitamento econômico da vegetação existente na colônia (CARVALHO, 2001, p. 28), inserindo-se na lógica de apropriação individual (nesse caso, estatal) segundo as regras jurídicas que disciplinavam o direito de propriedade absoluta, com o intuito de satisfazer interesses humanos imediatos, de curto prazo.

tal da natureza, sendo perfeitamente possível que, por exemplo, o ser humano fosse proprietário (em sentido jurídico, inclusive) da quantidade de água que a tecnologia possibilite que ele retire do mar ou de um rio, pois, "tudo se passa, efectivamente, como se cada parte destacável de uma *res communes* adquirisse instantaneamente o estatuto de *res nullius*" (OST, 1998, p. 69).

Completando o arsenal destes institutos jurídicos, tem-se as chamadas *res derelictae*, ou seja, "[...] bens de ninguém, porque foram abandonados pelo proprietário natural e porque ninguém quer vir a ocupá-los, pois não são considerados, pela generalidade dos indivíduos, bens aptos a satisfazer necessidades" (ARAGÃO, 1997, p. 27), sendo o principal exemplo dessa categoria de bens os resíduos produzidos no processo produtivo, não havendo qualquer responsabilidade por sua emissão ou abandono.

Para além de conferir ao ser humano a possibilidade de apropriação jurídica dos recursos naturais, na condição de elementos integrantes do patrimônio individual de determinada pessoa, ao titular de domínio sobre certo elemento da natureza foram juridicamente atribuídos poderes praticamente ilimitados de uso, fruição, reivindicação e disposição. Isso possibilitava e justificava, até mesmo, que o proprietário optasse pela destruição do bem que lhe pertencia, independentemente da vontade ou do interesse das demais pessoas. A fórmula segundo a qual o direito (individual) de propriedade de alguém somente encontra limitação no exercício do direito (também individual) de propriedade alheio, quando aplicada à apropriação humana sobre recursos da natureza, talvez seja a principal consequência da concepção veiculada pelo antropocentrismo clássico no Direito.[11]

1.2.3. A superação do antropocentrismo clássico

Os postulados que marcaram o surgimento da modernidade se consolidaram como um verdadeiro paradigma dominante dos últimos séculos,

11 Da jurisprudência nacional, Vladimir Passos de Freitas e Gilberto Passos de Freitas (2012, pp. 53-54) indicam precedente do Tribunal Regional Federal da 2ª Região, em decisão proferida no ano de 1997, que vai nessa direção, exclusivamente antropocêntrica, da relação com o meio ambiente, assim ementado: "Penal – Extração de Substâncias Minerais – Art. 21 da Lei 7.805/89 – Falta de tipicidade do fato denunciado – Art. 24 do Código Penal. Com arrimo no art. 24 do CP e por entender que o meio ambiente existe e há de ser preservado em razão e ordem do resguardo de bem maior, que é o da humanidade, da sua dignidade de ser humano, daquele que busca a subsistência digna e limpa, não há dúvida de que as areias do mar serão sacrificadas e se necessário que se sacrifique o meio ambiente em bem do homem, porque a terra e o mundo foram feitos para o homem, e não o homem para o mundo".

influenciando os mais diversos ramos de atuação do ser humano, ao ponto de Alain Touraine (1996, p. 18) afirmar que "a idéia de modernidade substituiu Deus no centro da sociedade pela ciência, deixando as crenças religiosas para a vida privada".

A meta final desse projeto de modernidade convergia para a busca da dominação da natureza e para o atingimento da ordem que conduziriam ao contínuo e constante crescimento (quantitativo), mesmo que fosse "preciso sacrificar tudo por ele" (MORIN, 1995, p. 83). Essa ideia de "marcha sempre para frente" era possibilitada pelo mito do avanço ininterrupto da tecnociência que, a um só tempo, forneceria os instrumentos técnicos para a promoção do desenvolvimento e também garantiria a superação de suas consequências negativas, já que seria capaz de revelar e apreender a verdade de todos os acontecimentos (sociais, ambientais etc.).

Contudo, com o passar do tempo e cada vez mais intensamente, começou-se a questionar os próprios pilares da modernidade, com influência direta na (re)discussão da relação ser humano/meio ambiente e na superação da visão antropocentrista clássica. A ideia de apropriação dos recursos naturais sem custo algum é fortemente abalada por desastres ambientais mais intensos e em maior quantidade. De mais a mais, novas abordagens científicas evidenciam que a fragmentação dos elementos naturais, propugnada pelo método cartesiano, é sobremaneira reducionista e, consequentemente, oculta a complexidade, a instabilidade, a dinamicidade e o padrão em rede (CAPRA, 2002) que marcam todos os fenômenos ambientais.

Em suma, não é despropositado afirmar que a tecnociência da modernidade falhou em sua promessa de descoberta da verdade, de construção de um conhecimento calcado na certeza e capaz de conduzir ao desenvolvimento constante e completamente seguro. Em outros termos, é a própria construção do mundo-máquina, da natureza-máquina que se mostra inadequada, pois, "enquanto a máquina artificial só é capaz de programa, a máquina vida é capaz de estratégia, ou seja, de inventar os seus comportamentos na incerteza e na eventualidade" (MORIN, 1995, p. 93). Tal como aponta Boaventura de Souza Santos (2000, pp. 70-71) desmantelam-se os ideais sobre os quais, durante séculos, sustentou-se a promessa da modernidade:

> em vez da eternidade, temos a história; em vez do determinismo, a imprevisibilidade; em vez do mecanicismo, a interpenetração, a esponta-

neidade e a auto-organização; em vez da reversibilidade, a irreversibilidade e a evolução; em vez da ordem, a desordem; em vez da necessidade, a criatividade e o acidente.

Um novo cenário se apresenta a partir dessas constatações, no qual não há mais espaço para o primado da ordem, da segurança, da verdade e da certeza científica irrefutáveis. Muito ao contrário, tal "[...] modelo de organização econômica, política e social submete e expõe o ambiente, progressiva e constantemente, ao risco" (LEITE; AYALA, 2004, p. 103). Nesse contexto, marcado pela noção de risco ambiental, rediscute-se o papel e a função da própria ciência, cuja produção de conhecimento pode ser tida como défice ou excesso, conforme esclarece Boaventura de Souza Santos (2000, p. 58):

> a expansão da capacidade de acção ainda não se fez acompanhar de uma expansão semelhante da capacidade de previsão, e, por isso, a previsão das conseqüências da acção científica é necessariamente muito menos científica do que a acção científica em si mesma. Esta assimetria tanto pode ser considerada um excesso quanto um défice: a capacidade de acção é excessiva relativamente à capacidade de previsão das conseqüências do acto em si ou, pelo contrário, a capacidade de prever as conseqüências é deficitária relativamente à capacidade de as produzir. Estas duas leituras não são intermutáveis, dado que se referem a processos distintos e evidenciam preocupações diferentes. A primeira põe em causa a noção de progresso científico e a segunda se limita a exigir mais progresso científico.

É justamente nessa segunda concepção (ciência como défice) que se fundamenta o modelo antropocentrista clássico da relação ser humano/meio ambiente. Remetendo tais considerações às categorias fundamentais da *socie dade de risco* (BECK, 1988), parece ser possível afirmar que essa postura antropocentrista clássica na relação ser humano/meio ambiente é um dos elementos decisivos para a emergência da chamada *irresponsabilidade organizada*, caracterizada, tal como aponta David Goldblatt (1996, p. 241), pelo "[...] encadeamento de mecanismos culturais e institucionais pelos quais as elites políticas e econômicas encobrem efetivamente as origens e consequências dos riscos e dos perigos catastróficos da recente industrialização".

Atualmente, pelo menos no plano teórico, parece haver convergência na afirmação de que tal postura não se coaduna com os desafios a serem enfrentados num contexto de imprevisibilidade e de incerteza, tendo em vista que "a maneira como as instituições pretendem apreender o risco revela-se *incompatível* com a configuração da *complexidade*, da *difusidade* e da *diferenciação* de seu conteúdo nas sociedades contemporâneas" (LEITE; AYALA, 2004, p. 107).

Uma vez renegados os ideais de verdade e segurança da tecnociência moderna, aprofunda-se o debate sobre a reformulação dos demais campos de atuação humana que por eles foram influenciados. É dizer, num contexto de sociedade de risco, emerge a necessidade de reestruturar a relação ser humano/meio ambiente também no âmbito jurídico, tendo em vista que considerar os recursos ambientais como meras *res nullius, res communes* e *res derelictae* conduz ao fortalecimento e à perpetuação da irresponsabilidade organizada.

1.2.4. Não-antropocentrismo: ambiente-sujeito

Notadamente a partir dos anos 60 do século passado, inserida num cenário de grande ebulição (política, social, cultural etc.), começa a ser fomentada a proposta de um olhar diferente sobre as questões ambientais. Trata-se de um novo ecologismo, que inicialmente se pautava num "[...] movimento de ativistas que partiam de uma crítica da sociedade tecnológico-industrial (tanto capitalista, quanto socialista), cerceadora das liberdades individuais, homogeneizadora das culturas e, sobretudo, destruidora da natureza" (DIEGUES, 2002, p. 39).

No campo da Ética e Filosofia Ambiental, tais posicionamentos apresentam em comum a construção de modelos da relação ser humano/meio ambiente que refutam o caráter instrumental da natureza (não-instrumentalismo), o que normalmente fazem alicerçados no reconhecimento de *valor intrínseco* também a elementos não-humanos, os quais passariam a ser sujeitos de consideração moral por si (ou seja, independentemente de sua utilidade direta para o homem). Com isso, refutam o papel de centralidade do ser humano na relação com o ambiente que o cerca, razão pela qual tais posturas ético-filosóficas são designadas de *não-antropocêntricas.*

Embora as notas comuns (não-instrumentalismo e valor intrínseco) estejam presentes na maioria dos seus trabalhos, mesmo entre aqueles que se filiam ao *não-antropocentrismo* é possível identificar posicionamentos significativamente diferentes, os quais podem, ao menos para fins didáticos, ser reunidos em duas correntes: individualismo moral e holismo moral (MINTEER, 2012, p. 94).

O primeiro grupo – individualismo moral –, do que são exemplos os trabalhos de Peter Singer (2002a) e Tom Regan (2013), normalmente tem como preocupação central a aplicação de valores não-instrumentais e o reconhecimento de valor intrínseco apenas a (um grupo de) animais não-humanos, individualmente considerados.[12]

O modelo teórico proposto por Peter Singer, por exemplo, parte da premissa de que a conduta ética não deve levar em consideração apenas os interesses próprios de quem a pratica, mas também os interesses de todos os demais integrantes da *comunidade moral* afetados por determinada ação. Para além disso, deve-se atribuir o mesmo peso aos interesses pessoais e àqueles interesses semelhantes dos demais afetados por determinada conduta (SINGER, 2002b, p. 30). Dessa forma, a conduta ética, em última análise, deveria se pautar na observância do chamado *Princípio de Igual Consideração de Interesses Semelhantes.*

Continuando sua exposição, referido autor constata que não é suficiente determinar qual o padrão de comportamento a ser adotado (igual consideração de interesses semelhantes), mas também é necessário definir quem integra a *comunidade moral* de possíveis afetados pelas condutas individuais. É nesse ponto que Peter Singer adota um posicionamento não-antropocêntrico, na medida em que considera a capacidade de sofrer ou de sentir prazer (senciência) como sendo a característica que determina a atribuição de interesses a certo indivíduo.

Portanto, a comunidade moral não seria composta apenas por seres humanos, mas nela se integrariam todos os seres *sencientes*, entre os quais se inserem uma significativa quantidade de animais não-humanos (especialmente mamíferos), para quem se reconhece a capacidade de sentir dor ou prazer. Em decorrência disso, com a aplicação do modelo teórico proposto por Peter Singer, na realização de condutas humanas, também se deve levar igualmente em consideração os interesses semelhantes de animais não-humanos sencientes,

12 Sobre o caráter moralmente individualista das propostas apresentadas por tais autores, Ben Minteer (2012, p. 96) esclarece que "as posições de Singer e de Regan dividem uma estrutura comum: ambos são eticamente individualistas, na medida em que cada visão tenta defender o *status* moral de animais não-humanos, individualmente considerados".

notadamente o interesse de não sentir desnecessariamente dor ou de não serem submetidos a condições degradantes de vida, afastando-se de valores meramente instrumentais na relação entre o ser humano e tais animais.[13]

Outra construção teórica, também fundada no individualismo moral de cunho não-antropocêntrico, é a formulada por Tom Regan, a qual ele denomina de *visão de direitos* (2013, p. 30). Tal proposta propugna que todos os seres integrantes da comunidade moral possuem valor como indivíduos. O referido autor argumenta que esse valor inerente independe da utilidade que determinado indivíduo possa gerar para os outros e que sempre deve ser respeitado pelas condutas alheias, de modo que "[...] essa visão, por princípio, nega que possamos justificar bons resultados usando meios ruins que violem os direitos individuais" (2013, p. 32).

Também abordando a questão relativa a quem integra a *comunidade moral*, Tom Regan refuta a adoção de qualquer critério especista, que se restrinja apenas a seres humanos.[14] Ao contrário, segundo sua proposta, todos os animais que possuem capacidade cognitiva suficiente para formar crenças e desejos devem ser moralmente considerados, o que incluiria, pelo menos, todos os mamíferos mentalmente normais (REGAN, 2004). Diante disso, o autor conclui que "[...] não podemos sustentar racionalmente a visão de que animais, sendo, como são, sujeitos da experiência da vida, tenham um valor inerente menor.

13 Anote-se que o modelo proposto por Peter Singer se apoia numa concepção marcadamente utilitarista, reconhecendo que, inclusive na relação entre seres humanos, "em casos especiais, a igual consideração de interesses pode aumentar, em vez de diminuir, a diferença entre pessoas em níveis distintos de bem-estar" (SINGER, 2002, p. 33). Isso porque, em casos de conflito de interesses, o *cálculo utilitarista* visa à redução da utilidade marginal (diferença entre a soma dos benefícios e a soma dos prejuízos de todos os envolvidos). Em razão disso, mesmo que esteja focada no bem-estar animal (*animal welfarism*), a regra ética por ele proposta não necessariamente conduz à "[...] exclusão do uso de animais em pesquisas médicas ou o sacrifício de vidas animais nos casos em que isso possa produzir maiores benefícios para todos os indivíduos afetados pela ação proposta" (MINTEER, 2012, p. 95), ainda que tais práticas devam ser evitadas e, quando necessárias, realizadas sem afligir dor ou submeter os animais a condições degradantes.

14 Nas suas palavras: "[...] todas as tentativas de limitar essa esfera somente aos humanos podem ser vistas como racionalmente defeituosas. Os animais, é verdade, carecem de muitas das habilidades que os humanos possuem. Eles não podem ler, fazer grandes contas, construir uma estante de livros ou fazer uma pasta de berinjela. Acontece que muitos seres humanos também não o podem, e nem por isso nós podemos (nem devemos) dizer que eles (esses seres humanos) possuem menos valor inerente, um direito menor de ser tratado com respeito do que os outros" (REGAN, 2013, p. 33).

Todos os que têm valor inerente o têm *igualmente*, sejam eles humanos ou não" (REGAN, 2013, p. 34).[15]

Há também posturas não-antropocêntricas que não se restringem ao reconhecimento de valor intrínseco tão somente a (alguns) animais não-humanos. Ao contrário, fundam-se numa *moral holística*, segundo a qual "[...] coletividades, tais como espécies, ecossistemas e processos naturais são vistos como diretamente consideráveis moralmente" (MINTEER, 2012, p. 94). Normalmente conhecidas como propostas *ecocentristas* ou *biocentristas*, também procuram estabelecer a relação ser humano/meio ambiente negando o papel de centralidade do homem e a atribuição de valor meramente instrumental aos elementos da natureza. Entre aqueles que postulam esse posicionamento ético-filosófico, podem ser indicados autores como J. Baird Callicot (1999) e Holmes Rolston III (1999), além do movimento denominado Ecologia Profunda (*Deep Ecology*).

A expressão *deep ecology* foi originariamente cunhada na década de 70 do século passado, pelo filósofo norueguês Arne Naess (1973). Não se trata de um movimento uniforme, seja em relação às ideias de seus seguidores ou no que concerne aos campos de atuação de sua doutrina. Não obstante sua heterogeneidade, no âmbito acadêmico, a *deep ecology* se fundamenta em dois princípios: o igualitarismo biocêntrico e o holismo metafísico (KELLER, 2008, p. 206).

O primeiro princípio da ecologia profunda – igualitarismo biocêntrico – "sustenta que a biota tem valor intrínseco igual; nega a valorização diferencial dos organismos [na medida em que] o mesmo direito de viver e florescer é um valor intuitivamente claro e óbvio" (KELLER, 2008, p. 207). Em decorrência disso, mais do que simplesmente retirar do ser humano a posição de centralidade na relação com seu entorno, propugna a atribuição de valor intrínseco para todos os elementos da natureza (aqui incluídas as florestas, os rios, as montanhas, as paisagens, os ecossistemas, etc.).

Já o segundo princípio que orienta a *deep ecology* – holismo metafísico – "[...] afirma que a biosfera não é formada por entidades separadas, mas sim

15 Como resultado, comparativamente ao modelo de Peter Singer, a proposta formulada por Tom Regan (2013, p. 20) almeja consequências mais profundas, explicitando que "esse movimento, da forma como eu concebo, é comprometido com alguns objetivos, que incluem: a abolição total do uso de animais na ciência; a total dissolução da pecuária; a eliminação total de armadilhas de caça esportiva ou comercial".

de indivíduos internamente relacionados, que constituem um todo ontologicamente conectado" (KELLER, 2008, p. 207). A partir dos ideais da ecologia profunda, o ser humano passa a ser apenas mais um elemento integrante de um todo maior (Gaia), sem qualquer privilégio ou prioridade em relação aos demais componentes da natureza, restando afastada, portanto, qualquer fundamentação calcada no humanismo. Muito ao contrário, "[...] o homem é visto como o destruidor nato do planeta, como o filho ingrato de uma mãe que o alimentou até agora, apesar de sua pobreza, em certos casos" (BACHELET, 1995, p. 112).[16]

No plano das consequências práticas, a supressão total da primazia do ser humano, tal como proposto pela *deep ecology*, justificaria a completa modificação da relação do homem com o meio ambiente, pois abriria ensejo à instituição de uma espécie de *princípio da preferência natural*, o qual orientaria todas as decisões que envolvessem em alguma medida os elementos da natureza. Assim sendo, "[...] em caso de conflito entre direitos humanos e direitos da natureza, estes últimos deveriam prevalecer, em nome da proeminência do conjunto (condição de possibilidade de todo o resto) sobre as partes" (OST, 1998, p. 179).

1.2.5. Não-antropocentrismo e Direito

A proposta de aplicação dos postulados ético-filosóficos não-antropocentristas no campo do Direito provoca o debate acerca dos (e propugna profundas alterações nos) sistemas jurídicos, tradicionalmente calcados na posição de centralidade do ser humano e na incorporação dos componentes não-humanos (outros animais e demais elementos da natureza) apenas pelo seu valor instrumental para o homem.

16 Tributária desse raciocínio é a seguinte passagem da obra de James Lovelock, um dos principais integrantes da *deep ecology*, tal como menciona David Pepper (2000, pp. 223-224): "é a saúde do planeta o que importa, não a de algumas espécies de organismos individuais. É nisso que se separam Gaia e os movimentos ambientalistas, que estão preocupados primeiro com a saúde das pessoas [p. xvii] ... Gaia não está em sintonia com o mundo humanista mais amplo, tal como o está com a ciência estabelecida. Em Gaia somos somente outra espécie, nem os donos nem os hospedeiros deste planeta. O nosso futuro depende muito mais de uma relação correta com Gaia do que do drama inacabável do interesse humano [p. 14] ... Esta visão de um dia de verão doentio [nevoeiro sobre Dartmoor, produzido por carros] encerra de alguma forma o conflito entre as moles boas intenções do sonho humanista e as terríveis consequências de sua quase-realização [p. 153] ... as nossas preocupações humanistas sobre os pobres das cidades do interior ou do Terceiro Mundo, e as nossa quase-obscenas obsessões com a morte, o sofrimento e a dor como se estas fossem más em si mesmas – estes pensamentos distraem a mente da nossa dominação excessiva e grosseira do mundo natural". Os intervalos do texto constam no original.

Sob o enfoque das suas linhas mestras (não-instrumentalismo e reconhecimento de valor intrínseco para não-humanos), a forma como historicamente são estruturadas categorias basilares do Direito (Ambiental) – especialmente as noções de personalidade jurídica e de sujeito de direitos – se revelam incompatíveis com o modelo de relação ser humano/meio ambiente preconizado pelo não-antropocentrismo, na medida em que

> há uma evidente disparidade jurídica nas relações possíveis entre os entes ambientais não-humanos em direção aos humanos, já que estes são sujeitos (e nunca objetos) na relação jurídica e aqueles são objetos (e nunca sujeitos), do que se dessume a disparidade jurídica (já que a alteridade-paritária no relacional jurídico só é possível entre sujeitos e não entre sujeitos e objetos ou objetos exclusivamente em si), a partir da qual podemos falar num impasse estrutural do Direito Ambiental, uma vez que a paridade natural contrasta com a disparidade jurídica nas relações ambientais básicas entre tais entes. (SILVA, 2003b, p. 36)

Diante desse cenário, a principal (ou, pelo menos, a primeira) consequência da aplicação dos postulados do não-antropocentrismo para o campo do Direito possivelmente resultaria na busca da superação da propalada disparidade jurídica nas relações envolvendo o ser humano e o meio ambiente, o que se atingiria por meio da atribuição de personalidade jurídica também aos animais não-humanos (se adotado um modelo individualista) ou até mesmo aos demais elementos da natureza e seus processos (se adotado um modelo holístico).

Noutras palavras, a superação do antropocentrismo teria o condão de alçar a natureza à condição de sujeito de direitos, o que significa que ela "[...] teria, a partir de agora, uma dignidade própria a fazer valer e direitos fundamentais a opor aos humanos" (OST, 1998, p. 177). É possível identificar autores que – em maior ou menor medida – consideram que atualmente há sistemas jurídicos que já caminharam nessa direção, viabilizando a reconstrução de categorias jurídicas tradicionais a partir de postulados não-antropocêntricos.

É nesse sentido, por exemplo, o posicionamento manifestado por Germana Moraes e Willian Marques Jr. (2013, p. 42), para quem "a construção de um novo paradigma ecocêntrico é um dos pilares em que se assenta o Novo Constitucionalismo dos países da UNASUL". Mais do que uma proposição meramente doutrinária, segundo o entendimento dos referidos autores, o estabelecimento imediato de direitos (e, por conseguinte, a atribuição de personalidade jurídica própria) para a natureza já teria sido reconhecido nos textos do art. 33 da Constituição da Bolívia (2009)[17] e do art. 71 da Constituição do Equador (2008).[18] Na doutrina estrangeira, analisando os referidos dispositivos constitucionais, Eugênio Raul Zaffaroni (2010, p. 120) chega à mesma conclusão, afirmando que "é claríssimo que em ambas as constituições a Terra assume a condição de sujeito de direitos, de forma expressa na equatoriana e de modo tácito na boliviana, mas com iguais efeitos em ambas: qualquer um pode reclamar os seus direitos [...]".

No âmbito do sistema jurídico brasileiro, também há autores propugnando que a Constituição Federal de 1988 (CRFB/88) teria adotado o modelo não-antropocêntrico, sustentando tal conclusão na interpretação que atribuem notadamente a dois trechos do art. 225 do texto constitucional: *(i)* a expressão "todos", contida no *caput*; e *(ii)* a referência à vedação a práticas que provoquem a extinção de espécies ou submetam os animais à crueldade, inserida no inciso VII do § 1º.

De acordo com tal entendimento, no que se refere ao *caput* do art. 225 da CRFB/88,

> o Constitucionalismo Brasileiro destaca-se ao apresentar um novo caminho, ao entender que todos (= todos os seres da Terra) têm direito ao meio ambiente ecologicamente equilibrado, devendo defendê-lo e preservá-lo para as presentes e futuras gerações (= presentes e futuras gerações de vida na Terra); fazendo com que os seus intérpretes apreendam valores até então esquecidos, conquanto pensados pelo constituinte no momento de sua elaboração (SILVA, 2013, p. 11.687).

De mais a mais, a partir do conteúdo que consideram inserido na norma veiculada no inciso VII do § 1º do art. 225, postula-se fundamentar a conclusão de que "a Constituição Federal de 1988 é o marco para o pensamento sobre

17 Eis a redação: "as pessoas têm direito a um meio ambiente saudável, protegido e equilibrado. O exercício deste direito deve permitir aos indivíduos e coletividades das presentes e futuras gerações, bem como a outros seres vivos, desenvolverem-se de maneira normal e permanente".

18 Eis a redação: "a natureza ou Pacha Mama, onde se reproduz e realiza a vida, tem direito a que se respeite integralmente sua existência, manutenção e regeneração de seus ciclos vitais, estrutura, funções e processos evolutivos".

a dignidade animal, uma vez que ao proibir que o animal seja tratado de forma cruel, *reconhece ao animal não-humano o direito* de ter respeitado o seu valor intrínseco, sua integridade, vida e liberdade" (SILVA, 2013, p. 1.714).

Em algumas oportunidades, inclusive, tal tese – de que o atual sistema jurídico brasileiro já atribui personalidade jurídica a animais – foi levada à apreciação do Poder Judiciário brasileiro, normalmente por meio da tentativa de manejar o *habeas corpus* em favor de primatas, nas quais se formularam argumentos de caráter nitidamente não-antropocêntrico para a interpretação de dispositivos constitucionais e da legislação ordinária.

É o que se verifica, por exemplo, no episódio que ficou conhecido como o caso do *habeas corpus* em favor da chimpanzé Suíça, que tramitou perante a Justiça Estadual da Bahia.[19] Impetrado por um grupo de Professores de Direito, Promotores de Justiça, advogados e estudantes – mas tendo como paciente uma chimpanzé de nome Suíça – argumentou-se no *writ* que referido animal encontrava-se "[...] aprisionado no Parque Zoobotânico Getúlio Vargas (Jardim Zoológico) [...], privado, portando, do seu direito de locomoção", sendo mantida em "[...] estrutura física [que] não possui a menor condição de abrigar um Chimpanzé, fato este que constitui um ato de crueldade" (SANTANA, 2006, pp. 263-264). O objetivo da ação era a concessão de ordem judicial de *habeas corpus*, a fim de que a chimpanzé fosse transferida para o "Santuário dos Grandes Primatas do GAP, [...] onde poderá conviver com um grupo de 35 membros de sua espécie, num local amplo e aberto, ter uma vida social condizente com sua espécie, inclusive constituindo família e procriando" (SANTANA, 2006, p. 280).

Buscando embasar o cabimento jurídico do referido *habeas corpus*, para além da interpretação conferida aos dispositivos constitucionais antes indicados, a petição inicial enfrentou o tema da atribuição e reconhecimento de personalidade jurídica para animais não-humanos (no caso, a chimpanzé Suíça) com os seguintes argumentos centrais: *(i)* biologicamente, não pode haver nenhuma categoria natural que inclua os chimpanzés e exclua a espécie humana; *(ii)* não haveria razão para conceder personalidade jurídica até mesmo a universalidades de bens, como a massa falida, mas não reconhecê-la para seres que compartilham até 99,4% de carga genética com o homem; *(iii)* o atual Código

19 Autos n. 833085-3/2005, da Comarca de Salvador.

Civil (art. 2º), ao indicar o início da personalidade jurídica, substituiu a palavra *homem* (antes contida no art. 4º do Código Civil de 1916) pelo termo *pessoa,* o que demonstraria que pessoa natural e ser humano são conceitos distintos; *(iv)* é inconsistente a objeção de que os animais não podem ser sujeitos de direito por não serem submetidos a deveres, pois isto já ocorre com os nascituros, as crianças e os deficientes mentais; *(v)* pelo princípio da continuidade histórica, o Direito tem ampliado cada vez mais a sua esfera de proteção, chegando o momento de também estendê-la a animais não-humanos.[20]

1.2.6. Antropocentrismo alargado: a equidade intergeracional

A utilização de propostas não-antropocentristas para justificar a relação do ser humano com o meio ambiente tem sido alvo de críticas tanto no campo teórico, quanto pela sua (dificuldade de) repercussão prática. No âmbito da teoria, como indica Katie McShane (2007, pp. 171-172), "[...] há preocupações sobre se a ética não-antropocêntrica pode ser elaborada de modo filosoficamente viável", pois "[...] as versões mais difundidas do não-antropocentrismo têm sido acusadas de serem metafísica, epistemológica e normativamente inadequadas". Isso, entre outras razões, conforme expressa Ben Minteer (2012, pp. 112-113), porque não se pode negar que

> [...] todos os valores expressados na deliberação pública são valores humanos, expressados e experienciados por humanos. Ou seja, em negociações públicas, todos os valores são entendidos não como independentes do ser humano (i.e., marcadamente não-antropocêntrico), mas sim

20 Anota-se que os peticionantes procuraram justificar a utilização do *habeas corpus* nos seguintes termos: "[...] muitos poderão perguntar por que a utilização desse instrumento e não de outros disponíveis em nosso ordenamento jurídico. Responder-se-á afirmando que o *habeas corpus*, desde o seu aparecimento histórico é o *writ* adequado quando se trata de garantir a liberdade ambulatorial (*Freedom of Arrest*). [...] Destarte, o motivo fulcral desse *writ* não é evitar possível dano ao meio ambiente e proteger o interesse difuso da sociedade na preservação da fauna, o que poderia ser amparado pelo instrumento processual da ação civil pública, disciplinada pela Lei 7.347/85, mas possibilitar o exercício mais lídimo da expressão liberdade ambulatorial – o deslocamento livre de obstáculos a parcializar a sua locomoção" (SANTANA, 2006, p. 268). Entretanto, tendo em vista o falecimento da chimpanzé Suíça, ocorrido alguns dias após o ajuizamento do *habeas corpus*, o processo foi extinto sem resolução do mérito. Caso semelhante – *habeas corpus* impetrado em favor das chimpanzés Lili e Megh – foi denegado nas instâncias ordinárias e chegou até o Superior Tribunal de Justiça, onde também foi extinto, sem resolução do mérito, em razão de pedido de desistência do recurso, formulado pelos autores (STJ, 2007a).

como a forma que as pessoas de fato valoram os animais ou a natureza e que pode atuar como boas razões para a escolha de específicos modos de ação ou políticas.

Dentro desse contexto, de apreciação crítica, há quem defenda que as visões não-antropocêntricas mais radicais são, juntamente com a posição antropocêntrica clássica, faces opostas do mesmo problema: a atual *crise de representação humana em relação à natureza* (OST, 1998, pp. 18-19). No antropocentrismo clássico, a *crise do vínculo*: não se consegue discernir o que liga o ser humano aos demais animais, ao que tem vida, à natureza. No biocentrismo (extremado), a *crise do limite*: já não se consegue discernir o que distingue, aquilo que diferencia o homem da natureza.

Assim sendo, surgem propostas que propugnam compreender a relação ser humano/meio ambiente por meio de uma visão que, segundo Douglas MacLean (2009, p. 118), "[...] enfatize o senso comum sobre o extremismo, o pragmatismo sobre outras ideologias e a importância dos filósofos não apenas *aplicarem* suas teorias para problemas reais, mas também fazerem isso de modo que forneça conselhos *práticos* para aqueles que precisam tomar decisões importantes e querem fazer a coisa certa".

Isso implica reconhecer, nas palavras de Willian H. Murdy (2004, p. 287), que "nossos atuais problemas ecológicos não resultam de uma atitude antropocêntrica *per se*, mas sim de uma atitude antropocêntrica concebida de forma muito estreita". Dito de outro modo, sem negar a base antropocêntrica, seria possível adotar uma perspectiva mais ampla sobre o objeto das preferências e valorações humanas em relação ao meio ambiente, haja vista que

> as pessoas podem valorar plantas, espécies, pedaços da natureza e os semelhantes como fins em si ou em seu próprio direito, sem a necessidade de as verem como contribuindo diretamente para sua felicidade ou bem-estar pessoal. Estas visões também são caracterizadas como antropocêntricas, entretanto, porque elas ainda consideram questões normativas sobre o que devemos fazer, em termos daquilo que maximiza a satisfação de preferências humanas (MacLEAN, 2009, p. 138).

É a partir de premissas como essas que surgem autores propondo a distinção entre *antropocentrismo clássico* e *antropocentrismo alargado*. Em sua versão clássica – como antes visto (vide item 1.2.1.) – a relação do homem com o meio ambiente é marcada pela absoluta priorização de preferências humanas individuais (visão individualista) e pela instrumentalização da natureza como recurso produtivo para a satisfação imediata de tais preferências (visão produtivista). Em decorrência disso, nega-se o reconhecimento de qualquer outro tipo de valor que não esteja relacionado ao atendimento dessas utilidades (por exemplo, valores não-instrumentais ou intrínsecos).[21] Por outro lado, de acordo com a proposta veiculada pelo antropocentrismo alargado, seria viável construir uma relação mais harmoniosa com a natureza, superando as dificuldades do antropocentrismo clássico, sem, contudo, a necessidade de buscar apoio nas controversas teses do não-antropocentrismo.[22]

Em primeiro lugar, independentemente de se utilizar justificativas antropocêntricas ou não-antropocêntricas, tais teóricos sustentam que se deve reconhecer que a *visão individualista* é inadequada para fundamentar qualquer modelo de relação do ser humano com a natureza, pois

> nenhuma postura de ética ambiental de sucesso pode derivar de uma base individualista, seja o indivíduo em questão humano ou não humano. Posto que a maioria dos sistemas éticos contemporâneos são essencialmente individualistas, uma adequada ética ambiental se distingue não necessariamente sendo não-antropocêntrica, como muitos filósofos têm arguido ou assumido, mas, antes, por ser não-individualista (NORTON, 2003, p. 167).

No âmbito do antropocentrismo alargado, a proposta de superação do individualismo ocorre, por exemplo, pelo reconhecimento e inclusão dos interesses e necessidades das futuras gerações, como critério norteador para a definição de condutas da geração atual em relação à natureza, numa perspectiva de equidade intergeracional. Neste sentido, Douglas MacLean (2009, pp. 118-119) propõe a substituição do individualismo por uma *responsabilida de ética impessoal*, ponderando que "[...] nós devemos entender nossa relação

21 Nas palavras de Bryan Norton (2003, p. 165): "antropocentrismo clássico [*strong anthropocentrism*], como aqui definido, toma como inquestionáveis as preferências humanas individuais na determinação de valores. Consequentemente, se os seres humanos têm um sistema de valores fortemente consumista, então seus 'interesses' (que são tomados apenas por suas preferências) ditam que a natureza será utilizada de uma forma exploradora. Uma vez que não há nenhuma verificação sobre as preferências dos indivíduos no sistema de valores do antropocentrismo clássico, não existem meios para criticar o comportamento dos indivíduos que usam a natureza para dela extrair produtos que sirvam às preferências humanas".

22 Assim, a vinculação do antropocentrismo à atribuição de valores meramente instrumentais à natureza é característica que marca a versão clássica do antropocentrismo, mas não necessariamente a sua versão alargada.

com e nossas responsabilidades pela natureza num contexto histórico, no qual nós reconhecemos que nosso atual estágio de fragilidade ecológica, juntamente com nosso poder tecnológico, deve moldar nosso senso de responsabilidade em relação às futuras gerações". Em direção semelhante, Bryan Norton (2009, p. 253) propugna a "[...] rejeição do 'individualismo metodológico' – a visão na qual todos os valores devem ser valores de 'humanos individuais' – defendendo a adoção de valores 'comunitários' [*comunal values*]", tais como a integridade ecológica, que incluam também as futuras gerações.[23]

Para além do caráter não-individualista, a concepção antropocêntrica alargada da relação ser humano/meio ambiente também propugna o reconhecimento de valores não-instrumentais à natureza, ponderando que isso não depende necessariamente da atribuição de valor intrínseco a elementos não-humanos. É dizer, a superação da *visão produtivista* da natureza também pode ser atingida sem que se recorra, inevitavelmente, ao não-antropocentrismo. Nesse sentido, por exemplo, Ben Minteer (2012, p. 60) assevera que

> embora nós possamos valorar a natureza pelos bens materiais que ela provê, nós também podemos, através de nossos julgamentos ponderados e reflexivos, valorizá-la como uma fonte de inspiração e como um recurso essencial, que pode nos levar em direção ao reconhecimento de nossos ideais morais. A atribuição de valor intrínseco para a natureza não-humana não é, portanto, necessária para justificar o nosso tratamento cuidadoso em relação a ela.

Justamente porque transcendem a esfera individualista, ainda que tenham como ponto de origem uma postura antropocentrista (alargada), tais valores não-instrumentais rechaçam a percepção e consideração da natureza apenas como recurso produtivo. É dizer, "esses valores não podem ser analisados como preferências individuais, mas, antes, constituem uma categoria completamente nova de valor, os supracitados 'valores comunitários'", que não são "[...] compromissos com o bem-estar individual, mas compromissos comu-

23 Em outro texto, ao rejeitar a proposta do não-antropocentrismo como o cerne da ética ambiental, o mesmo autor conclui que tal abordagem não irá, comparativamente, ser tão efetiva quanto aquelas que recorrem "[...] à idéia relativamente não controvertida e intuitiva de que o uso de recursos naturais implica obrigações de proteger a natureza para usos futuros – uma teoria da sustentabilidade baseada na equidade intergeracional –, ao invés do exótico apelo a valores inerentes à natureza, até então não percebidos" (NORTON, 1995, p. 356).

nitários", de modo que não podem ser aferidos pelo seu valor monetário ou utilidade produtiva (NORTON, 2009, p. 254).[24]

Para além do debate teórico, sob o aspecto das consequências práticas, há quem postule que a adoção de uma abordagem antropocentrista alargada permite compreender que, "em razão dos significativos danos causados por nossa conduta passada e atual, tanto para os seres humanos como para os não-humanos, na maioria das situações há ações que irão promover benefícios para ambos, humanos e não-humanos" (NORTON, 2009, p. 242). Haveria, assim, pelo menos no plano da ação, uma aproximação entre não-antropocentristas e antropocentristas (alargados), de modo que "se for levada em consideração toda a gama de valores humanos – presentes e futuros – será adotado um conjunto de políticas que também pode ser aceito pelos defensores de um não-antropocentrismo consistente e razoável" (NORTON, 1997, pp. 87 e 99), porém, com maiores chances de ser eficaz se fundamentada por meio do modelo antropocentrista alargado.[25]

24 Complementando sua argumentação, referido autor destacada que: "os seres humanos podem amar outras espécies; eles podem valorar aspectos da natureza não-instrumentalmente no sentido de que – mesmo que não questionem que se trate de um valor humano – eles reconhecem que é um tipo especial de valor" (NORTON, 2009, p. 256). Em sentido ainda mais explícito é a postura adotada por Willian H. Murdy (2004, p. 282), para quem não há incompatibilidade entre a adoção de uma postura antropocentrista (alargada) e o reconhecimento de valor intrínseco a elementos da natureza: "uma atitude antropocêntrica em relação à natureza não requer que o homem seja a fonte de todos os valores, nem exclui a crença de que valores da natureza têm valor intrínseco".

25 Trata-se da chamada *hipótese da convergência* (*convergence hipothesis*). Calha esclarecer, entretanto, que mesmo seus proponentes reconhecem que deve ser compreendida como hipótese de atuação no âmbito político (*policy*) e no contexto atual, não havendo pretensão de que seja capaz de promover a completa conciliação teórica entre antropocentrismo e não-antropocentrismo, mantendo-se pertinente a reflexão nesse campo. Ao que tudo indica, o foco nos resultados concretos, que marca a referida hipótese da convergência, é decorrência da postura pragmática normalmente associada aos proponentes do antropocentrismo alargado. Nesse sentido, a preocupação manifestada por Bryan Norton (2009, p. 250), ao tratar do não-antropocentrismo: "eu receio, entretanto, que eles não sejam capazes de formar uma base de argumentos sólidos para a proteção de espécies ou outras políticas públicas, a menos que as pessoas já estejam convencidas de que espécies e ecossistemas têm valor intrínseco". No debate teórico, há quem refute e critique severamente a hipótese da convergência, como é o caso de Brian Steverson (1995), alegando que não-antropocentrismo e antropocentrismo (ainda que alargado) partem de premissas distantes demais para que possam gerar os mesmos resultados em termos de políticas públicas. Porém, mesmo entre os que se posicionam em bases não-antropocentrismo, há aqueles que reconhecem utilidade na hipótese da convergência como "norma de ação" (*norms for action*, ou seja, como devemos agir em relação à natureza), embora ainda mantenham reservas ao antropocentrismo alargado como "norma de sentimento" (*norms for feeling*, ou seja, como devemos nos sentir em relação à natureza). Nessa direção, a manifestação de Katie McShane (2007, p. 179): "a adoção de boas políticas públicas ambientais e fazer com que as pessoas ajam de modo ambientalmente responsável deveria ser uma prioridade, especialmente em razão da urgência de muitos problemas ambientais. Mas há espaço para manter (talvez paralelamente) o projeto de questionar como nós devemos nos sentir sobre o mundo em que vivemos. Nesse contexto, as diferenças entre antropocentrismo e não-antropocentrismo são consideráveis e, eu penso, ainda merecem nossa atenção".

1.2.7. Antropocentrismo alargado e Direito

Ao contrário do que ocorre nas discussões teóricas no âmbito da academia, o processo de elaboração normativa do Direito – notadamente no plano constitucional – não é marcado pelo mesmo rigor metodológico e sistematização de discurso. Não raramente, inclusive, as correntes teóricas nas quais se divide o debate acadêmico sequer são explicitamente ou racionalmente apresentadas durante a discussão envolvida na formação e aplicação do Direito. Em razão disso, dificilmente se encontrará expressa indicação nos textos legais sobre quais os fundamentos teóricos que subjazem e servem de base para o conteúdo inserido nas normas jurídicas. Também dificilmente se poderá identificar, em certo sistema jurídico-constitucional, apoio irrestrito num determinado posicionamento teórico, de forma que se justifique o integral afastamento dos demais. Não é diferente com o tratamento dispensado ao meio ambiente pelo ordenamento jurídico brasileiro, o que levou Antônio Benjamin (2011, p. 130) a destacar o *caráter híbrido* da norma constitucional em matéria ambiental, o qual, "[...] em vez de prejudicar sua aplicação e efetividade, salpica de fertilidade e fascínio o labor exegético".

Porém, mesmo nesses casos, é necessário reconhecer que cada sistema jurídico-constitucional é o resultado de certa visão (política, ética, econômica etc.) de mundo. Nesse contexto, o debate teórico apresenta-se como ferramenta que pode auxiliar a compreensão das possibilidades e dos limites conferidos pelo sistema constitucional para as tarefas de elaboração e de interpretação do conteúdo de determinado instrumento jurídico ou texto legal, inclusive em matéria de tutela do meio ambiente.

Especificamente no cenário brasileiro, embora não haja menção expressa quanto ao modelo de relação ser humano/meio ambiente que a fundamenta, não parece despropositado asseverar que "[...] a Constituição Federal mostrou sua vocação antropocêntrica, no momento em que gravou, já na porta de entrada (art. 1º, inciso III), a dignidade da pessoa humana como – mais que um direito – um fundamento da República, uma lente pela qual devem ser interpretados os demais direitos posteriormente reconhecidos" (STJ, 2013e).[26] Isso não significa, entretanto, que a Carta Magna de 1988 tenha referendado a visão individualista e meramente instrumental de apropriação dos elementos da natureza pelo ser humano, tampouco que a legislação ambiental pode ser construída e aplicada a partir de tais pressupostos.

Numa palavra, ao eleger a dignidade da pessoa humana como fundamento da República – e, por conseguinte, do seu sistema jurídico –, ao mesmo tempo, a CRFB/88 afasta a viabilidade da utilização, como fundamento jurídico da relação do homem com o ambiente que o cerca, tanto do modelo antropocêntrico clássico, assim como das propostas não-antropocêntricas mais extremadas.[27] Nessa direção caminha considerável parcela da doutrina jurídica especializada, ao propugnar que o sistema constitucional brasileiro adotou o *antropocentrismo alargado* como modelo teórico da relação (jurídica) envolvendo o ser humano e o meio ambiente. Nas palavras de José Rubens Morato Leite (2004, p. 56):

26 Quanto à citação, devem-se destacar duas observações. Primeiro, o julgado no qual está inserida não trata especificamente de questões relacionadas à aplicação da legislação ambiental (envolvia a proteção de direitos da personalidade). De todo modo, o destaque – no sentido de que a condição de fundamento da República, atribuída à dignidade da pessoa humana, revela sua *vocação antropocentrista* – é uma manifestação de caráter geral, que se refere ao sistema jurídico-constitucional como um todo. Portanto, para além de circunstancial, tem valor doutrinário. Segundo, mesmo diante do claro movimento de incorporação de postulados ambientais na jurisprudência do Superior Tribunal de Justiça, quando se analisam ementas de julgados que trataram especificamente da matéria, a partir do sistema de buscas disponibilizado no *site* do Tribunal, não são identificados termos normalmente associados ao não-antropocentrismo (tais como, "biocêntrico", "biocêntrica", "biocentrismo", "ecocêntrico", "ecocêntrica", "ecocentrismo", "valor inerente", "valores inerentes", etc.). A ressalva que se afigura pertinente é a aplicação do brocardo conhecido como *in dubio pro natura*, como princípio hermenêutico de aplicação e integração da legislação ambiental (STJ, 2013f), o que pode ser compreendido como aproximação de um dos postulados do biocentrismo (princípio da preferência natural) na resolução judicial de controvérsias envolvendo o meio ambiente.

27 Por exemplo, partindo dessa premissa, Erika Bechara (2003, p. 76) rechaça o argumento – de base não-antropocentrista – no sentido de que a expressão "todos", contida no art. 225 da CRFB/88, incluiria também não-humanos e justificaria a atribuição de personalidade jurídica a elementos da natureza. De acordo com a referida autora: "[...] o próprio Texto Constitucional deixa transparente a intenção de promover a conservação do meio ambiente, bem como sua utilização racional, em benefício e proveito do homem. Assim é que dispõe que o meio é 'bem de uso comum do povo', demonstrando, desde logo, que o meio ambiente é um bem do qual o povo – os seres humanos, portanto – vai se utilizar, eis que necessário instrumento para obtenção da qualidade de vida humana".

> verifica-se a aceitação de um antropocentrismo alargado, que se encontra amparado legalmente no direito brasileiro (art. 225, *caput* Constituição Federal de 1988 e Lei n. 6.938). Nessa acepção constata-se uma responsabilidade social perante o meio ambiente, que deve ser executada não só pelo Estado, mas também pela coletividade como um todo. Essa perspectiva antropocêntrica alargada coloca o homem como integrante (art. 3º, I, Lei n. 6.938/81) da comunidade biota. Ademais, impõe-se uma verdadeira solidariedade e comunhão de interesses entre o homem e a natureza, como condição imprescindível a assegurar o futuro de ambos e dependente de forma insofismável da ação do primeiro, como verdadeiro guardião da biosfera. Nessa proposta há uma ruptura com a existência de dois universos distantes, o humano e o natural, e avança-se no sentido da interação destes. Abandonam-se as ideias de separação e busca-se uma interação entre os universos distintos e a ação humana.[28]

Deveras, ao analisar o texto constitucional – notadamente o contido no art. 225 CRFB/88 – é possível identificar que o *alargamento* da tutela jurídica em relação ao meio ambiente ocorreu em diversos sentidos, entre os quais podem ser destacados os aspectos *(i)* temporal, *(ii)* funcional, *(iii)* de atribuição de responsabilidades e *(iv)* metodológico.

No *aspecto temporal*, isso ocorre por meio da expressa referência às *futuras gerações* também como titulares do direito ao equilíbrio ecológico, permitindo vislumbrar que o texto constitucional pátrio não se restringe à visão individualista da relação do ser humano com o meio ambiente. Consequência

28 No mesmo sentido é o posicionamento de José Sendim (1998, p. 102): "esta perspectiva não se confunde com a justificada por recurso a uma visão unilateral economicocêntrica. Nesta última, a proteção do ambiente restringia-se à tutela da *capacidade de aproveitamento humano* (*Nutzungsfähigkeit*) dos bens naturais: o ambiente é protegido na medida em que permite satisfazer as *preferências individuais* dos consumidores. Já numa visão antropocêntrica alargada, a tutela *jus-ambiental* vem a abranger a *capacidade funcional ecológica* do patrimônio natural independentemente de sua utilidade direta. Fundamenta-se, por isso, na consideração do *interesse público* na integridade e estabilidade ecológica da Natureza e pode, desse modo, justificar o sacrifício de interesses humanos no aproveitamento imediato dos bens naturais". Em construção semelhante – porém, propugnando que seria a abordagem não-antropocêntrica quem teria caminhado na direção de alguns postulados do antropocentrismo – manifesta-se Antônio Benjamin (2011, p. 127): "a dilatação dos fundamentos éticos da proteção do meio ambiente, traço marcante do Direito Ambiental como visto hoje, ainda não logrou abertamente referendar, no patamar constitucional, o uso dessa técnica de superação do antropocentrismo reducionista; o máximo que se conseguiu foi a adoção de formas mais discretas e diluídas, mas nem por isso menos efetivas, de incorporação de um biocentrismo mitigado [...]"

disso é o estabelecimento de importante mandamento para a construção e aplicação da legislação ambiental, cujos efeitos não podem ser considerados apenas pela perspectiva de preferências ou interesses de qualquer pessoa individualmente considerada.[29]

No *aspecto funcional*, é possível identificar a influência do modelo antropocêntrico alargado pelo reconhecimento de que a valoração dos recursos da natureza não se restringe à utilidade produtiva que possam gerar para o ser humano. Ao contrário, a higidez do meio ambiente é explicitamente tida, pelo texto constitucional, como fator indispensável para a *sadia qualidade de vida*. Isso pressupõe, no âmbito da legislação ambiental, a consideração jurídica de valores que transcendem a visão produtivista, tais como aqueles associados à integridade do equilíbrio ecológico, à saúde, à afetividade, à cultura, à paisagem etc.[30]

Também no *aspecto da distribuição das responsabilidades jurídicas*, o antropocentrismo alargado pode ser identificado no texto constitucional. Isso ocorre por meio da explícita *sujeição da coletividade*, como categoria própria, na condição de destinatária do dever de proteger e preservar o meio ambiente, tarefa que não mais se restringe a qualquer pessoa isoladamente considerada (seja o Estado ou qualquer cidadão, individualmente). Trata-se, portanto, de mais uma indicação de que se deve superar a visão individualista no tratamento jurídico da tutela do meio ambiente, abrindo ensejo para o debate – ainda pouco realizado no Brasil – acerca dos *deveres fundamentais coletivos* em matéria ambiental, como diretriz destinada à formação e aplicação da legislação ambiental.[31]

Ainda, no *aspecto metodológico*, a visão alargada do antropocentrismo também parece se manifestar no texto constitucional, haja vista que a concretização das incumbências constitucionalmente atribuídas ao Estado e à cole-

29 Conteúdo semelhante também é veiculado na Lei da Política Nacional do Meio Ambiente, ao estabelecer a *disponibilidade permanente* dos recursos ambientais como um dos objetivos da legislação ambiental brasileira (art. 4º, VI, Lei Federal n. 6.938/81).

30 Valores esses que não são individualmente aferíveis, na medida em que são usufruídos como valores coletivos, como é o caso da referência "ao bem estar de seus habitantes" como o objetivo do "pleno desenvolvimento das funções sociais da cidade" (art. 182 CRFB/88); ou do "patrimônio cultural brasileiro", reunindo bens que são "portadores de referência à identidade, ação e memória" de diferentes grupos (art. 216 CRFB/88).

31 O tema será aprofundado no item 1.3.2., por se tratar de um dos fundamentos (constitucionais) para o Pagamento por Serviços Ambientais (PSA).

tividade – manutenção de processos ecológicos, preservação do patrimônio genético, proteção da fauna e flora, etc. – pressupõe a superação do discurso de superioridade técnico-científico de qualquer área do conhecimento. Dito de outro modo, o atendimento de tais incumbências, fixadas no texto constitucional pátrio, somente pode ser adequadamente obtido a partir de uma *perspectiva interdisciplinar*, que estabeleça o diálogo – e negociação – político entre os diversos campos de conhecimento (biologia, química, engenharia, economia, sociologia, etc.) que se dedicam a compreender a relação entre os seres humanos e destes com o meio ambiente.[32]

1.3. Conceito e características jurídicas do meio ambiente

Diante do exposto até o momento, não parece despropositado afirmar que a capacidade de atender tais postulados – equidade intergeracional, valoração multidimensional, coletivização das responsabilidades e interdisciplinaridade metodológica – constitui fator relevante para averiguar a compatibilidade e a utilidade de determinado instrumento jurídico – entre os quais, o Pagamento por Serviços Ambientais (PSA) – com o atual sistema constitucional brasileiro de tutela do meio ambiente.

O tema será retomado, por ocasião da apresentação e sistematização de alguns dos principais fundamentos teóricos do PSA, seja no que se refere ao seu enquadramento como instrumento inserido na lógica da função promocional do Direito Ambiental (vide item 2.3.), bem como no momento em que forem abordados aspectos relacionados à modelagem jurídica de programas de Pagamento por Serviços Ambientais (vide o Epílogo).

Antes, porém, é necessário avançar na uniformização do entendimento acerca do *conceito* e de algumas das principais *características* do meio ambiente juridicamente considerado, na medida em que, na condição de temas de Teoria

32 Como se manifesta Gérard Fourez (1995, pp. 136-137): "[...] a interdisciplinaridade não se destina a criar um novo discurso que se instaura *para além* das disciplinas particulares, mas seria uma 'prática' específica visando à abordagem de problemas relativos à existência cotidiana. [...] O objetivo não será criar uma nova disciplina científica, nem um discurso universal, mas resolver um problema concreto. [...] A interdisciplinaridade é vista como uma prática essencialmente 'política', ou seja, como uma *negociação* entre diferentes pontos de vista, para enfim *decidir* sobre a representação considerada adequada tendo em vista a ação. [...] É preciso aceitar confrontos de diferentes pontos de vista e tomar uma decisão que, em última instância, não decorrerá de conhecimentos, mas de um risco assumido, de uma escolha finalmente ética e política".

Geral do Direito Ambiental, também contribuem para a compreensão dos limites e possibilidades do PSA no atual ordenamento pátrio.

1.3.1. Conceito jurídico amplo

A investigação acerca da estrutura da relação ser humano/meio ambiente auxilia na análise do sentido – para que(m)? – da proteção ambiental no âmbito do Direito. Por sua vez, o delineamento do conceito jurídico de meio ambiente propicia debruçar-se sobre o seu conteúdo – o quê? – como bem objeto de proteção no sistema constitucional nacional.

Trata-se de tema para o qual a doutrina especializada do Direito Ambiental tem dedicado atenção já há bastante tempo. Mais do que um debate meramente acadêmico, em razão de sua *virtualidade delimitadora* (SERRANO MORENO, 1992, p. 24), o conteúdo que determinado sistema jurídico atribui ao conceito de meio ambiente fixa o campo de atuação do próprio Direito Ambiental – como disciplina jurídica especializada – e, por conseguinte, delimita o âmbito de abrangência dos instrumentos jurídicos que compõem a sua legislação.

Dito de outra forma, por meio da compreensão do que está inserido na noção de meio ambiente, juridicamente considerado, é que se pode identificar em quais situações concretas incide o regime jurídico de especial proteção que forma o Direito Ambiental. Dentro desse contexto, normalmente são apontadas duas posições doutrinárias, dividindo o debate entre aqueles que propugnam a utilização de *(i)* conceito restrito ou de *(ii)* conceito amplo para a categoria jurídica *meio ambiente.*

No entender da primeira abordagem doutrinária – conceito restrito – "o meio ambiente nada mais é do que a expressão do patrimônio natural e suas relações com o ser vivo. Tal noção, é evidente, despreza tudo aquilo que não seja relacionado com os recursos naturais" (MILARÉ, 2001, pp. 202-203). Ao tratar do sistema jurídico de Portugal, por exemplo, Carla Amado Gomes (2013, p. 12), após realizar análise da legislação ambiental vigente naquele país, conclui pela necessidade de restrição da noção jurídica de meio ambiente. Segundo a referida autora, "em face da confusão reinante, pensamos que a única via possível para dar ao Direito do Ambiente a força necessária à formação de uma ética da responsabilidade ambiental é optar decisivamente pela redução do seu objeto" aos recursos naturais.

Mesmo na doutrina nacional – embora de modo minoritário – encontram-se autores postulando a tese de que a legislação pátria teria adotado o conceito estrito de meio ambiente. Nesse sentido, por exemplo, a manifestação de Marcelo Abelha Rodrigues (2002, pp. 44-67), para quem a noção jurídica de *componentes ambientais* abrange tão somente os elementos bióticos e abióticos (bem como a inter-relação destes) da natureza. O conceito jurídico de meio ambiente, portanto, excluiria tudo o que não se possa enquadrar como recurso natural.[33] A fim de sustentar essa posição, são apresentados dois argumentos centrais.

O primeiro diz respeito à *existência de um conceito legal* no ordenamento nacional, que restringe a noção de meio ambiente a elementos da natureza.[34] Em razão disso, "[...] qualquer tentativa de se definir o meio ambiente, para fins jurídicos, será contribuição de *lege ferenda* [...]" (RODRIGUES, 2002, p. 51). Aceita essa ideia, a mesma afirmação justificaria a restrição dos elementos que compõem o meio ambiente somente àqueles relacionados à sua faceta natural, uma vez que, na legislação infraconstitucional, também existe definição para a expressão *recursos ambientais* apontando nessa direção.[35]

O segundo argumento – para a conclusão de que o conceito jurídico de meio ambiente apenas abarcaria componentes naturais – estaria no que o mencionado autor denomina de *análise sistemática do texto constitucional*. Levando em consideração a separação das matérias realizada pelo constituinte, poder-se-ia concluir que "[...] ao menos sob a exegese sistemática, optou o legislador por 'isolar' o meio ambiente (natural no caso) dos demais ecossistemas artificiais [...]" (RODRIGUES, 2002, p. 64). Noutros termos, o fato da Constituição Federal tratar do meio ambiente em local específico, consagrando nesse tópico a busca do equilíbrio ecológico, também corroboraria a

33 Anote-se, porém, que o autor não desconhece a existência de meio ambientes cultural e artificial, mas apenas não os considera como tema de interesse imediato do Direito Ambiental (e sim de outras disciplinas jurídicas).

34 Refere-se ao art. 3o, I da Lei Federal 6938/81, que define *meio ambiente* como sendo "[...] o conjunto de condições, leis, influências e interações que regem a vida em todas as suas formas".

35 Trata-se da regra inserida no art. 3º, V da Lei Federal 6938/81, que define *recursos ambientais* como: "a atmosfera, as águas interiores, superficiais e subterrâneas, os estuários, o mar territorial, o solo, o subsolo, os elementos da biosfera, a fauna e a flora".

conclusão de que o sistema jurídico nacional restringiu o Direito Ambiental a preocupações tão somente direcionadas aos recursos naturais.[36]

Não se afigura despropositado afirmar, entretanto, que a doutrina vem majoritariamente reconhecendo que o sistema constitucional brasileiro adotou um conceito jurídico amplo de meio ambiente. Partindo do pressuposto de que "[...] a noção genérica de meio ambiente pode ser construída a partir de diversas perspectivas teóricas e de escala [...]" (LEITE; AYALA, 2003, p. 207), que pode ser modulada de acordo com as opções adotadas pelo legislador, tem prevalecido o entendimento no sentido de que, no sistema constitucional brasileiro, o seu conteúdo jurídico não se restringe aos elementos da natureza.

Adotada a concepção ampla, a categoria jurídica *meio ambiente* pode ser definida como "[...] a interação do conjunto de elementos naturais, artificiais e culturais que propiciem o desenvolvimento equilibrado da vida em todas as suas formas" (SILVA, 2003a, p. 20). Na defesa de tal concepção, argumenta-se que o sistema jurídico nacional busca a proteção do meio ambiente de forma específica, é dizer: adjetivado pela expressão *ecologicamente equilibrado*, reconhecido como *essencial à sadia qualidade de vida* e qualificado como *bem de uso comum do povo*. Diante desse contexto, não se pode deixar de perceber que cada um dos aspectos (naturais, artificiais e culturais) do ambiente onde o ser humano vive pode, ainda que em proporções variáveis, interferir no equilíbrio ecológico e influir na qualidade de vida. De mais a mais, os argumentos apresentados em favor da corrente doutrinária oposta – teoria restrita – não representariam obstáculos intransponíveis para o reconhecimento do conteúdo amplo à definição jurídica de meio ambiente.

O primeiro argumento – existência de definição legal para os termos *meio ambiente* e *recursos ambientais* (art. 3º, I e V da Lei Federal 6938/81), com referência apenas a elementos da natureza – é refutado com a alegação de que não se deve interpretar a Constituição Federal à luz da legislação ordinária. É dizer, como o próprio texto constitucional permite levar em consideração todos os elementos ambientais que interferem no equilíbrio ecológico – e, por

36 A defesa do conceito restrito de meio ambiente normalmente vem associada a preocupações de ordem prática, no sentido de que a diminuição do campo de abrangência da noção jurídica de meio ambiente é relevante para a própria eficácia do Direito Ambiental. Trata-se de argumento que não surge apenas em relação ao Direito Ambiental, também sendo comum no debate doutrinário de outros microssistemas jurídicos. Em sentido semelhante, por exemplo, a tese da restrição do conceito jurídico de *consumidor* para a incidência das normas de especial proteção do microssistema veiculado no Código de Defesa do Consumidor (LF n. 8.078/90).

conseguinte, na sadia qualidade de vida – deve-se compreender que as definições contidas na Lei da Política Nacional do Meio Ambiente, embora recepcionadas pela Carta Magna de 1988, não esgotam o conteúdo *jurídico* da expressão *meio ambiente.*

Para além disso, quanto ao segundo argumento, esclarece-se que a interpretação *sistemática* do texto constitucional não deve ser confundida com sua interpretação meramente *topográfica.* A circunstância da Constituição Federal de 1988 se referir praticamente apenas a elementos naturais no capítulo intitulado "Do Meio Ambiente" não pode afastar o reconhecimento de que, ainda que topograficamente em passagens diversas, o texto constitucional também aborda outros elementos ambientais – artificiais e culturais – que estão relacionados à noção de equilíbrio ecológico, sendo essenciais à sadia qualidade de vida. Portanto, diante da interpretação sistemática do texto constitucional, tais elementos – artificiais e culturais – integrariam da mesma forma a noção jurídica de meio ambiente, ainda mais quando se percebe que – não obstante terem sido utilizados outros termos – também lhes foi atribuída qualificação jurídica com o mesmo conteúdo da expressão *bens de uso comum do povo,* contida no art. 225 CRFB/88.[37]

Especificamente no que se refere ao meio ambiente artificial,[38] a norma que lhe serve de fundamento constitucional está contida no art. 182 CRFB/88. Embora não se restrinja a elementos da natureza propriamente dita, não é despropositado concluir que a forma como se promove o *ordenamento, uso e ocupação do espaço urbano* – artificialmente construído – *interfere no equilíbrio ecológico* de determinado local. De mais a mais, o próprio texto constitucional reconhece que o ambiente artificial é *essencial à sadia qualida de de vida,* tanto que justifica as medidas de desenvolvimento urbano como forma de garantia do *bem-estar dos seus habitantes.* Por fim, ao estabelecer que o pleno desenvolvimento do ambiente artificial conforma a *função social das ci dades,* o texto constitucional lhe atribui qualificação jurídica cujo conteúdo se

37 A discussão sobre o conteúdo da expressão bem de uso comum do povo será retomada no item 1.3.3.

38 Assim entendido "[...] aquele integrado pelas edificações, equipamentos urbanos e comunitários. Em outras palavras, é constituído pelo 'espaço urbanos construído, consubstanciado no conjunto de edificações (espaço urbano fechado) e dos equipamentos públicos (espaço urbano aberto)'" (SOUZA, 2000, p. 8)

assemelha ao contido na expressão *bem de uso comum do povo*, no sentido em que é empregada no art. 225 CRFB/88.[39]

Por seu turno, o dispositivo veiculado no art. 216 CRFB/88 serve de fundamento constitucional para a inclusão dos elementos culturais na noção jurídica de meio ambiente. De início, não parece equivocado considerar que os elementos que integram o patrimônio cultural brasileiro se revelam essenciais à sadia qualidade de vida, pelo menos na perspectiva alargada que se depreende do texto consitucional atual. Isso porque, conforme esclarece Carlos Marés (1993, p. 23), "[...] o que a Constituição atual deseja proteger não é o monumento, a grandiosidade da aparência, mas o íntimo valor da representatividade, o profundo da identidade nacional, a essência da nacionalidade, a razão de ser da cidadania", valores que, por certo, devem ser protegidos, inclusive, em vista das gerações futuras. De mais a mais, a qualificação de *patrimônio cultural brasileiro*, expressamente atribuída aos elementos do meio ambiente cultural, também encontra paralelismo com o conteúdo da expressão *bem de uso comum do povo*, na forma em que é empregada no já referido art. 225 CRFB/88.

Em suma, como ramo jurídico que disciplina o "comportamento humano em relação ao seu meio ambiente" (MUKAI, 2012, p. 11),[40] tendo em vista a sadia qualidade de vida da presente e futuras gerações, o Direito Ambiental está voltado para a tutela de elementos naturais, artificiais e culturais, cuja interação influencia o equilíbrio ecológico, tido como bem de uso comum do povo. Em decorrência disso, a atuação dos instrumentos jurídicos que integram a legislação ambiental – entre os quais os programas de Pagamento por Serviços Ambientais (PSA) – pode estar voltada a quaisquer dos aspectos (natural, artificial e cultural) que compõem a noção ampla de meio ambiente.

39 Esclareça-se que significativa parcela da doutrina também faz referência ao meio ambiente do trabalho, como um aspecto próprio da categoria jurídica *meio ambiente*, envolvendo todos os equipamentos e construções existentes no local onde o trabalho é exercido, especialmente no que concerne às consequências advindas de sua utilização para o trabalhador. Não se nega a pertinência teórica de tal classificação, até porque o meio ambiente do trabalho é (o único) expressamente mencionado no texto da Constituição Federal (art. 200, VIII). Porém, para os objetivos deste Livro, não se vislumbra qualquer prejuízo em considerar os elementos relacionados ao trabalho como uma decorrência do meio ambiente artificial.

40 Essa também parece ser a posição de Cristiane Derani (2001, p. 85), o que se depreende do seguinte trecho de sua obra: "a tarefa do direito no ramo do direito ambiental é fazer com que as normas jurídicas possam orientar as ações humanas, influenciando o seu conteúdo, no sentido de um relacionamento consequente com o meio ambiente".

1.3.2. Bem unitário e imaterial

A partir da adoção do conceito jurídico amplo, torna-se possível identificar algumas das principais características do meio ambiente no ordenamento constitucional brasileiro, entre os quais o seu caráter unitário e imaterial.

O reconhecimento de que a categoria jurídica *meio ambiente* é composta por elementos naturais, artificiais e culturais não deve levar à conclusão de que o ordenamento jurídico o incorpora de modo fracionado, como se tratasse meramente da justaposição de bens jurídicos com existência distinta e dissociada. Ao contrário, tal subdivisão somente tem sentido para "buscar uma maior identificação com a atividade degradante e o bem imediatamente agredido" (LYRA, 1997, p. 50). É dizer, não obstante seja formado por elementos com origens diferentes, conforme explica José Gomes Canotilho (1993, p. 347), o meio ambiente juridicamente considerado é

> [...] um conceito unitário, pois embora possa se deslocar o acento tônico [...] a Constituição aponta (em consonância, de resto, com os diplomas internacionais) para uma visão unitária (conjuntos dos sistemas químicos, físicos e biológicos e de factores econômicos, sociais e culturais), que além de serem interativos entre si, produzem efeito, directa ou indirectamente, sobre unidades existenciais vivas e sobre a qualidade de vida do homem.

Conforme antes mencionado, a Constituição Federal de 1988 busca a proteção do meio ambiente de forma específica, adjetivado pela expressão *ecologicamente equilibrado*, o qual constitui o bem juridicamente tutelado pelo Direito Ambiental. Nesse sentido, nas palavras de José Sendim (1998, p. 167) "talvez se possa mesmo afirmar que a idéia de *conservação do equilíbrio ecológico* parece ser a *ultima ratio* do direito do ambiente, a sua orientação fundamental, uma síntese do seu fundamento dogmático".

Para sistematizar essa estrutura, atribuída ao meio ambiente no sistema constitucional brasileiro, a doutrina costuma fazer referência à distinção entre *bem ambiental* e *recursos ambientais* – também apresentada por meio dos termos *macrobem* e *microbem* ambiental, respectivamente. A expressão *bem ambiental* (ou *macrobem*) é utilizada para se referir ao *meio ambiente ecologicamente equilibrado*, categoria jurídica unitária e imaterial. Já a expressão *recursos ambientais* (ou *microbens*) é utilizada para se referir aos elementos ambientais (naturais, artificiais ou culturais) específicos, os quais são suscetíveis de individualização e, em diversas situações, assumem existência física (material) própria.

Como consequência disso, torna-se possível compreender que os diversos elementos (naturais, artificiais e culturais) que integram a noção de meio ambiente não são juridicamente tutelados apenas em razão de suas próprias necessidades, mas sempre estão voltados a um objetivo mais abrangente, qual seja, a promoção do equilíbrio ecológico. Portanto, mesmo a legislação setorial que protege a fauna, a flora, os recursos hídricos, a construção de valor histórico etc., não visa tão somente à proteção desses elementos isoladamente considerados – apenas como *recursos ambientais* –, mas se insere num contexto maior, no qual se busca tutelar o próprio meio ambiente ecologicamente equilibrado – ou seja, o *bem ambiental* –, que não é suscetível de fracionamento entre os seus titulares (é unitário) e que não se confunde com os elementos fisicamente considerados que o integram (é imaterial). Aplicando tal raciocínio a uma das principais categorias da Teoria do Direito, a tutela do bem jurídico meio ambiente poderia ser ilustrada situando os diversos *recursos ambientais* como *objetos imediatos* das relações jurídicas formadas pela incidência da legislação ambiental, enquanto que o *bem ambiental* assumiria a condição de *objeto mediato* da relação jurídica (PIVA, 2000).[41]

Em suma, conforme esclarece Rui Piva (2000, p. 153), "ao admitirmos a *imaterialidade do bem* ambiental, estamos distinguindo o seu conceito do conceito de *recursos ambientais*. Estamos considerando o *direito à qualidade do meio ambiente* como o *bem ambiental* e não o meio ambiente em si ou os recursos capazes de proporcionar-lhe esta qualidade". Ao mesmo tempo, o sistema constitucional também reconhece que a tutela do *macrobem* pressupõe "[...] preservar os *bens da vida* relevantes para esse direito, portanto os recursos naturais e culturais" (REISEWITZ, 2004, p. 55), ou seja, dos *microbens* que o integram.

Essa relação *todo-parte*, que caracteriza a categoria jurídica meio ambiente no ordenamento nacional, reflete na formação e aplicação de toda a legislação ambiental, na medida em que seus instrumentos – entre os quais o Pagamento por Serviços Ambientais (PSA) – têm a missão não apenas de promover a tutela de algum *recurso ambiental* isoladamente tomado, mas também incorporar a

41 Toma-se aqui o objeto da relação jurídica nos termos formulados por Miguel Reale (1998, p. 222), ou seja, como "[...] aquilo sobre o que incide o vínculo de atributividade", o que deve ser compreendido no contexto de alargamento da visão antropocêntrica, atribuída pelo sistema constitucional pátrio para a tutela do meio ambiente.

proteção ou promoção da função que determinado *microbem* desempenha para o equilíbrio ecológico, na condição de *macrobem, unitário e imaterial.*

1.3.3. Titularidade difusa e de uso comum do povo

A identificação do seu caráter unitário e imaterial conduz à reflexão acerca da *titularidade* do direito ao meio ambiente ecologicamente equilibrado e, por conseguinte, do conteúdo da expressão *bem de uso comum do povo,* inserida na redação do art. 225 CRFB/88, como um elemento distintivo da tutela jurídica do *bem ambiental.*

Como ponto de partida, não se afigura despropositado identificar que a *summa divisio* – entre interesses públicos e interesses privados – não é adequada para explicar o modelo de titularidade que o sistema constitucional brasileiro atribuiu para o direito ao meio ambiente ecologicamente equilibrado.[42]

Em sua acepção tradicional, consideravam-se interesses privados aqueles cujos resultados do seu exercício estivessem relacionados tão somente ao indivíduo que é o seu titular, sendo que o conjunto de tais direitos formaria o patrimônio privado de determinada pessoa. Tratava-se de concepção marcadamente individualista, calcada na premissa do "[...] poder conferido ao indivíduo de produzir efeitos jurídicos sem intervenção de agentes externos, muito especialmente do Estado" (NEGREIROS, 2001, p. 361).

Na outra ponta da *summa divisio,* figuravam os denominados interesses públicos, formando o correspondente patrimônio público. Embora seja acertado afirmar que essa categoria abrange diversos interesses que estão relacionados a necessidades da população como um todo, não se pode perder de vista que a marca característica dos interesses públicos é a sua íntima ligação com a figura do Estado, ao ponto de este ser considerado o seu titular (LISBOA, 2000, p. 57). Embora estejam submetidos a regime jurídico diferenciado,[43] os interesses pú-

42 As expressões "direitos" (privados, públicos, individuais, coletivos etc.) e "interesses" serão aqui utilizadas como sinônimos, até porque "hoje, com a concepção mais larga do direito subjetivo, abrangente também do que outrora se tinha como mero 'interesse' na ótica individualista então predominante, ampliou-se o espectro de tutela jurídica e jurisdicional. Agora é a própria Constituição Federal que, seguindo a evolução da doutrina e da jurisprudência, usa dos termos 'interesses' (art. 5o, L, b), 'direitos e interesses coletivos' (art. 129, III), como categorias amparadas pelo Direito" (WATANABE, 1991, p. 623).

43 Nas palavras de Hely Lopes Meirelles (2000, p. 478), o "domínio patrimonial do estado sobre seus bens é direito de propriedade, mas direito de propriedade pública, sujeito a um regime administrativo especial [...]".

blicos não rompem com a lógica de apropriação individual de bens, mas apenas transferem a titularidade de parcela deles ao ente estatal.

Entretanto, diante das peculiaridades de novos bens jurídicos – entre os quais o meio ambiente ecologicamente equilibrado – fez-se necessário revisitar (e alargar) a dicotomia privado/público. Por um lado, a atividade privada não pode mais estar vinculada estritamente a interesses individuais, eis que a pessoa "[...] não é dotada de uma 'liberdade independentemente da realidade social', não é 'autônoma' relativamente à sociedade" (NEGREIROS, 2001, p. 369). De outra parte, transcendendo a estrita vertente dos interesses públicos, também deve ser reconhecida a existência de direitos titularizados por um grupo de (ou mesmo por todas as) pessoas, os quais, "por se tratarem de necessidades de todos, não são necessidades apenas do Estado, mas inclusive dele, que, contudo, poderá vir a ser demandado para a satisfação do direito subjetivo concernente" (LISBOA, 2000, p. 62).

Diante da insuficiência da *summa divisio*, para explicar a titularidade de novos direitos que foram incorporados ao sistema constitucional brasileiro, verifica-se o surgimento e sistematização de interesses que "[...] não são públicos, nem individuais ou privados, ou seja, fazem parte de uma terceira categoria" (STJ, 2013d). Tratam-se dos *direitos transindividuais* ou *metaindividuais*, os quais transcendem as esferas jurídicas privadas, sem que isso represente que sua titularidade seja exercida pelo Estado.

Entre as espécies dessa categoria comparativamente nova, a doutrina enquadra o direito ao meio ambiente ecologicamente equilibrado como uma manifestação dos denominados *interesses difusos*, em razão de se caracterizar pela indeterminação de sujeitos, indivisibilidade do objeto, intensa conflituosidade interna e mutação no tempo e no espaço.[44]

No que concerne à indeterminação dos sujeitos, como característica dos direitos difusos, Rodolfo Mancuso (2011, p. 94) esclarece que "[...] a relevância jurídica do interesse não mais advém de sua afetação a um titular determinado, mas do fato do interesse concernir a toda coletividade ou a todo um segmento dela, justificando-se, assim, o trato *coletivo* do conflito". Além disso, a indeterminação da titularidade dos direitos difusos também "[...] deriva, em boa

44 Acerca da distinção entre interesses difusos e interesses públicos, Hugo Manzzilli (2009, p. 54) assim se manifesta: "não são, pois, os interesses difusos mera subespécie de interesse público. Embora em muitos casos possa até coincidir o interesse de um grupo indeterminável de pessoas com o interesse do Estado ou com o interesse da sociedade como um todo (como o interesse ao meio ambiente sadio), a verdade é que nem todos os interesses difusos são compartilhados pela coletividade ou comungados pelo Estado".

parte, do fato que não há um vínculo jurídico coalizador dos sujeitos afetados por estes interesses; eles se agregam ocasionalmente, em virtude de contingências". São direitos em relação aos quais todos são titulares como membros da coletividade, embora ninguém os titularize individualmente.[45] É justamente o que se verifica com o direito ao meio ambiente ecologicamente equilibrado, cuja violação não traz repercussões apenas para alguém individualmente considerado, mas afeta todo um conjunto indeterminável de pessoas, bastando que estejam ligadas tão somente por circunstâncias de fato (morar em determinado lugar, por exemplo).[46]

É a partir da natureza difusa do direito ao meio ambiente ecologicamente equilibrado que se deve buscar a compreensão acerca do conteúdo da qualificação *bem de uso comum do povo*, que lhe é atribuída pelo art. 225 CRFB/88. De acordo com Luis Roberto Barroso (1993, p. 252), ao utilizar a expressão *bem de uso comum do povo* no referido dispositivo, "o que o constituinte terá pretendido dizer é que o meio ambiente constitui um bem jurídico próprio, distinto daquele sobre o qual se exerce o direito de propriedade [individual]".[47] Noutras palavras, na estrutura jurídica introduzida pelo sistema constitucional brasileiro, é possível que incidam concomitantemente direitos com diferentes titulares sobre um mesmo elemento natural, artificial ou cultural. De uma parte, a titularidade *individual* se manifesta através da atribuição do direito de propriedade (privada ou pública) sobre determinado bem a alguém. Por outro lado, e ao

45 Isso não significa, entretanto, que condutas ilícitas em relação ao meio ambiente não possam ocasionar danos individualizados, tampouco que a repercussão individual do ilícito ambiental não seja juridicamente relevante. Tome-se, por exemplo, as situações de poluição hídrica, que podem impactar diretamente na esfera individual de pescadores que utilizam o local para o exercício de sua atividade profissional. Em tais casos, poderá haver a violação de interesses individuais (e, inclusive, o consequente dever de reparação civil), mas isso não afasta e não se confunde com a concomitante transgressão ao direito difuso (de titularidade indeterminada, portanto) ao meio ambiente ecologicamente equilibrado.

46 Em razão de suas características específicas, é que a doutrina formula a distinção entre direitos difusos e direitos coletivos, não obstante ambos integrarem a categoria dos interesses transindividuais. Nesse sentido, a lição de Hugo Mazzilli (2009, p. 99): "tanto os interesses difusos como os coletivos são indivisíveis, mas se distinguem tanto pela origem da lesão como também pela abrangência do grupo. Os interesses difusos supõem titulares indetermináveis, ligados por circunstâncias de fato, enquanto os coletivos dizem respeito a grupo, categoria ou classe de pessoas determinadas, ou determináveis, ligadas pela mesma relação jurídica básica".

47 Ao que tudo indica, o mesmo conteúdo jurídico – reconhecimento de bem jurídico próprio, distinto do direito de propriedade – também pode ser vislumbrado nas expressões *funções sociais das cidades* (art. 182 CRFB/88) e *patrimônio cultural brasileiro* (art. 216 CRFB/88), utilizadas no sistema constitucional, respectivamente, para os aspectos artificiais e culturais da noção jurídica de meio ambiente, conforme se apresentou ao tratar de sua conceituação (vide item 1.3.1.).

mesmo tempo, sobre esse bem sujeito à propriedade individual, pode surgir outro direito, de titularidade *difusa*, que se manifesta em função da sua importância para o meio ambiente ecologicamente equilibrado. Como consequência, o mesmo bem pode ser a expressão tanto do patrimônio individual de alguém (propriedade individual), quanto do patrimônio coletivo de todos (bem de uso comum do povo).

Em suma, embora o ordenamento jurídico nacional admita que diversos elementos naturais, artificiais e culturais possam integrar o patrimônio individual de determinada pessoa (pública ou privada), a sua conexão com o *bem ambiental* permanece inalterada, o que justifica e impõe intervenções (sob a forma de restrições ou estímulos) sobre o próprio exercício do direito de propriedade individual, tendo em vista a necessidade de proteção e promoção do direito ao meio ecologicamente equilibrado – patrimônio transindividual e de titularidade difusa – que também pode se expressar por meio do mesmo bem.[48]

1.3.4. Direito fundamental

Apresentar definição concisa do que sejam os direitos fundamentais não é tarefa simples. Entretanto, não parece inadequado considerar que os *di reitos fundamentais* têm como nota comum integrarem o *mínimo existencial* que se busca garantir a todas as pessoas. É dizer, são fundamentais aqueles direitos indispensáveis para assegurar as condições mínimas de existência digna para o ser humano, de acordo com os valores e as necessidades consagradas em determinado tempo e local (TORRES, 2001, p. 266).

Na tentativa de sistematização, a doutrina aponta uma série de características presentes em todos os direitos fundamentais, as quais auxiliam em sua identificação, destacando-se (REISEWITZ, 2004, pp. 36-38): *(i)* a *historicidade,* pois ampliam-se em número e em conteúdo na medida em que novos valores

48 Anote-se que, tomado nesse sentido, o termo *bem de uso comum do povo* não se confunde com a categoria jurídica, de mesmo nome, inserida no art. 99, I do Código Civil. Isso porque, no contexto do art. 225 CRFB/88, bem de uso comum do povo é expressão de um direito difuso, titularizado por sujeitos indeterminados e integrante do patrimônio transindividual. De outra parte, no contexto do art. 99, I do Código Civil, o termo bem de uso comum refere-se à atribuição de direito de propriedade individual, titularizada por algum ente estatal específico e integrante do respectivo patrimônio (público). O Estado pode ser titular de direito de propriedade (individual) sobre determinado elemento natural, artificial ou cultural, mas isso não afasta a circunstância de que a coletividade – difusamente considerada – titulariza o direito à função ecológica desempenhada por este mesmo bem.

e necessidades passam a ser consideradas básicas, fundamentais pela sociedade; *(ii)* a *universalidade*, já que têm como destinatários todas as pessoas, não comportando a ideia de limitação a uma classe ou grupo de pessoas; *(iii)* a *limitabilidade*, uma vez que inexiste primazia *a priori* para nenhum direito fundamental, sendo que a implementação de cada um deles deve levar na devida conta a repercussão para a efetividade dos demais; e *(iv)* a *irrenunciabilidade*, tendo em vista que, justamente em razão de constituírem o plexo mínimo de direitos, mesmo a ausência de seu exercício não lhes retira a condição de direito fundamental.

De mais a mais, ainda no esforço de sistematização, a doutrina também identifica similitudes entre os direitos fundamentais, o que permite enquadrá-los em grupos distintos, os quais são conhecidos como dimensões (ou gerações) dos direitos fundamentais. Nesse sentido, Paulo Bonavides (2002, p. 517) esclarece que "em rigor, o lema revolucionário do século XVIII, esculpido pelo gênio político francês, exprimiu em três princípios cardeais todo o conteúdo possível dos direitos fundamentais, profetizando até mesmo a sequência histórica de sua gradativa institucionalização: liberdade, igualdade e fraternidade".

Desta forma, integram os direitos fundamentais de *primeira dimensão* os chamados direitos civis e direitos políticos. Tendo como norte a ideia de liberdade, estão fulcrados em valores marcados pela subjetividade e pelo individualismo, sendo que a sua implementação assume *status negativus*, eis que se apresentam como direitos de resistência ou de oposição ante o Estado.

Já a *segunda dimensão* de direitos fundamentais traz em seu bojo a ideia de igualdade, sendo integrada pelos chamados direitos sociais e econômicos. Inseridos num contexto de agudização do processo de industrialização e de crise do modelo liberal de Estado (WOLKMER, 2003, p. 8), exigem a superação da posição meramente passiva do ente estatal, assumindo o que se pode denominar de *status positivus*, alçando o Estado à posição de [...] artífice e agente de suma importância para que se concretizem os direitos fundamentais de segunda geração" (BONAVIDES, 2002, pp. 520-521).

Por fim, os direitos fundamentais de *terceira dimensão*, que são capitaneados pela ideia de fraternidade (solidariedade), transcendem (sem as recusar) as marcas da liberdade e da igualdade, pois se tratam de "[...] direitos que não se destinam especificamente à proteção dos interesses de um indivíduo, de um grupo ou de determinado Estado. Têm por primeiro destinatário o gênero humano mesmo [...]" (BONAVIDES, 2002, p. 523), aqui incluídas as gerações futuras, o que justifica estarem estruturados como direitos transindividuais, de caráter difuso.

É justamente como um direito fundamental de terceira dimensão que se apresenta o meio ambiente ecologicamente equilibrado, conforme reconhecido, inclusive, pela jurisprudência do Supremo Tribunal Federal, tal como se depreende do seguinte excerto de voto proferido pelo Ministro Celso de Mello (STF, 2011):

> trata-se, consoante já o proclamou o Supremo Tribunal Federal [...] de um típico direito de terceira geração (ou de novíssima dimensão), que assiste, de modo subjetivamente indeterminado, a todo o gênero humano, circunstância essa que justifica a especial obrigação – que incumbe ao Estado e à própria coletividade [...] de defendê-lo e de preservá-lo em benefício das presentes e futuras gerações, evitando-se, desse modo, que irrompam, no seio da comunhão social, os graves conflitos intergeneracionais marcados pelo desrespeito ao dever de solidariedade na proteção da integridade desse bem essencial, comum a todos quantos compõem o grupo social.

Ora, no atual estágio do desenvolvimento da sociedade, o direito de viver num ambiente hígido passa a integrar o mínimo existencial que deve ser proporcionado a todas as pessoas, para que possam viver dignamente. Tanto é assim que a doutrina já reconhece a consagração de um *mínimo existencial (socio)ambiental*, conforme apontam Ingo Sarlet e Tiago Fensterseifer (2010), corroborando o *status* de fundamental com o qual o direito ao meio ambiente ecologicamente equilibrado foi positivado no sistema constitucional brasileiro.

Por fim, cabe destacar que, na condição de direito fundamental de terceira dimensão, a tutela jurídica do meio ambiente assume feição *bidirecional* ou *bifronte* (FERNANDEZ, 2001, p. 26), apresentando-se concomitantemente como direito com *status negativus* e *status positivus*. Trata-se, portanto, de direito fundamental de dupla natureza jurídica (LEITE, 2000, p. 96), pois sua concretização pode demandar tanto obrigações positivas (fazer, dar e tolerar), quanto obrigações negativas (não fazer), tendo como destinatários o Estado e todas as demais instituições e pessoas, não apenas isoladamente consideradas, uma vez que o dever de proteger e preservar o meio ambiente também é imposto para a coletividade, como categoria própria.

1.4. Estado e meio ambiente na Constituição Federal de 1988

Não obstante o intenso debate diante da globalização, parece acertado afirmar que o Estado permanece como uma "[...] sociedade política de maior importância, por sua capacidade de influir e de condicionar, bem como por sua amplitude [...]", tal como leciona Dalmo Dallari (1998, p. 49).[49] Numa palavra, não se pode olvidar que o Estado ainda exerce um importante papel no *movimento de coordenação* (DALLARI, 1998, pp. 46-47) entre os diversos objetivos e interesses que emergem na sociedade.

Coerente com essa premissa, para além de positivar o direito ao meio ambiente ecologicamente equilibrado, a Constituição Federal de 1988 conferiu ao Estado o papel de agente atuante na defesa e promoção do equilíbrio ecológico, inclusive incumbindo-lhe a realização de deveres específicos.[50] Ocorre que os modelos tradicionalmente conhecidos de Estado (Liberal ou Social)[51] não parecem capazes de explicar teoricamente e de atuar concretamente de modo adequado diante do *duplo desafio (i)* de incorporar a *concepção*, o *conceito* e as *características* com as quais a tutela jurídica do meio ambiente foi introduzida no sistema constitucional brasileiro; e *(ii)* de realizar a proteção do meio ambiente num contexto de harmonização – ou de conflito – com outros direitos que também foram reconhecidos como fundamentais pela Carta Política.

No que se refere ao primeiro desafio, não se afigura despropositado afirmar que a tutela do meio ambiente não estava inserida como uma questão prioritária na agenda do Estado (de Bem Estar) Social e, por conseguinte, nos

49 Seria contraproducente analisar aqui as teorias que advogam, por motivos diversos, o fim do Estado-Nação. Sobre o tema, remete-se ao texto de José Gomes Canotilho (2001, pp. 705-722) no qual, com o sugestivo título de "O Direito Constitucional passa; o Direito Administrativo passa também", o professor da Universidade de Coimbra agrupa tais teses, para, em seguida, refutá-las, propugnando uma releitura dos *fins* e dos *modos* do Estado, o que permitirá adequá-lo (e não aboli-lo) numa sociedade de "alta contingência" (pp. 708-711).

50 Embora haja outros, espalhados ao longo do texto constitucional, podem ser destacados aqueles contidos no § 1º do art. 225 CRFB/88.

51 Sobre a forma de atuação dos modelos *ecoliberal* e *ecokeynesiano* diante de temas ambientais, inclusive expondo suas dificuldades, remete-se à análise realizada por José Luis Serrano Moreno (2007).

sistemas jurídico-constitucionais nos quais se baseia.[52] Ao contrário, pelo menos em sua fase inicial, para o atendimento de seus objetivos e no exercício de sua ação intervencionista, a relação do Estado (Social) com o meio ambiente aproximava-se da postura antropocentrista clássica (vide item 1.2.1.). Os elementos da natureza eram concebidos como recursos produtivos, cuja exploração poderia gerar a riqueza econômica necessária para promover as medidas – notadamente do Poder Público – destinadas à redução das desigualdades materiais entre as pessoas. Em termos históricos, inclusive, o Direito Ambiental tem seu processo de positivação e constitucionalização intensificado no mesmo período em que se aprofundaram as críticas acerca do modelo de Estado Social.[53]

Diante desse cenário, a concepção tradicional de Estado Social não parece suficiente para direcionar a atuação estatal de modo que leve em consideração questões centrais da tutela jurídica do meio ambiente, na forma como foi inserida no atual sistema constitucional, entre as quais: *(i)* a percepção do agigantamento da sociedade de risco diante das promessas incumpridas da tecnociência; *(ii)* a consagração do enfoque multidimensional, intergeracional e interdisciplinar que envolve as questões ambientais; *(iii)* a abrangência que se atribuiu ao conteúdo jurídico de meio ambiente, abarcando a interação de elementos naturais, artificiais e culturais; *(iv)* a emergência de novos institutos jurídicos – v.g., patrimônio coletivo, bem de uso comum do povo – que abala sensivelmente a base privatística-individualista normalmente atribuída ao direito de propriedade; *(v)* o enquadramento do meio ambiente ecologicamente equilibrado como um interesse difuso e um direito fundamental de terceira dimensão, revelando a impertinência da clássica *summa divisio* público/privado. (vide item 1.3.4.).

52 Segundo Paulo Márcio Cruz e Maurizio Oliveiro (2013, pp. 214-215), "o Estado de Bem-Estar é o sistema político-econômico que, mantendo um âmbito privado capitalista, encarrega o Estado de tarefas relativas à obtenção de condições sociais mínimas [...] Portanto, principalmente em algumas matérias, o Estado de Bem-Estar – ou os poderes públicos – passou a prestar serviços diretamente à população, como nas já aludidas áreas da saúde, da educação, da habitação e, principalmente, a da seguridade – ou da previdência – social, como aposentadorias, auxílio-velhice, salário-desemprego, afastamentos remunerados para tratamento de saúde, pensões, etc.".

53 Conforme pontua Erin Seibel (2005, pp. 94), "o declínio do *welfare state*, nos padrões clássicos que assumiu basicamente entre o final da Segunda Guerra e o início dos anos 80, é uma questão relativamente amadurecida e consensual na literatura". Esclarecendo "[...] que a crise do *welfare state* (identificada como crise fiscal, crise de legitimação, crise de governabilidade) surgiu na conclusão do longo ciclo de desenvolvimento nacional e a associa com a crise do Estado-nação", o autor destaca que "aspectos essenciais do *welfare state* não seriam mais defensáveis, o que implica em repensar inteiramente a organização e o controle democrático da reprodução social e as combinações de público e privado, em outras palavras, as formas de regulação" [...]

De mais a mais, para a definição do modelo teórico de Estado e para a concreta atuação estatal, outro desafio diz respeito à constante situação de colidência entre direitos fundamentais. Em comparação com o contexto no qual se estruturou o Estado Social, esse quadro se aprofunda significativamente com a inclusão da tutela jurídica do meio ambiente também como tarefa primordial do Estado. Não se pode desconsiderar o fato de que a tutela jurídica do meio ambiente – especialmente com a abrangência instituída no atual sistema constitucional – implica a adoção de medidas potencial e faticamente colidentes com a maximização do conteúdo de outros direitos fundamentais (especialmente aqueles relacionados ao livre exercício da atividade econômica, mas também a aspectos relativos ao valor social do trabalho, ao desenvolvimento nacional, à erradicação da pobreza, à redução de desigualdades regionais etc.).

Conforme identificam Ingo Sarlet e Tiago Fensterseifer (2010, p. 21), "há, portanto, uma tensão dialética permanente entre o objetivo de proteção ambiental e o desenvolvimento econômico". Tal circunstância não passou despercebida, tanto pela doutrina que se debruça na qualificação do meio ambiente como um direito difuso,[54] como também no reconhecimento de sua condição de direito fundamental.[55] Numa palavra, quando verificado o sistema constitucional em sua totalidade, "por mais relevante que seja, a defesa do meio ambiente é apenas um dos vetores constitucionais, que precisa ser conciliado com muitos outros" (BARROSO, 1993, p. 255).

54 De acordo com a lição de Rodolfo Mancuso (2011, p. 100-103), os direitos difusos têm como uma de suas características próprias a *intensa litigiosidade interna*, haja vista que, "no campo dos interesses difusos, outra coisa se dá: eles estão soltos, desagregados, disseminados entre segmentos sociais mais ou menos extensos; não têm um vínculo jurídico básico que os coaliza, mas exsurgem de aglutinações contingenciais, não raro contrapostas entre si. [...] E essas necessidades e esses interesses, de massa, sofrem constantes investidas, frequentemente também de massa, contrapondo grupo *versus* grupo, em conflitos que se coletivizam em ambos os polos. [...] Em todos esses casos, a marcante conflituosidade deriva basicamente da circunstância de que todas essas pretensões metaindividuais não têm por base um vínculo jurídico definido, mas derivam de situações de fato, contingentes, por vezes até ocasionais. [...] têm-se que a esse nível, todas as posições, por mais contrastantes, parecem sustentáveis. É que nesses casos de interesses difusos, não há *parâmetro jurídico* que permita um julgamento axiológico preliminar sobre a posição 'certa' e 'errada'".

55 Nesse sentido, Vasco Pereira da Silva (2002, p. 28) salienta que "os valores ético-jurídicos da defesa do ambiente não esgotam todos os princípios e valores do ordenamento jurídico, pelo que a realização do Estado de Direito Ambiental vai obrigar à conciliação dos direitos fundamentais em matéria de ambiente com as demais posições jurídicas subjetivas constitucionalmente fundadas, quer se trate de direitos de primeira geração, como a liberdade e a propriedade, quer se trate de direitos fundamentais da segunda geração, como os direitos econômicos e sociais [...]".

Assim sendo, todo o fenômeno jurídico contemporâneo é constantemente permeado pela tarefa de *ponderação de bens*[56] diante de situações concretas que envolvam a colidência do direito ao meio ambiente ecologicamente equilibrado com outros direitos fundamentais, tendo a consecução da *dignidade da pessoa humana* como *princípio-fim*.[57] E isso não se restringe à atividade de aplicar a lei diante de controvérsias judiciais (Estado-Juiz), mas também está diuturnamente presente tanto na tarefa de gestão e aplicação dos recursos públicos (Estado-Administração), bem como na própria modelagem que se vai utilizar por ocasião da elaboração normativa (Estado-Legislador).

Diante desse cenário, intensifica-se o debate acadêmico no sentido de que a Constituição Federal de 1988 também conduziu ao estabelecimento de uma nova conformação do próprio modelo de Estado nela contido. Ou seja, seria chegado o momento de assumir novas metas, até para que o Estado continue sendo legitimamente qualificado como de *direito*, *democrático* e *social*

56 O método para realizar a ponderação de bens consiste num dos principais debates do Direito na atualidade, em razão da dificuldade de evitar modelos que sejam excessivamente subjetivos e discricionários. Sobre o referido método da ponderação de bens, eis a manifestação de Daniel Sarmento (2001, p. 56): "ao realizar a ponderação, deve o aplicador do Direito, em um primeiro momento, verificar se o caso concreto está efetivamente compreendido na esfera de proteção de mais de um princípio, o que pode ser feito através da interpretação dos cânones em jogo. Caso se constate que a hipótese realmente é tutelada por mais de um princípio, passa-se à fase ulterior, da ponderação propriamente dita, aí o intérprete, à luz das circunstâncias concretas, impõe 'compressões' recíprocas sobre os bens jurídicos protegidos pelos princípios em disputa, objetivando lograr um ponto ótimo, onde a restrição a cada bem seja a mínima indispensável a sua convivência com o outro. O nível de restrição de cada bem jurídico será inversamente proporcional ao peso que se emprestar, no caso, ao princípio do qual ele se deduzir, e diretamente proporcional ao peso que se atribuir ao princípio protetor do bem jurídico concorrente. Assim, o grau de compressão a ser imposto a cada princípio envolvido na questão dependerá da intensidade com que o mesmo venha afetado no caso concreto. A solução do conflito terá de ser casuística, pois estará condicionada pelo modo com que se apresentarem os interesses em disputa, e pelas alternativas pragmáticas viáveis para o equacionamento do problema".

57 O reconhecimento da *dignidade da pessoa humana* como *princípio-fim*, no contexto da ordem econômica – e, por conseguinte, da própria tutela do meio ambiente – é assim expresso por José Afonso da Silva (1998, p. 143): "[...] a determinação constitucional segundo a qual as ordens econômica e social têm por fim realizar a justiça social constitui uma *norma-fim*, que permeia todos os direitos econômicos e sociais, como, também, toda a ordenação constitucional, porque nela se traduz um princípio político constitucionalmente conformador, que se impõe ao aplicador da Constituição. Os demais princípios informadores da ordem econômica – propriedade privada, função social da propriedade, livre concorrência, defesa do consumidor, defesa do meio ambiente, redução das desigualdades sociais e regionais, busca do pleno emprego – são da mesma natureza. Apenas esses princípios preordenam-se e hão que se harmonizar em vista do *princípio-fim* que é a realização da justiça social, a fim de assegurar a todos existência digna".

(CANOTILHO, 1995, p. 22).[58] Diante disso, a doutrina indica a emergência do chamado *Estado Sociambiental*,[59] que pode ser definido como "[...] a forma de Estado que se propõe a aplicar o princípio da solidariedade econômica e social, para alcançar um desenvolvimento sustentável orientado a buscar a igualdade substancial entre os cidadãos mediante o controle jurídico do uso racional do patrimônio natural" (CAPELLA *apud* LEITE; AYALA, 2002, p. 25).

No *Estado Socioambiental*, portanto, a noção de *desenvolvimento sustentável* assume papel central. Embora explicitar seu conteúdo não seja tarefa simples,[60] não parece despropositado considerar que, no âmbito do sistema constitucional nacional, a noção de *desenvolvimento sustentável* foi influenciada pelos debates realizados por meio de organismos internacionais dos quais o Brasil participa, notadamente a Organização das Nações Unidas - ONU.

A começar pela definição inserida no Relatório Nosso Futuro Comum (*Brundtland*), de 1987, resultado das atividades realizadas pela Comissão Mundial sobre Meio Ambiente e Desenvolvimento da ONU, segundo a qual seria sustentável "o desenvolvimento que satisfaz as necessidades presentes, sem comprometer a capacidade das gerações futuras de suprir suas próprias necessidades" (FGV, 1991). Percebe-se, portanto, o destaque então atribuído à noção de *equidade intergeracional*, como elemento-chave da noção de desenvolvimento

58 Alerte-se que essa necessária reformulação dos fins e dos meios do Estado não é motivada apenas pela questão ambiental, embora esses novos desafios encontrem nela uma de suas mais fortes manifestações.

59 Deve-se destacar que, ao analisar as modificações que a inserção da tutela constitucional do meio ambiente ocasiona no modelo de Estado, podem ser encontradas referências a outros termos, tais como: Estado Constitucional Ecológico (CANOTILHO, 2004, pp. 3-16), Estado Ecointegrador (SERRANO MORENO, 2007), Estado Constitucional Ambiental (RANGEL, 1994), Estado de Bem Estar Ambiental (PORTANOVA, 2000, pp. 235-243), Estado de Direito Ambiental (LEITE; AYALA, 2002). Já a expressão Estado Socioambiental, utilizada neste trabalho, é utilizada, por exemplo, por Ingo Sarlet e Tiago Fensterseifer (2011).

60 Ao tratar do tema, Simon Bell e Stephen Morse (2008, p. 5 e 10) assim se manifestam: "entretanto, o significado preciso de sustentabilidade, e o que ele envolve, varia de acordo com quem o está utilizando e em qual contexto [...] Esse é um ponto que tem sido bastante notado e parece ser fonte de muita frustração. Praticamente todo artigo, *paper* ou livro sobre sustentabilidade lamenta o fato de que o conceito é abrangente e sem consenso; isso usualmente é seguido pela definição preferida pelo próprio autor, que por sua vez aumenta a falta de consenso". Há, inclusive, severas críticas quanto à própria noção de sustentabilidade e de desenvolvimento sustentável, alegando não se tratar de uma meta factível. Entretanto, o aprofundamento desse debate extrapola o âmbito deste Livro, uma vez que parece haver razoável convergência doutrinária quanto ao argumento de que o atual sistema constitucional brasileiro insere a tutela jurídica do meio ambiente nesse contexto de desenvolvimento sustentável.

sustentável, o que também foi expressamente albergado pela Constituição Federal de 1988 (art. 225).

Com o passar do tempo e o aprofundamento da discussão em torno do assunto, percebe-se que a ideia de *desenvolvimento sustentável* tem seu campo de abrangência ampliado, inserindo-se elementos que não estão diretamente relacionados aos recursos naturais. Trata-se do chamado tripé (*triple botton line*) da sustentabilidade, de acordo com o qual o *desenvolvimento sustentável* é aquele capaz de assegurar condições ecologicamente equilibradas, socialmente justas e economicamente viáveis,[61] tanto para a presente, quanto para as futuras gerações.[62] Mais recentemente – e com intensa participação do Estado brasileiro – esse modelo de *desenvolvimento sustentável* foi reafirmado, por ocasião da Conferência das Nações Unidas sobre Desenvolvimento Sustentável (Rio+20). Tanto é assim que, em documento final, intitulado "O Futuro que Queremos", foi expressamente renovado o compromisso dos países signatários – entre os quais o Brasil – "com o desenvolvimento sustentável e com a promoção de um futuro econômico, social e ambientalmente sustentável para o nosso planeta e para as atuais e futuras gerações" (MMA, 2014, p. 3). Note-se que, ao identificar a necessidade de harmonização entre os diversos vetores da sustentabilidade, inevitavelmente também se está reconhecendo o caráter inerentemente conflituoso entre os aspectos – ecológico, social, cultural e econômico – inseridos no modelo de desenvolvimento que se está propugnando.

De todo modo, para expressiva parcela da doutrina pátria, essa noção de *desenvolvimento sustentável* foi albergada pelo sistema constitucional brasileiro, conformando o chamado *Estado Socioambiental*, que tem como uma de suas características marcantes, justamente, a colidência entre direitos fundamentais. Ao tratar do tema, Ingo Sarlet e Tiago Fensterseifer (2011, pp. 93) concluem que "a proteção ambiental e a simultânea e harmônica realização dos diretos econômicos,

61 Em formulações ainda mais recentes, a *diversidade cultural* também é inserida como um dos vetores da sustentabilidade. Embora se considere pertinente a inclusão, por razões de sistematização, aqui se utilizará a formulação mais tradicional do tripé da sustentabilidade, o que não significa excluir as questões relacionadas à diversidade cultural, incluídas no conceito amplo de meio ambiente.

62 A associação de temas sociais à noção de desenvolvimento sustentável – paralelamente a questões relativas a recursos naturais propriamente ditos – pode ser identificada, pelo menos, desde as conclusões da Conferência das Nações Unidas sobre Meio Ambiente e Desenvolvimento (Rio92), notadamente no Princípio n. 5 da Declaração do Rio: "todos os Estados e todos os indivíduos, como requisito indispensável para o desenvolvimento sustentável, irão cooperar na tarefa essencial de erradicar a pobreza, a fim de reduzir as disparidades de padrões de vida e melhor atender às necessidades da maioria da população do mundo".

sociais, culturais e ambientais (DESCA) [se revelam] como fim e tarefa do Estado Constitucional - Socioambiental! - de Direito contemporâneo". Alertando que não se trata de um "'marco zero' na construção da comunidade político-jurídica estatal", na medida em que também são mantidas as bases que fundamentam o formato estatal anterior (propriedade privada, liberdade de iniciativa etc.), este "[...] novo modelo de Estado de Direito objetiva uma salvaguarda cada vez maior da dignidade humana e de todos os direitos fundamentais (de todas as dimensões), em vista de uma reconstrução histórica permanente dos seus conteúdos normativos" (SARLET; FENSTERSEIFER, 2010, p. 18).[63]

Assim considerado o papel do Estado diante da tutela jurídica do meio ambiente, verifica-se que a formatação e utilização dos instrumentos contidos na legislação ambiental - entre os quais o Pagamento por Serviços Ambientais (PSA) - também se inserem no discurso e objetivos indicados pelo chamado *Estado Socioambiental*. Portanto, paralelamente aos aspectos relacionados à *concepção*, ao *conceito* e às *características* do meio ambiente juridicamente considerado, em todas as etapas do fenômeno jurídico associadas à tutela ambiental (elaboração, interpretação e aplicação normativa) também deve ser levada em consideração a necessidade de harmonização - ou, ao contrário, o latente conflito - com outros valores (sociais, culturais e econômicos) que do mesmo modo são constitucionalmente reconhecidos como direitos fundamentais.[64]

63 Em razão desse novo contexto, os referidos autores (2011, pp. 105 e 108) propõem categorias operacionais novas (ou reformuladas), que teriam sido incorporadas pelo Estado Socioambiental brasileiro, do que são exemplo: um modelo de *economia socioambiental de mercado* ou de *capitalismo socioambiental*, direcionada a "[...] compatibilizar a livre iniciativa, a autonomia e a propriedade privada com a proteção ambiental e a justiça social (ou socioambiental!), tendo como norte normativo, 'nada menos' do que a proteção e promoção de uma vida digna e saudável (e, portanto, com qualidade ambiental) para todos os membros da comunidade estatal"; além a noção de *mínimo existencial socioambiental*, incorporando o equilíbrio ecológico entre as elementos indispensáveis à vida com qualidade e, por conseguinte, como valor jurídico fundamental.

64 Trata-se, sem dúvida, de contexto ainda mais fluido e sujeito a avaliações subjetivas. Talvez em razão disso a assertiva de José Serrano Moreno (1992, p. 214), no sentido de que é necessário "devolver o problema ambiental para a sede da decisão política (democrática e legislativa), e isso como exigência civilizatória". Por outro lado, essa fluidez e subjetivismo também abrem margem para críticas ao modelo de Estado Socioambiental, tal como acima delineado. Talvez a principal delas utilize o argumento no sentido de que, na realidade, se trata mais de um aprofundamento do Estado Social (com suas limitações e dificuldades), pela mera inclusão da vertente ambiental, do que uma nova conformação estatal. Além disso, a remissão à noção de desenvolvimento sustentável para o âmbito da atuação estatal (e do próprio Direito) também poderia conduzir à crítica realizada em relação a todas as incongruências de se postular a harmonização de aspectos (ambientais, sociais, culturais e econômicos, numa perspectiva de interesses entre gerações) que se apresentam tão contraditórios (ou mesmo inconciliáveis) em termos práticos.

2 FUNDAMENTOS TEÓRICOS DO PSA (ou, para além da função repressiva do Direito Ambiental)

2.1. Contextualizando: a Teoria do Direito como ponto de partida

A partir do apresentado no Capítulo anterior, é possível identificar que a tutela do meio ambiente se consolida como um campo específico da atuação do ordenamento jurídico nacional, voltado à proteção de um bem jurídico delimitado e com características próprias. É diante dessa constatação que a doutrina reconhece, praticamente sem divergências, que o Direito Ambiental é uma disciplina jurídica especializada (autônoma), tal como pontua Carlos Gomes de Carvalho (2001, pp. 81-82):

> normas com características ambientais, antes dispersas pelos diferentes institutos jurídicos, corporificam-se numa nova disciplina. Essa interface disciplinar, se em seus pródromos era de dependência, com o tempo ganhou alforria e 'vida própria'. Princípios filosóficos, métodos de estudo, a hermenêutica, técnicas de aplicação legal e um corpo doutrinário (aqui incluída a jurisprudência), foram sendo (estão sendo) paulatinamente construídos. É, pois, nesse processo criativo contínuo, que vão sendo erguidas as estruturas da ampla arquitetura do Direito Ambiental.

O reconhecimento da especialização (autonomia) do Direito Ambiental certamente é algo relevante para o desenvolvimento da legislação, doutrina e jurisprudência relativas à tutela jurídica do meio ambiente, na medida em que propicia o aprofundamento e a sistematização do debate (acadêmico, parlamentar, judicial, etc.), além de despertar a necessidade de identificar e considerar as especificidades do meio ambiente ecologicamente equilibrado como bem jurídico. Porém, esse mesmo reconhecimento da especialização (autonomia) do Direito Ambiental não pode conduzir ao equívoco de considerar a legislação ambiental algo apartado e independente do fenômeno jurídico tomado em sua completude.

Dito de outro modo, a circunstância de se tratar de disciplina jurídica especializada (autônoma) não é contraditória com a (e nem excludente da) constatação de que, não obstante se volte para a tutela de bem jurídico com características próprias, o Direito Ambiental está inserido no contexto mais amplo da formação do fenômeno jurídico em determinado local e momento. Em suma, os instrumentos do Direito Ambiental representam apenas uma parcela da manifestação do fenômeno jurídico, numa relação *parte-todo* que não pode ser dissociada, seja para fins teóricos ou práticos.

Partindo-se do raciocínio acima indicado, não parece despropositado afirmar que as diversas etapas que compõem a legislação ambiental (formação, interpretação, aplicação etc.) são também influenciadas (condicionadas) pela concepção de ordenamento jurídico (Direito) predominante em determinado contexto histórico. Mais do que se *autoproduzir*, também o Direito Ambiental é, pelo menos em alguma medida, a *reprodução* das concepções teóricas gerais que baseiam o ordenamento jurídico no qual tal disciplina (ainda que especializada) está inserida.

Assim sendo, a tarefa de delinear e compreender qualquer instituto jurídico que possa estar contemplado na legislação ambiental – inclusive, o Pagamento por Serviços Ambientais (PSA) – somente pode ser adequadamente realizada na medida em que se levar em consideração não apenas o Direito Ambiental de forma isolada, mas a própria Teoria do Direito,[65] haja vista que "ela representa como que um campo de intersecção, um lugar onde os problemas

65 A definição e delimitação do campo de atuação da Teoria do Direito não é algo incontroverso entre os estudiosos do tema. Neste Livro, a expressão é empregada em sentido amplo, para designar não apenas a própria Teoria Geral do Direito, enquanto disciplina jurídica, mas também envolve a relação com conhecimentos de outros ramos do saber aplicados ao Direito (Filosofia, Sociologia etc.). Nesse sentido, adere-se ao entendimento de Dimitri Dimoulis (2006, p. 23-29), para quem "a partir do momento em que a Teoria do Direito ampliou seus horizontes de pesquisa envolvendo questões fundamentais de definição e de estrutura do direito, deixou de ser simplesmente a parte geral e propedêutica da dogmática jurídica e constitui-se numa teoria explicativa do fenômeno jurídico, recorrendo a uma abordagem interdisciplinar [...]", podendo ser caracterizada como uma *dis ciplina intermediária,* [...] posicionada entre as abordagens puramente externas [como a Sociologia e a Filosofia] e a abordagem puramente interna oferecida pela dogmática jurídica".

genéricos, comuns a todos os ramos do direito se encontram, e devem receber idêntico tratamento, porque aqui se trabalha com conceitos fundamentais" (BRAGA NETTO, 2003, p. 45). Longe de se tratar de algo cujo interesse se restringe à investigação acadêmica, conforme salienta Dimitri Dimoulis (2006, p. 43), "[...] é um saber onipresente na prática jurídica, ainda que os operadores do direito não estejam sempre conscientes disso", na medida em que a Teoria do Direito "[...] permite analisar os fundamentos dos sistemas jurídicos oferecendo a base para sua compreensão".

Notadamente nos séculos XIX e XX, a concepção do que se entende por Direito foi fortemente influenciada pelo denominado *positivismo jurídico*, especialmente com o advento (e a partir) da Teoria Pura do Direito, elaborada por Hans Kelsen (2000). Nesse sentido, por exemplo, Wayne Morrinson (2006, p. 4) afirma que o "positivismo jurídico é um rótulo que abriga um conjunto de abordagens afins do direito que dominaram a jurisprudência ocidental nos últimos 150 anos".

Ainda nos dias atuais, as repercussões da concepção positivista do Direito estão presentes nos diversos momentos em que o fenômeno jurídico se manifesta. Aliás, não parece inadequado indicar que, independentemente das (sérias e fundadas) críticas que se possam formular, as discussões relativas à Teoria do Direito frequentemente ainda têm como ponto de partida os postulados do positivismo jurídico, nem que seja para refutá-los.[66] É dizer, não obstante a percepção de que "o modelo de ciência jurídica proposto por Kelsen encontra-se atualmente superado [...]", não se pode desconsiderar a "[...] permanência do prestígio da doutrina kelseniana em países como o nosso, em grande parte ainda em vias de completar a sua 'modernização'" (GUERRA FILHO, 2001, p. 35).

Ora, diante desse contexto, é pertinente afirmar que *(i)* o Direito Ambiental, como disciplina especializada, tem sua formação condicionada pela Teoria do Direito, e que, por sua vez, *(ii)* a Teoria do Direito se desenvolveu, nas últimas décadas, fortemente pautada pela formulação da (e crítica à) concepção positivista do fenômeno jurídico e, assim sendo, não seria inadequado pressupor que *(iii)* os postulados do positivismo jurídico influenciam e condicionam diretamente todas as etapas da legislação ambiental (formação, interpretação, aplicação, etc.), de modo que *(iv)* uma abordagem a partir do Teoria

66 Tanto é assim que as correntes teóricas críticas à concepção predominante não raramente são qualificadas a partir do próprio positivismo, sendo denominadas de pós-positivistas.

do Direito (em seu viés positivista e correspondente crítica) poderia fornecer (alguns) subsídios para buscar compreender por qual razão determinados instrumentos jurídicos foram amplamente inseridos na legislação ambiental nacional, enquanto outros (como é o caso do Pagamento por Serviços Ambientais) permanecem escassamente estudados no âmbito teórico e ainda menos regulamentados e sistematizados no plano prático.

Ainda que faça sentido a premissa acima indicada, a ponto de justificar seu aprofundamento no presente Capítulo, para evitar confusões desnecessárias e para restringir sua aplicação aos objetivos específicos deste Livro, é necessário desde logo apontar um esclarecimento: dependendo do contexto em que é empregada e da finalidade para a qual é utilizada, a menção genérica ao positivismo jurídico pode ser excessivamente abrangente.

Entre outras razões, isso ocorre porque, longe de se tratar de uma corrente teórica que se expressa de modo plenamente uniforme, conforme alerta Paulo Nader (2003, p. 193), "o positivismo jurídico constitui um grande pólo doutrinário na área da Filosofia do Direito que reúne diversas correntes que se unem por alguns pontos em comum e se diversificam em outros". É dizer, em termos mais rigorosos, não há que se falar propriamente em positivismo jurídico (de modo unitário), mas antes em diversas manifestações teóricas que, não obstante sejam marcadas por divergências internas, costumam ser enquadradas no amplo campo doutrinário do positivismo jurídico.

Nessa direção, por exemplo, Carlos Santiago Nino (2010, pp. 36-50), após destacar a dificuldade de "[...] caracterizar a concepção positivista do direito [...]" e de afirmar que "[...] o termo positivismo é acentuadamente ambíguo [...]", indica as principais posturas (correntes) atribuídas ao positivismo (ceticismo ético, positivismo ideológico, formalismo jurídico, positivismo metodológico ou conceitual). Por sua vez, Georges Abboud (*et alli*, 2013, pp. 204-206), ao tratar da "profunda diferença que existe entre o positivismo jurídico praticado pela teoria jurídica predominante no século XIX e o positivismo jurídico construído pela teoria jurídica do século XX", faz referência, respectivamente, aos denominados positivismo legalista e positivismo normativista. Exprimindo o mesmo contexto, de multiplicidade de correntes teóricas que se reúnem sob o rótulo de juspositivismo, Dimitri Dimoulis (2006, pp. 134-139) destaca a distinção entre positivismo jurídico exclusivo e positivismo jurídico inclusivo.

De todo modo, embora seja necessário reconhecer que a referência ampla ao termo positivismo jurídico pode remeter a concepções teóricas não totalmente convergentes, isso não impede que sejam identificados elementos-chave que genericamente compõem essa visão teórica do Direito, os quais marcam o juspositivismo como corrente doutrinária própria. Especificamente para as pretensões deste trabalho, interessam especialmente três características definidoras do positivismo jurídico, a saber: *(i)* a presença da *coação* como aspecto inerente à norma jurídica, ao ponto de ser apontada (a coação) como o critério para distingui-la (a norma jurídica) das demais formas de normas de conduta social, o que costuma ser designado como teoria da coatividade do direito (RAMOS, 2010, p. 38); *(ii)* a adoção de uma perspectiva eminentemente *formalista*, ou seja, a consideração de que "[...] o direito é válido não porque é considerado bom, mas porque é produzido de modo formalmente correto", revelando a chamada teoria formalista do direito; e *(iii)* a aplicação de seu método próprio, voltado à mera *descrição* do fenômeno jurídico, o que "[...] limita a atividade do jurista à pura interpretação declarativa ou mecânica da norma, excluindo a função criativa do juiz", o que é conhecido como teoria da interpretação não-criativa (LOSANO, 2007, pp. xxxii e xxxiii).

Cada um destes postulados do positivismo jurídico, na condição de elementos que caracterizam a concepção dominante na Teoria do Direito,[67] influenciou a formação do fenômeno jurídico em geral, o que também inclui a legislação ambiental. É disso que se passa a tratar.[68]

67 Quando se utilizar essa expressão ("concepção dominante"), ou termos congêneres, está sendo feita referência ao positivismo jurídico como corrente teórica que norteou os debates da Teoria do Direito nas últimas décadas, mais especificamente a partir das características acima apontadas.

68 Esclareça-se, desde logo, que a menção ao positivismo jurídico ao longo do texto tem caráter meramente instrumental. Trata-se de identificar como o discurso e a prática baseados nessa concepção teórica influenciaram (também) a formação da legislação em matéria ambiental. Isso não implica qualquer juízo de valor sobre o acerto ou desacerto das teses atribuídas ao positivismo, tampouco envolve maiores considerações sobre eventuais discrepâncias entre as propostas teóricas realmente formuladas pelo positivismo e sua (in)adequada aplicação. O que se pretende é apenas descrever alguns dos resultados dessa primazia teórica do positivismo (notadamente a partir das características acima indicadas) que possam ser úteis aos objetivos deste Livro e não propriamente avaliar o positivismo em si como corrente teórica predominante.

2.2. A função repressiva do Direito Ambiental

2.2.1. A função repressiva do Direito: coatividade, ilícito e sanção jurídica negativa como elementos centrais (necessários) de toda norma jurídica (?)

Tendo em conta o que foi acima contextualizado, no presente item, será adotado como ponto de partida o primeiro dos referidos elementos-chave do positivismo.[69] É dizer, toma-se o postulado da coatividade para perquirir como a Teoria do Direito (de viés positivista) influenciou a formação do Direito Ambiental nacional, que atualmente está – assim como o ordenamento jurídico em geral – preponderantemente calcado em instrumentos que se voltam para a função[70] repressiva do Direito, a qual inexoravelmente se manifesta por meio da previsão e imposição de sanções jurídicas em sentido negativo. Assim sendo, nessa concepção predominante, a coatividade, o ilícito e a sanção jurídica negativa assumem a posição de elementos centrais da própria norma jurídica, influenciando todos os ramos do fenômeno jurídico (inclusive, a legislação ambiental).

2.2.1.1. O Direito como ordem coativa

Assim como ocorre com diversas outras correntes teóricas que se debruçam a explicar o fenômeno jurídico contemporâneo, o *positivismo jurídi co* busca explicitar o que diferencia o Direito em face das demais ordens sociais (religiosa, ética, moral etc.), estas entendidas como as estruturas que regulam a conduta humana em suas relações com outras pessoas.

69 A influência dos demais elementos característicos do positivismo acima indicados (formalismo e interpretação não-criativa) será retomada no Epílogo, quando se apresentará uma reflexão inicial sobre a eficácia como (mais um) critério de escolha entre os diversos instrumentos jurídicos voltados à tutela jurídica do meio ambiente, dentre os quais se inserem o Pagamento por Serviços Ambientais.

70 A palavra "função" é utilizada de modo polissêmico, inclusive no Direito. Neste Capítulo, o termo é empregado numa "[...] relação mais forte com a ideia de *objetivos*. [...] Neste grupo de significados se inclui a equiparação de *função* a 'propósito, meta, objetivo', entendida como objetivo intermediário, parcial ou de algum modo *instrumental* com relação a outro objetivo que se entende superior" (ACCIARRI, 2009, p. 176). Portanto, ao utilizar a expressão função (repressiva ou promocional) do Direito se está referindo ao modo como os instrumentos inseridos na legislação ambiental buscam concretizar a tutela do meio ambiente ecologicamente equilibrado como bem jurídico.

Na obra mais representativa do positivismo jurídico, a Teoria Pura do Direito, Hans Kelsen adota a *sanção* como critério para distinguir as diversas ordens sociais, conforme se depreende da seguinte passagem:

> é por isso duvidoso que seja sequer possível uma distinção entre ordens sociais sancionadas e ordens sociais não sancionadas. A única distinção de ordens sociais a ter em conta não reside em que umas estatuem sanções e outras não, mas nas diferentes espécies de sanções que estatuem (KELSEN, 2000, p. 30).

Por conseguinte, o que diferenciaria o Direito das demais ordens sociais que regem a conduta humana seriam as características próprias e exclusivamente ligadas às *sanções jurídicas* (em contraposição às sanções morais, éticas, religiosas etc.). Mais precisamente, a nota distintiva das normas jurídicas em face das demais ordens sociais residiria na coatividade atribuída às sanções jurídicas. É dizer, na possibilidade do legítimo emprego de atos de coação pela comunidade jurídica,[71] assim entendida a utilização legitimada da força (psicológica ou física) como forma de garantir o cumprimento das normas jurídicas ou como meio de reprimir os atos que as contrariem. Nas palavras do próprio Hans Kelsen (2000, p. 35):

> uma outra característica comum às ordens sociais a que chamamos Direito é que elas são ordens coativas, no sentido de que reagem contra as situações consideradas indesejáveis, por serem socialmente perniciosas – particularmente contra condutas humanas indesejáveis – com um ato de coação, isto é, com um mal – como a privação da vida, da saúde, da liberdade, dos bens econômicos e outros – um mal que é aplicado pelo destinatário mesmo contra a sua vontade, se necessário empregando até a força física – coativamente, portanto.[72]

Em última análise, tomado a partir dessa concepção, "o Direito surge quando cessa este exercício indiscriminado da força individual e se

71 Na sociedade contemporânea, institucionalizada na figura do Estado.

72 Nesse sentido, Hans Kelsen segue a tradição coativista de autores que o antecederam, do que é exemplo a clássica lição de Rudolf von Jhering (1963, pp. 167-168): "a coação, tomada a palavra em sentido geral, consiste na realização de um fim por meio do constrangimento de uma vontade estranha. [...] A força pode, em caso de necessidade, viver sem o Direito, como já o tem provado; o Direito sem a força é uma palavra sem sentido. Só a força realiza as normas de Direito, e faz dele o que ele é e deve ser. [...] O Direito pode, em meu entender, definir-se exatamente – o conjunto de normas em virtude das quais, num Estado, se exerce a coação".

estabelecem as modalidades de exercício da força, com referência a quatro pontos fundamentais: *quem, quando, como* e *quanto*" (BOBBIO, 2006, p. 158). Portanto, na concepção positivista, o Direito se resumiria a uma forma de *controle social*, por meio da predeterminação acerca de *qual* a instituição (ou grupo) social que monopoliza o uso legítimo da força (Estado), *quando* tal força pode ser empregada (circunstâncias previstas pela lei), *como* tal força pode ser exercida (determinado por normas processuais) e a *quantidade* da força (definindo quais os atos de coerção passíveis de serem impostos diante do ilícito).

Ao posicionar a coatividade como elemento central, necessário e distintivo das normas jurídicas, a concepção positivista do Direito é forçada a reconhecer que "as normas jurídicas, assim, têm uma estrutura de proibição, por descreverem a conduta tida como ilícita como antecedente e a punição [sanção negativa] como consequente" (COELHO, 2000, p. 36). Tanto é assim que, sob a inspiração do positivismo kelseniano, "[...] o ilícito aparece como pressuposto (condição) e não como negação do Direito [...]" (KELSEN, 2000, p. 127), sendo qualificadas como *não-autônomas* aquelas normas jurídicas que não prevejam diretamente a possibilidade de aplicação de uma sanção negativa (ato coativo) pelo seu descumprimento.

A circunstância da própria concepção e definição do que seja norma jurídica estar indissociavelmente atrelada à relação ilícito/sanção negativa, fundada na coatividade, faz com que tais categorias jurídicas também recebam papel de destaque nas reflexões da Teoria do Direito.[73] Dito de outro modo, o ilícito e a sanção jurídica negativa assumem posição de relevo na elaboração da própria Teoria do Direito e, por conseguinte, na formação e desenvolvimento das etapas (criação, interpretação e aplicação) do fenômeno jurídico, nas suas mais diversas disciplinas especializadas, inclusive no que se refere à

73 A relação ilícito-sanção negativa é explicada na seguinte passagem de Hans Kelsen (2000, p. 24): "[...] a ação ou omissão determinada pela ordem jurídica, que forma a condição ou pressuposto do ato de coerção estatuído pela mesma ordem jurídica, representa o fato designado como ilícito ou delito, e o ato de coação estatuído como sua consequência representa a consequência do ilícito ou sanção. Somente pelo fato de uma ação ou omissão determinada pela ordem jurídica ser feita pressuposto de um ato de coação estatuído pela mesma ordem jurídica é que ela é qualificada como ilícito ou delito; apenas pelo fato de um ato de coação ser estatuído pela ordem jurídica como consequência de uma ação ou omissão por ela determinada é que este ato de coação tem o caráter de uma sanção ou consequência do ilícito".

legislação ambiental. Em razão disso, ainda que brevemente, se justifica delinear, classificar e relacionar mencionadas categorias jurídicas.

2.2.1.2. O ilícito como pressuposto da sanção jurídica negativa

Tendo em vista se tratar de um dos conceitos jurídicos básicos, "[...] empregados em quase todas as explicações que se desenvolvem nos diversos ramos do Direito" (NINO, 2010, p. 165), deve-se identificar quais realmente são os *elementos nucleares do ilícito*, assim considerados aqueles requisitos cuja presença – ainda que implícita – é indispensável a este instituto, pois sem eles não haveria que se falar em ilicitude (penal, civil, administrativa, tributária, ambiental etc.).

A questão parece ser bem elucidada por Pontes de Miranda (2000, p. 233), ao afirmar que "quando o fato contrário a direito acontece e alguém responde por ele, há ilicitude". Tomando como ponto de partida tal raciocínio, é possível concluir que os elementos nucleares de qualquer ilícito se resumem a dois: *(i)* a contrariedade a direito e *(ii)* a imputabilidade (MELLO, 2003a, p. 49).

Por *contrariedade a direito* deve ser entendido o juízo negativo de valor que o sistema jurídico faz em relação a determinado fato, ação ou omissão (BRAGA NETTO, 2003, p. 84), completando-se a primeira parte da definição ponteana para ilicitude ("quando o fato contrário a direito acontece"). Já o requisito *imputabilidade* deve ser considerado como a qualidade objetivamente atribuída pelo ordenamento jurídico a alguém com capacidade para praticar ilícito (MELLO, 2003a, p. 221), de modo a definir quem é juridicamente responsável frente ao ato ou fato contrário a direito, preenchendo a segunda condição ponteana para a ilicitude ("e alguém responde por ele").

Com isso não se está a negar que o ordenamento jurídico pode agregar outros requisitos na previsão de determinado suporte fático qualificado como ilícito, tais como a conduta humana, a culpa e o dano. O que se afirma, porém, é que tudo aquilo que transcender à contrariedade a direito e à imputabilidade devem ser considerados *elementos completantes* do ilícito, os quais, todavia, afiguram-se dispensáveis para a definição do ilícito como gênero (pois, para tanto, bastam os elementos nucleares).[74]

Com base nas premissas acima assentadas, torna-se possível indicar uma classificação das diversas modalidades de ilícito, na qual a presença de outros elementos (conduta humana, dolo/culpa, dano) é tida como fator meramente eventual (elementos completantes), conectados a algumas espécies de ilícito, mas não estando presentes em todos eles. Para tanto, parece indicado valer-se uma vez mais das lições de Pontes de Miranda (2000), segundo o qual os ilícitos poderiam ser divididos em: *(i)* fatos ilícitos, *(ii)* atos-fatos ilícitos, e *(iii)* atos ilícitos em sentido estrito.

Os *fatos ilícitos* podem ser conceituados como aqueles "[...] fatos da natureza, contrários a direito, relacionados a alguém" (BRAGA NETTO, 2003, p. 98). A princípio poderia parecer estranho conferir juridicidade a determinado fato que advém da natureza, sem participação direta do ser humano, até porque o Direito não é capaz de disciplinar a ocorrência dos fenômenos naturais. Entretanto, não se pode perder de vista que vários episódios naturais podem interferir na esfera jurídica de alguém, de modo a reduzi-la ou ampliá-la, não raramente ocasionando situações conflitivas que precisam ser juridicamente disciplinadas.[75] É o que pode ocorrer com eventos tradicionalmente considerados como caso fortuito ou força maior. Havendo interferência na esfera jurídica

74 Na verdade, quando não se compreende a distinção entre elementos nucleares e elementos completantes do ilícito, corre-se o risco de confundir o gênero ilicitude com as diversas espécies de ilícito. Nesse sentido, Marcos Mello (2003a, p. 228) pontua que: "[...] ao definir os casos específicos de ilicitude, a norma jurídica prevê outros pressupostos de fato que agregam à contrariedade a direito e à imputabilidade para dar caráter próprio ao fato ilícito. [...] Esses dados, porém, entram na composição do suporte fáctico das espécies respectivas como elementos completantes do seu cerne (núcleo), portanto, da contrariedade a direito e da imputabilidade que, em todos eles, são pressupostos. Por isso, variam de espécie a espécie e não podem constituir o cerne do fato jurídico ilícito lato sensu, mas, apenas, elementos que completam o núcleo de seu suporte fáctico. Os fatos que permanecem constantes e inalteráveis em todas as espécies de fato ilícito são a contrariedade a direito e a imputabilidade do agente, razão pela qual consubstanciam a própria essência da ilicitude, e representam a *differentia specifica* que a caracteriza e distingue dos fatos jurídicos lícitos. Assim, quando a doutrina se refere à culpabilidade, ao dano ou ao dever de indenizar como dados caracterizadores do ilícito, comete o equívoco de confundir os elementos completantes do núcleo do suporte fáctico com seu próprio cerne".

75 Na explicação de Marcos Mello (2003a, p. 235): "o fato, em si, é indiferente às normas jurídicas, mas se dele decorrem interferências na esfera jurídica de alguém, o direito toma tal qual acontece e determina qual o comportamento que as pessoas devem adotar. Assim, o fato stricto sensu (lícito) atribui direitos às pessoas a ele vinculadas, o fato stricto sensu ilícito tem o efeito de criar obrigações a quem esteja a ele ligado como imputável".

de certa(s) pessoa(s), nada impede que se considere tal acontecimento contrário a direito (negativamente valorado pelo ordenamento jurídico), vinculando e atribuindo responsabilidade pelos seus efeitos a alguém (imputabilidade), desde que haja expressa e indiscutível previsão legal neste sentido.

A partir do momento em que se aceita a possibilidade de estatuição de fatos ilícitos, resta claro que a conduta humana não é elemento essencial a todo ilícito, tal como explicita Pontes de Miranda (2000, p. 233): "sempre que alguém responde pela força maior, ou pelo caso fortuito, responde pelo fato ilícito [...] Houve fato ilícito. Não houve ato humano". De mais a mais, justamente por ser incontrolável a ocorrência do caso fortuito ou força maior, também não há de se fazer menção ao dolo/culpa como requisito atinente ao fato ilícito. Em suma, basta-lhe a contrariedade a direito e a imputabilidade, confirmando a tese que os considera os únicos elementos nucleares do ilícito.

Por sua vez, os *atos-fatos ilícitos* podem ser definidos como o "[...] fato produzido pelo homem do qual, no entanto, a norma jurídica abstrai a vontade em praticá-lo, para considerar, apenas, o seu resultado fáctico" (MELLO, 2003a, p. 237). Embora essa espécie de ilícito tenha como causa um ato humano, o que interessa juridicamente são apenas os fatos decorrentes dessa conduta humana. Ou seja, "[...] o ato entra no mundo jurídico como fato, e não como ato" (PONTES DE MIRANDA, 2000, p. 233), o que permite concluir que a averiguação do dolo/culpa é completamente dispensável também nesta espécie de ilícito, bastando a conduta humana (elemento completante), a contrariedade a direito e a imputabilidade (elementos nucleares).

Finalmente, têm-se os chamados *atos ilícitos em sentido estrito* (ou *stricto sensu*). São assim considerados os ilícitos tradicionais, aos quais se agregam, além da contrariedade a direito e imputabilidade, os elementos conduta humana e dolo/culpa. Na lição de Pontes de Miranda (2000, p. 242), "os atos ilícitos stricto sensu, a que chamamos, de ordinário, apenas atos ilícitos, são os delitos, delitos de direito penal e delitos de direito privado, ou de algum ramo de direito público sem ser o penal". Durante muito tempo, fruto da confusão entre elementos essenciais e elementos completantes, os atos ilícitos em sentido estrito foram considerados como a única modalidade existente de ilicitude. Para que houvesse atuação estatal contra o ilícito considerava-se indispensável comprovar a ocorrência de conduta humana, de culpa/dolo (e de dano), fechando-se os olhos para existência de outras espécies de ilicitude, as quais prescindem de qualquer consideração acerca desses requisitos.

Ainda no que se refere ao perfil da *ilicitude*, como categoria geral da Teoria do Direito, uma observação adicional deve ser realizada, a fim de se perceber que, sob o aspecto estritamente teórico, o resultado danoso não é elemento essencialmente ligado a nenhuma das modalidades de ilícito acima apresentadas. Dito de outro modo, não parece pertinente afirmar que a contrariedade a direito – elemento nuclear dos ilícitos – traz em seu bojo a imprescindibilidade da ocorrência de dano. Muito ao contrário, nada impede que o ordenamento jurídico valore negativamente determinado fato ou ato por si só, mesmo que tal situação não provoque direta e imediatamente qualquer espécie de dano (patrimonial ou moral).

Pontes de Miranda (2000, p. 241) há muito apontava nessa direção, afirmando, já em meados do século passado, que "[...] há mais atos ilícitos e contrários a direito que os atos ilícitos de que provém a obrigação de indenizar". A discussão vem sendo retomada hodiernamente, ficando cada vez mais claro que a identificação entre o ilícito e o resultado danoso é fruto de equívoco, historicamente consolidado,[76] pelo qual se confundiu "[...] o ato contra *ius* com aquela que é a sua normal consequência", ou seja, o dano combatido pelo Direito (MARINONI, 2000, p. 27).

2.2.1.3. A sanção jurídica negativa como consequência do ilícito

Assim como o ilícito, a *sanção jurídica negativa* também consubstancia uma categoria comum a todos os âmbitos do fenômeno jurídico, de modo que sua análise também deve partir da própria Teoria do Direito. Num primeiro momento, a sanção jurídica em sentido negativo pode ser apresentada como "[...] a privação permitida de um bem, ou de uma expectativa, efetuada por um órgão em prejuízo de um sujeito passivo, com o uso efetivo ou possível da força física" (VERNENGO, 1976, p. 186). A nota comum às diversas manifestações da sanção jurídica negativa está justamente na forma por meio da qual se busca garantir a eficácia do comando contido na norma jurídica, pois a aplicação coativa

76 Basta analisar, ainda que superficialmente, a lição sobre o assunto de alguns desses doutrinadores, para perceber o que se está indicando: segundo Clóvis Bevilaqua, "todo ato ilícito é danoso e cria para o agente a obrigação de reparar o dano causado"; já para Sílvio Rodrigues, "poder-se-ia dizer que o ato ilícito é aquele praticado com infração a um dever e do qual resulta dano para outrem"; na lição de Caio Mário da Silva Pereira, "para o direito penal, o delito é fator de desequilíbrio social que justifica a repressão como meio de restabelecimento; para o direito civil o ilícito é um atentado contra o interesse privado de outrem, e a reparação do dano sofrido é a forma indireta de restauração do equilíbrio rompido"; por fim, para Orlando Gomes, "o ilícito civil somente adquire substantividade se é fato danoso".

de todas elas implica "[...] na realização compulsória de um mal – ou para exprimiro mesmo sob a forma negativa – na privação compulsória de um bem" (KELSEN, 2000, p. 122). Em termos mais simples, as sanções jurídicas negativas caracterizam-se por serem normalmente recebidas como algo desagradável por quem as sofre (BRONZE, 2002, p. 63).

A partir dessa noção genérica, a doutrina vem identificando uma diversidade de sanções jurídicas negativas, propondo uma série de critérios distintos para agrupá-las (JUSTO, 2001, p. 56). Noutros termos, a sanção jurídica negativa deve ser tida como gênero, sendo possível (e útil) identificar as suas várias espécies.

Uma das formas mais difundidas de classificação de suas espécies é aquela que leva em consideração o ramo especializado do Direito ao qual se atrela certo tipo de sanção jurídica negativa. Ter-se-ia, assim, a divisão entre sanções civil, penal, administrativa, tributária, eleitoral, ambiental etc. Tal proposta classificatória, porém, não se sustenta como suficiente para a compreensão do perfil teórico do instituto sanção jurídica, diante da constatação da existência de *formas sancionadoras gerais* (MAYNEZ, 1956, p. 298), cuja aplicação não se restringe apenas a um campo do mundo jurídico. Como regra geral, não se pode afirmar que uma determinada espécie de sanção jurídica seja necessária e exclusivamente ligada a um ramo específico do Direito. Dito de outro modo, não é a divisão das várias disciplinas jurídicas especializadas o critério adequado para nortear a identificação das diversas modalidades de sanção jurídica.

Uma vez compreendido que a sanção jurídica negativa é uma categoria presente em todo o fenômeno jurídico, não se afigura despropositado reconhecer que seu estudo e classificação deve mesmo ter como ponto de partida a própria Teoria (Geral) do Direito. É dizer, na lição de José Ascensão (2001, p. 58), "as várias espécies de sanções não se distinguem entre si por traços estruturais, ou por representarem específicas figuras jurídicas: distinguem-se pela função que desempenham". Na mesma direção aponta Vicente Ráo (1999, p. 199), ao esclarecer que as sanções em sentido negativo podem ser instituídas em determinado ordenamento jurídico para *(i)* amparar o direito ameaçado, evitando a consumação da ilicitude; *(ii)* restaurar o direito violado, combatendo a perpetuação da ilicitude; *(iii)* reparar as consequências danosas da ilicitude; e *(iv)* punir a ocorrência da ilicitude.

A partir desse contexto – e tomando como critério de classificação a relação entre o dever jurídico violado (ilicitude) e o conteúdo da sanção imposta (MAYNEZ, 1956, p. 300) – pode-se destacar a existência de *(i)* sanções negativas preventivas, *(ii)* sanções negativas de restabelecimento, *(iii)* sanções negativas reparatórias, e *(iv)* sanções negativas punitivas.

São *sanções negativas preventivas* aquelas que "se realizam antes que se desenvolva o comportamento do sujeito sancionado", visando a amparar o direito ameaçado, na medida em que evita a consumação do ilícito (TALAMINI, 2001, p. 173). Não obstante haver objeções doutrinárias quanto à sua existência,[77] parece adequado considerar que a afirmação no sentido de que a sanção em sentido negativo está intimamente relacionada com o ilícito não significa dizer que apenas poderá existir sanção *após* a ocorrência do ilícito. Noutros termos, o liame entre sanção e ilícito também restará configurado com a mera perspectiva de violação de uma norma jurídica, demonstrando a possibilidade da atuação sancionatória ocorrer *antes* da consumação da ilicitude, objetivando evitá-la, restando justificado o contorno aqui conferido às sanções preventivas.

Ocorre que a sanção preventiva nem sempre atuará de modo eficaz, não sendo raras as ocasiões em que se verifica a efetiva ocorrência do ilícito. Diante desse quadro, torna-se necessária a adoção de medidas capazes de restaurar a normalidade jurídica, de modo a evitar que a ilicitude se perpetue no tempo. Entre tais mecanismos encontram-se as aqui denominadas *sanções negativas de restabelecimento.* É dizer, uma vez constatada a consumação de um ilícito, o aparato sancionatório (repressivo) do Estado atua para fazer com que a ordem jurídica seja *restabelecida,* o que se busca atingir por meio da imposição de uma sanção negativa (repressiva, coativa) destinada à obtenção, ainda que tardia, da conduta devida, à cessação da conduta ou omissão indevida de caráter continuado e/ou ao desfazimento da situação material que ocasionou o ilícito. Assim sendo, a nota característica das sanções de restabelecimento é a *coincid ência* entre o conteúdo do dever jurídico violado e o conteúdo da sanção (MAYNEZ, 1956, p. 301), de modo que o seu cumprimento diante da ameaça ou a sua aplicação coativa sejam suficientes para excluir a situação de ilicitude verificada em determinado caso concreto.

77 É o caso de José Ascensão (2001, p. 68), para quem a sanção preventiva é uma reação "[...] à violação duma regra jurídica, e por isso há verdadeiramente sanção, mas a finalidade da sanção é prevenir violações futuras, de que a anterior prática do ilícito justifica o receio". O autor português até admite que "a ordem jurídica não atua só após a violação consumada; pode prever também intervenções, pela força se necessário for, para prevenir ou evitar violações das regras" (ASCENSÃO, 2001, p. 59). Porém, nega a tais medidas o caráter sancionatório, atribuindo-lhes genericamente a denominação de tutela ou proteção coativa preventiva.

Muitas vezes, porém, as sanções de restabelecimento também não se afiguram suficientes, por si sós, na tarefa de garantir a eficácia de determinada norma jurídica. Isso porque, em diversas situações, a consumação da ilicitude também apresentará, como consequência, um resultado danoso. Diante desse quadro, não bastaria tão somente adotar medidas tendentes a expurgar a continuidade da ilicitude, impondo-se também a necessidade de coligir mecanismos sancionatórios negativos (repressivos, coativos) destinados a tutelar aqueles que suportaram indevidamente os danos decorrentes da violação da norma.

Tal espécie de atuação estatal sancionatória pode ser aglutinada sob o rótulo de *sanções negativas reparatórias*, as quais não devem ser confundidas com as sanções de restabelecimento. Enquanto as sanções de restabelecimento são voltadas preponderantemente para o futuro e visam a evitar que a situação ilícita se prolongue no tempo, as sanções reparatórias têm como foco principal os danos perpetrados por ocasião ou em decorrência da consumação do ilícito, virando-se essencialmente para o passado.

É certo que a chamada sanção reparatória poderá atingir o seu desiderato por caminhos bastante diversos, afigurando-se adequado pontuar a existência de subespécies a integrá-la. Num primeiro momento, pode-se fazer referência à existência de *sanções reconstitutivas*, por meio das quais se pretende repor "[...] a situação anterior à violação da norma, sem o recurso a algum bem inexistente nesse momento" (JUSTO, 2001, p. 156). Trata-se da chamada reconstituição em espécie (*in natura*). Entretanto, haverá situações nas quais "[...] a reconstituição natural ou não é equitativa, ou não é atingível, ou não é sanção suficiente da violação havida" (ASCENSÃO, 2001, p. 65), operando, sob tais circunstâncias, as chamadas *sanções ressarcitórias*, as quais buscam "[...] produzir um resultado *equivalente* ao que deveria ter ocorrido ou que pelo menos *compense* a violação da norma, através de quantia monetária ou de outro meio que atenue os efeitos danosos da violação" (TALAMINI, 2001, p. 183). Assim sendo, poderá haver *ressarcimento em forma específica*, quando a reparação se der com a reposição de um bem que, embora não sendo o que foi danificado, permite desempenhar a mesma função (JUSTO, 2001, p. 156). Ou por meio do *ressarcimento pecuniário*, objetivando obter do sancionado uma quantia monetariamente equivalente aos prejuízos sofridos, ou que vise à compensação do dano suportado.

Finalmente, fechando o rol de espécies de sanções jurídicas em sentido negativo, tem-se as chamadas *sanções negativas punitivas*, as quais são impostas "[...] de maneira a significar simultaneamente um sofrimento e uma reprovação para o infrator" (ASCENSÃO, 2001, p. 67). Diferentemente do que ocorre com as demais espécies de sanções negativas, nas punitivas a imposição de uma medida desagradável ao sancionado apresenta-se como sua característica principal.

Ou seja, para as sanções punitivas não importa qualquer relação de coincidência entre o dever jurídico previsto na norma violada e o conteúdo sancionatório, não se prestando a evitar a ocorrência e/ou a perpetuação do ilícito, tal como ocorre nas sanções preventivas e de restabelecimento. Além disso, as sanções punitivas não configuram uma resposta aos prejuízos decorrentes da situação ilícita, tal como se verifica nas sanções reparatórias. Em suma, sua função primordial não é compelir o sancionado a adotar o comportamento originariamente previsto na norma jurídica violada, tampouco objetiva promover a reparação dos danos que eventualmente advierem da transgressão da regra jurídica. Sua finalidade é aflitiva e pedagógica, o que se atinge com a aplicação de um mal como reação à transgressão da norma jurídica. Por isso o seu conteúdo punitivo, a diferenciá-la das demais espécies de sanção em sentido negativo.

É dentro desse contexto que se pode identificar como se estabelece a relação entre ilícito e sanção jurídica negativa. Pelo menos teoricamente, qualquer uma das formas apontadas de ilícito (fato ilícito, ato-fato ilícito, ilícito *stricto sensu*) poderia ser atrelada a qualquer tipo de sanção jurídica em sentido negativo (preventiva, de restabelecimento, reparatória, punitiva).[78] Com isso, para a imposição de certa sanção negativa, a princípio, seriam dispiciendas eventuais discussões acerca de requisitos que não configurarem elementos (nucleares ou completantes) da descrição normativa do fato, ato-fato ou ato ilícito a que estiver conectada a sanção.

Por outro lado, a despeito das possibilidades teóricas (i.e. da Teoria do Direito), a forma como ocorrerá o liame entre ilícito e sanção jurídica negativa num ordenamento jurídico específico depende das opções legislativas (constitucionais) que nele forem adotadas, nada impedindo que apenas esteja juridicamente autorizada a ligação de certa espécie de sanção negativa a uma moda-

78 Ressalve-se que algumas possibilidades teóricas desta ligação seriam faticamente improváveis, tal como a estatuição de sanção preventiva diante de um fato ilícito (até porque sua ocorrência é por essência imprevisível e incontrolável) ou a previsão de sanção reparatória para aquelas situações em que a ilicitude independe do resultado danoso.

lidade própria de ilícito.[79] Ainda assim, mesmo à luz de algum ordenamento jurídico específico, se se partir da conepção estritamente coativa do Direito (de matiz positivista), o fenômeno jurídico se manifestará, em todas as suas etapas (criação, interpretação e aplicação) e nas suas diversas disciplinas especializadas (inclusive, o Direito Ambiental), de modo preponderantemente restrito à conjugação do binômio ilicitude-sanção negativa.

2.2.2. A função repressiva do Direito Ambiental: a reprodução (aplicação) do modelo teórico

Se as premissas acima assentadas forem pertinentes, será possível identificar a primazia da função repressiva do Direito também no que se refere à atual legislação ambiental brasileira. Ou seja, *(i)* se a concepção predominante na Teoria do Direito influencia (condiciona) a formação do fenômeno jurídico (e das disciplinas especializadas que o integram) em determinado momento e contexto histório; *(ii)* se o juspositivismo (e a crítica a ele) conduziu a Teoria do Direito das últimas décadas, inclusive no Brasil, tendo como um de seus principais postulados a coatividade, posicionada como nota distintiva da norma jurídica; *(iii)* se, como consequência de tal concepção teórica, a utilização do Direito ficou praticamente restrita à sua função repressiva, que necessariamente se manifesta pela previsão de normas jurídicas calcadas no binômio ilicitude-sanção jurídica negativa; então, *(iv)* no âmbito da legislação ambiental, também deverá ser possível identificar a utilização (largamente) preponderamente da criação e da aplicação de normas jurídicas que expressam a função repressiva do Direito, reproduzindo o modelo teórico que busca a concretização da tutela jurídica do meio ambiente (quase) exclusivamente por meio da imposição de sanções jurídicas negativas, destinadas a combater (prevenir, restabelecer, reparar e punir) atos ou fatos contrários às proibições (deveres) contidas na legislação ambiental (i.e., que constituam ilícitos ambientais).

Entre os diversos âmbitos de manifestação do fenômeno jurídico, esse contexto de primazia da função repressiva do Direito Ambiental pode ser verificado de modo especialmente relevante, por exemplo, na forma como a tutela jurídica do meio ambiente é buscada no âmbito do exercício das funções

79 No ordenamento constitucional brasileiro é o que ocorre, por exemplo, com as sanções punitivas em matéria penal (e, para parcela da doutrina, também no campo administrativo), necessariamente atreladas à prática de uma conduta culposa ou dolosa (ato ilícito *stricto sensu*), o que afasta sua imposição diante de outras formas de ilicitude (fato ou ato-fato).

estatais administrativa (Estado-Administração) e jurisdicional (Estado-Juiz). É disso que se passa a tratar.

2.2.2.1. A função repressiva do Direito Ambiental no âmbito administrativo: algumas manifestações

Entre as diversas formas de atuação estatal, diante da crescente complexidade e dinamicidade dos fatos sociais nos quais o fenômeno jurídico é chamado a intervir, cada vez mais ganha relevo o exercício da *função administrativa* do Estado, que se materializa no âmbito da Administração Pública (predominantemente concentrada no Poder Executivo) e que tem suas relações disciplinadas por um regime jurídico próprio (reunido em torno do Direito Administrativo).[80] Nesse sentido, por exemplo, é a observação de Celso Antônio Bandeira de Mello (2001, pp. 10), ao ponderar que,

> em suma: como decorrência do progresso tecnológico engendrou-se um novo mundo, um novo sistema de vida e de organização social, consentâneos com esta realidade superveniente. Daí que o Estado, em consequência disto, teve que disciplinar os comportamentos individuais e sociais muito mais minuciosa e extensamente do que jamais o fizera, passando a imiscuir-se nos mais variados aspectos da vida individual e social. Este agigantamento estatal manifestou-se sobretudo como um agigantamento da Administração, tornada omnipresente e beneficiária de uma concentração de poder decisório que desbalanceou, em seu proveito, os termos do anterior relacionamento entre Legislativo e Executivo.

Porém, simplesmente reconhecer o papel de relevo da função estatal administrativa pode se afigurar uma abordagem excessivamente abrangente. Isso porque, conforme alerta Odete Medauar (2002, p. 123), a Administração Pública exerce "[...] um amplo e diversificado leque de atividades, para cumprir as tarefas que o ordenamento lhe confere, atividades essas de diferentes tipos, sob várias formas e regimes". É justamente diante dessa constatação (multiplicidade de atividades administrativas) que a doutrina especializada busca sistematizar as diversas modalidades de medidas desempenhadas no âmbito da função administrativa. Nesse sentido, já contemplando o cenário de transformações

80 A doutrina especializada aponta diversos critérios para identificar e definir os elementos que integram a função administrativa do Estado (PIETRO, 2001, p. 53-63). O aprofundamento do tema, entretanto, não é cabível no contexto deste Livro, bastando a noção genérica de que a função administrativa se distingue das demais funções (legislativa e jurisdicional) do Estado.

que o Estado-Administração atravessa, Carlos Sundfeld (1997, p. 16) assevera que "a reconstrução da teoria da ação administrativa passa, a nosso ver, pela identificação de pelo menos três grandes setores: a *administração de gestão*, a *administração fomentadora* e a *administração ordenadora*".

Ocorre que a própria formação da legislação ambiental brasileira é sobremaneira relacionada a tal modo de exercício da atividade estatal (função administrativa). Aliás, no debate acadêmico, durante longo período, a legislação ambiental (i.e., conjunto de normas jurídicas voltadas a disciplinar o comportamento humano em relação ao meio ambiente) era tida como mero apêndice do Direito Administrativo. De todo modo, não obstante o atual (e adequado) reconhecimento do Direito Ambiental como disciplina especializada/autônoma, a utilização de institutos jurídicos que têm seu nascedouro no Direito Administrativo e sua implementação por meio do exercício da função estatal administrativa ainda é algo muito recorrente na legislação ambiental. É dizer, significativa parcela da legislação ambiental se vale de instrumentos jurídicos *ad ministrativizados*, no sentido de que são (também) norteados pelo regime jurídico administrativo e de que são implementados no âmbito da função administrativa do Estado. Tanto é assim que José Dias (2001, pp. 25-27) destaca que, "a partir do momento em que a defesa do meio ambiente passou a significar defesa de interesses coletivos públicos, a 'política ambiental' a desenvolver no interior dos Estados teve que recorrer ao direito administrativo", o qual apresenta "[...] um papel de relevo único na *ordenação jurídica* do meio ambiente".

Não obstante seja possível perceber a influência concreta de todas as modalidades que integram a função estatal administrativa (gestora, fomentadora etc.) na formação e implementação do Direito Ambiental, assume especial relevância a íntima relação entre os instrumentos jurídicos que compõem a legislação ambiental e o exercício de uma das formas específicas de ação administrativa. Trata-se da chamada *administração ordenadora*, definida por Carlos Sundfeld (1997, p. 18) como "[...] a parcela da função administrativa, desenvolvida com o uso do poder de autoridade, para disciplinar, nos termos da lei, os comportamentos dos particulares no campo de atividades que lhe é próprio". Na mesma direção e de forma ainda mais pontual, Marçal Justen Filho (2005, p. 33) se refere à *função administrativa ordenadora* como "[...] o conjunto de poderes para editar regras, produzir decisões e promover sua execução concreta visando a conformar, dentro de certos limites, liberdades e direitos individuais, como meio de produzir a harmonia social [...]".

É justamente o entrelaçamento entre as medidas desempenhadas pela *Administração Ordenadora* e os instrumentos jurídicos que compõem a legislação ambiental o que viabiliza identificar a primazia da função repressiva do Direito Ambiental na esfera administrativa. Em outras palavras, para se materializar por meio da função administrativa ordenadora, a legislação ambiental é preponderantemente formada por normas jurídicas que, a partir do estabelecimento de proibições (deveres jurídicos), estão estruturalmente calcadas no binômio ilícito-sanção jurídica negativa e funcionalmente restritas a assegurar o cumprimento de direitos por meio da repressão (potencial ou efetiva) estatal, de modo a simplesmente reproduzir a concepção (positivista) que predominou na Teoria do Direito das últimas décadas, centrada na coatividade como nota distintiva das normas jurídicas.

Sob a perspectiva interna, essas medidas que integram a Administração Ordenadora podem ser visualizadas a partir de dois grandes grupos: *(i)* por meio do estabelecimento das denominadas *restrições à atividade privada* e *(ii)* através do exercício da chamada *polícia administrativa*. Tais medidas, desempenhadas no âmbito da Administração Ordenadora, encontram ampla previsão e aplicação na legislação ambiental brasileira, sendo que praticamente todas elas incorporam normas jurídicas que expressam a função repressiva do Direito, assumindo a estrutura proibição-ilícito-sanção negativa.

No que concerne às *restrições à atividade privada*, a Administração Ordenadora se materializa por meio de medidas que representam *(i) sacrifício de direitos* ou *(ii) limitações administrativas*.

As *limitações administrativas* podem ser definidas, na lição de Maria di Pietro (2001, p. 118), como sendo medidas que "[...] impõem obrigações de caráter geral a proprietários indeterminados, em benefício do interesse geral [...]", as quais delimitam o próprio perfil de direitos, como a propriedade e a liberdade para a realização de atividades produtivas.[81] De acordo com a posição doutrinária tradicional, nos casos de limitações administrativas não há que se cogitar o pagamento de qualquer indenização aos destinatários das medidas restritivas, haja vista que "[...] um grande número de administrados absorve este fardo uniformemente, bem como não há perda da finalidade essencial do bem atingido" (HEINEN, 2012, p. 171).

81 Aqui cabe o esclarecimento apresentado por Celso Antônio Bandeira de Mello (2008, p. 684): "convém desde logo observar que não se deve confundir liberdade e propriedade com direito de liberdade e direito de propriedade. Estes últimos são expressões daquelas, porém tal como admitidos em um dado sistema normativo".

De outra parte, diante de certas situações, é possível que o legislador (constitucional ou ordinário) conclua que o estabelecimento de parâmetros jurídicos destinados à mera delimitação do regular exercício de algum direito específico (i.e., limitações administrativas) não é suficiente para a tutela de determinado bem jurídico, abrindo ensejo para que o Estado atue de modo ainda mais interventivo, extinguindo completamente determinado direito da esfera jurídica de certa pessoa. Tratam-se dos chamados *sacrifícios de direitos* que, no escólio de Carlos Sundfeld (1997, p. 95), "[...] devem ser visualizados como a expropriação, pelo Estado, de direitos patrimoniais pertencentes a particulares. Sacrificar direitos é sinônimo de expropriar".

Uma parcela significativa dos mecanismos jurídicos que integram a legislação ambiental se desenvolve a partir das noções de *limitações administrativas* e de *sacrifício de direitos.* No Direito Ambiental há, inclusive, uma categoria específica para designar locais que são precipuamente voltados à incidência destas medidas jurídicas de limitação ou de sacrifício ao direito de propriedade e de liberdade de atuação privada, a qual está expressamente mencionada no próprio texto constitucional. Tratam-se dos denominados *espaços territoriais especialmente protegidos* (art. 225, § 1º, III CRFB/88), explicados por Márcia Leuzinger (2002, p. 93) como "a totalidade das áreas, públicas ou privadas, sujeitas a regimes especiais de proteção, ou seja, sobre as quais incidem limitações objetivando a proteção, integral ou parcial, de seus atributos naturais".

Entre os *espaços territoriais especialmente protegidos,* que implicam a conformação de direitos por meio da incidência de *limitações administrativas,* estabelecidas tendo em vista a tutela jurídica do meio ambiente, podem ser destacadas, exemplificativamente: *(i)* as *unidades de conservação da natureza de uso sustentável,* por meio das quais se objetiva "[...] compatibilizar a conservação da natureza com o uso sustentável de parcela dos recursos naturais" (art. 7º, § 2º LF 9.985/00); *(ii)* as áreas de preservação permanente, conceituadas como "a área protegida, coberta ou não por vegetação nativa, com a função ambiental de preservar os recursos hídricos, a paisagem, a estabilidade geológica e a biodiversidade, facilitar o fluxo gênico de fauna e flora, proteger o solo e assegurar o bem estar das populações humanas" (art. 3º, II LF 12.651/12); *(iii)* as *reservas legais,* definidas como a "área localizada no interior de uma propriedade ou posse rural [...] com a função de assegurar o uso econômico de modo sustentável dos recursos naturais do imóvel rural, auxiliar a conservação e a reabilitação dos processos ecológicos e promover a conservação da biodiversidade, bem como o abrigo e a proteção da fauna silvestre e da flora nativa" (art. 3º, III LF 12.651/12); além disso, especificamente no bioma mata atlântica, tem-se ainda as áreas de *(iv) compensação florestal*, correspondente à destinação de local equivalente e com as mesmas características ecológicas que as presentes em áreas que foram objeto de supressão de vegetação autorizada pelo Poder Público (art. 17 LF 11.428/06) e as áreas de *(v) manutenção florestal*, assim entendido o percentual de cobertura florestal existente em imóveis urbanos que não pode ser sujeito à autorização de supressão, mesmo nos casos de implantação de loteamento ou de edificação (art. 31 e art. 31 LF 11.428/06).

Ademais, também como instrumento jurídico de conformação de direitos por meio de limitações administrativas, para diversas situações, a legislação ambiental também estabelece a obrigatoriedade da observância de *critérios e padrões de qualidade ambiental e normas relativas ao uso e manejo de recursos ambientais* (art. 4º, III LF 6.938/81). Geralmente atrelados ao estabelecimento de limites técnicos, nessa categoria se insere um grupo bastante amplo de limitações administrativas, não raramente tipificadas em atos infralegais (como Resoluções dos Conselhos Nacional e Estaduais de Meio Ambiente) relacionados, por exemplo, "à definição de padrões de emissão para fontes de poluição sonora, atmosférica, hídrica ou do solo", além da "imposição do uso de determinada tecnologia ou equipamento de controle da poluição", bem como por meio do "controle de processos, através da exigência da substituição de um determinado insumo ambiental por outro", sem contar o "controle da qualidade ambiental do produto, com o estabelecimento de limites à presença de determinados elementos químicos [...]" (CARNEIRO, 2003, p. 75).

Tanto o regime jurídico das modalidades de *espaços territoriais especialmente protegidos* acima indicados quanto as normas jurídicas que veiculam *critérios/padrões de qualidade ambiental* consubstanciam obrigações de caráter geral, que não têm destinatários previamente determinados e que não implicam a extinção (ou o completo esvaziamento) de direitos (de propriedade e de liberdade de atuação) que integram a esfera jurídica de cada pessoa que está sujeita à sua incidência. Por isso, via de regra, não se costuma atribuir qualquer indenização para tais situações, na medida em que apenas representam a conformação do próprio perfil do direito (de propriedade e de liberdade de atuação) que está sendo exercido em certo local ou para determinada atividade.

De todo modo, no que se refere à estrutura das normas jurídicas que estabelecem tais *limitações administrativas ambientais*, pode-se claramente identificar a reprodução do modelo que predomina na Teoria do Direito, antes ilustrado. Dito de outra forma, quando se trata da previsão de limitações administrativas em matéria ambiental, a legislação lança mão (quase exclusivamente) de normas jurídicas que utilizam a estrutura proibição-ilícito-sanção negativa, nos seguintes termos: *(i)* as limitações administrativas buscam efetivar a tutela jurídica do meio ambiente por meio da prescrição de obrigações de fazer (= proibição de não fazer) ou de não fazer/tolerar (= proibições de fazer) no que diz respeito à utilização de determinados locais ou ao modo de realização de certas atividades, *(ii)* buscando garantir a observância de tais comandos (deveres jurídicos) por meio da imposição (potencial ou efetiva) de sanções jurídicas negativas (preventivas, de restabelecimento, reparatórias ou punitivas) *(iii)* para os casos em que se verificar a ocorrência de atos ou fatos contrários às proibições estabelecidas (i.e., atos ou fatos ilícitos). Correlativamente, portanto, pode-se visualizar nas *limitações administrativas ambientais* primordialmente o exercício da função repressiva do Direito, na medida em que as normas jurídicas que estabelecem alguns dos *espaços territoriais especialmente protegidos* e dos *critérios/padrões de qualidade ambiental* têm a coatividade como uma de suas notas distintivas, pressupondo o descumprimento de suas prescrições (proibições) para que passe a atuar a relação precendente-consequente (entre ilícito e sanção jurídica negativa) que as caracteriza.

A seu turno, diversamente das limitações administrativas, há situações nas quais se opera a própria extinção de certo direito (de propriedade ou de liberdade de atuação) que previamente integrava a esfera jurídica de determinada pessoa. Não obstante a diferença quanto ao resultado (exclusão x limitação), as normas jurídicas que veiculam *sacrifício de direitos* em razão da tutela jurídica do meio ambiente também percorrem o mesmo itinerário teórico, de matiz repressivo.

Na legislação ambiental, como exemplo de institutos jurídicos que implicam o sacrifício de direitos, podem-se mencionar algumas modalidades de *espaços territoriais especialmente protegidos*, mais especificamente as unidades de conservação da natureza que se inserem no grupo de *proteção integral*. Tendo como objetivo básico "[...] preservar a natureza, sendo admitido apenas o uso indireto de seus recursos naturais [...]", por meio da manutenção de locais com "[...] ecossistemas livres de alterações causadas por interferência humana" (art. 7º, § 1o c/c art. 2º, VI LF 9.985/00). As unidades de conservação da natureza de proteção integral geralmente acarretam a transferência da posse e da propriedade de determinado local para o ente público (União, Estados, Municípios) que as instituiu, de modo a sacrificar (extinguir) o direito de propriedade dos antigos titulares de domínio, tendo em vista a tutela jurídica do meio ambiente.

Note-se que nem mesmo a circunstância de ser constitucionalmente assegurado o direito do expropriado receber indenização prévia, justa e em dinheiro (art. 5ª, XXIV CRFB/88) retira o viés repressivo deste instituto jurídico. Em primeiro lugar, porque a expropriação do direito de propriedade para a instituição de unidade de conservação de proteção integral se concretiza independentemente da vontade ou interesse eventualmente manifestados por aquele que até então exercia a titularidade sobre o bem imóvel. Ou seja, a expropriação opera seus efeitos jurídicos de modo coativo. Para além disso, uma vez instituída a unidade de conservação de proteção integral, o local por ela delimitado fica submetido a regime jurídico de especial proteção, com a imposição de diversas proibições (deveres jurídicos) adicionais, comparativamente à generalidade dos demais imóveis, as quais se aplicam, inclusive, àqueles que eram os anteriores titulares de domínio sobre a área, o que se materializa por meio de normas jurídicas que adotam a estrutura ilício-sanção negativa, típica da função repressiva do Direito.

De mais a mais, há situações em que o *sacrifício de direitos* se manifesta de modo ainda mais marcadamente repressivo na legislação ambiental, o que se verifica, por exemplo, naquilo que a doutrina administrativista tradicional denomina de desapropriação-sanção. De acordo com esse posicionamento doutrinário, há situações nas quais a expropriação decorre do descumprimento (ilícito) daquilo que integra o conteúdo da função ambiental do direito de propriedade, surgindo ela própria (a desapropriação) como uma forma de sancionamento negativo.[82] No texto constitucional, essa espécie de desapropriação(-sanção) surge vinculada à tutela jurídica do meio ambiente em pelo menos dois cenários: *(i)* quanto aos imóveis rurais, nos casos em que não houver a "utilização adequada dos recursos naturais disponíveis e preservação do meio ambien-

82 A qualificação de tais modalidades de desapropriação como forma de sanção não é algo incontroverso na doutrina. Nesse sentido, por exemplo, Carlos Marés (2006, pp. 70-71) apresenta o seguinte posicionamento: "a lei restringe a reforma agrária às terras que não cumprem sua função social, para que se as faça cumprir. Isto não é sanção. Tampouco pode ser considerada uma sanção o fato do preço prévio ser em títulos. Isto se dá pela singela razão que a desapropriação é uma troca de ativos e se o ativo de um cidadão está em bens que não estão produzindo ou estão produzindo em desacordo com a lei, a indenização se dará, também em ativos de igual qualidade, tanto que as benfeitorias, o que realmente faz a terra produzir devem ser pagas em dinheiro". O aprofundamento da discussão acerca da natureza jurídica desse instituto desborda os objetivos deste Livro. De todo o modo, ainda que não se considere esse tipo de desapropriação como um ato sancionatório em si, isso não retira o viés repressivo que marca tal instituto jurídico, seja porque sua aplicação se dá independentemente da concordância do proprietário, seja porque o modo de assegurar o cumprimento de tal expropriação se dá por meio da definição de normas jurídicas que assumem a típica estrutura ilícito-sanção negativa.

te" (art. 186, II CRFB/88) e, *(ii)* no que se refere aos imóveis urbanos, nos casos em que o proprietário mantiver o solo "[...] não edificado, subutilizado ou não utilizado", mesmo depois de ter sido instado a promover compulsoriamente a edificação ou parcelamento do local (art. 182, § 4º CRFB/88).

De outra parte, para além da imposição de restrições ao exercício de atividades privadas (limitações administrativas e sacrifício de direitos), a função repressiva da legislação ambiental também deixa transparecer sua íntima relação com a *Administração Ordenadora* por meio do desempenho da denominada *polícia administrativa*. Trata-se da atividade "[...] por meio da qual o Estado aplica restrições e condicionamentos legalmente impostos ao exercício das liberdades e direitos fundamentais, tendo em vista assegurar uma convivência social harmônica e produtiva" (MOREIRA NETO, 2003, pp. 385 e 388), abrangendo as seguintes manifestações (fases): *(i)* definição quanto à existência do direito ao exercício de determinada atividade ou uso da propriedade privada, *(ii)* delimitação das condições exigidas para o regular exercício deste direito, e *(iii)* fiscalização do cumprimento das determinações contidas nas fases anteriores.

Note-se que o exercício do poder de polícia administrativa usualmente implica a atuação da Administração Ordenadora de forma concreta e individualizada, na medida em que objetiva identificar se certa conduta ou atividade individualmente considerada conduz concretamente ao reconhecimento (existência) de determinado direito ou de determinado modo (condições exigidas) de exercê-lo, por meio da atuação do aparato administrativo fiscalizatório do Estado.[83] É dizer, a polícia administrativa em matéria ambiental também abrange uma ampla variedade de atividades.

Primeiro, por meio da polícia administrativa em matéria ambiental, a Administração Ordenadora busca reconhecer ou rechaçar a existência de determinado direito na esfera jurídica de certa pessoa, a fim de identificar se dada conduta não viola algum "[...] *preceito negativo absoluto*, pelo qual são vedadas certas formas de exercício de atividades e de uso da propriedade privada, por serem consideradas incompatíveis com a boa ordem social" (MOREIRA

83 A distinção entre sacrifício de direitos, limitações administrativas e poder de polícia administrativa não é algo incontroverso na doutrina, havendo quem considere os primeiros (sacrifícios e limitações) como forma de manifestação da última (polícia administrativa). Aqui, para fins didáticos, a distinção apresentada se apoia na seguinte observação de Maria Di Pietro (2001, p. 59): "a polícia administrativa compreende toda atividade de execução das chamadas limitações administrativas, que são restrições impostas por lei ao exercício de direitos individuais em benefício de interesses coletivos".

NETO, 2003, p. 388). É exatamente isso o que ocorre na verificação concreta e individualizada do (des)atendimento, por exemplo, de obrigações de fazer (= proibições de não fazer), de não fazer ou de tolerar (= proibições de fazer) que se originam da previsão de limitações administrativas ambientais ou de sacrifício de direitos, como as antes indicadas.

Em outra direção, mais do que meramente verificar a ilicitude de certa conduta ou atividade a partir de limitações administrativas de caráter geral, a polícia administrativa ambiental também tem a incumbência de definir condições específicas para que determinado direito se estabeleça na esfera jurídica de certa pessoa, circunstâncias nas quais "a intervenção da Administração pela via do consentimento do exercício da atividade se configura sempre como requisito necessário de dito exercício, que, de outro modo, ou bem não poderia desenvolver-se validamente, ou bem se veria privado de efeitos jurídicos" (ENTERRÍA; FERNANDÉZ, 1997, p. 135). [84] Este é o caso, por exemplo, do procedimento administrativo de licenciamento ambiental, por meio do qual, também diante de situação concreta e individualizada, se estabelecem limites (obrigações de não fazer), encargos (obrigações de fazer) e sujeições (obrigações de suportar), sem cujo atendimento não seria juridicamente válida a realização de certa atividade em dado contexto e local.

Em ambas as manifestações (verificação da existência de direito ou estabelecimento de condições específicas para o seu surgimento/exercício), a atividade de polícia administrativa ambiental se vale da concepção repressiva do fenômeno jurídico, que se materializa por meio da fiscalização inerentemente relacionada ao seu exercício. É dizer, ao verificar a violação de algum preceito negativo absoluto (ato ou fato ilícito), a fiscalização administrativa tem a incumbência de promover a imposição da sanção (administrativa) negativa correspondente. De mais a mais, no estabelecimento de condições específicas (limites, encargos, sujeições), decorrentes da constituição de direitos privados por atos administrativos, a atividade de polícia administrativa ambiental também adota a estrutura ilícito-sanção negativa, que se materializa por meio da

84 A doutrina administrativista utiliza vários termos para designar esse aspecto do exercício da polícia administrativa, entre os quais: preceito negativo com reserva de consentimento (MOREIRA NETO, 2003, p. 388), permissão de polícia (BIELSA, 1956, p. 35 ss.), proibição de polícia com reserva de permissão (MAYER, 1950, p. 59 ss.), ou, ainda, na terminologia aqui utilizada, constituição de direitos privados por ato administrativo (SUNDFLED, 1997, p. 38 ss.). Independentemente da divergência nomenclatural, todas as expressões designam uma espécie de "ato administrativo por meio do qual uma autoridade que exerce administração, suprime ou levanta uma proibição geral de polícia sobre certa atividade" (LINARES, 1986, p. 430).

atividade de fiscalização administrativa, que pode culminar com a imposição de sanções administrativas negativas. Em suma, conforme conclui José Dias (1997, p. 68), "apesar de o direito administrativo dar o seu maior contributo, em nível ambiental, através de sua vertente preventiva, também quanto às sanções [negativas] se faz sentir a sua influência. Assim, e apesar dessa base preventiva, 'será sempre imprescindível um direito sancionatório de caráter repressivo ao serviço da eficácia da própria Administração'".

A constatação de que a tutela jurídica do meio ambiente na esfera administrativa está preponderantemente (quase exclusivamente) estruturada sob a forma de instrumentos repressivos é corroborada justamente quando se percebe o papel de destaque conferido ao binômio ilícito (administrativo)-sanção (administrativa) negativa como instrumento de exercício do poder de polícia administrativa ambiental.

No plano legislativo, isso é facilmente constatável em ambos os polos (ilícito e sanção) que estruturam a norma jurídica que embasa o exercício da polícia administrativa ambiental. Primeiro, pelo conteúdo sobremaneira abrangente que o legislador conferiu à categoria *ilícito administrativo ambiental,* ao defini-lo genericamente como "[...] toda ação ou omissão que viole as regras jurídicas de uso, gozo, promoção, proteção e recuperação do meio ambiente" (art. 70 LF 9.605/98), reservando um amplo espaço de atuação administrativa (i.e., infralegal) na definição dos tipos administrativos infracionais em matéria ambiental.[85] Ademais, na ponta da consequência atrelada ao cometimento de ilícitos administrativos ambientais, a legislação também foi bastante abrangente, disponibilizando para a fiscalização administrativa ambiental a possibilidade de imposição de sanções (administrativas) negativas de praticamente todas as modalidades antes referenciadas (preventivas, de restabelecimento, reparatórias e punitivas) e de forma particularmente intensa, se comparada com outros âmbitos de atuação da polícia administrativa.[86]

Tal aparato legislativo repercute na atuação concreta da polícia administrativa em matéria ambiental. Comprovação dessa assertiva pode ser obtida quando se verifica o montante de multas administrativas aplicadas pelo Instituo

85 No âmbito federal, isso se verifica no conteúdo do Decreto Federal n. 6.514/08, que tipifica de modo bastante amplo diversas infrações ambientais (ilícitos) na esfera administrativa.

86 Nesse sentido, a Lei Federal n. 9.605/98 estabelece que o valor das multas administrativas ambientais pode chegar a R$ 50.000.000,00 (art. 75), patamar que não se verifica em outras áreas nas quais também ocorre fiscalização administrativa.

Brasileiro do Meio Ambiente e dos Recursos Naturais Renováveis - IBAMA, autarquia responsável pela fiscalização ambiental no âmbito federal. De acordo com levantamento realizado pelo Tribunal de Contas da União - TCU, com base em dados do período 2005-2009, "o Ibama apresenta o valor mais elevado de multas aplicadas ao longo dos últimos cinco anos, totalizando R$ 14,68 bilhões, o que corresponde a 56,7% do montante total de penalidade aplicadas", (TCU, 2011) num universo de 16 entes públicos analisados. Não bastasse ser a autarquia federal que mais impôs sanções administrativas, as multas aplicadas pelo IBAMA também são aquelas que possuem o valor médio mais elevado (R$ 607.579,32), superando os valores médios de multas impostas por órgãos e autarquias responsáveis pela fiscalização de setores com elevado fluxo financeiro, como é o caso da Comissão de Valores Mobiliários - CVM (R$ 242.758,24), do Banco Central - BACEN (R$ 38.116,93) e da Agência Nacional de Aviação Civil - ANAC (R$ 5.485,57).[87]

Em resumo, ainda que realizada de forma panorâmica, a análise dos instrumentos (limitações, padrões técnicos, sacrifício de direitos etc.) e da forma de atuação (poder de polícia) da legislação ambiental na esfera administrativa corroboram a premissa inicialmente formulada, no sentido de que o Direito Ambiental brasileiro, reproduzindo a concepção teórica predominante, busca a tutela jurídica do meio ambiente por meio da utilização (quase exclusiva) da função repressiva do fenômeno jurídico.

2.2.2.2. A função repressiva do Direito Ambiental no âmbito judicial: algumas manifestações

A concepção predominante na Teoria do Direito e o correspondente movimento de crítica (superação) de seus postulados também implicam significativas repercussões no papel que o Poder Judiciário assume, como uma das formas de manifestação do fenômeno jurídico. Isso por vários motivos.

Primeiro, diante das circunstâncias de se adotar a coatividade como elemento central do Direito e de estruturar as normas jurídicas no binômio ilícito-sanção negativa, o Poder Judiciário tem sido cada vez mais instado a se

87 A frequência da aplicação de multas administrativas ambientais e o valor nelas consignadas não podem ser confundidos com a sua efetiva cobrança (i.e., pagamento pelos infratores). O tema será retomado, no Epílogo, por ocasião da reflexão inicial que será apresentada acerca do papel da eficácia como (um) critério de escolha entre os instrumentos que compõem a legislação ambiental, inclusive no que se refere ao mecanismo conhecido como Pagamento por Serviços Ambientais (PSA).

manifestar – num crescente movimento de judicialização das relações sociais –,[88] na medida em que é atribuída à função estatal jurisdicional a tarefa de tutelar direitos por meio da resolução (definitiva) de conflitos, o que faz quase exclusivamente com a imposição de sanções jurídicas negativas (preventivas, de restabelecimento, reparatórias ou punitivas) diante do reconhecimento da ocorrência de (atos ou fatos) ilícitos.

Ademais, a lógica coativista do Direito leva ao raciocínio (e à prática) de que o modo de promover a tutela de direitos no âmbito do Poder Judiciário passa pela agudização do sancionamento (negativo) daqueles que tenham praticado ilícitos. Ou seja, é por meio do crescente rigor da atuação do Poder Judiciário (num duplo sentido: de ampliar as hipóteses de aplicação de sanções negativas e de ampliar o grau de intensidade de sanções negativas) que se tem a expectativa de concretizar a proteção de direitos reconhecidos pelo sistema normativo. Para tanto, aliás, a crítica (superação) à postura exclusivamente mecânica (não-criativa) do Juiz, que tem sua origem nas reflexões realizadas no âmbito da Teoria do Direito e implica a ampliação do grau de atuação do julgador, fornece os elementos teóricos que permitem embasar essa dupla ampliação (das hipóteses de aplicação e do grau de intensidade) na utilização de sanções jurídicas negativas como o resultado da atuação jurisdicional do Estado.

Em suma, a atuação e o papel de destaque conferido ao Poder Judiciário também são elementos que permitem constatar a primazia (quase exclusividade) da função repressiva do Direito. Novamente, se este é o cenário em relação ao fenômeno jurídico em geral, é pertinente perquirir que essa mesma característica deve estar presente em (i.e., condiciona) cada uma das disciplinas jurídicas especializadas/autônomas, nelas incluído o Direito Ambiental. Dito de outra forma, *(i)* o modo como o Poder Judiciário busca promover a tutela (jurisdicional) do meio ambiente também revela a primazia da função repressiva do Direito Ambiental, *(ii)* o que pode ser verificado concretamente na própria formação da jurisprudência em matéria ambiental, claramente voltada à ampliação das hipóteses de aplicação e do grau de intensidade das sanções (ambientais) negativas destinadas a combater a prática de ilícitos (ambientais).

88 Sobre esse movimento de judicialização das relações sociais, estudo do Conselho Nacional de Justiça – CNJ (2013, p. 11) revela que "o estoque de processos do Poder Judiciário aumenta gradativamente desde o ano de 2009, quando era de 83,4 milhões de processos, até atingir a tramitação de 92,2 milhões de processos em 2012". Não obstante ter aumentado a quantidade de processos julgados, "[...] em mais um ano o número total de processos baixados foi inferior ao de casos novos. Isso aponta para uma tendência de que o estoque aumente [...]".

Aliás, corroborando essa premissa, na doutrina especializada do Direito Ambiental há quem afirme ser o Poder Judiciário, entre todas as manifestações estatais, o palco mais adequado para a tutela jurídica do meio ambiente. Nesse sentido, por exemplo, Carlos Salles (1999, pp. 70-71 e 102) assevera que, "considerando que as diversas modalidades de processos decisórios estão associadas às diferentes instituições sociais, essa questão, em última análise, é a de saber a qual instituição será dado decidir sobre uma determinada matéria", para concluir que, embora também se apresente como uma "alternativa imperfeita", o Judiciário se afigura como a instituição que "[...] na área ambiental, em muitas situações, é, não somente a mais adequada, como a única, pelas suas características, capaz de fazer valer o interesse ambiental", uma vez que, "comparativamente, portanto, em razão de suas características de independência e imparcialidade, é a instância decisória melhor ajustada para decidir longe de pressões ilegítimas, como aquela de grupos de interesse".

A apresentação – ainda que panorâmica – de alguns dos mais proeminentes temas enfrentados pela jurisdição em matéria ambiental (nas esferas cível e penal) pode contribuir para ilustrar como a atuação do Poder Judiciário também revela a primazia da função repressiva do Direito Ambiental.[89]

No que se refere à *responsabilidade civil* em matéria ambiental, a legislação nacional há bastante tempo já adota a denominada teoria objetiva, ao estabelecer expressamente que "[...] é o poluidor obrigado, independentemente da existência de culpa, a indenizar ou reparar os danos causados ao meio ambiente e a terceiros, afetados por sua atividade" (art. 14, § 1º LF 6.938/81). Portanto, comparativamente com o sistema geral contido no Código Civil, que atrela o dever de indenizar à comprovação da conduta culposa (art. 186 CC), a legislação ambiental expressamente adotou modelo que torna mais abrangente as hipóteses de incidência da responsabilidade civil.

Mas a referência legislativa não suplantou o surgimento de controvérsia doutrinária, que se estabeleceu em torno de qual modalidade de responsabilidade civil objetiva teria sido adotada pelo Direito Ambiental brasileiro. Na ausência de indicativo expresso na legislação, parcela da doutrina conclui que se tratava de responsabilidade civil pelo *risco criado*, modelo que admite a

89 Esclareça que, também quanto a este ponto, não se trata de indagar sobre o acerto ou desacerto de tais posicionamentos jurisprudenciais, mas apenas identificá-los como decorrência da reprodução do modelo dominante na Teoria do Direito no âmbito da legislação ambiental, como disciplina jurídica especializada.

alegação de excludentes de responsabilização. Nessa direção, por exemplo, o posicionamento adotado por Toshio Mukai (2012, p. 82), de acordo com quem não integraria o âmbito de responsabilização civil "[...] qualquer atividade que não possa ser debitada ao poluidor, tais como ação de terceiros, vítima ou não, e, evidentemente, nesse rol, ainda se poderia colocar o caso fortuito (evento causado pela ação humana de terceiros) e a força maior (evento causado pela natureza)". De outra parte, diante dessa mesma ausência de indicativo legislativo, outra expressiva parcela da doutrina pondera que a responsabilidade civil ambiental teria adotado a modalidade conhecida como *risco integral*. Nessa direção, por exemplo, se posiciona Antônio Benjamin (2010, p. 501), ao afirmar que, "levando em conta o perfil constitucional do bem jurídico tutelado é que o sistema jurídico ambiental adota a modalidade mais rigorosa de responsabilidade civil [...]", de modo que "[...] o Direito Ambiental nacional não aceita as excludentes de fato de terceiro, culpa concorrente da vítima [...], do caso fortuito e da força maior".

No plano judicial, não obstante um período inicial de divergência, não parece despropositado afirmar que a jurisprudência se consolidou no sentido de reconhecer a incidência da responsabilidade civil ambiental pela modalidade do risco integral. Tal tema, inclusive, já foi apreciado pelo Superior Tribunal de Justiça (2014a), em sede de recurso repetitivo (art. 543-C CPC/73), ficando decidido que

> [...] a responsabilidade pelo dano ambiental é objetiva, informada pela teoria do risco integral, sendo o nexo de causalidade o fator aglutinante que permite que o risco se integre na unidade do ato, sendo descabida a invocação, pela empresa responsável pelo dano ambiental, de excludentes de responsabilidade civil para afastar sua obrigação de indenizar.[90]

90 Observe-se que, em outros temas para os quais a legislação estabelece a incidência de responsabilidade objetiva, sem indicar em qual de suas modalidades (risco criado ou risco integral), há larga tradição no sentido de considerar as excludentes de responsabilização como matéria de defesa, reservando a responsabilidade pelo risco integral àquelas situações expressamente assim designadas pela legislação. Nesse sentido, por exemplo, no âmbito da responsabilidade civil objetiva do Estado (art. 37, § 6º CRFB/88), assim se orienta o Supremo Tribunal Federal (2002): "Constitucional. Administrativo. Responsabilidade civil das pessoas jurídicas de direito público e das pessoas jurídicas de direito privado prestadoras de serviço público. C.F., art. 37, § 6º. I. - A responsabilidade civil das pessoas jurídicas de direito público e das pessoas jurídicas de direito privado prestadoras de serviço público, responsabilidade objetiva, com base no risco administrativo, é abrandada ou excluída pela culpa da vítima. II. - No caso, o acórdão recorrido, com base na prova, que não se reexamina em sede de recurso extraordinário, concluiu pela culpa exclusiva da vítima".

Ao respaldar a aplicação da responsabilidade civil objetiva pela teoria do risco integral, o Poder Judiciário conduz um movimento de aprofundamento do exercício da função repressiva do Direito. Isso se verifica por meio da ampliação, a partir de interpretação do texto legal, dos tipos de ilícitos que engendram a adoção de medidas de responsabilização (sanções negativas) na esfera civil. Retomando as categorias oriundas da Teoria do Direito, antes referidas (vide item 2.2.1.), a posição que se consolidou na doutrina e jurisprudência nacional implica a incidência de responsabilidade civil ambiental não apenas diante de *atos ilícitos em sentido estrito* ou de *atos-fato ilícitos*, mas também admite a imposição de sanções jurídicas negativas diante da verificação de meros *fatos ilícitos.* Com isso, a atuação coativa do Estado passa a alcançar circunstâncias que não estão diretamente relacionadas à (ou que não são completamente controláveis pela) conduta daquele que é juridicamente destinatário do dever de reparar a (ou indenizar pela) ocorrência de danos ambientais.

Um movimento semelhante também é possível ser constatado no que se refere às *modalidades de sanção jurídica negativa* que são empregadas pelo Poder Judiciário para coibir ilícitos ambientais no âmbito da jurisdição civil. Em termos legislativos, o tema é explicitamente disciplinado em dispositivo inserido na Lei da Ação Civil Pública, de acordo com o qual tal medida judicial "[...] poderá ter como objeto a condenação em dinheiro ou o cumprimento de obrigação de fazer ou não fazer" (LF n. 7.347/85, art. 3º). A princípio, a controvérsia judicial se instaurou quanto à necessidade de aplicação alternativa (uma ou outra) ou à possibilidade de aplicação cumulativa (uma e outra) das hipóteses contidas no referido comando normativo. Atualmente, porém, "a jurisprudência do STJ está firmada, no sentido de que a necessidade de reparação integral da lesão causada ao meio ambiente permite a cumulação de obrigações de fazer, de não fazer e de indenizar" (STJ, 2014b).

Mais do que isso, os precedentes judiciais quanto ao tema reconhecem que a imposição de medidas de reparação ou indenização, como decorrência da atuação da jurisdição civil, deve ser compreendida em termos bastante amplos e de modo a abranger não apenas os danos ambientais já ocorridos, mas também sua projeção para o futuro. Nessa direção, após firmar a premissa no sentido de que "a responsabilidade civil ambiental deve ser compreendida o mais amplamente possível, de modo que a condenação de recuperar a área prejudicada não exclua o dever de indenizar – juízos retrospectivo e prospectivo", há julgado do Superior Tribunal de Justiça (2013a) que sistematiza as diversas modalidades de dano ambiental passíveis de engendrar a atuação da jurisdição civil, a saber:

(i) o *dano interino* ou *intermediário*, consistente nos prejuízos ambientais que forem ocasionados no período transcorrido entre o instante da ação ou omissão danosa e o pleno restabelecimento ou recomposição do meio ambiente ilicitamente impactado; *(ii)* o *dano residual* ou *permanente*, abrangendo os impactos ambientais que não são passíveis de reparação ou recomposição *in natura*; *(iii)* o *dano moral coletivo*, ou seja, aquele que "[...] atinge interesse não patrimonial de classe específica ou não de pessoas, uma afronta ao sentimento geral dos titulares da relação jurídica-base" (STJ, 2012); e *(iv)* o ressarcimento em decorrência do *proveito econômico* auferido pelo cometimento da atividade ilegal, o qual deve ser reembolsado ao patrimônio público e à coletividade.

Uma vez mais, retomando as categorias básicas da Teoria do Direito, antes indicadas, o que se verifica é a atuação do Poder Judiciário no sentido de, a partir da interpretação do texto legislativo, atrelar o ilícito ambiental objeto da responsabilidade civil a uma ampla gama de sanções jurídicas negativas, voltadas não apenas a restabelecer a licitude (sanções de restabelecimento), como também para promover a reparação dos danos ambientais (sanções reparatórias), valendo-se de suas diversas modalidades (reconstitutiva, ressarcitória pelo equivalente, pecuniária etc.).[91] Também aqui se trata da utilização (aprofundamento) do exercício da função repressiva do Direito, por meio da ampliação das hipóteses de responsabilização civil, como forma de buscar a tutela do meio ambiente como bem juridicamente protegido.

A mesma tendência também é verificada no que se refere à definição dos sujeitos aos quais se impõem deveres de reparação ou indenização (sanções negativas) no âmbito da responsabilidade civil ambiental. Valendo-se da abrangência da definição legal de poluidor, assim entendido aquele que for considerado "[...] responsável, direta ou indiretamente, por atividade causadora de degradação ambiental" (art. 3º, IV LF 6.938/81), a jurisprudência vem ampliando o grupo dos que podem ser chamados a indenizar ou reparar danos ambientais no bojo de ações de responsabilidade civil (i.e., destinatários das sanções negativas na esfera civil).

91 Convém ressalvar que a jurisprudência não vem reconhecendo caráter punitivo (sanção punitiva) à responsabilidade civil ambiental, conforme já assentado pelo Superior Tribunal de Justiça (2014c): "é inadequado pretender conferir à reparação civil dos danos ambientais caráter punitivo imediato, pois a punição é função que incumbe ao direito penal e administrativo". Ao que tudo indica, ainda que não o faça de modo explícito, o STJ acaba reconhecendo que, à luz do sistema constitucional pátrio, o exercício do *ius puniendi* estatal (i.e., imposição de sanções punitivas) não pode prescindir da averiguação do dolo ou culpa na conduta a ser sancionada, o que seria mesmo incompatível com o sistema objetivo adotado no âmbito da responsabilidade civil ambiental.

Quanto a esse aspecto, por exemplo, já se consolidou o entendimento jurisprudencial no sentido de que o cumprimento dos deveres jurídicos em matéria ambiental "[...] têm natureza de obrigação *propter rem*, isto é, aderem o título de domínio ou posse, independentemente do fato de ter sido ou não o proprietário o autor da degradação ambiental" (STJ, 2013b). Como consequência desse posicionamento da jurisprudência, para fins de responsabilidade civil, mesmo que o dano ambiental tenha sido praticado por terceiros ou pelo proprietário anterior de determinado imóvel, o atual titular de direitos sobre o bem pratica ato ilícito, caso não promova as medidas de reparação/recomposição, ainda que não tenha provocado diretamente nenhum ato de degradação ambiental. Para além disso, partindo da jurisprudência dessa mesma Corte Superior, em tais casos se está diante de responsabilidade solidária, de modo que a jurisdição civil pode atuar em face de apenas um (ou alguns) dos responsáveis (diretos ou indiretos) pela degradação ambiental, que responderá integral e isoladamente pelas medidas de reparação/indenização, sem que isso implique a formação de litisconsórcio passivo necessário (STJ, 2009a).

A ampliação dos sujeitos sobre os quais incide a responsabilidade civil ambiental também é decorrência da flexibilização (extensão) da noção de nexo de causalidade, um dos requisitos que devem ser demonstrados para que surja o dever de reparar ou indenizar. Sobre o assunto, o Superior Tribunal de Justiça já teve a oportunidade de assentar que, "para o fim de apuração do nexo de causalidade no dano ambiental, equiparam-se quem faz, quem não faz quando deveria fazer, quem deixa de fazer, quem não se importa que façam, quem financia para que façam, e quem se beneficia quando outros fazem" (STJ, 2009b). Tomando a noção de responsável indireto da degradação ambiental em termos sobremaneira abrangentes, a flexibilização (extensão) do nexo de causalidade viabiliza que, no exercício da jurisdição civil, pessoas que não estejam propriamente inseridas na atividade degradadora sejam chamadas a reparar/recompor/indenizar danos ambientais que tenham sido praticados pela conduta direta de terceiros. Aplicado tal raciocínio em toda a sua extensão, seria possível considerar configurado o nexo de causalidade, por exemplo, entre a atividade de instituição bancária que financia/empresta recursos monetários e a degradação ambiental causada por terceiro que, valendo-se do montante financiado/emprestado, diretamente ocasiona dano ao meio ambiente. Em tal cenário – e à luz da flexibilização da noção de nexo causal que a jurisprudência vem realizando – seria possível perquirir a responsabilidade civil da própria instituição bancária, imputando-lhe a sanção civil de promover medidas de reparação/indenização, na condição de poluidora indireta, haja vista ter financiado quem diretamente provocou dano ambiental.

Outra forma de ampliação das hipóteses de aplicação de sanções negativas no exercício da jurisdição civil está relacionada ao aspecto temporal da responsabilidade civil ambiental. Isso porque, diversamente do regramento estabelecido pelo sistema legal para a generalidade dos bens juridicamente protegidos, a jurisprudência do Superior Tribunal de Justiça (2009c) firmou entendimento no sentido de que "o direito ao pedido de reparação de danos ambientais, dentro da logicidade hermenêutica, está protegido pelo manto da imprescritibilidade, por se tratar de direito inerente à vida, fundamental e essencial à afirmação dos povos, independentemente de não estar expresso em texto legal". Aplicando tal raciocínio ao binômio ilicitude-sanção jurídica negativa, isso implica a possibilidade de a jurisdição civil atuar por meio da imposição de sanção negativa, àquele que for considerado juridicamente responsável diante da constatação da ocorrência de algum (ato ou fato) ilícito ambiental, independentemente do tempo transcorrido desde a consumação da ilicitude (ou mesmo da cessação de seus efeitos danosos). Também aqui, a resposta do Poder Judiciário, diante da relevância assumida pela tutela jurídica do meio ambiente, se concentra em ampliar as hipóteses nas quais se viabiliza a aplicação de medidas coativas (sanções negativas), num movimento de aprofundamento do emprego da função repressiva do Direito (Ambiental) no âmbito da jurisdição civil.[92]

Mas isso não é algo restrito à responsabilidade civil ambiental. Ao contrário, quando se analisa, mesmo que perfunctoriamente, o exercício da *jurisdi ção penal em matéria ambiental*, também é possível identificar manifestações que corroboram essa tendência de, a partir da interpretação do texto legal, o Poder

92 Esse movimento de ampliação da atuação do Poder Judiciário no âmbito da responsabilidade civil ambiental, por meio do incremento das hipóteses de incidência de sanções negativas, se intensifica diante da eventual possibilidade de conjugar os diversos entendimentos jurisprudenciais que foram isoladamente apresentados. Nesse contexto, por exemplo, retomando a discussão acerca do âmbito de responsabilização de instituições financeiras em matéria ambiental, a mera justaposição dos precedentes poderia conduzir ao argumento de que tais empresas, além de responsáveis indiretas (na medida em que financiam para que outros cometam degradação ambiental), também poderiam ser concomitantemente consideradas responsáveis solidárias (i.e., poderiam ser rés em ações judiciais independentemente da participação do poluidor direto), respondendo a partir da teoria do risco integral (ainda que não tenha agido culposa ou dolosamente) e sem limite temporal (em razão da imprescritibilidade do dano ambiental). Uma análise aprofundada (e crítica) desse tema é apresentada por Rômulo Sampaio (2013).

Judiciário firmar precedentes que buscam realizar a tutela jurídica do meio ambiente por meio do agravamento e ampliação da função repressiva do Direito.[93]

No plano legislativo, o direcionamento no sentido de ampliar as hipóteses de incidência de sanções negativas ligadas à responsabilidade penal ambiental pode ser visualizado na própria Lei dos Crimes Ambientais (LF 9.605/98), na medida em que os crimes nela inseridos se utilizam, bastante frequentemente, de técnicas de tipificação de ilícitos penais que, notadamente em razão dos limites mais rígidos que condicionam a persecução criminal, suscitam controvérsia doutrinária e são comparativamente menos empregadas em outras disciplinas especializadas.

A Lei dos Crimes Ambientais, por exemplo, utiliza-se amplamente de *normas penais em branco heterônomas* para tipificar crimes ambientais (i.e., ilícitos penais), nas quais a identificação de alguns dos elementos que descrevem o tipo penal depende da análise de outros dispositivos normativos (inclusive, de caráter infralegal), o que seria necessário para a tutela penal do meio ambiente, pois, conforme aponta Vladimir Passos de Freitas (*et all*, 2006, p. 35), "nos crimes contra o meio ambiente, a detalhada e exaustiva descrição do comportamento do agente mostra-se, na maioria das vezes, bastante difícil ou quase impossível. Com certa frequência é necessário que a lei faça remissão a disposições externas, a normas e a conceitos técnicos".[94] Além disso, a Lei dos Crimes Ambientais também se utiliza largamente da técnica conhecida por *tipos penais abertos*, nos quais, segundo a explicação de Heleno Fragoso (2006, p. 187), "[...] a ilicitude deve ser estabelecida pelo juiz, verificando se houve a transgressão das normas que a incriminação pressupõe", pois "não aparece expressa, por completo, a norma que o agente transgride com seu comportamento, de tal maneira que não se contém no tipo a descrição completa do comportamento

93 Esclareça-se que, também quanto a este ponto, não se objetiva formular qualquer juízo de valor acerca do acerto ou desacerto das opções legislativas e das posições jurisprudenciais no âmbito do direito penal ambiental, mas tão somente verificar nesse campo mais uma manifestação da preponderante função repressiva da legislação ambiental brasileira.

94 É o que ocorre, por exemplo, na tipificação do crime de poluição, o que é realizado por meio do "lançamento de resíduos sólidos, líquidos ou gasosos, ou detritos, óleos ou substâncias oleosas, em desacordo com as exigências estabelecidas em leis ou regulamentos" (art. 54, § 2º, V LF 9.605/98). A identificação dos elementos que integram referido tipo penal depende daquilo que estiver disciplinado em ato infralegal (regulamento), razão pela qual se trata de uma norma penal em branco heterônoma.

delituoso".[95] No mesmo contexto, pode-se indicar a reiterada previsão de *crimes de perigo abstrato* na Lei Federal n. 9.605/98, sendo o que ocorre, no ensinamento de Luiz Régis Prado (2006, p. 424), quando "[...] o perigo constitui unicamente a *ratio legis*, isto é, o motivo que inspirou o legislador a criar a figura delitiva", de modo que "[...] o delito se consuma mesmo que no caso concreto não se tenha verificado qualquer perigo para o bem jurídico tutelado, bastando a simples comprovação de uma atividade finalista perigosa".[96]

O emprego de tais técnicas de tipificação (normas penais em branco heterônomas, tipos penais abertos, tipos de perigo abstrato, etc.) não encontra aceitação incontroversa na doutrina penalista.[97] Por isso, na medida em que essas técnicas de tipificação foram largamente utilizadas na definição de crimes ambientais, embora a opção do legislador normalmente tenha encontrado apoio entre os doutrinadores que se dedicam ao estudo do Direito Ambiental, a Lei dos Crimes Ambientais é alvo de (severas) críticas por parcela da doutrina ligada ao próprio Direito Penal.[98] Não obstante, a eventual divergência doutrinária, os crimes ambientais tipificados a partir da mencionadas técnicas (e, por conseguinte, a aplicação de sanções penais negativas como decorrência de sua

95 Exemplo disso pode ser verificado na redação do art. 68 da Lei dos Crimes Ambientais, cujo tipo penal consiste em "deixar, aquele que tiver o dever legal ou contratual de fazê-lo, de cumprir obrigação de relevante interesse ambiental". A definição de "obrigação de relevante interesse ambiental" não consta diretamente do tipo legal e não se restringe necessariamente às situações expressamente qualificadas como tal, abrindo enseja para a análise (discricionária?) do próprio julgador.

96 Exemplo disso é o crime ambiental de "transportar balões" (art. 42 LF 9.605/98), para cujo cometimento basta que o artefato possa provocar incêndio em florestas e demais formas de vegetação, sendo suficiente a constatação (abstrata) de seu perigo para a flora.

97 Por exemplo, no que pertine às normas penais em branco heterônomas, eis a crítica formulada por Rogério Greco (2011, p. 23): "a questão que se coloca, agora, é a seguinte: como o complemento da norma penal em branco heterogênea pode ser oriundo de outra fonte que não a lei em sentido estrito, esta espécie de norma penal ofenderia o princípio da legalidade? Entendemos que sim, visto que o conteúdo da norma penal poderá ser modificado sem que haja uma discussão amadurecida da sociedade a seu respeito, como acontece quando os projetos de lei são submetidos à apreciação de ambas as Casas do Congresso Nacional, [...] além do necessário controle exercido pelo Poder Executivo, que exercita o sistema de freios e contrapesos".

98 Talvez uma das críticas mais contundentes à Lei Federal n. 9.605/98 tenha sido expressada por Miguel Reale Jr. (2009), para quem "a lei ambiental é um desastre. É a legislação mais envergonhante do direito brasileiro. Eu a chamei de a 'lei hedionda dos crimes ambientais'. É uma coisa ridícula que transforma vários crimes de comportamento em crimes de desobediência. Quer dizer: deixar de respeitar um regulamento no uso de agrotóxicos é crime. Dano culposo indireto. Maltrato a plantas ornamentais tem a forma culposa. Se você escorrega e amassa a begônia no jardim do vizinho é crime".

violação) encontram amplo respaldo no âmbito jurisprudencial, viabilizando a incidência da função repressiva do Direito como forma de buscar a tutela jurídica do meio ambiente.[99]

Nesse contexto, é possível mencionar outra particularidade da legislação penal ambiental: a ampliação dos sujeitos passivos da persecução criminal, de modo a abarcar não apenas pessoas naturais, mas também pessoas jurídicas (art. 3º LF 9.605/98). Quanto ao ponto, não obstante a insurgência de parte dos doutrinadores tradicionalmente ligados ao Direito Penal,[100] a jurisprudência vem admitindo a imputação da prática de crimes ambientais a pessoas jurídicas, sujeitando-as à cominação de sanções penais (negativas).[101] Mais do que isso, há precedentes das Cortes Superiores que indicam a tendência de ampliação das hipóteses de responsabilização penal de pessoas jurídicas em matéria ambiental. Isso porque, inicialmente a jurisprudência majoritária considerava indispen-

99 Por exemplo, garantido aplicação a crime ambiental definido como tipo aberto, assim se pronunciou o Superior Tribunal de Justiça (2007): "Há de se recusar a inconstitucionalidade do dispositivo legal, por não contrariar, *ex radice*, a Constituição a existência de tipos penais abertos, mormente quando a valoração que exige é, por assim dizer, de sentido unívoco - dever de relevante valor ambiental, que em nada compromete a certeza quanto à conduta proibida em obséquio do bem jurídico tutelado". Já no que se refere aos crimes ambientais que veiculam tipos de perigo abstrato, eis a manifestação do Tribunal Regional Federal da 4ª Região (2009): "A pesca em local proibido põe em risco a preservação ambiental e, por se tratar de conduta formal, de perigo abstrato, não há que se perquirir sobre a existência ou não de lesão efetiva ao meio ambiente".

100 Esse é, por exemplo, o posicionamento expressado por Renê Dotti (2001, pp. 141-180): "o ilícito penal (crime ou contravenção) é fruto exclusivo da conduta humana", razão pela qual "somente a pessoa física pode ser sujeito ativo da infração penal. Apenas o ser humano, nascido de mulher pode ser considerado como autor ou partícipe do crime ou contravenção", mantendo a clássica lição no sentido de que "somente a ação humana, conceituada como a atividade dirigida a um fim, pode ser considerada como suporte causal do delito" e alertando que "os corifeus e os propagandistas da capacidade criminal das pessoas coletivas ainda não se dedicaram ao trabalho de analisar as consequências desse projeto no quadro do processo penal".

101 Nesse sentido, por exemplo, precedente do Tribunal Regional Federal da 4ª Região (2012): "1. A regra do art. art. 3º da Lei nº 9.605/98 está consentânea com mandato constitucional de criminalização das pessoas jurídicas por crime contra o meio ambiente (art. 225, § 3º, da CR). O interprete/aplicador deve buscar a compreensão que leve a sério a Constituição. No Estado Democrático de Direito, respondem penalmente por suas condutas ilícitas apenas aqueles que possuam capacidade e autonomia para agir de forma diversa, sendo-lhes, sob o ponto de vista normativo, exigível que assim se comportem. 2. Releitura da norma a partir do paradigma constitucional, e não ao contrário. Princípios constitucionais que autorizam a construção de um conceito de culpabilidade empresarial que autonomize a responsabilização penal da pessoa jurídica por práticas lesivas ao bem jurídico coletivo ambiente ecologicamente equilibrado, sem restaurar o indesejável instituto da responsabilidade objetiva".

sável a aplicação da chamada *teoria da dupla imputação* para que pessoa jurídica figurasse na condição de ré em ação penal por crime ambiental. Deveras, acatando a aplicação da teoria da dupla imputação, chegou mesmo a prevalecer no Superior Tribunal de Justiça (2013c) a orientação no sentido de que é "possível a responsabilização criminal de pessoas jurídicas por delitos ambientais, desde que haja a imputação concomitante da pessoa física que seja responsável juridicamente, gerencie, atue no nome da pessoa jurídica ou em seu benefício". Entretanto, posteriormente, o próprio Supremo Tribunal Federal (2014), em julgamento de sua 1ª Turma, adotou o entendimento de que "o art. 225, § 3º da Constituição Federal não condiciona a responsabilização penal da pessoa jurídica à simultânea persecução penal da pessoa física em tese responsável no âmbito da empresa. A norma constitucional não impõe a necessária dupla imputação". Embora ainda não haja manifestação da Suprema Corte em sua composição plenária ou em caráter vinculante, tal conclusão já começa a ser incorporada na jurisprudência das demais instâncias,[102] o que implica a ampliação do âmbito de incidência da responsabilidade penal ambiental da pessoa jurídica e, por conseguinte, do exercício da própria função repressiva do Direito como mecanismo para alcançar a tutela jurídica do meio ambiente.

Há, ainda, outras manifestações desse mesmo fenômeno que poderiam ser vislumbradas na jurisprudência penal ambiental. É o caso, por exemplo, do entendimento prevalecente no Superior Tribunal de Justiça (2013c), de acordo com o qual "a assinatura de Termo de Ajustamento de Conduta não obsta a instauração de ação penal, pois esse procedimento ocorre na esfera cível, que é independente da penal", demonstrando uma clara inclinação por aprofundar a atuação da jurisdição penal com vistas à imposição de sanções punitivas (típica manifestação da função repressiva do Direito), ainda que isso acarrete desestímulo à adoção de instrumento jurídico destinado a promover a reparação/indenização do dano ambiental sem a necessidade de instauração de lide judicial, como é o caso do chamado Termo de Ajustamento de Condutas (art. 5º, § 6º LF n. 7.347/85).[103]

102 Inclusive do próprio Superior Tribunal de Justiça (2014c), em decisões mais recentes.

103 Em termos práticos, tal desestímulo pode ocorrer porque a assinatura de Termo de Ajustamento de Conduta não raramente é tida pelo investigado como um risco de ser considerada como o reconhecimento de que efetivamente praticou a conduta tipificada como crime ambiental, o que poderia prejudicar a defesa no âmbito penal. Não raramente, para afastar esse risco, o investigado é estimulado a negar a celebração de Termo de Ajustamento de Conduta, levando para o âmbito judicial não apenas a controvérsia criminal, mas a própria discussão (civil) em torno da reparação do dano ambiental.

Em síntese, os exemplos acima apontados servem de subsídio para confirmar a aplicação da premissa anteriormente assentada: reproduzindo a concepção que predominou na Teoria do Direito, na formação e aplicação da legislação prevalece (quase exclusivamente) a utilização de instrumentos repressivos para a consecução da tutela jurídica do meio ambiente, a partir de normas jurídicas estruturadas sobre o binômio ilícito-sanção jurídica negativa. Ora, na medida em que se percebe que também a legislação ambiental está preponderantemente pautada na utilização de mecanismos repressivos, afigura-se como decorrência esperada que suas diversas formas de manifestação, inclusive a jurisprudência, atribuam a todas as esferas de responsabilização ambiental (civil, penal e administrativa) instrumentos cada vez mais rigorosos e abrangentes para facilitar a imposição de sanções (negativas) destinadas a coibir ilícitos ambientais. Por consequência, notadamente diante das peculiaridades inerentes à tutela jurídica do meio ambiente, na medida em que a legislação reproduz o itinerário repressivo no qual se fundou o ordenamento jurídico nacional, verifica-se a tendência de atribuir à responsabilização ambiental mecanismos que não são admitidos ou que são considerados de utilização excepcional em outras disciplinas jurídicas especializadas. No plano judicial, tal movimento se apresenta, basicamente, pela formação e consolidação de posicionamentos jurisprudenciais que conduzem à ampliação das hipóteses de aplicação e da intensidade de sanções jurídicas negativas (administrativas, civis e penais), o que se concretiza, entre outras manifestações, nos exemplos acima indicados.

2.3. A função promocional do Direito Ambiental: o pagamento por serviços ambientais como um de seus instrumentos

2.3.1. Para além da função repressiva na Teoria do Direito: função promocional do Direito e sanção jurídica positiva

A constatação de que a concepção repressiva ainda é predominante no fenômeno jurídico não implica que seja a única abordagem teórica ou estratégia prática para a elaboração e aplicação de normas jurídicas e, portanto, para a tutela de bens juridicamente protegidos. Dito de outro modo, o Direito não precisa estar (teórica ou praticamente) circunscrito ao desempenho de uma função repressiva. Diversamente de se tratar da necessária observância de um imperativo teórico ou prático, quando se aponta a coatividade como a nota distintiva das normas jurídicas (e, por conseguinte, quando se restringe à estrutura das normas jurídicas apenas ao binômio ilícito-sanção negativa), o que se está realizando é, na realidade, uma opção.

Nesse contexto, novamente tomando como ponto partida a Teoria do Direito, é possível vislumbrar que o fenômeno jurídico também é (pode ser) composto por instrumentos que revelam o exercício do que vem sendo denominado de *função promocional do Direito*, a qual se manifesta a partir de normas jurídicas que instituem *sanções positivas* (em contraposição às negativas) e que buscam a tutela de bens juridicamente protegidos por meio do *estímulo* (em contraposição à coação) de condutas consideradas socialmente desejadas (em contraposição ao ilícito).

Também aqui parece se aplicar o raciocínio que norteou o item anterior. É dizer, na medida em que *(i)* o Direito Ambiental, como parte integrante do fenômeno jurídico, tem sua formação condicionada pela Teoria do Direito, e que, por sua vez, *(ii)* a Teoria do Direito permite identificar que normas jurídicas podem desempenhar uma função promocional, por meio da previsão de sanções jurídicas positivas, então, *(iii)* não seria inadequado pressupor que os postulados da função promocional do Direito podem ser utilizados na elaboração e aplicação da legislação ambiental, *(iv)* buscando-se concretizar a tutela jurídica do meio ambiente por intermédio de medidas de estímulo a condutas consideradas ambientalmente adequadas, *(iv)* contexto no qual o Pagamento por Serviços Ambientais (PSA) desponta como um dos instrumentos da função promocional do Direito Ambiental. É disso que se passa a tratar.

2.3.1.1. Função promocional do Direito

Na teoria do Direito, possivelmente foi Norberto Bobbio o jurista cujos escritos tenham obtido maior repercussão nos debates acerca da identificação e sistematização da denominada função promocional do Direito. Embora sua postura teórica não represente propriamente uma integral ruptura com o positivismo jurídico, Norberto Bobbio se dedicou, pelo menos durante uma das fases de sua produção acadêmica, a questionar a teoria kelseniana.[104] Na síntese do próprio Norberto Bobbio (2007, pp. 53-54), revelando o tom crítico a este aspecto da concepção teórica predominante, seria

> [...] possível afirmar com certa tranquilidade que, no seu desenvolvimento posterior à guinada kelseniana, a teoria do direito tenha obedecido muito mais a sugestões estruturalistas do que funcionalistas. Em poucas palavras, aqueles que se dedicaram à teoria geral do direito se preocuparam muito mais em saber 'como o direito é feito' do que 'para que o direito serve'. A consequência disso foi que a análise estrutural foi levada muito mais a fundo do que a análise funcional.[105]

Não passou despercebido para o jurista italiano que a atuação do Direito (quase exclusivamente) por meio de instrumentos repressivos é uma das consequências dessa postura teórica que restringe a análise do fenômeno jurídico a aspectos estruturais. Nas palavras do próprio Norberto Bobbio, "parece-me que uma das razões do desinteresse dos teóricos do direito pelo problema da função, estava exatamente na sua presumida irrelevância" (2007, p. 87), o que culminou por fazer com que "[...] a concepção dominante é certamente a que considera o direito como ordenamento coativo, estabelecendo, assim, um vínculo necessário indissolúvel entre direito e coação" (2007, p. 7).

Ao contrário de revelar uma necessidade teórica, a primazia da função repressiva do Direito talvez esteja mais relacionada à influência do contexto histórico no qual se desenvolveu a base teórica que lhe dá sustentação,

104 Na observação de Gisele Salgado (2010, pp. 19-21), "Bobbio é tido no Brasil como um filósofo do Direito sem muitas novidades diante da tradição, isso porque a maioria de suas obras publicadas no país pertencem à fase dedicada ao estudo do Direito como linguagem e à fase que aceita a teoria kelseniana. Assim, Bobbio é visto como um jurista que não enfrenta Kelsen a todo tempo, mas sim que o adota e apenas insere pequenas alterações em seu pensamento. O mais interessante da obra do jurista italiano é perdida, pela eterna briga com o pensamento kelseniano e a tentativa de superação". É justamente isso o que se percebe quanto à produção teórica de Norberto Bobbio que "[...] busca a superação da teoria kelseniana via teoria funcionalista".

105 Em outro escrito dedicado ao tema, Norberto Bobbio (2008a, pp. 114-115) pontua que "o significado histórico da obra kelseniana está ligado à análise da estrutura do Direito como ordenamento normativo específico, cuja especificidade consiste justamente não nos conteúdos normativos, mas no modo pelo qual as normas estão unidas umas às outras no sistema. Este tipo de análise constitui também o limite da Teoria Pura do Direito. Não há dúvida de que o desenvolvimento da análise estrutural se fez em detrimento da análise funcional: comparado ao destaque dado por Kelsen aos problemas estruturais do Direito, é extremamente estreito o espaço que ele reservou para os problemas relativos à função do Direito".

notadamente a contemporaneidade entre a formação do positivismo jurídico e o modelo de Estado liberal então predominante. Nessa direção, Tércio Sampaio Ferraz Jr. (2003, pp. 83-84) assevera que a circunstância de o Direito ser "[...] basicamente um fenômeno de disciplina social sob a forma repressiva, punitiva" está diretamente relacionada às "[...] idéias [que] reproduzem, na verdade, uma concepção de sociedade típica do século XIX [...]" haja vista que, "em princípio, nessa visão, o Estado assume a função de garantidor da ordem pública e o direito, estabelecido ou reconhecido pelo Estado, constitui um elenco de normas, proibições, obrigações e instituições, que o jurista deve sistematizar e interpretar".

Entretanto, o contexto (social, econômico etc.) se transformou sobremaneira desde a formulação dos postulados que caracterizam o positivismo jurídico como corrente teórica que se propõe a definir e sistematizar o Direito. É justamente esse o ponto de partida para a crítica que Norberto Bobbio formula às preocupações estritamente estruturais da Teoria do Direito e à concepção meramente repressiva do fenômeno jurídico. Como pontua Gisele Salgado (2010, p. 140), "a grande questão motivadora do pensamento de Bobbio, para formular a teoria da função do Direito e o conceito de sanção positiva, foi a necessidade de pensar o Direito a partir de um novo conceito de Estado".

É o próprio jurista italiano quem esclarece que "o fenômeno do direito promocional revela [...] a passagem do Estado apenas protecionista para o Estado programático" (BOBBIO, 2007, p. 71), marcado pela emergência do chamado Estado de Bem-Estar Social. Isso porque também o Direito necessitava incorporar instrumentos jurídicos voltados à significativa transformação da forma e do campo de atuação estatal (e das relações sociais disso decorrentes), de modo que a Teoria do Direito não mais poderia se restringir apenas à verificação de elementos estruturais do fenômeno jurídico, passando a refletir também sobre a função que as normas jurídicas desempenham (ou deveriam desempenhar). Diante desse contexto, Tércio Sampaio Ferraz Jr. (2003, p. 84) pondera que

> [...] o direito, como fenômeno marcadamente repressivo, modifica-se, tornando-se também e sobretudo um mecanismo de controle premunitivo: em vez de disciplinar e determinar sanções em caso de indisciplina, dá maior ênfase a normas de organização, de condicionamentos que antecipam os comportamentos desejados, sem atribuir o caráter de punição às consequências estabelecidas ao descumprimento.

Portanto, paralelamente a instrumentos jurídicos que se baseiam na (potencial ou efetiva) coação como forma de desencorajar a prática de comportamentos socialmente não desejados (função repressiva), a atuação do Direito também passa a estar voltada ao encorajamento da prática de comportamentos socialmente desejados (função promocional). Na síntese formulada diretamente por Norberto Bobbio (2007, p. 15),

> em poucas palavras, é possível distinguir, de modo útil, um ordenamento protetivo-repressivo de um promocional com a afirmação de que, ao primeiro, interessam, sobretudo, os comportamentos socialmente não desejados, sendo seu fim precípuo impedir o máximo possível a sua prática; ao segundo, interessam, principalmente, os comportamentos socialmente desejáveis, sendo o seu fim levar a realização destes até mesmo aos recalcitrantes.

Assim sendo, para além de representar um modo de *controle social* (por meio de sua função repressiva), o ordenamento jurídico passa também a desempenhar uma tarefa de *direção social* (pela sua função promocional). Isso implica a necessidade de revisão teórica de outras categorias que integram o fenômeno jurídico, notadamente a noção de sanção jurídica.

2.3.1.2. Sanções jurídicas positivas

Quando atua de modo repressivo, o ordenamento jurídico "[...] efetua operações de três tipos e graus, uma vez que existem três modos de impedir uma ação indesejada: torná-la *impossível*, torná-la *difícil* ou torná-la *desvantajosa*" (BOBBIO 2007, p. 15). Portanto, num cenário (teórico e prático) que se restrinja à função repressiva do Direito, faz sentido que as normas jurídicas apenas veiculem sanções de caráter negativo. Isso porque as sanções jurídicas negativas se prestam a coibir (prevenindo ou restabelecendo), reparar ou punir a prática de ilícitos (ações indesejadas) e suas consequências consideradas danosas. Assim sendo, quando incidir de modo eficaz, a (potencial ou efetiva) imposição de determinada sanção jurídica negativa terá justamente o efeito de impossibilitar, dificultar ou desestimular (tornar desvantajosa) a prática de uma ação indesejada (i.e., o ilícito).

De outra parte, ao mesmo tempo que conduziu à ampla estruturação teórica da sanção jurídica negativa, a primazia da função repressiva do Direito constituiu, durante longo período, obstáculo à difusão da compreensão teórica e da aplicação prática da sanção jurídica não apenas como a consequência do cometimento de um ato ilícito, mas também em sua dimensão positiva (ou premial). É dizer, conforme aponta Alessandra Facchi (1994, p. 188), "a teoria do direito tem dificuldade em elaborar instrumentos jurídicos adequados ao direito premial [i.e., voltado à função promocional], simplesmente porque foi construída sobre pressupostos que o excluíam".

Embora já houvesse, muito antes dos escritos de Norberto Bobbio, quem vislumbrasse o papel positivo (premial) que a sanção jurídica pode desempenhar, o advento das reflexões acerca da função promocional do Direito fez com que assunto assumisse ainda mais relevância na Teoria do Direito.[106]-[107] Isso porque, "[...] pode-se afirmar que um ordenamento promocional busca atingir o próprio fim pelas três opções contrárias [às utilizadas pela função repressiva], isto é, buscando tornar a ação desejada *necessária, fácil* e *vantajosa*" (BOBBIO, 2007, p. 15).

E as sanções jurídicas negativas, como tradicionalmente inseridas na estrutura das normas jurídicas, certamente não se prestam a tais resultados. Dito de outro modo, se paralelamente aos instrumentos de viés repressivo, o Direito também atua encorajando a prática de condutas desejadas, atrelar a noção de sanção jurídica apenas à imposição de consequências negativas não seria suficiente (teórica ou praticamente), na medida em que também passa a importar para o fenômeno jurídico a realização de condutas que não estão relacionadas à ocorrência de atos ou fatos ilícitos (i.e., os quais devam ser prevenidos, restabelecidos, reparados ou punidos), mas que, ao contrário, configuram ações

106 Para isso, a obra de Jeremy Bentham (1748 – 1832) ocupa papel de destaque. De acordo com Alessandra Facchi (1994, p. 180), "apenas com a obra de Bentham se inaugura nos debates acerca das sanções premiais uma perspectiva de teoria geral do direito e de técnica legislativa que permite a superação seja da visão utópica da filosofia, que diminuía drasticamente o potencial da recompensa na legislação, seja aquela tradicionalmente restritiva dos juristas, que negavam à recompensa o caráter de sanção".

107 Convém esclarecer que mesmo alguns autores associados ao positivismo (e à concepção coativista do Direito) não negam peremptoriamente que a sanção possa assumir caráter promocional (premial), mas consideram que se trata de algo com pouca utilidade prática e teórica, de modo que não se justificaria levar em consideração tal possibilidade como elemento de definição e sistematização do Direito. Nesse sentido, o próprio Hans Kelsen (2000, p. 26) reconhece que "tanto o prêmio quanto o castigo podem compreender-se no conceito de sanção. No entanto, usualmente, designa-se por sanção apenas a pena, isto é, um mal – a privação de certos bens". Embora, logo na sequência, conclua que "a primeira [sanção negativa] desempenha um papel muito mais importante do que a segunda [sanção positiva] na realidade social", justificando a definição e sistematização das normas jurídicas a partir daquelas.

desejadas e que devem ser estimuladas (i.e., as quais devem ser facilitadas ou tornadas vantajosas).

Em suma, a superação do viés repressivo, como função precípua a ser desempenhada pelo Direito, conduz também à superação da aplicação de medidas de caráter negativo como único conteúdo das sanções jurídicas. Noutros termos, juntamente com o reconhecimento teórico e aplicação prática da função promocional do Direito, desponta também a *sanção positiva* como categoria *jurídica* destinada à sua operacionalização. Nesse sentido, é importante o esclarecimento de Arnaldo Vasconcelos (2002, p. 155-156), ao afirmar que "a sanção é puramente uma consequência, boa ou má, agradável ou desagradável, de uma atitude perante o Direito [...] Ao identificar sanção como pena, comete-se o equívoco da redução da espécie ao gênero, que vem a refletir negativamente sobre a imagem do próprio Direito".

Tomada nesse contexto, não se afigura despropositado atribuir conteúdo mais amplo (do que o tradicionalmente proposto pelo positivismo) ao instituto *sanção jurídica*, a qual pode ser definida como "toda e qualquer medida estabelecida pelo ordenamento para reforçar a observância de suas normas ou remediar os efeitos da inobservância" (TALAMINI, 2001, p. 161). Dito de outra forma, ao contrário do que pressupunham aqueles que defendem a exclusividade da sua concepção repressiva, o Direito comporta "[...] a formulação de *regras* que estatuem a obrigatoriedade de um comportamento, cominando penas aos transgressores, ou vantagens e garantias aos que as cumprirem (sanções penais e premiais)" (REALE, 2002, p. 265).

A constatação da natureza dúplice (negativa e positiva) da sanção como categoria jurídica também implica a necessidade de ajustes teóricos no que se refere à estrutura da norma jurídica, na medida em que se verifica que o binômio ilícito-sanção negativa deixa de ser suficiente, pois não é capaz de contemplar a relação jurídica que se estabelece no âmbito de atuação da função promocional do Direito. O tema é abordado por Norberto Bobbio (2007, p. 73) nos seguintes termos:

> sanção negativa e sanção positiva dão origem a duas relações distintas, nas quais a figura do sujeito ativo (titular do direito) e do sujeito passivo (titular da obrigação) estão invertidas: no primeiro caso, a relação direito-obrigação parte daquele que sanciona em direção àquele que é sancionado; no segundo caso, a relação desloca-se daquele que é sancionado

para aquele que sanciona. Desejando expressar a situação do destinatário [...], no primeiro caso, a fórmula é: 'Se fazes A, deves B'; ou seja, tens a obrigação de submeter-se ao mal da pena; no segundo, é: 'Se fazes A, podes B', isto é, tens o direito de obter o bem do prêmio.

Em síntese, *(i)* por meio da categoria genérica *sanções jurídicas* busca-se consagrar, efetivar, tornar sérias, dignas de respeito, autênticos os comandos contidos em determinada norma (BRONZE, 2002, p. 56), *(ii)* o que se pode atingir não apenas por intermédio de *sanções jurídicas negativas,* destinadas a combater *atos* ou *fatos ilícitos* (i.e., descumprimento do dever jurídico), a partir da imposição de *medidas coativas,* no desempenho da *função repressiva do Direito, (iii)* mas também se pode alcançar com *sanções jurídicas positivas,* destinadas a estimular a prática de *prestações meritórias,*[108] utilizando-se de *incentivos* ou *prêmios,*[109] no desempenho da *função promocional do Direito.*[110]

108 Seguindo a posição de Maurício Benevides Filho (1999, p. 109), *prestação meritória* pode ser definida como aquela cuja implementação é desejada, aguardada e incentivada por intermédio de leis premiais, em que se encontram consignadas as consequências positivas do seu atendimento, as quais consubstanciam (as consequências positivas) direito daquele que a pratica (a prestação meritória).

109 Conforme Norberto Bobbio (2007, p. 72), "o prêmio é uma resposta a uma ação boa; o incentivo é um expediente para obter uma ação boa". Cabe destacar que, no entendimento do jurista italiano, "[...] apenas os prêmios se inserem, a rigor, na categoria de sanções positivas [...]". Isso porque os incentivos não seriam propriamente uma consequência da prática da conduta desejada, mas sim uma medida disponibilizada previamente ou concomitantemente à sua prática, tornando a ação desejada mais fácil de ser executada. Não obstante a explicação, para os fins deste Livro, a distinção não será tomada de modo rígido, pois ambas integrem a função promocional do Direito, sendo este o ponto que se pretende destacar (em contraposição às medidas de caráter repressivo).

110 As ideias propagadas pela teoria da função promocional do Direito não são imunes a críticas. No aspecto finalístico, por exemplo, é possível questionar se a utilização de instrumentos jurídicos de incentivo realmente representa uma diminuição do papel coativo do Direito (e, portanto, do papel de controle social do Estado). Nesse sentido, Tércio Sampaio Ferraz Jr. (1995, p. 14) pondera "[...] a importante questão de se saber se, no caso das técnicas de encorajamento, a 'autonomia da vontade não estaria sendo escamoteada', implicando o reconhecimento de que o Estado como função promocional desenvolve formas de poder ainda mais amplas do que o Estado protetor". Já no que diz respeito à estrutura das normas jurídicas promocionais, pode surgir a alegação de que se tratam, na realidade, de preceitos garantidos por sanções negativas. Isso porque o descumprimento da promessa (prêmio) prevista na norma promocional constitui ilícito e pode acarretar a imposição de sanção negativa. O próprio Norberto Bobbio (2007, p. 73) admite que "[...] o reconhecimento da importância das sanções positivas [...] não invalida o fato de que as sanções últimas, isto é, aquelas que são aplicadas em última instância, continuem sendo, sempre e tão-somente, as negativas". De todo modo, por intermédio da função promocional do Direito, é possível perceber que o fenômeno jurídico não atua necessariamente por meio da repressão (coação), sendo esse o ponto que interessa destacar neste Livro.

2.3.2. Função promocional do Direito Ambiental: fundamentos e manifestações do Pagamento por Serviços Ambientais (PSA)

Reproduzindo o alerta de Norberto Bobbio (2007, p. 66), "longe de mim a idéia de inverter a tese tradicional, sustentando que as sanções positivas são tão importantes quanto as negativas". Não parece haver dúvidas de que, pelo menos no modelo de ordenamento prevalecente na atualidade (e na sua relação com a figura do Estado), a coatividade assume um papel de destaque do fenômeno jurídico, de modo que significativa parcela das normas jurídicas se estruturam sob o binômio ilícito-sanção negativa, numa manifestação da função repressiva do Direito.

A utilização de normas jurídicas de viés repressivo se mostra especialmente relevante diante dos chamados novos direitos, como é o caso da tutela jurídica do meio ambiente, pois é imperioso reconhecer, apoiado na observação de José Dias (2001, pp. 349, 354-355), que "[...] a consciencialização ambiental não se desenvolveu ainda ao ponto de podermos esperar que organizações orientadas, antes de qualquer outro objetivo, para a obtenção de lucros, ganhem uma propensão intrínseca para a tutela ambiental". Num cenário como esse, as (inegáveis) dificuldades de implementação das normas jurídicas calcadas na função repressiva do Direito não podem servir de argumento para o seu abandono. Ao contrário, devem reforçar a necessidade de aprimoramento teórico e institucional, a fim de que se tornem instrumentos cada vez mais capazes de efetivar a tutela jurídica do meio ambiente. Entretanto, isso não significa que, paralelamente a normas jurídicas de viés repressivo, a legislação ambiental não possa (não deva) se valer também de instrumentos jurídicos guiados pela lógica da função promocional do Direito, a qual encontra respaldo na própria Teoria do Direito, como acima abordado.

Nesse sentido, a aplicação dos postulados da função promocional do Direito para a tutela jurídica do meio ambiente pressupõe que se possa perquirir, na perspectiva do próprio Direito Ambiental (como disciplina especializada), a possibilidade de identificar fundamentos (teóricos) e manifestações (práticas) para sustentar a previsão e aplicação de normas jurídicas que veiculam sanções positivas. É disso que se passa a tratar.

2.3.2.1. O Princípio do Protetor Recebedor (PPR), como fundamento (principiológico) da função promocional do Direito Ambiental

Talvez um dos temas mais controvertidos da Teoria do Direito na atualidade, notadamente quando aplicado ao âmbito constitucional, gira em torno das denominadas normas-princípio (princípios jurídicos). Por exemplo, é bastante extenso (e inconcluso) o debate doutrinário acerca da diferenciação entre normas-regra e normas-princípio e as consequências concretas decorrentes dessa distinção.[111] É também crescente o aprofundamento da contraposição doutrinária entre aqueles que postulam a ampliação do uso de princípios como (principal) critério de decisão jurídica e aqueles que alertam para o quadro de utilização excessiva e inadequada das normas-princípio.[112] De toda forma, parece inquestionável que as normas-princípio vêm ocupando posição cada vez mais central nos diversos níveis de manifestação do fenômeno jurídico (elaboração, interpretação, aplicação etc.). Esse mesmo contexto se apresenta de modo especialmente marcante no Direito Ambiental, possivelmente em razão, além de outros fatores, de se tratar de disciplina jurídica bastante recente, se comparada com os ramos tradicionais do Direito.

Por um lado, no que se refere especificamente ao Direito Ambiental, conforme pontua Paulo de Bessa Antunes (2008, p. 21), "[...] ainda que a produção legislativa cresça em velocidade exponencial, ela não tem capacidade de dar conta das diferentes situações que surgem no dia-a-dia. Resulta daí que os princípios do Direito Ambiental se tornam mais relevantes e importantes [...]". Deveras, uma breve análise da doutrina especializada é suficiente para revelar a verdadeira miríade de princípios que se pretende inserir como normas orientadoras do Direito Ambiental, atribuindo-se, para grande parcela deles, origem apenas implícita no texto constitucional. Sobre o tema, por exemplo, Anderson Furlan e Willian Fracalossi (2010, pp. 99-119) apresentam uma coletânea de

111 Sobre o tema, Marcelo Neves (2014, pp. 1-89) identifica como insuficientes os critérios geralmente utilizados na doutrina para distinguir entre regras e princípios (objetividade *versus* abstração; tudo-ou-nada *versus* dimensão de peso; razões definitivas *versus* mandamentos de otimização etc.).

112 Em tom crítico, Lênio Streck (2011, p. 12) denomina de *panprincipiologismo* a prática de utilização desmedida e inadequada de normas-princípio, notadamente no plano judicial. Apontando a mesma tendência, também para criticá-la, Dimitri Dimoulis (2006, p. 62) se refere à *principiologização* do Direito, para designar a "[...] justificativa para ampliar o poder discricionário [do juiz] em detrimento do legislador", buscando sustentar o pressuposto de que "[...] o aplicador do direito deveria possuir liberdade de atuação, independentemente do conteúdo das normas vigentes, no intuito de realizar a justiça no caso concreto, recorrendo, conforme 'ponderação' pessoal, a princípios que exprimem valores".

nada menos que 24 princípios de Direito Ambiental, apontados por diversas fontes doutrinárias.[113]

De outra parte, como consequência dessa tendência de amplificar a quantidade e o alcance das normas-princípio, também no Direito Ambiental se instala um cenário de ampla confusão doutrinária, diante do qual Paulo de Bessa Antunes (2008, p. 21) conclui que "o recurso aos princípios jurídicos é uma tarefa que está longe de ser simples e tranquila, pois não há, sequer, um consenso doutrinário acerca dos princípios reconhecidos no Direito Ambiental e, ao mesmo tempo, existem divergências profundas sobre o significado concreto de cada um dos princípios".

Portanto, quando se utiliza a categoria normas-princípio como elemento de construção do discurso (jurídico) acadêmico, parece imprescindível que pelo menos se indique em qual *sentido* se faz referência a princípios jurídicos (de Direito Ambiental) e quais dos seus *efeitos* (jurídicos) se pretende destacar.

Diante disso, para os objetivos deste Livro, a expressão *princípio nortea dor do Direito Ambiental* é utilizada no sentido expressado por Celso Antônio Bandeira de Mello (2008, p. 942-943), ou seja, como:

> mandamento nuclear de um sistema, verdadeiro alicerce dele, disposição fundamental que se irradia sobre diferentes normas compondo-lhe o espírito e servindo de critério para sua exata compreensão e inteligência exatamente por definir a lógica e a racionalidade do sistema normativo, no que lhe confere a tônica e lhe dá sentido harmônico.

Já no que diz respeito aos seus efeitos, aqui interessa aquilo que a doutrina designa como função *normogenética* e função *interpretativa* dos princípios (norteadores de Direito Ambiental). Quanto ao primeiro aspecto, José Canotilho (1999, p. 166-167) esclarece que "[...] os princípios são fundamento

113 Seriam eles: desenvolvimento sustentável, participação, poluidor-pagador, precaução e prevenção, integração, usuário-pagador, informação, equidade intergeracional, equilíbrio, cooperação, responsabilização, correção na fonte, solidariedade ambiental, solidariedade na responsabilidade civil, supremacia do interesse público em relação aos interesses privados na proteção do meio ambiente, função socioambiental da propriedade, intervenção imediata, consideração da variável ambiental no processo decisório de políticas de desenvolvimento, obrigatoriedade da intervenção estatal, *in dubio pro ambiente*, ubiquidade, proibição de retrocesso ecológico, progresso ecológico, limite ou controle. Ainda assim, trata-se de lista meramente ilustrativa, sendo possível identificar outras denominações de princípios na doutrina especializada.

de regras, isto é, são normas que estão na base e constituem a *ratio* de regras jurídicas, desempenhando, por isso, uma função normogenética fundamentante". De mais a mais, conforme observa Eros Grau (2001, p. 118), os princípios também desempenham função interpretativa, "[...] porque a interpretação e aplicação das regras jurídicas, tanto das regras constitucionais quanto das contempladas na legislação ordinária, não podem ser empreendidas sem que se tome na devida conta os princípios [...] sobre os quais se apoiam, isto é, aos quais conferem concreção".

Em suma, entre as várias acepções possíveis, o termo *princípios nortea dores* é empregado nesse momento para se referir ao conjunto de disposições normativas que alicerçam o Direito Ambiental em determinado sistema jurídico, de modo que é a partir de seus conteúdos (destes princípios) que as demais regras jurídicas que integram a legislação ambiental são produzidas (função normogenética) e interpretadas/aplicadas (função interpretativa).

Quando se está diante da manifestação da função repressiva do Direito Ambiental, praticamente não há divergências quanto ao princípio norteador que serve de fundamento para normas jurídicas que se estruturam a partir do binômio ilícito-sanção negativa. Trata-se do Princípio do Poluidor Pagador (PPP) que, em consonância com a primazia da função repressiva da tutela jurídica do meio ambiente, é considerado pela doutrina como a "pedra angular do Direito Ambiental" (ARAGÃO, 1997).

O núcleo central do PPP consiste em prescrever a internalização de custos sociais e ecológicos decorrentes de externalidades ambientais negativas,[114] concretizando-se justamente por meio de normas jurídicas que estabelecem proibições (= deveres jurídicos de fazer, não fazer ou tolerar), cujo descumprimento é qualificado como ato ou fato ilícito, situação considerada socialmente (e ambientalmente) indesejada, sendo combatida por meio da previsão e imposição de sanções jurídicas negativas (preventivas, de restabelecimento, reparatórias ou punitivas). De um lado, no exercício da função estatal administrativa, é por meio da Administração Ordenadora que se manifesta

114 As externalidades negativas podem ser compreendidas como aquelas situações nas quais as consequências ambientais negativas oriundas de certa atividade não são apreendidas pelo mercado ou sociedade em geral, deixando de recair os seus efeitos deletérios apenas sobre a unidade responsável pela produção ou consumo, espraiando-se para toda a coletividade (NUSDEO, 2001, p. 151-160).

concretamente o Princípio do Poluidor Pagador, seja por meio de regras jurídicas que estabelecem *restrições à atividade privada* (sacrifício de direitos e limitações administrativas) ou pelo regime jurídico que disciplina a denominada *polícia administrativa ambiental*, conforme abordado no item 2.2.2.1. Para além da esfera administrativa, o PPP também está na base das regras jurídicas que servem de fundamento para o exercício da função estatal jurisdicional, em todos os âmbitos de responsabilização ambiental (penal, civil e administrativo), tal como abordado no item 2.2.2.2.

Ocorre que, não obstante se tratem de instrumentos relevantes e imprescindíveis, a tutela jurídica do meio ambiente não está (não precisa estar) circunscrita à aplicação de comandos normativos que manifestam a função repressiva do Direito Ambiental, fundados no Princípio do Poluidor Pagador. Ao contrário, parcela da doutrina especializada já aponta a pertinência (e necessidade) da previsão e aplicação de instrumentos que não tenham como nota distintiva a (potencial ou efetiva) coatividade. Nesse sentido, por exemplo, é o posicionamento de Consuelo Yoshida (2005, p. 532):

> não basta, para a efetiva reversão do preocupante quadro de degradação ambiental em escala global, perfilhar a lógica do princípio do poluidor-pagador, baseada na imposição de pesados ônus ao poluidor e ao degradador como forma de desestímulo. [...] Embora a legislação ambiental brasileira tenha um cunho marcadamente protetivo-repressivo, devem ser introduzidas cada vez mais técnicas de estímulo (facilitação ou atribuição de incentivos), privilegiando-se o controle ativo, que se preocupa em favorecer as ações vantajosas mais do que desfavorecer as ações nocivas ao meio ambiente.

No âmbito da Teoria do Direito, a superação do caráter de exclusividade que era conferido à função repressiva do fenômeno jurídico encontra respaldo no reconhecimento e sistematização da denominada função promocional do Direito, que busca a concretização de condutas consideradas socialmente (e ambientalmente) desejadas por meio de instrumentos de facilitação ou de incentivo, por meio de normas jurídicas que se valem da previsão de sanções jurídicas positivas. Assim sendo, correlativamente à conexão entre função repressiva da legislação ambiental e Princípio do Poluidor Pagador, a (potencial) aplicação dos postulados da função promocional na legislação ambiental também deve encontrar fundamento (interno) em algum princípio norteador do Direito Ambiental.

É nesse contexto que, embora ainda de modo insipiente, a doutrina especializada começa a fazer referência ao que vem sendo denominado de Princípio do Protetor Recebedor (PPR), também como um elemento que fundamenta o Direito Ambiental nacional.

O ponto de partida para o reconhecimento do PPR é a compreensão de que a noção de *externalidade ambiental* não tem sua aplicação restrita a uma dimensão *negativa*, podendo se manifestar também numa vertente *positiva*. Dito de outra forma, assim como há *externalidades ambientais negativas*, também é possível a ocorrência de *externalidades ambientais positivas* como consequência da realização de determinada atividade. O termo é utilizado para fazer referência a situações nas quais as consequências ambientais positivas oriundas de certa atividade não são apreendidas pelo mercado ou sociedade em geral, de modo que os seus efeitos ambientais benéficos sejam aproveitados por parcela da (ou mesmo toda a) coletividade, ainda que os ônus (ou custos) disso decorrentes sejam suportados exclusivamente por uma (ou algumas) pessoa(s) determinada(s). Em termos teóricos, é o que pode ocorrer, por exemplo, com a adoção de medidas de restauração de espaços ambientais degradados que sejam realizadas por iniciativa de uma (ou algumas) pessoa(s) determinada(s), de modo a recuperar as funções ecológicas que são desempenhadas pelos elementos da natureza (fauna, flora, biodiversidade, clima, solo etc.) em certo local. Nos casos em que isso for realizado exclusivamente com recursos (materiais, financeiros etc.) de uma (ou algumas) pessoa(s) determinada(s), mas os efeitos benéficos decorrentes da melhoria da qualidade ambiental sejam aproveitados por outro grupo de pessoas (ou toda a coletividade), poderá estar configurada a ocorrência de uma externalidade ambiental positiva.

Desse modo, assim como o Princípio do Poluidor Pagador serve de fundamento para reprimir efeitos socialmente (e ambientalmente) indesejados, o *Princípio do Protetor Receber* pode servir de base para a previsão e aplicação de normas jurídicas que se destinam a promover efeitos socialmente (e ambientalmente) desejados. Assim sendo, conforme explica Ana Nusdeo (2012, p. 138), o Princípio do Protetor Recebedor "[...] trata de retirar da esfera daquele que preserva, total ou parcialmente, os custos da preservação, podendo chegar mesmo a permitir que aufira algum ganho com a proteção. Coloca-se então como o oposto do poluidor-pagador e do usuário-pagador". Em síntese, ao passo que o PPP atua por meio de normas jurídicas que, em razão da previsão de sanções negativas, busca tornar determinadas ações *impossíveis, difíceis* ou *desvantajosas* de serem realizadas, o PPR adota a lógica inversa, procurando estimular a realização de determinadas ações (tornando-as *necessárias, fáceis* e *vantajosas*), o que faz por meio da previsão de sanções positivas.[115]

2.3.2.2. O dever fundamental da coletividade de proteger e preservar o meio ambiente, como fundamento (constitucional) da função promocional do Direito Ambiental

Assim como ocorre com diversos (a maioria) dos princípios norteadores do Direito Ambiental, não há menção expressa ao PPR na Constituição Federal de 1988. Seu reconhecimento depende, portanto, da tarefa de visualizá-lo como princípio implícito na ordem constitucional. Talvez isso possa ser feito a partir da identificação do que se pode denominar de *dever fundamental da coletividade* de proteger e preservar o meio ambiente ecologicamente equilibrado. Para tanto, afigura-se pertinente contextualizar o tema *deveres fundamentais* e verificar como tal categoria jurídica (constitucional) está presente na tutela do meio ambiente no atual texto constitucional brasileiro.

De acordo com José Nabais (2004, pp. 15-16), "o tema dos deveres fundamentais é reconhecidamente considerado dos mais esquecidos da doutrina constitucional contemporânea [...]", revelando o "[...] fenômeno mais amplo do escasso desenvolvimento teórico e dogmático das chamadas 'situações jurídicas passivas' (isto é, das sujeições, deveres ou obrigações dos particulares) no próprio direito público atual". Dito de outra forma, não obstante a primazia da função repressiva do fenômeno jurídico, o que se verifica é que a Teoria do Direito tradicionalmente vem conferindo mais atenção e desenvolvimento teórico à

115 O fato de haver princípios operando em lógicas opostas não constitui necessariamente óbice teórico (ou problema prático) para o Direito Ambiental. Isso porque tais direcionamentos (repressão ou promoção) não são excludentes quando compreendidos não como fins em si mesmos, mas como partes integrantes do mesmo sistema e voltados ao mesmo objetivo (tutelar o meio ambiente ecologicamente equilibrado). Nesse sentido, além de serem estratégias paralelas à disposição do formulador e do aplicador da legislação ambiental, também é teoricamente possível (e, em alguns casos, útil em termos práticos) conjugar tais aspectos (repressivos e promocionais) para delinear o regime jurídico que disciplina algum aspecto específico da legislação ambiental.

categoria jurídica "direitos" do que à categoria jurídica "deveres".[116] Embora haja diversos fatores que conduziram a isso, afigura-se pertinente destacar pelo menos dois deles.

O primeiro está relacionado ao contexto (social, econômico, político, etc.) no qual se originaram os postulados da Teoria do Direito predominante, marcado pelo modelo de Estado Liberal. Além do caráter individualista da própria noção de direitos, "[...] numa comunidade liberal os deveres se identificam com o direito" (NABAIS, 2007, p. 156). Dito de outra forma, os deveres não passariam da contraface dos direitos, estando necessariamente a eles subordinados, de modo que a teorização acerca dessa categoria jurídica (deveres) passa a constituir apenas uma parte da sistematização teórica daquela outra categoria jurídica (direitos).

Mesmo diante da gradual emergência do Estado de Bem-Estar Social, permanece a prevalência da análise teórica dos "direitos" em comparação aos "deveres". Uma das causas disso (proeminência dos direitos sobre os deveres) pode ser identificada no próprio processo histórico de crescente alargamento de bens objeto de proteção jurídica, desencadeando, nas palavras de Norberto Bobbio (1992, p. 63), "[...] direitos sempre novos e cada vez mais extensos". Nesse cenário, para a própria afirmação dos (novos e amplos) direitos albergados pelo ordenamento jurídico, era "[...] necessário exorcizar um passado dominado por deveres [...]", de modo que "[...] a linguagem politicamente correta deste tempo, que é o nosso, não ousa falar senão de liberdade e dos direitos que a concretizam", fazendo com que a face "[...] da responsabilidade e dos custos

116 A princípio poderia causar estranheza o argumento de que uma concepção teórica do fenômeno jurídico que esteja calcada na coatividade da norma jurídica, na primazia da função repressiva do Direito e na imposição de sanções negativas tenha conferido mais atenção à categoria jurídica "direito" do que à categoria jurídica "deveres". Mas isso se explica porque, mesmo partindo destes postulados teóricos, a reação a condutas ilícitas por meio da imposição de sanções jurídicas negativas é largamente visualizada pela Teoria do Direito predominante de modo instrumental: tal operação é tida como a técnica destinada a proteger e concretizar direitos estatuídos pelo ordenamento jurídico (i.e., o modo pelo qual se busca tutelar bens que integram a esfera jurídica de alguém). É dizer, a proteção de direitos e a repressão de ilícitos costumam ser identificadas como duas manifestações necessariamente interligadas e decorrentes da mesma concepção teórica dominante, ao ponto de Norberto Bobbio (2007, p. 2), unindo ambos os elementos, referir-se à *função protetora-repressiva* do Direito para estabelecer essa relação. Mediante esse expediente, em última análise, a concepção teórica que vem prevalecendo se ajusta ao discurso jurídico que visualiza a proteção de bens juridicamente protegidos (exclusivamente) por meio da repressão de ilícitos (i.e., descumprimento de deveres).

que a materializam [i.e., os direitos], não seja bem-vinda ao discurso social e político nem à retórica jurídica" (NABAIS, 2007, pp. 155 e 153).

Isso se expressa de forma especialmente marcante no plano constitucional, por meio do reconhecimento e da ampla atenção teórica dedicada às sucessivas dimensões (gerações) de direitos fundamentais, destinados a proteger ou promover valores que sequer seriam cogitáveis algumas décadas antes de sua positivação no texto constitucional e provocando profundas alterações nas tarefas atribuídas ao Estado e na própria relação (jurídica) entre as pessoas (privadas ou públicas).[117] A rigor, no processo de afirmação histórica dos direitos fundamentais, a postura passiva é substituída pela significativa ampliação da esfera de intervenção do Estado nas atividades privadas, como forma de promover a concretização de novos direitos econômicos, sociais e também no âmbito ambiental. Juntamente com isso, a concretização dos direitos fundamentais também deixa de ser algo que se realiza (apenas) em face do Estado, na medida em que se direciona também à atuação dos próprios cidadãos e das atividades privadas que desenvolvem.

É bem verdade que, na maior parte dos casos, o que se tem são "deveres correlativos dos direitos fundamentais (ou deveres de direitos fundamentais *tout court*) que mais não são do que a face passiva dos direitos" (NABAIS, 2007, p. 161). Diante dessas situações, realmente não há como dissociar entre determinado dever fundamental e o conteúdo do direito fundamental ao qual (o dever) está diretamente relacionado, de modo que o cumprimento do dever representa apenas a contraface do direito. Mas isso não significa que *sempre* os deveres fundamentais se comportam de modo diretamente subordinado aos direitos fundamentais.

Ao contrário, é possível que deveres fundamentais surjam como categoria jurídica autônoma (NABAIS, 2007, p. 158), no sentido de que também estão diretamente voltados à concretização de determinado valor (i.e., bem jurídico) consagrado no texto constitucional, atuando de modo

117 Sobre o assunto, assim se manifesta Norberto Bobbio (1992, pp. 6-7): "[...] os direitos dos homens, por mais fundamentais que sejam, são direitos históricos, ou seja, nascidos em certas circunstâncias, caracterizadas por lutas em defesa de novas liberdades contra velhos poderes, e nascidos de modo gradual, não todos de uma vez e nem de uma vez por todas". Especificamente sobre a questão ambiental, o jurista italiano pondera que "os direitos de terceira geração, como o de viver num ambiente não poluído, não poderiam ter sido sequer imaginados quando foram propostos os de segunda geração [...]".

paralelo com os direitos fundamentais que estão associados a este mesmo valor (i.e., bem jurídico).[118]

Tome-se como exemplo o dever fundamental de pagar tributos, cujos recursos se destinam à concretização de diversos valores (bens jurídicos) constitucionais, sem que isso implique necessariamente a formação de relação direta entre o dever do cidadão contribuinte e o direito do cidadão que usufrui da prestação realizada pelo Estado, por meio do emprego dos recursos arrecadados. Em última análise, notadamente no caso dos impostos (em que não há vinculação a qualquer contraprestação previamente determinada por parte do Estado), o que se tem é o dever fundamental de participar da formação do patrimônio estatal, o qual será utilizado em benefício até mesmo daqueles que não contribuíram diretamente (ou na mesma proporção), tendo em vista a satisfação de valores (i.e., bens jurídicos) consagrados no texto constitucional.[119]

Além disso, na medida em que se identifique que a tutela de valores (i.e., bens jurídicos) constitucionalmente consagrados pode ocorrer pela conjugação de direitos e deveres (como categorias autônomas), pode-se perceber que o processo de afirmação histórica dos direitos fundamentais também se manifesta quanto aos deveres fundamentais. Uma vez mais, a partir do posicionamento expressado por José Nabais (2007, p. 158), "podemos mesmo considerar que historicamente se foram formando tantas camadas de deveres fundamentais quantas as camadas de direitos", de modo que é possível também vislumbrar diversas dimensões de deveres fundamentais.

Diante disso, assim como ocorreu em relação aos direitos fundamentais, a passagem do modelo liberal para o Estado de Bem-Estar Social também implicou significativas modificações no que se refere à própria titularidade dos deveres fundamentais consagrados no texto constitucional. Ou seja, é possível que a transcendência do caráter meramente individual dos valores (i.e., bens

118 Ou seja: "[...] os deveres fundamentais, ao contrário do que seu esquecimento ou fraco tratamento constitucional parecem sugerir, não são, nem um aspecto – o aspecto dos limites – dos direitos fundamentais, nem um aspecto – o aspecto dos reflexos individuais – dos poderes estaduais, mas sim uma categoria jurídica própria colocada ao lado dos direitos fundamentais" (NABAIS, 2004, p. 36). Em outra passagem, o autor português explica que "[...] os deveres fundamentais constituem uma categoria jurídico-constitucional própria, colocada ao lado e correlativa da dos direitos fundamentais, uma categoria que, como corretivo da liberdade, traduz a mobilização do homem e do cidadão para a realização dos objetivos do bem comum" (NABAIS, 2004, p. 64).

119 É o que ocorre no financiamento dos serviços públicos ofertados em caráter universal, como a saúde e a educação.

jurídicos) constitucionalmente tutelados não se restrinja apenas os direitos fundamentais. Ao contrário, correlativamente aos direitos fundamentais coletivos ou difusos, também podem ser percebidos deveres fundamentais associados a determinado grupo (coletivos) ou mesmo a toda a coletividade (difusos), de modo que tutela de valores (i.e., bens jurídicos) incorporados ao texto constitucional seja realizada tanto pela atribuição de direitos fundamentais coletivos/difusos quanto pela observância de *deveres fundamentais coletivos/difusos*. Tome-se como exemplo o dever (fundamental) de não paralisar a prestação de serviços ou atividades essenciais ou que atendam necessidades inadiáveis da comunidade (art. 9º, § 1º CRFB/88). Não se trata de uma obrigação que incide sobre qualquer pessoa isoladamente considerada, mas antes representa um dever jurídico que o sistema constitucional impõe a todo um grupo de pessoas que, coletivamente, desempenham tais atividades.[120]

Há ainda outro aspecto que costuma ser destacado quanto ao perfil dos deveres fundamentais, notadamente quando comparados aos direitos fundamentais. Trata-se do que a doutrina costuma se referir como a *inaplicabilidade direta* dos deveres fundamentais, circunstância que é assim explicada por José Nabais (2004, p. 148-149):

> ao contrário do que acontece com os preceitos constitucionais relativos aos direitos, liberdades e garantias, que são diretamente aplicáveis (ainda que nem sempre exequíveis), [...] os deveres fundamentais não têm o seu conteúdo concretizado, ou totalmente concretizado, na constituição ou, mesmo que o tenham, não são diretamente aplicáveis. Por isso, os preceitos constitucionais que os consagram ou disciplinam são preceitos dirigidos primordialmente ao legislador ordinário a fim de este lhes dar conteúdo ou concretizar em conformidade com as opções políticas que vierem a ser feitas, ou de os tornar aplicáveis se e na medida em que estas opções estiverem concretizadas na constituição.

120 Esclareça-se que a dimensão (titularidade) coletiva ou difusa dos deveres individuais não é algo que esteja contemplado de forma clara nos posicionamentos formulados pelo referido autor português. Ao contrário, há a indicação de que os deveres fundamentais "[...] têm por destinatários ou titulares passivos os indivíduos ou as pessoas físicas" (NABAIS, 2004, p. 106), não obstante, em outro trecho, consta a afirmação de que "destinatários dos deveres fundamentais não são apenas os indivíduos, mas também as pessoas coletivas, expressão essa que deve ser entendida com um sentido amplo, com o sentido capaz de abarcar organizações coletivas mesmo desprovidas de personalidade jurídica (em termos de direito privado)" (NABAIS, 2004, p. 110). Isso pode ser atribuído ao contexto no qual o tema é abordado em seus escritos, cuja preocupação é sistematizar o dever fundamental de pagar impostos, o que justifica o posicionamento manifestado.

Isso significa dizer que, quando se tratar de dever fundamental estabelecido no texto constitucional como categoria autônoma (i.e., em paralelo com direitos fundamentais voltados ao mesmo valor ou bem jurídico protegido), a intervenção do legislador ordinário é condição para a formatação e aplicabilidade do referido dever, na medida em que os diversos aspectos que integram o seu regime jurídico dependem da opção legislativa que for adotada.[121] Por conseguinte, enquanto não houver tal regulamentação no plano infraconstitucional, os deveres fundamentais não acarretam automaticamente posições jurídicas (passivas ou ativas) a quem quer que seja, pois não estarão presentes as condições necessárias para sua exigibilidade. Aqui se verifica uma diferença relevante em comparação com o perfil dos direitos fundamentais, os quais geralmente têm aplicabilidade imediata, bastando a previsão no texto constitucional. O mesmo se diga em relação aos deveres fundamentais correlativos aos direitos fundamentais (ou seja, que não configuram deveres fundamentais como categoria jurídica autônoma), os quais apenas representam a contraface dos direitos fundamentais, de modo que sobre eles (deveres correlativos) incide o mesmo perfil (dos direitos), ou seja, são diretamente aplicáveis (exigíveis) pela própria previsão no texto constitucional.

Em suma, embora seja tema pouco abordado pela doutrina, nada impede que, tendo em vista a tutela de determinado valor (i.e., bem jurídico), o texto constitucional consagre, paralelamente à previsão de direitos fundamentais, também deveres fundamentais, que *(i)* se apresentam como categoria jurídica autônoma (e não apenas a contraface de algum direito fundamental) e que *(ii)* podem ter como destinatários não apenas alguém individualmente considerado, mas um grupo de pessoas ou mesmo toda a coletividade, assumindo titularidade coletiva ou difusa (correspondentemente às dimensões de direitos fundamentais) e *(iii)* que não possuem aplicabilidade direta no texto constitucional, dependendo da atuação do legislador ordinário para definir o seu perfil e regime jurídico concretamente.

Não parece inadequado asseverar que foi justamente isso o que ocorreu na Constituição Federal de 1988, mais especificamente na parte final da

121 A circunstância de serem concretizados por meio da intervenção do legislador ordinário não significa que os deveres fundamentais assumam a natureza de normas constitucionais meramente programáticas. Nesse sentido, José Nabais (2004, p. 157-158) pontua que os deveres fundamentais "[...] não contêm simples normas programáticas no sentido tradicional ou (atualmente) no sentido estrito de normas consagradoras de meras diretivas da ação estadual de alcance essencialmente político. Elas são antes normas jurídico-constitucionais e normas jurídico-constitucionais como uma específica eficácia jurídica que vai muito além da que é própria daquelas normas programáticas, já que consagram posições passivas dos cidadãos, embora passivas".

redação conferida ao art. 225, quando se estabelece que incumbe à "[...] coletividade o dever de protegê-lo e preservá-lo [o meio ambiente ecologicamente equilibrado] para a presente e futuras gerações".

Em primeiro lugar, o fato de expressamente se referir a uma *imposição* parece não deixar dúvida de que esse trecho do dispositivo constitucional contém algum *dever* (e não um direito). De mais a mais, trata-se de dever voltado à tutela de um valor (i.e. bens jurídicos) fundamental da Carta Política, configurando, portanto, um *dever fundamental*. Além disso, uma vez considerado que o legislador constituinte utilizou expressamente o termo *coletividade* para designar os destinatários da obrigação de proteger e preservar o meio ambiente, compreende-se que aqui não se trata de obrigação destinada a alguém individualmente considerado, mas sim de *dever fundamental com titularidade transindi vidual* (coletiva ou difusa). Dito de outra forma, é a coletividade em si mesma (e não os indivíduos que a integram, isoladamente considerados) quem tem o dever fundamental de proteger e preservar o meio ambiente para a presente e futuras gerações, de modo que não se pode confundir tal previsão constitucional com as obrigações jurídicas que recaem a alguém individualmente determinado (por exemplo, como decorrência da função social da propriedade ou da empresa, como imposição de uma limitação administrativa ou restrição a direito, etc.). Por isso, não se está diante de um mero dever fundamental correlativo a algum direito fundamental. Ao contrário, mais do que meramente a contraface de algum direito fundamental, o dever fundamental coletivo (ou difuso) veiculado neste dispositivo constitucional consubstancia *categoria jurídica autônoma*, destinada a tutelar o valor constitucional (i.e., bem jurídico) *equilíbrio ecológico* de forma paralela com (e não subordinada ao) direito fundamental inserido no texto da Constituição e com vistas ao mesmo valor (i.e., bem jurídico).[122]

Em suma, a partir do raciocínio acima empregado, afigura-se crível considerar que a parte final do art. 225 da Constituição Federal de 1988 consagrou um dever fundamental autônomo e de titularidade coletiva (ou difusa). Sendo assim, haja vista se tratar de categoria jurídica que não está revestida de aplicabilidade direta, a definição do perfil e do regime jurídico deste dever fundamental também

122 O reconhecimento de que a parte final do art. 225 da Constituição veicula um dever fundamental como categoria autônoma não é excludente da constatação de que no texto constitucional também podem ser identificados deveres fundamentais *correlativos* (i.e., subordinados) ao direito fundamental ao meio ambiente ecologicamente equilibrado. É o que se verifica, por exemplo, com o dever de reparar os danos ambientais causados por atividades consideradas (juridicamente) lesivas ao meio ambiente ou decorrentes da exploração de recursos minerais (art. 225, §§ 2º e 3º).

depende da atuação do legislador ordinário. É nesse momento (e sentido) que o dever fundamental coletivo (ou difuso) de preservar e proteger o meio ambiente pode ser conectado ao Princípio do Protetor Recebedor (PPR), de modo a culminar com a criação e implementação de instrumentos jurídicos que expressam a função promocional do Direito no âmbito da legislação ambiental, inclusive por meio da aplicação de sanções jurídicas positivas.

Dito de outro modo, *(i)* no exercício da atuação do Legislativo (criar a norma jurídica) e do Executivo (implementar a norma jurídica), *(ii)* é possível que a legislação contemple medidas que reconheçam juridicamente que determinada atividade, quando realizada por alguma pessoa individualmente considerada ou grupo de pessoas, ocasionam externalidades ambientais positivas (base do Princípio do Protetor Receber), *(iii)* passando a considerá-las como medidas socialmente (e juridicamente) desejáveis, o que conduz à previsão de instrumentos jurídicos que estimulem a prática de tais atividades, tornando-as mais fáceis ou vantajosas, por meio da aplicação de sanções positivas (base da função promocional do Direito), *(iii)* a fim de que os custos e ônus associados à realização de tais práticas sejam suportados pela (ou repartidos com a) coletividade, o que se justifica (e se legitima) constitucionalmente como uma forma de manifestação do dever fundamental coletivo (ou difuso) de proteger e preservar o meio ambiente, instituído na parte final do art. 225 da Constituição Federal.

O Pagamento por Serviços Ambientais (PSA) é um dos modos pelos quais essa operação pode se manifestar concretamente, o que permite considerá-lo (o PSA) como um instrumento associado à função promocional do Direito Ambiental (pois se vale de sanções positivas) e que encontra fundamento no Princípio do Protetor Recebedor (reconhecimento de externalidades ambientais positivas consideradas juridicamente relevantes) e no dever fundamental coletivo (difuso) de proteger e preservar o meio ambiente (implicando a participação da coletividade nos custos relacionados a tais medidas).

2.3.2.3. O fomento administrativo (Administração Fomentadora) como instância de manifestação da função promocional do Direito Ambiental

Uma vez abordados alguns dos principais fundamentos teóricos da função promocional do Direito Ambiental, pode-se indicar, ainda que panoramicamente, algumas formas pelas quais tal concepção da tutela jurídica do meio ambiente se manifesta.

Também aqui se revela uma estratégia útil partir do paralelismo como forma de atuação prevalecente dos instrumentos contidos na legislação ambiental. Desse modo, se a função repressiva da legislação ambiental se manifesta, no âmbito da atividade estatal administrativa, por meio da chamada Administração Ordenadora, é compreensível que também haja um conjunto de atividades estatais administrativas que possa concentrar a execução de medidas relacionadas à função promocional do Direito Ambiental.

Nesse sentido, juntamente com a atividade de polícia administrativa, há muito a doutrina especializada identifica outras formas de atuação do exercício da função administrativa, embora tenham recebido menos atenção teórica e destaque prático. É o que se verifica como as denominadas atividades de fomento. De acordo com a clássica lição de Luis Jordana de Pozas (1949, p. 46), o fomento administrativo pode ser definido como "a ação da Administração destinada a proteger ou promover aquelas atividades, estabelecimentos ou valores desempenhados pelos particulares e que satisfaçam necessidades públicas ou se considerem de utilidade geral, sem usar da coação nem criar serviços públicos". Com o passar do tempo, a noção de fomento administrativo foi sendo ainda mais especificada – por exemplo, para abranger também atividades desempenhadas pelo próprio Poder Público e não apenas por particulares –,[123] mas é certo que o núcleo central da definição permanece até hoje.

O exercício das atividades de fomento administrativo se concentra e forma aquilo que Carlos Sundfeld (1997, p. 16) denomina de *Administração Fomentadora*, a qual apresenta como nota característica "[...] a função de induzir, mediante estímulos e incentivos – prescindindo, portanto, de instrumentos imperativos, cogentes – os particulares a adotarem certos comportamentos". Na mesma direção, Diogo Figueiredo Moreira Neto (2003, p. 467) observa que o fomento administrativo "não é imposto à sociedade, o Estado não obriga ninguém, indivíduo ou empresa, a valer-se dos instrumentos jurídicos de incentivo: relaciona-se com o Estado, nesse campo, quem desejar". Por outro lado, tal como pontua Carolina Zockun (2009, p. 188), "[...] não há um dever constitucionalmente atribuído ao Estado de fomentar as atividades privadas. Trata-se, pois, de política legislativa, que permite ao Estado optar pelas atividades de relevância social que receberão, ou não, incentivo estatal".

123 Nessa direção, para Garrido Falla (2002, p. 359), fomento administrativo abrange a "atividade administrativa que se destina a satisfazer indiretamente certas atividades que são consideradas de caráter público, protegendo ou promovendo, sem empregar a coação, as atividades dos particulares ou de outros entes públicos que diretamente as satisfaçam".

Desse modo, mostra-se perceptível a distinção entre Administração Ordenadora (e a correspondente polícia administrativa) e Administração Fomentadora (e o correspondente fomento administrativo), pois a primeira reprime, enquanto que a segunda promove, sem fazer uso da coação (POZAS, 1949, p. 46). Por conseguinte, também é possível visualizar a Administração Ordenadora como palco privilegiado para a aplicação de medidas ligadas à função repressiva (atuando por meio de sanções negativas) e, correlativamente, a Administração Fomentadora como instância de concretização da função promocional do Direito (Ambiental), por meio da previsão de sanções positivas.

Uma vez situada a Administração Fomentadora como polo aglutinador de instrumentos jurídicos norteados pela função promocional do Direito (Ambiental), é possível verificar como tais medidas podem ser sistematizadas. Entre as diversas classificações formuladas na doutrina, apresenta-se a proposta por Célia Mello (2003b, pp. 90-133), que propõe diferenciar as técnicas de fomento público, quanto às vantagens concedidas, em *(i)* meios psicológicos, *(ii)* meios honoríficos, *(iii)* meios econômicos, a partir de vantagens de caráter real e *(iv)* meios econômicos, com base em vantagens financeiras.

A atividade de fomento administrativo é desenvolvida por intermédio de *meios psicológicos*, quando o Estado utiliza mecanismos "[...] capazes de sugestionar e induzir opiniões, atitudes e valores", com o objetivo de estimular "[...] os sujeitos fomentados a fazerem aquilo que convém ao Poder Público" (MELLO, 2003b, p. 90-91). É o que pode ocorrer com algumas ações de esclarecimento promovidas por diversos setores da Administração Pública, muitas vezes por meio da própria mídia, como nos casos de sensibilização para a participação em campanhas de vacinação.

Já quando se vale de *meios honoríficos*, o Estado pretende "[...] conseguir que as pessoas realizem determinadas atividades, da forma mais conveniente para o interesse público, utilizando como forma de fomento a idéia de honrar, dar glórias, reconhecimento público, sem renumerar" diretamente (MELLO, 2003b, p. 92). Também aqui o que se busca é estimular a adoção de determinados comportamentos, como ocorre, por exemplo, quando o Poder Público promove a certificação de mercadorias que adotam determinado processo produtivo ou que atendam determinadas condicionantes em vista do interesse público, como forma de destacá-las (conferir reconhecimento) em relação ao mercado consumidor e às pessoas em geral.

Por sua vez, por meio de *meios econômicos* o Estado utiliza "[...] medidas de fomento que implicam uma vantagem patrimonial favorável ao sujeito fomentado", categoria dentro da qual "[...] cabem tanto o auxílio em dinheiro como o auxílio de outra natureza" (MELLO, 2003b, p. 94). Em razão da amplitude das medidas abrangidas, os meios econômicos de fomento podem ser divididos em vantagens de caráter real e vantagens de caráter financeiro.

No primeiro grupo, as *vantagens de caráter real,* são incluídas "[...] todas as vantagens e benefícios que não implicarem um desembolso efetivo de dinheiro do erário público em favor do sujeito fomentado" (MELLO, 2003b, p. 94), dentre as quais se pode mencionar a cessão de uso de bens públicos ou a disponibilização de serviços técnicos como forma de estimular o particular a praticar determinada conduta considerada socialmente desejável.

De sua parte, as *vantagens de caráter financeiro* apresentam-se como "[...] auxílios econômicos [i.e., financeiros, monetários] concedidos pela administração ao sujeito fomentado". Esta modalidade abrange tanto os auxílios *diretos,* os quais "[...] implicam em um desembolso efetivo de dinheiro pelo erário público em favor do agente fomentado", quanto os auxílios *indiretos,* assim entendidos aqueles que "[...] não impõem à administração um desembolso imediato, mas promovem uma redução da receita pública, já que o Estado deixa de receber a quantia a que faria jus, caso não tivesse concedido auxílio econômico ao agente fomentado" (MELLO, 2003b, pp. 94-95 e 99).

A subvenção (social ou econômica) e o auxílio (ou subsídio) são formas de fomento administrativo por meio de *vantagem financeira direta,* pois por intermédio da primeira (subvenção) se realizam "[...] transferências destinadas a cobrir despesas de custeio das entidades beneficiadas" (art. 12, § 3º LF 4.320/64), enquanto que o auxílio tem por finalidade "[...] custear despesas de capital, ou seja, aquelas que podem produzir serviços, riquezas e gerar um incremento no Produto Nacional" (ZOCKUN, 2009, p. 200). De sua parte, como técnica de fomento administrativo, entre as *vantagens financeiras indiretas* destaca-se a utilização de figuras tributárias com finalidade extrafiscal, o que ocorre quando algum dos diversos elementos que integram o regime jurídico de determinado tributo (fato gerador, base de cálculo, alíquota, momento do pagamento, etc.) é fixado tendo em vista objetivos diversos da mera arrecadação tributária.

É dentro desse contexto que, sob o enfoque das atividades estatais administrativas, o *Pagamento por Serviços Ambientais (PSA)* pode ser compreendido como uma medida de *fomento administrativo,* uma vez que se trata de instrumento (jurídico) que tem o objetivo de estimular a prática de condutas consideradas socialmente (e ambientalmente) desejadas. De mais a mais, entre as diversas modalidades de realização do fomento administrativo, o Pagamento por Serviços Ambientais (PSA) geralmente assume a forma de *meios econômicos* (implicam acréscimo patrimonial ao participante do programa de PSA), que se materializa por meio de *vantagens de caráter real* (com a disponibilização de medidas de apoio, tornando mais fácil a conduta desejada) ou de *vantagens de caráter financeiro direto* (implicando o efetivo recebimento de recursos monetários).

2.4. Pagamento por Serviços Ambientais (PSA) e outros instrumentos (repressivos e promocionais) de tutela jurídica do meio ambiente: uma proposta de sistematização

Ainda num esforço de sistematização do Pagamento por Serviços Ambientais como instrumento jurídico, considera-se pertinente localizar o PSA na perspectiva interna do próprio Direito Ambiental. Dito de outro modo, paralelamente às abordagens já realizadas (Teoria do Direito, princípios norteadores do Direito Ambiental, texto constitucional e atividade estatal administrativa), trata-se de posicionar o Pagamento por Serviços Ambientais entre os diversos tipos de instrumentos jurídicos (repressivos e promocionais) de tutela do meio ambiente.

Nesse sentido, especificamente no que se refere à legislação, Christopher Schroeder (2010, p. 477), após constatar que a abordagem de problemas ambientais é realizada com um "extenso *kit* de ferramentas", conclui que os instrumentos jurídicos acerca da matéria podem ser divididos em dois grandes grupos: de *regulação direta* e *baseados em incentivos*. No primeiro estão englobados os mecanismos legais que determinam de forma cogente as condutas que devem ser adotadas na relação com o meio ambiente, reunidos, portanto, pela característica comum de envolverem a regulação direta do Poder Público. Já o segundo grupo abrange mecanismos legais que visam estimular ou desestimular determinadas condutas, tendo a sua principal característica na utilização da legislação como forma de incentivar certos comportamentos.

De forma coerente com essa distinção, ao aprofundar o estudo da taxionomia dos mecanismos inseridos na legislação ambiental, James Salzman (2013, p. 364) destaca que, "[...] talvez supreendentemente, há apenas cinco instrumentos básicos em jogo, os quais podem ser ensinados através de uma estrutura simples conhecida como 'os cinco P's'". Isso porque a *regulação direta* ou o *incentivo* decorrentes da legislação ambiental são efetivados por meio de instrumentos jurídicos focados em *(i) p*ersuasão, *(ii) p*rescrição, *(iii) p*ropriedade, *(iv) p*recificação,[124] ou *(v) p*agamentos.

Ainda que com as devidas adaptações, não parece despropositado afirmar que essa classificação dos mecanismos que compõem a legislação ambiental também é aplicável ao sistema jurídico brasileiro. A distinção entre instrumentos de *regulação direta* e de *incentivo* pode ser verificada no reconhecimento da *dupla função* desempenhada pelo Direito Ambiental, já extensamente abordada neste Capítulo: a *função repressiva*, voltada à imposição de sanções negativas, diante do descumprimento de medidas cogentes impostas pela regulação direta do Poder Público (vide item 2.2.); e a *função promocional*, que se realiza por meio da previsão de sanções positivas, diante de comportamentos que se pretende incentivar (vide item 2.3.). De mais a mais, mesmo no sistema legal brasileiro, como forma de concretizar as medidas de *repressão* ou de *incentivo*, é possível identificar instrumentos jurídicos compatíveis com a classificação inserida na proposta dos "cinco P's".[125]

Os instrumentos jurídicos de *persuasão* buscam modificar o comportamento das pessoas, seja levando-as a refletir sobre os prejuízos que podem cau-

124 Embora inspirado na sistematização apresentada pelo referido autor, no presente trabalho são realizadas adaptações para sua melhor aplicação no modelo jurídico brasileiro. Por isso foi utilizado o termo *precificação*, para fazer referência aos instrumentos da legislação ambiental que têm por objetivo moldar comportamentos buscando influenciar o preço de determinados produtos, como será detalhado ao longo do texto. Importa esclarecer que, na sistematização originalmente proposta, para se referir a instrumentos que adotam essa lógica (influência na formação de preços), o autor utiliza a expressão *penalidades financeiras* (*financial penalties*). Por se tratar de termo que possui uma conotação bastante diversa no sistema legal brasileiro, não estando associado à ideia que aqui se pretende expressar, considerou-se pertinente substituí-lo.

125 Destaca-se que, nesse momento, pretende-se apenas identificar e sistematizar as alternativas contidas na legislação para abordar questões ambientais, sem realizar qualquer discussão valorativa sobre tais instrumentos ou acerca de qual deles (persuasão, prescrição, propriedade, precificação e pagamentos) seria o mais adequado para situações determinadas. Até mesmo o proponente dessa classificação reconhece que "raramente existirá apenas a melhor ferramenta para uma situação particular, e muito do desafio acerca da escolha do mecanismo a ser utilizado está relacionado à identificação das vantagens ou desvantagens de um instrumento específico" (SALZMAN, 2013, p. 364). O assunto é retomado no Epílogo, quando serão apresentadas algumas reflexões iniciais acerca (do desafio e) dos critérios que podem nortear a escolha entre (e a modelagem dos) vários instrumentos jurídicos utilizados para a consecução de determinado objetivo de proteção e promoção do meio ambiente e dos serviços ambientais a ele associados.

sar ao meio ambiente, seja publicizando informações sobre os impactos ambientais de determinada atividade ou conduta. Em última análise, a persuasão é buscada a partir da produção e disseminação de informação. Quando desempenhada no âmbito das atividades realizadas pela Administração Pública, não raramente assume a forma de medidas de fomento administrativo por meios psicológicos ou honoríficos (vide item 2.3.2.3.)

Na legislação brasileira, por exemplo, é possível identificar a existência de diploma legal voltado à *educação ambiental* (LF 9.795/99), assim entendidos "os processos por meio dos quais o indivíduo e a coletividade constroem valores sociais, conhecimentos, habilidades, atitudes e competências voltadas para a conservação do meio ambiente [...] e sua sustentabilidade" (art. 1º), sendo considerada "[...] um componente essencial e permanente da educação nacional, devendo estar presente, de forma articulada, em todos os níveis e modalidades do processo educativo, em caráter formal e não-formal" (art. 2º).[126] Ainda como modalidade de *persuasão*, podem ser identificadas a elaboração e publicação de *relatórios periódicos* sobre as atividades realizadas por empresas de determinado segmento econômico, além dos diversos programas de *certificação* dos níveis de eficiência de aspectos ambientais de certos produtos.

Como exemplo da publicação de informações periódicas, pode-se mencionar o Relatório de Pneumáticos, divulgado anualmente pelo IBAMA (2013), contendo informações sobre a fabricação e destinação de pneus novos e inservíveis. Seu objetivo é orientar a população acerca da situação desse segmento econômico no país e dos pontos de coleta de tais produtos, a fim de evitar ou minimizar os impactos ambientais decorrentes da sua destinação inadequada.[127]

Já entre os mecanismos de *certificação*, destacam-se inciativas de etiquetagem de produtos, que têm por objetivo fornecer informações ao consumidor que podem influenciar no ato da compra. Por meio de etiquetas, indicam-se aquelas mercadorias que apresentam os melhores níveis de eficiência energética e de consumo de combustível dentro de cada categoria, do que são exemplos o

126 As técnicas de persuasão em temas envolvendo meio ambiente implicam a interação com outras disciplinas jurídicas, como o Direito do Consumidor. Nesse sentido, abordando a relação entre consumo, desenvolvimento e sustentabilidade, vide a obra de Antônio Efing (2012).

127 A publicação é destinada ao cumprimento da exigência contida no art. 16 da Resolução CONAMA n. 416/09, regulamentada pela Instrução Normativa IBAMA n. 01/10.

Selo Procel de Economia de Energia, o Selo Conpet de Eficiência Energética e o Programa Brasileiro de Etiquetagem Veicular (PBEV).[128]

Por sua vez, por intermédio dos instrumentos jurídicos de *prescrição*, a legislação determina quais as condutas que as pessoas podem ou não adotar em relação ao meio ambiente. Isso pode ocorrer tanto por meio do estabelecimento de requisitos para o desenvolvimento de certas atividades, como por intermédio da expressa e completa proibição de diversas ações ou omissões. Juntamente com a determinação do padrão de comportamento definido pela legislação (fazer, não fazer, suportar, etc.), estabelece-se a imposição (como dever-poder do Estado) de sanções negativas, como forma de responsabilizar aqueles que não atendem à prescrição legal. Trata-se de instrumentos nos quais prepondera a regulação direta do Poder Público (controle social) sobre as atividades desenvolvidas pelas pessoas, em razão de seu caráter cogente, não se restringindo a mecanismos que buscam apenas estimular certos comportamentos (direção social).[129] No sistema jurídico nacional, integram este grupo os tradicionais instrumentos utilizados pela Administração Ordenadora, além do exercício da atividade estatal jurisdicional em matéria de tutela do meio ambiente, que ocupam papel de primazia no Direito Ambiental brasileiro (vide item 2.2.).

De outra parte, há também instrumentos jurídicos que buscam enfrentar problemas ambientais por meio da atribuição de direitos de *propriedade* sobre elementos do meio ambiente ou sobre o seu uso. Baseiam-se na premissa de que o estabelecimento de direitos, claramente titularizados quanto ao acesso e uso de determinado recurso ambiental, pode se revelar uma estratégia mais adequada para a tutela do meio ambiente, do que a alternativa de manter sua disponibilidade indiscriminadamente para todos. Em combinação com ferramentas prescritivas, um exemplo desse tipo de instrumento pode ser identificado em programas do tipo teto-comércio (*cap-trade*), nos quais o Poder Público decide a quantidade ou níveis máximos permitidos para uma atividade nociva

128 Tais etiquetas estão normalmente afixadas, por exemplo, em eletrodomésticos (selo PROCEL), equipamentos domésticos de consumo de gás (selo CONPET) ou veículos automotores (selo PBEV), indicando a eficiência energética de determinado produto. Essas medidas integram o Programa Nacional de Conservação e Uso Racional de Energia Elétrica (DF de 8 de dezembro de 1993) e o Programa Nacional de Racionalização do Uso dos Derivados de Petróleo e do Gás Natural (DF n. 18/91).

129 Obviamente que essa característica deve ser entendida apenas como preponderante, haja vista que mesmo os instrumentos repressivos (aplicados por meio de sanções jurídicas negativas) também desempenham, em alguma medida, um papel de prevenção geral em relação à prática de futuros ilícitos, incentivando determinados comportamentos.

em determinado local, na sequência distribui permissões (direitos) de uso ou emissão até o limite regulamentado, e depois autoriza que esses direitos sejam negociados entre as pessoas ou empresas que desenvolvem referida atividade. Nesse tipo de instrumento jurídico, o que pode ocorrer é a conjugação de mecanismos repressivos (atuando de forma cogente em relação aos destinatários dos tetos de emissão) e de mecanismos promocionais (estimulando a redução de emissões para aquém do teto fixado, por meio das vantagens que podem ser obtidas com o sistema de comercialização de créditos de emissões).

Embora não seja uma prática frequente no Brasil, é possível identificar iniciativas que se valem desses instrumentos.[130] É o que ocorre, por exemplo, com a legislação do Estado de São Paulo que estabelece padrões de qualidade do ar.[131] Além de fixar os níveis de emissões de poluentes permitidos, a legislação também dividiu o território estadual em regiões e sub-regiões, as quais são classificadas em "saturadas", "em vias de saturação" e "não saturadas", de acordo com o comprometimento já existente na qualidade do ar. Para as duas primeiras situações (saturadas e em vias de saturação), a legislação determina que o órgão ambiental formule um Programa de Redução de Emissões Atmosféricas (PREA) para os empreendimentos já em funcionamento, condicionando a renovação das licenças ambientais de operação ao cumprimento de metas de diminuição de emissões. Aquelas unidades industriais que superarem as metas de redução estabelecidas ou que desativarem suas fontes de poluição atmosférica têm "créditos de emissão reduzida" gerados em seu favor. Tais créditos podem ser comercializados e utilizados para compensar as emissões realizadas por outra empresa ou fonte de emissão na mesma sub-região, computando-se a redução adicional ocorrida na empresa vendedora do crédito para o atingimento da meta fixada para as instalações da empresa adquirente do crédito. Além disso, no caso de novas fontes de poluição ou na ampliação das já existentes, a legislação obriga que os poluentes lançados sejam compensados, por meio da aquisição dos referidos créditos de emissão reduzida, na proporção de 110%.

130 Em outros países, nos quais a estrutura do direito de propriedade é bastante diversa do sistema legal brasileiro, há experiências mais numerosas e antigas de utilização deste instrumento. É o caso, por exemplo, do *Regional Clean Air Incentives Market – RECLAIM*, desenvolvido na região sul do Estado da Califórnia (EUA), desde o ano de 1993. Trata-se de um mecanismo jurídico de teto-comércio com o objetivo de controlar os níveis de lançamento de óxidos de nitrogênio e de óxidos de enxofre, por meio da regulamentação de permissões de emissão e sua comercialização. Uma descrição e avaliação do referido programa é realizada em trabalho de Daniel Farber (2012).

131 As regras básicas de regulamentação desse instrumento estão previstas nos Decretos Estaduais n. 50.753/06, n. 52.469/07 e n. 59.113/13. Trata-se de um sistema complexo e que depende fortemente de instrumentos técnicos de monitoramento e mensuração. Para os objetivos deste trabalho, é apresentada apenas a sua estrutura básica.

Na prática, a legislação paulista estabelece limites máximos de poluentes para determinada região e sub-região, distribuindo entre as empresas já em operação as quotas (direitos) de emissão específicas. Nos casos de regiões problemáticas (saturadas ou em vias de saturação), espera-se obter a melhoria global da qualidade do ar, seja por meio do cumprimento das metas estabelecidas para cada uma das empresas já em funcionamento ou pela exigência de compensação em patamares superiores (110%) do que os níveis de emissão produzidos por novas fontes de poluição, abrindo-se a opção de que tais obrigações sejam cumpridas com "créditos de emissão reduzida", que podem ser adquiridos por aquelas empresas que não atingiram tais metas em suas próprias instalações. Em decorrência disso – atribuição de cotas (direitos) de emissão e autorização para sua transação e comercialização – cria-se uma espécie de mercado de créditos, visando ao atingimento de padrões de qualidade do ar não apenas a partir das emissões de uma empresa específica, mas da contribuição de todas elas para determinada região.[132]

Outro grupo de instrumentos jurídicos de tutela do meio ambiente se reúne em torno da noção de *precificação*. Levando em consideração o grau de impacto (negativo ou positivo) atrelado a algum segmento produtivo específico, atuam estimulando ou desestimulando determinadas condutas de empresas e consumidores, notadamente por meio de mecanismos que podem influenciar a formação dos custos de produção e a definição dos preços de aquisição de certo produto. Talvez a expressão mais evidente disso possa ser identificada na utilização de instrumentos tributários atrelados a questões ambientais,[133] seja como forma de arrecadação de recursos públicos para serem diretamente aplicados em medidas destinadas à tutela do meio ambiente, seja com viés extrafiscal. Neste último caso, também se estará diante da manifestação de uma medida de fomento administrativo, atuando por meio de auxílios econômicos indiretos.

132 Também em mecanismos como esse é possível identificar a conjugação entre *regulação direta* do Poder Público e a geração de *incentivos* para a adoção de certos comportamentos. Ao estabelecer níveis máximos de emissão de poluentes e fixar metas mínimas de redução, está-se diante de um típico instrumento de regulação direta. De outra parte, ao possibilitar a geração e comercialização de créditos decorrentes de reduções superiores à meta estipulada, está-se diante de um mecanismo de incentivo para a adoção de conduta que, embora não cogentes, são ambientalmente desejáveis.

133 Na lição de Christopher Schroeder (2010, p. 448), impostos e taxas são instrumentos que estão relacionados à formação de preços (*price instruments*), o que serviu de base para a utilização do termo *precificação*, aqui realizada.

Em termos práticos, para atividades consideradas ambientalmente menos desejadas, a legislação pode estabelecer fatos geradores (ou alíquotas, ou bases de cálculo etc.) de forma mais gravosa, implicando acréscimo na carga tributária em comparação a outros produtos ou serviços. Como resultado, embora a atividade não seja cogentemente vedada pela legislação, espera-se influenciar a decisão quanto à (forma de) produção e à aquisição de determinadas mercadorias, na medida em que a maior carga de tributação deve refletir no seu custo e (ou) preço final, estimulando as empresas a produzirem e as pessoas a utilizarem outros produtos, considerados ambientalmente menos impactantes. A mesma equação também pode ser construída no sentido oposto, isentando ou estabelecendo alíquotas (ou fatos geradores, ou bases de cálculo etc.) mais vantajosas para mercadorias consideradas ambientalmente mais adequadas, de modo a estimular a sua produção e consumo, na medida em que o menor impacto da carga tributária deve refletir em retorno mais elevado para quem as produz e (ou) em preços mais baixos para quem as adquire.

Portanto, afigura-se adequado concluir que, para a tutela jurídica do meio ambiente, a legislação ambiental dispõe de uma gama de instrumentos. Para alcançar um objetivo específico, relacionado à conservação e preservação do meio ambiente, é possível a utilização de mecanismos legais diferentes, bem como uma variedade de combinações entre eles.

Tome-se, a título ilustrativo, a proteção e promoção da qualidade da água em determinado local.[134] A forma como se realiza o uso do solo, por exemplo, em imóveis rurais situados em regiões superiores de determinada bacia hidrográfica e que sejam atravessados por cursos d'água, pode influenciar a capacidade do meio ambiente desempenhar a função (serviço) de regulação e purificação dos recursos hídricos, impactando na disponibilidade e qualidade da água destinada ao consumo dos moradores de regiões urbanas localizadas em partes mais baixas da mesma bacia hidrográfica. Noutros termos, a forma como são desenvolvidas atividades produtivas nesses imóveis rurais repercute negativa ou positivamente no provimento de um serviço ambiental (regulação e purificação) essencial para os moradores da cidade, que obviamente dependem do acesso à água potável.

Diante de uma situação como essas, pelo menos em teoria, abrem-se várias opções de posicionamentos, que podem ser adotados pelo sistema jurídico

134 O exemplo é inspirado e adaptado da descrição apresentada por James Salzman (2009, p. 14), embora se trate de situação abordada por diversos outros autores que se dedicam ao tema.

de determinado local. A primeira delas consiste em não estabelecer nenhuma disciplina jurídica específica para as atividades desenvolvidas nos imóveis rurais, seja sob a forma de regulação direta do Poder Público ou por meio de mecanismos baseados em incentivos. Pressupondo que a ausência de parâmetros e incentivos jurídicos conduziria à utilização destes imóveis da forma mais ampla possível,[135] impactando negativamente no serviço ambiental de purificação e regulação, muito provavelmente o fornecimento de água potável para os moradores da cidade dependeria fortemente do emprego de tecnologia, como usinas de tratamento de água. Embora viável até certo ponto, possivelmente essa estratégia encontraria obstáculos praticamente intransponíveis ao longo do tempo, por exemplo, em razão dos custos financeiros proibitivos relacionados à construção e operação de estações de tratamento em quantidade e tamanho cada vez maiores, além dos limites de capacidade técnica dos meios artificiais de filtragem e purificação, sem contar a própria diminuição do volume de água que chega até tais locais.

Buscando evitar esse cenário, a legislação ambiental pode atuar na conformação das condutas dos proprietários dos imóveis rurais com o objetivo de, por exemplo, realizarem o cercamento das margens de rios e riachos e manterem tais locais com vegetação nativa, o que diminuiria a erosão do solo e o carreamento de materiais e poluentes, de modo a impactar positivamente no serviço ambiental de regulação e purificação da água. Parta tanto, a legislação poderia se valer de instrumentos de *persuasão*, estimulando a produção e disseminação de informações que podem levar as pessoas envolvidas a perceberem e reconhecerem a importância da conservação de vegetação ripária não apenas para a qualidade da água utilizada na cidade, mas também para a própria conservação do solo onde são desenvolvidas as atividades agrícolas e pecuárias. Em outra direção, a legislação poderia apostar no estabelecimento de instrumentos de *prescrição*, determinando, de forma cogente, que os proprietários dos imóveis nas partes mais elevadas da bacia hidrográfica são obrigados a instalar cercas numa certa distância dos cursos d'água, sob pena de lhes serem impostas sanções (civis, penais ou administrativas) de caráter negativo. A fixação de direitos de *propriedade* sobre o uso de tais locais é outro instrumento jurídico que pode ser empregado, regulando quem tem o direito de utilizar as margens de cursos d'água e em quais condições. Para alcançar

135 Algumas das razões associadas a esse fenômeno foram abordadas no item 3.2.2.

o objetivo de instalação das cercas e manutenção da vegetação ripária, a legislação poderia ainda se valer de instrumentos de *precificação*, estabelecendo um imposto ou taxa adicionais ou fixando alíquotas mais altas para a comercialização dos produtos oriundos de imóveis que não preservam as margens dos cursos d'água, de modo a impactar no custo e preço de tais mercadorias e, por consequência, estimular a produção e aquisição de produtos originados de propriedades que adotam medidas ambientalmente mais adequadas para os serviços de purificação e regulação da água.

Todas essas ferramentas jurídicas – assim como as várias formas de combinação entre elas – possuem potencialidades e limitações.[136] É dentro desse contexto que – paralelamente às técnicas de persuasão, prescrição, propriedade e precificação – surgem instrumentos jurídicos que adotam o *pagamento* como estratégia para estimular a adoção de comportamentos que impactam positivamente na disponibilidade e qualidade de determinado serviço ambiental, do qual um conjunto de pessoas mais abrangente se beneficia.

Os instrumentos jurídicos que utilizam o *pagamento* como estratégia atuam no sentido inverso dos clássicos mecanismos de comando e controle, que buscam a internalização das externalidades ambientais negativas. Isso porque partem da busca de reconhecimento das *externalidades ambientais positivas* decorrentes de determinadas atividades, adotadas individualmente ou por um grupo de pessoas, quanto aos impactos para o provimento de serviços ambientais, de modo que os custos envolvidos sejam repartidos entre todos os beneficiários coletivamente considerados. Assim, no exemplo antes utilizado, o atingimento da medida concreta (instalação de cercas nas margens de cursos d'água e ausência de atividades produtivas em tais locais), que impacta positivamente no provimento de serviços de regulação e purificação da água consumida por

136 Extrapolaria os objetivos deste trabalho aprofundar essa análise. Apenas a título ilustrativo, algumas das limitações mais comumente apresentadas são: na *persuasão*, a circunstância de, em última instância, seus resultados dependerem da conscientização das pessoas envolvidas, já que o fornecimento de informação não é garantia de modificação de comportamentos; na *prescrição*, as dificuldades associadas à atividade de fiscalização do cumprimento dos comportamentos cogentes e da imposição das sanções jurídicas negativas, o que normalmente demanda grandes estruturas administrativas do Poder Público; na *propriedade*, os dilemas de alocação inicial de direitos entre os participantes, que dificilmente se afasta de critérios em alguma medida arbitrários; na *precificação*, a insegurança quanto à intensidade da cobrança (por exemplo, percentual de alíquota) necessária para que se possa atingir o objetivo de influenciar a decisão relativa à produção e aquisição de certa mercadoria.

todos os habitantes da cidade, também poderia ser buscado por meio de *pagamentos diretos* realizados em favor dos ocupantes dos imóveis envolvidos, como forma de estimular a adoção de tal conduta. É dentro desse grupo que se insere o Pagamento por Serviços Ambientais (PSA) como um dos instrumentos que estão à disposição da legislação ambiental para a tutela do meio ambiente como bem juridicamente protegido.

3

ASPECTOS TÉCNICOS DO **PAGAMENTO POR SERVIÇOS AMBIENTAIS (PSA):** OBJETO, CONCEITO E CARACTERÍSTICAS

3.1. Contextualização

Tendo em vista os conteúdos abordados no Capítulo anterior, é possível localizar denominado Pagamento por Serviços Ambientais (PSA), *(i)* a partir do enfoque da Teoria do Direito, como instrumento que desempenha a função promocional do Direito, atuando por meio da previsão de sanções jurídicas positivas (vide item 2.3.1.), *(ii)* já sob a perspectiva do texto da CRFB/88, mais especificamente o trecho final do *caput* do art. 225, como um instrumento que encontra fundamento no Princípio do Protetor Recebedor (PPR) e se legitima como decorrência do dever fundamental da coletividade proteger e preservar o meio ambiente para a presente e as futuras gerações, *(iii)* no que diz respeito às atividades estatais administrativas, como um mecanismo que se insere no âmbito de atuação da Administração Fomentadora (item vide item 2.3.2.), que se materializa por meio de vantagens de caráter real ou de vantagens de caráter financeiro direto, e *(iv)* finalmente, sob o enfoque do próprio Direito Ambiental, como instrumento que adota o pagamento direto como técnica para atingir o objetivo pretendido, o que o diferencia dos diversos outros instrumentos (de persuasão, prescrição, propriedade e precificação) dos quais a legislação ambiental também pode se valer (vide item 2.4.).

Em decorrência da conjugação de todos esses elementos é que se torna possível apresentar uma *definição* (instrumental) para o Pagamento por Serviços

Ambientais como instrumento jurídico.[137] Trata-se de mecanismo (jurídico) voltado à destinação de *(1)* pagamentos diretos, envolvendo recursos monetários ou outros meios, *(2)* realizados por beneficiário(s) de determinado(s) serviço(s) ambiental(is) ou por intermediário(s), *(3)* em favor de provedor(es) deste(s) serviço(s) ambiental(is), *(4)* em razão da efetiva adoção de prática(s) de uso e manejo do solo, previamente definida(s) e considerada(s) positivamente impactantes na disponibilidade e qualidade do(s) referido(s) serviço(s) ambiental(is).

É importante desde logo deixar pontuado, conforme destacam Rui Santos e Luiz Vivan (2012, p. 86), que

> os PSEs [Pagamentos por Serviços Ecossistêmicos] não são 'a solução' para a política de conservação, nem devem ser vistos como substitutos de políticas existentes que não são devidamente executadas ou cumpridas. O seu papel é complementar a outros instrumentos e o seu desempenho será mais favorável quanto melhor concebida e articulada estiver a combinação de políticas.

De todo modo, uma vez localizado como instrumento jurídico, para aprofundar a compreensão da definição proposta afigura-se útil abordar alguns dos (principais) aspectos técnicos do Pagamento por Serviços Ambientais. É disso que trata este Capítulo.

137 É possível identificar variações para a expressão *Pagamento por Serviços Ambientais*. Em alguns textos, substituiu-se a última palavra por *ecológicos* ou *ecossistêmicos*, formando a expressão Pagamento por Serviços Ecológicos ou Pagamento por Serviços Ecossistêmicos. Também o termo *Pagamento* não é unânime, sendo que alguns trabalhos o substituem por *Mercados*, *Recompensas* ou *Compensações* por serviços ambientais (ou ecológicos, ou ecossistêmicos). Neste Livro, optou-se por utilizar apenas a expressão *Pagamento por Serviços Ambientais*, com exceção das citações literais de outros trabalhos que tenham utilizado alguma de suas variações. Considera-se que a expressão *ambiental* é mais adequada (do que ecossistêmico ou ecológico), porque facilita a compreensão desse instrumento no contexto de conceituação ampla adotada para o bem jurídico *meio ambiente* no sistema constitucional brasileiro (sobre o tema, vide 1.3.1.). De outra parte, o termo *pagamento* reforça a sua ideia central (transferência direta de recursos, ainda que em sentido abrangente, para o provedor do serviço ambiental), sendo mais adequado que as propostas alternativas (WUNDER, 2005, p. 5), na medida em que tal instrumento: não necessariamente se desenvolve num ambiente de ampla concorrência e autonomia da vontade, como normalmente se associa à ideia de *mercado*; evita o risco de atribuir excessivas expectativas, como ocorre com o termo *recompensa*; e não necessariamente se restringe àqueles que precisam suportar custos diretos em favor dos beneficiários dos serviços ambientais, como sugere a expressão *compensação*.

3.2. Direito e serviços ambientais

3.2.1. Para além da tutela jurídica da estrutura do meio ambiente

Em termos históricos, o desenvolvimento do Direito Ambiental como disciplina jurídica específica é um fenômeno recente, especialmente se comparado com ramos tradicionais do Direito, cujas bases foram delineadas há milênios. Por se tratar de algo gradativo, pretender atribuir um marco definitivo para o surgimento de determinada disciplina jurídica é sempre uma tarefa imprecisa. Mesmo assim, é bastante comum a doutrina mencionar a Conferência Mundial sobre o Homem e o Meio Ambiente – organizada pela Organização das Nações Unidas e realizada em Estocolmo, em 1972 – como evento de significativa relevância para o reconhecimento de que a legislação ambiental forma um campo especializado do Direito. Realmente, nos anos que se seguiram à referida Conferência, claramente se intensificou o processo de institucionalização e positivação de normas jurídicas de tutela do meio ambiente – tanto no plano internacional, como no âmbito de diversos sistemas constitucionais nacionais.

Embora, sob essa perspectiva, a história do modelo contemporâneo de Direito Ambiental se restrinja a pouco mais de quatro décadas,[138] esta disciplina jurídica especializada já experienciou diversas fases. Analisando o seu desenvolvimento técnico no âmbito internacional, Gabriel Ferrer (2013, p. 355) identifica "[...] uma série de aportes estratificados que se desenvolvem em diversas etapas, na medida em que amadurecia a percepção do ambiental mediante a ampliação de conhecimentos científicos e se introduziam novas figuras jurídicas ou se redesenhavam as existentes".

De acordo com essa sistematização (FERRER, 2013, pp. 355-357), o momento inicial do Direito Ambiental, no cenário internacional, poderia ser caracterizado pela primazia de *técnicas repressivas*, uma vez que "o primeiro estágio da reação jurídica ante ao ambiental recorre aos mais primitivos instrumentos do Direito, à sua construção mais elementar: a repressão. É a fase na qual os principais, senão únicos, mecanismos consistem na retribuição negativa

138 Na doutrina nacional, a obra de Osny Duarte Pereira (1950) é considerada seminal na matéria. Também se destaca, como o primeiro – e ainda um dos principais – esforços de tratamento sistematizado da legislação ambiental como disciplina jurídica especializada, o livro de Paulo Afonso Leme Machado (2014), originalmente publicado em 1982 e atualmente em sua 22ª edição.

de determinadas condutas". Para estabelecer as condutas (in)suscetíveis de repressão ou punição, essa etapa também é marcada pela fixação de *padrões* de utilização de recursos naturais, ou seja, "até quanto se pode contaminar, de que maneira, com que requisitos". Com o passar do tempo se verifica o surgimento de *técnicas preventivas* no Direito Ambiental, haja vista que "para a saúde ambiental importam pouco os castigos que podemos impor, o relevante é evitar os danos, por isso o eficaz será enfatizar os aspectos preventivos naquelas decisões que podem ter repercussões relevantes no meio". Como caracterizador dessa concepção, despontam instrumentos destinados a promover a avaliação dos impactos ambientais relacionados à implantação e operação de determinadas atividades produtivas. Paulatinamente se passa a reconhecer que "a tarefa de defender e preservar o meio ambiente não é, não pode ser, exclusiva dos poderes públicos. Todos os cidadãos estamos implicados e devemos adotar atitudes ativas a respeito". Surgem, assim, as *técnicas participativas* no Direito Ambiental, marcadas pela estruturação de instrumentos que buscam abranger no processo de tomada de decisão também as pessoas e comunidades atingidas pela realização de atividades que impactam no meio ambiente. Além disso, como "[...] uma das mais recentes gerações de instrumentos jurídicos ambientais [...]", também se verifica a emergência de *técnicas de mercado e de internalização dos custos*. Entre elas se incluem desde ferramentas que se destinam a influenciar a decisão de compra de consumidores (como ecoetiquetas e certificações ambientais), passando por instrumentos jurídicos que buscam modular o comportamento dos agentes econômicos (como impostos, subvenções e políticas de preço).

Após realizar essa retrospectiva, Gabriel Ferrer (2013, p. 357) destaca que, embora cada uma dessas técnicas tenha lógica e funcionamento próprios, todas são marcadas pela abordagem parcial dos problemas ambientais, pois normalmente estão voltadas para a tutela de algum recurso natural específico. Contudo, com a gradativa percepção da complexidade dos aspectos relacionados ao meio ambiente, os debates no âmbito internacional passam a verificar a necessidade da adoção de *técnicas integrais*, nas quais "se abandona o enfoque, mais limitado, parcial e, portanto, ineficaz, de considerar isoladamente a proteção dos distintos elementos ambientais que podem ser afetados por um processo unitário, para enfocar a atenção, regulando suas distintas variáveis, no conjunto de interações que tal processo estabelece com o meio". Trata-se não apenas da formulação de mais instrumentos de tutela jurídica do meio ambiente, mas a adoção das técnicas anteriormente existentes também com essa nova concepção.

No âmbito do direito comparado – não obstante as inevitáveis variações decorrentes das características específicas de cada sistema legal – também é possível identificar que o roteiro e as preocupações que marcam a legislação ambiental de outros países se assemelham ao quadro descrito no contexto internacional mais amplo. Por exemplo, nesse sentido se direciona a avaliação realizada por Craig Arnold (2011), acerca da legislação ambiental norte-americana.

De acordo com referido autor (ARNOLD, 2011, pp. 791-792), a *primeira geração* do Direito Ambiental norte-americano "destacava principalmente a regulação do tipo comando-e-controle, padrões de base tecnológica, procedimentos litigiosos, com o objetivo de controlar ou prevenir a poluição [...] ou ações de degradação ambiental específicas". Nesse momento, a proteção contra danos ambientais se baseava em medidas judiciais e na garantia do exercício do direito de propriedade, além da reserva e administração de terras e recursos naturais pelo governo. Já a *segunda geração* da legislação ambiental dos EUA é pautada pela crítica aos instrumentos de comando-e-controle, "[...] enfatizando métodos de regulação mais flexíveis e a utilização de instrumentos econômicos", despontando análises de custo-benefício, acordos ambientais negociados e mecanismos baseados no mercado. Mais recentemente, a tutela jurídica do meio ambiente naquele país entra em sua *terceira geração*, com o crescente uso de processos colaborativos e participativos, preocupações de justiça distributiva e inclusão de princípios de desenvolvimento sustentável.

Não obstante a evolução constatada, Craig Arnold (2011, p. 771 e p. 795) aponta que os instrumentos inseridos nessas três primeiras gerações costumam ser empregados a partir das mesmas premissas: *(i) unimodalidade*, pois um único modelo, método ou instrumento é selecionado e oferecido como a solução ou resposta ideal para determinado problema; e *(ii) fragmentação*, na medida em que a reação à degradação ambiental é realizada, intencionalmente ou não, de forma fragmentada entre vários atores sociais estanques e levando em consideração apenas isoladamente os diversos impactos envolvidos. Entretanto, diante da constatação de novos desafios – como as questões que envolvem a intersecção entre mudanças climáticas, uso do solo e água – a "[...] legislação ambiental está evoluindo para se tornar mais integracionista e multimodal: utilizando múltiplos modos e métodos de proteção ambiental, muitas vezes em escalas variadas, porém de forma integrada". Ainda que os instrumentos concebidos nas gerações anteriores continuem sendo utilizados, sua estruturação e aplicação precisa se voltar ao objetivo de "[...] conectar os vários aspectos do sistema [ecológico] de forma holística, sintetizada e coordenada".

Na doutrina brasileira também é possível identificar considerações semelhantes. Por exemplo, ao tratar das políticas ambientais no Brasil, Solange Silva-Sanchez (2010, pp. 66-79) identifica quatro etapas. A primeira delas é caracterizada pela *administração dos recursos naturais*, na qual são estabelecidas regras setoriais, por meio da edição de diversos diplomas legais para aspectos específicos do meio ambiente (código de águas, pesca, mineração, florestal etc.). A etapa posterior é voltada ao *controle da poluição industrial*, com a fixação de vários padrões de emissão (ar, água, ruído etc.) conformando o desenvolvimento de atividades produtivas. Na sequência, desponta a fase de *planejamento territorial*, objetivando o estabelecimento de regras de uso e ocupação do solo, por meio de instrumentos legais como os inseridos na Lei de Parcelamento do Solo Urbano (LF n. 6.766/79). O momento atual da legislação ambiental brasileira, entretanto, é marcado pela *gestão integrada* dos recursos naturais, na medida em que, por expressa disposição constitucional, os instrumentos jurídicos de tutela do meio ambiente devem estar voltados para objetivos como a preservação e restauração dos processos ecológicos essenciais (v.g. art. 225, § 1º, I CRFB/88), transcendendo a abordagem de qualquer recurso natural isolado, como estava mais fortemente presente nas fases anteriores.

Não parece despropositado afirmar que as semelhanças – reclamando a adoção de técnicas integrais, multimodais, integradas etc. – que podem ser identificadas, tanto em análises do âmbito internacional como em sistemas legais específicos, não se deve meramente à coincidência.[139] Ao contrário, talvez essas similitudes possam ser explicadas, pelo menos em alguma medida, como um reflexo da expansão do enfoque do Direito Ambiental, que marca seu estágio atual: a legislação ambiental deixa de se restringir à tutela da *estrutura* do meio ambiente, para também se direcionar à proteção e promoção das *funções* desempenhadas pelo meio ambiente. Esta distinção (entre *estrutura* e *função*) [140] passa a ser cada vez mais relevante para o Direito Ambiental, sendo explicada nos seguintes termos:

139 No caso brasileiro, ainda que as características indicadas para o estágio atual da legislação sejam compatíveis com aquelas apresentadas no direito comparado, note-se a particularidade de não haver destaque para o uso de instrumentos econômicos, o que pode ter como uma das explicações a ampla primazia que a função repressiva ainda assume no Direito (Ambiental) pátrio, conforme discutido no Capítulo 2.

140 A distinção referida não deve ser compreendida como contraposição entre essas categorias. Ao contrário, o que há é uma relação de interdependência e complementariedade entre estrutura e função do meio ambiente.

> a *estrutura do ecossistema* se refere tanto à composição do ecossistema (i.e. suas várias partes) como os aspectos físicos e biológicos que definem como essas partes são organizadas. Uma rã-leopardo ou uma planta de pântano (como a taboa), por exemplo, poderiam ser consideradas componentes de um ecossistema aquático e, portanto, parte de sua estrutura. A *função do ecossistema* descreve um processo que ocorre como resultado das interações de plantas, animais e outros organismos e de cada um deles com o ambiente no qual estão inseridos. A produção primária (o processo de conversão de componentes inorgânicos em compostos orgânicos, por plantas, algas e quimiauotótrofos) é um exemplo de uma função do ecossistema (CAVSARTE, 2004, p. 1, n. 1).

Desde o surgimento do Direito Ambiental, a tutela do meio ambiente costuma ser circunscrita primordialmente à sua *estrutura*, com instrumentos jurídicos voltados ao uso racional de um recurso natural individualmente considerado (*microbens*), aproveitados pelos seres humanos (comida, madeira, água, ar etc.). Somente recentemente passou a ser percebida e destacada a necessidade de a legislação ambiental também se direcionar às interações entre os diversos elementos integrantes do meio ambiente, em razão das *funções* desempenhadas pelos ecossistemas, por meio das quais o ser humano aproveita diversos *serviços ambientais*.[141] Dito de outro modo, enquanto a tutela jurídica da *estrutura* do meio ambiente tem em vista os *recursos ambientais*, a tutela jurídica das *funções* desempenhadas pelo meio ambiente está relacionada à proteção e promoção dos *serviços ambientais*.

Na síntese formulada por Keith Hirokawa (2011, p. 576), os "serviços ambientais atribuem valor para a funcionalidade dos ecossistemas, cujos componentes individuais são identificados pelos serviços que prestam para o meio ambiente em si e para os seres humanos", tais como a regulação do clima e do regime de águas, a polinização de florestas e de outras formas de vegetação, a conservação do solo etc. Cenário semelhante é destacado por François Ost (1998, p. 112), ao perceber que,

> se nos primeiros tempos de proteção da natureza, o legislador se preocupava exclusivamente com tal espécie ou tal espaço, beneficiado dos

141 Na literatura especializada, também são utilizadas as expressões serviços "ecológicos" ou "ecossistêmicos". No presente trabalho será utilizada a expressão "serviços ambientais", por considerá-la mais abrangente. Os termos "ecossistêmico" ou "ecológico" serão mantidos, entretanto, por ocasião da tradução de citações literais que forem utilizadas ao longo do texto.

> favores do público (critério simultaneamente antropocêntrico, local e particular), chegamos hoje à proteção de objetivos mais abstratos e mais englobantes, como o clima e a biodiversidade.

Como consequência disso, o Direito Ambiental é lançado ao desafio de promover a modificação (ampliação) de seu enfoque: da estrutura à função. Nas palavras de James Leape e Sarah Humphrey (2010, p. 62), "nós precisamos de um ambicioso esforço para proteger a biodiversidade e os serviços ambientais que nos conduza para além das medidas tradicionais de proteção de *habitats* e espécies para uma abordagem de conservação mais integrada, sistêmica e ampla".

Nesse contexto, não é difícil compreender que os *serviços ambientais* passam a desempenhar papel importante na formação e aplicação da legislação ambiental. Por isso, afigura-se pertinente aprofundar a compreensão dessa categoria, por meio da sua contextualização, conceituação e classificação. Até mesmo porque, o próprio surgimento e desenvolvimento dos chamados programas de Pagamento por Serviços Ambientais é algo necessário e diretamente relacionado à crescente relevância que se atribui a esse tema.

3.2.2. Serviços ambientais: contexto, conceito, classificação e dificuldades

A partir do explanado no item anterior, a categoria *funções ambientais* (ou *ecossistêmicas*) pode ser definida como "a capacidade dos processos e componentes naturais proverem bens e serviços que satisfaçam necessidades humanas, direta ou indiretamente" (DE GROOT; *el alli*, 2002, p. 394). Daniel Andrade e Ademar Romeiro (2009, p. 9) esclarecem a relação entre *funções ambientais* e *serviços ambientais*, nos seguintes termos: "[...] uma função [ecossistêmica] passa a ser considerada um serviço ecossistêmico quando ela apresenta possibilidade/potencial de ser utilizada para fins humanos".[142]

Na esteira dessas noções gerais, despontam diversas propostas de conceituação para *serviços ambientais*. Entre as mais difundidas na literatura especia-

142 Embora seja tecnicamente pertinente, a rígida distinção entre funções e serviços ambientais não traz repercussões relevantes para os fins deste trabalho.

lizada, podem ser mencionadas as proposições formuladas por Gretchen Daily (*et alli*, 1997) e Robert Constanza (*et all*, 1997). De acordo com a definição contida no primeiro trabalho mencionado, "serviços ambientais são as condições e processos através dos quais ecossistemas naturais e as espécies que o compõe sustentam e atendem à vida humana. Eles mantêm a biodiversidade e a produção de bens ambientais, como frutos do mar, madeira, biomassa, fibras naturais e muitos produtos farmacêuticos, industriais e seus precursores". Em sentido semelhante é o entendimento adotado no segundo trabalho acima referido: "bens (como comida) e serviços (como a assimilação de água) ambientais representam os benefícios que populações humanas obtêm, direta ou indiretamente, das funções ecossistêmicas".

A percepção da importância dos processos naturais não é algo recente na produção de conhecimento. Ao contrário, em trabalho seminal no campo da ecologia, George Marsh (1965, p. 108) já observava que "terra, água, os dutos e fluídos da vegetação e a vida animal, o próprio ar que respiramos, são povoados por organismos que realizam funções muito importantes nos reinos vivo e inanimado da natureza". Não obstante também existirem importantes trabalhos precursores ao longo de todo o século XX, foi especialmente nas últimas décadas que o tema *serviços ambientais* ganhou espaço destacado na academia. De acordo com Erik Goméz-Baggethum (*et alli*, 2010, p. 1213), entre os anos 70 e 80 do século passado

> a racionalidade por trás do uso do conceito de serviços ambientais era principalmente pedagógica, tendo o objetivo de demonstrar como o desaparecimento da biodiversidade afeta diretamente as funções ecossistêmicas que sustentam serviços críticos para o bem-estar da humanidade.

Entretanto, é a partir de meados dos anos 90 que se verifica uma profusão de trabalhos acadêmicos sobre *serviços ambientais*. Ilustrativo da importância crescente que o assunto assume na literatura especializada é a pesquisa realizada por James Salzman (2011, p. 596), tratando da evolução da quantidade de artigos sobre serviços ambientais publicados entre os anos de 1990 e 2008, a partir de amostragem realizada em jornais acadêmicos. Os resultados estão condensados no gráfico abaixo:

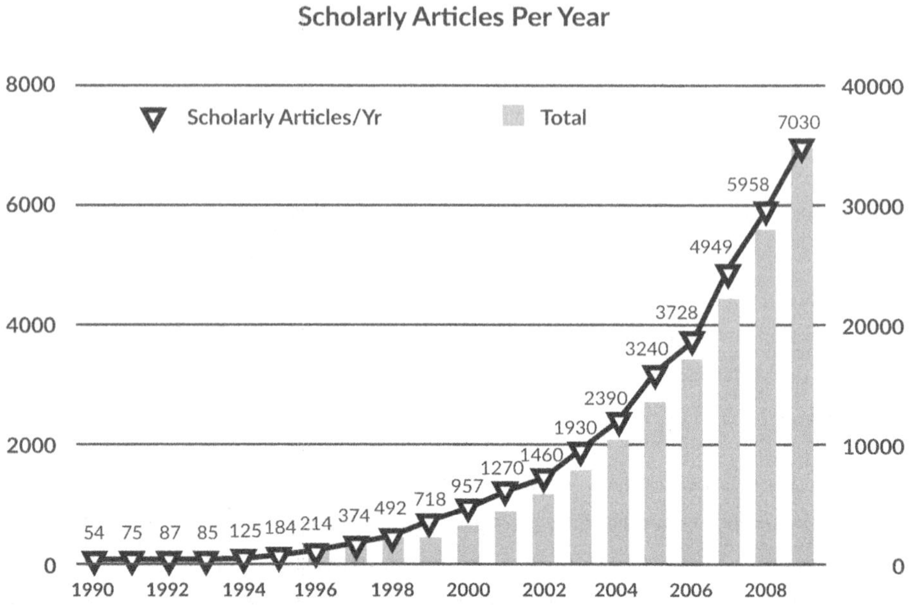

Entre as razões para esse vertiginoso crescimento, normalmente é apontada a grande repercussão que obtiveram os dois trabalhos há pouco mencionados, quando se apresentou o conceito de serviços ambientais. O primeiro deles é o livro *Natures's Service*, que foi "[...] escrito por cientistas e economistas mundialmente reconhecidos que, pela primeira vez, apresentaram uma descrição sistematizada e acessível do conjunto de serviços ambientais" (SALZMAN, p. 159, 2007). De acordo com o contido em seu prefácio, o objetivo de seus autores era "[...] produzir uma rigorosa e detalhada síntese de nosso atual entendimento do conjunto de serviços ambientais e uma preliminar avaliação de seu valor econômico" (DAILY; *et alli*, 1997, p. xv).[143] Já o segundo trabalho acadêmico referido é o artigo *The value of the world 's ecosystem services and natural capital*, publicado num dos mais respeitados jornais científicos do mundo (*Nature*). O que chamou a atenção da academia – e da comunidade em geral – neste artigo foi a pretensão de identificar uma estimativa de valor monetário para todo o patrimônio natural do planeta,

143 O prefácio do livro ilustra o contexto em que foi desenvolvido: "um pequeno grupo se reuniu informalmente para lamentar a quase completa ausência de consideração pública acerca da dependência social em relação aos sistemas naturais. [...] A falta de compreensão sobre as características e o valor dos sistemas naturais traça, em última instância, a falha da comunidade científica em gerar, sintetizar e efetivamente transmitir as informações necessárias para o público" (DAILY, *et alli*, 1997, p. xv).

chegando-se à conclusão de que o valor global decorrente da influência dos serviços ambientais nas atividades produtivas representaria algo entre U$ 16 a U$ 54 trilhões por ano, enquanto que o PIB mundial da época girava em torno de U$ 18 trilhões (CONSTANZA; *el all*, 1997, p. 253).

Ambos os trabalhos foram alvo de severas críticas, especialmente dirigidas à viabilidade ou adequação das metodologias utilizadas para alcançar as estimativas apresentadas.[144] De todo modo, a adoção de exemplos de ordem financeira – como ferramenta para demonstrar os impactos que a compreensão, utilização e proteção dos serviços ambientais provocam no dia a dia das pessoas – revelou-se uma estratégia exitosa, pelo menos no sentido de provocar a discussão sobre a importância das funções ecossistêmicas e dos serviços delas decorrentes. E isso não apenas no âmbito acadêmico, mas também entre formuladores de políticas públicas e mesmo entre organizações não governamentais, que passaram a realizar o debate e estruturação de programas voltados aos serviços ambientais.

Já nos anos 2000, foi desenvolvida a iniciativa que ainda hoje se mantém como a referência científica mais difundida sobre o tema serviços ambientais. Trata-se do *Milennium Ecosystem Assessment* (MEA), programa oficialmente lançado em junho de 2001, pela Organização das Nações Unidas (ONU), que se estendeu por quatro anos. Reunindo o trabalho conjunto de mais de 1.360 especialistas de todo o mundo, o MEA tinha como objetivo avaliar as consequências que alterações produzidas em ecossistemas acarretam para o bem-estar da humanidade. Os trabalhos publicados pelo MEA visaram realizar uma avaliação do estado da arte das condições e tendências dos ecossistemas mundiais e dos serviços que eles provêm, assim como fornecer a base científica para a adoção de medidas destinadas à restauração, preservação, conservação e uso sustentável de ecossistemas e seus serviços.[145]

No âmbito do MEA (2003, p. 6 e p. 49), o termo *serviços ambientais* é sinteticamente definido como "os benefícios que as pessoas obtêm dos

144 A questão da *valoração econômica* (monetária) dos serviços ambientais e de sua relação com os programas de PSA será retomada no item 3.3.2.

145 O MEA adotou a mesma ideia central de outros painéis de especialistas organizados pela ONU para temas ambientais, do que também é exemplo o Painel Intergovernamental de Mudanças Climáticas. Para informações adicionais sobre a concepção, estruturação, financiamento e funcionamento do MEA, vide www.maweb.org.

ecossistemas",[146] complementado pelo pressuposto de que "a noção de gestão dos ecossistemas envolve medidas relativas à utilidade do meio ambiente para as pessoas, mas também abrange a consideração do valor intrínseco dos ecossistemas, como fatores que devem ser levados em consideração na tomada de decisões".[147]

Como se pode identificar na própria conceituação utilizada pelo MEA, a categoria *serviços ambientais* mantém íntima relação com a noção de *ecossistema*. Afinal de contas, são as *funções* desempenhadas em certo ecossistema que propiciam os *serviços ambientais* dos quais determinado conjunto de pessoas se beneficia. Adotando o contido na Convenção de Diversidade Biológica (CDB), o termo *ecossistema* se refere ao "complexo dinâmico de comunidades vegetais, animais e de microorganismos e o seu meio inorgânico que integram como uma unidade funcional" (MMA, 2000, p. 9). A definição é necessariamente ampla, na medida em que toda a biosfera terrestre pode ser considerada um ecossistema, haja vista que há interação entre os seus elementos. Entretanto, para fins de "[...] análise e avaliação, é importante adotar uma visão pragmática dos limites entre ecossistemas". Desta forma, numa escala reduzida, o estabelecimento dos "[...] limites de um ecossistema bem definido tem como princípio orientador a existência de fortes interações entre seus componentes e interações mais fracas fora de seus limites" (MEA, 2003, p. 51). Embora seja inevitável a existência de sobreposições, para fins de identificação dos *serviços ambientais*, o MEA parte da

146 Os trabalhos publicados pelo MEA (2003, p. 55-56) expressamente reconhecem que a definição de *serviços ambientais* utilizada é o resultado da combinação dos outros dois conceitos, já anteriormente citados, ao explicar que: "[...] segue Constanza e seus colegas ao incluir tanto ecossistemas naturais como aqueles modificados pelo ser humano como fonte de serviços ambientais; e também segue Daily ao utilizar o termo 'serviços' para abranger os benefícios tangíveis e também os intangíveis que os seres humanos obtém do ecossistema, os quais são às vezes separados em 'bens' e 'serviços', respectivamente".

147 Em outra passagem, também se constata referência semelhante: "os objetivos de gestão que as pessoas estabelecem para ecossistemas e as ações que elas adotam são influenciadas não apenas pelas consequências para seres humanos, mas também pela importância que as pessoas atribuem a considerações de valor intrínseco de espécies e ecossistemas. Valor intrínseco é o valor de algo por si mesmo, independentemente de sua utilidade para mais alguém" (MEA, 2003, p. 6). Ao que tudo indica, a constante referência a "valores intrínsecos" dos ecossistemas pode ser explicada como uma forma de deixar consignado que a abordagem conferida pelo MEA aos serviços ambientais não deve ser compreendida nos moldes do antropocentrismo *clássico* (vide item 1.2.1.). Por outro lado, ao destacar os impactos dos serviços ambientais para os seres humanos, o MEA se posiciona numa abordagem antropocêntrica, ainda que numa perspectiva sobremaneira mais *alargada* (vide item 1.2.6.) que a tradicional.

delimitação de dez (eco)sistemas.[148] Em cada uma das categorias de ecossistema adotadas, os *serviços ambientais* que estão a elas associados costumam ser classificados em quatro grupos: *serviços de provisão, serviços de regulação, serviços culturais* e *serviços de suporte* (MEA, 2003, pp. 54-60).

A denominação *serviços de provisão* é utilizada para se referir aos produtos obtidos dos ecossistemas. Isso inclui uma vasta gama de alimentos derivados de plantas, animais e microrganismos, além de vários outros materiais, como madeira. Na mesma categoria também estão inseridas as diversas fontes de energia (madeira, esterco etc.) que se pode obter a partir de elementos orgânicos. Completando a indicação dos serviços de provisão, ainda são mencionados, por exemplo, os recursos genéticos, medicamentos naturais e água destinada à dessedentação.

Já os *serviços de regulação* estão relacionados àqueles decorrentes da adequada e contínua realização das funções ambientais. Nos ecossistemas, por exemplo, ocorre o lançamento e a retirada de elementos químicos da atmosfera, influenciando em muitos aspectos a qualidade do ar. Da mesma forma, o funcionamento dos ecossistemas também está diretamente associado à regulação do clima em escalas local e global, na medida em que, entre outros fatores, a cobertura florestal de determinada região pode influenciar a temperatura, os níveis de precipitação, além da emissão e sequestro de carbono. A regulação do ciclo da água também se insere nessa categoria, envolvendo questões como a recorrência e magnitude de enxurradas, inundações e recarga de aquíferos. Outra modalidade de serviços de regulação pode ser identificada no controle de erosão do solo, influenciando os seus níveis de nutrientes. Além disso, os ecossistemas também desempenham papel relevante na purificação da água e no tratamento de resíduos, em razão de sua capacidade de filtragem e de decomposição de componentes orgânicos. Muitos outros exemplos de serviços de regulação decorrentes de funções desempenhadas pelos ecossistemas poderiam ser indicados, como o controle de doenças humanas e de pragas, bem como as condições necessárias para a distribuição e abundância de agentes naturais de polinização.

Por sua vez, os *serviços culturais* são caracterizados como benefícios não-materiais que as pessoas obtêm por meio da reflexão, da recreação, de

148 São as seguintes: *(i)* marinho; *(ii)* costeiro; *(iii)* águas internas (como rios e lagos); *(iv)* floresta; *(v)* terras secas (onde a produção de vegetação é limitada pela pouca disponibilidade de água); *(vi)* ilhas; *(vii)* montanhas; *(viii)* polar; *(ix)* áreas cultivadas; e *(x)* áreas urbanas. Obviamente que não existe uma rígida separação entre tais categorias, havendo inevitavelmente sobreposições. Por exemplo, uma área cultivada (item *ix*) pode estar localizada em área de montanha (item *vii*). A classificação, portanto, deve ser compreendida no contexto em que foi proposta: auxiliar a identificação dos serviços ambientais e sua relação com o bem-estar das pessoas.

sentimentos estéticos e do desenvolvimento espiritual e cognitivo que podem estar relacionados ao meio ambiente. Nessa categoria estão incluídos, por exemplo, a diversidade cultural e os sistemas de conhecimentos tradicionais, além de valores espirituais, religiosos, educacionais ou de herança cultural. Nesse sentido, a própria relação das pessoas com o meio ambiente que as cerca é delineada em alguma medida pelos serviços culturais, haja vista que conformam os valores e o conhecimento que caracterizam determinada comunidade.

Por fim, os *serviços de suporte* abrangem aqueles que são indispensáveis para a realização de todos os demais (provisão, regulação e culturais). Estão incluídos nessa categoria de serviços ambientais, por exemplo, a chamada produção primária,[149] a ciclagem de nutrientes[150] e da água, a produção de oxigênio e outros gases da atmosfera, além dos *habitas* onde se mantém a biodiversidade.

Cada um dos serviços ambientais pode ser relacionado, em alguma medida, com resultados que impactam diretamente no bem-estar das pessoas e, em última análise, na própria viabilidade da vida humana (e não-humana) no planeta. O quadro seguinte sistematiza algumas destas relações.

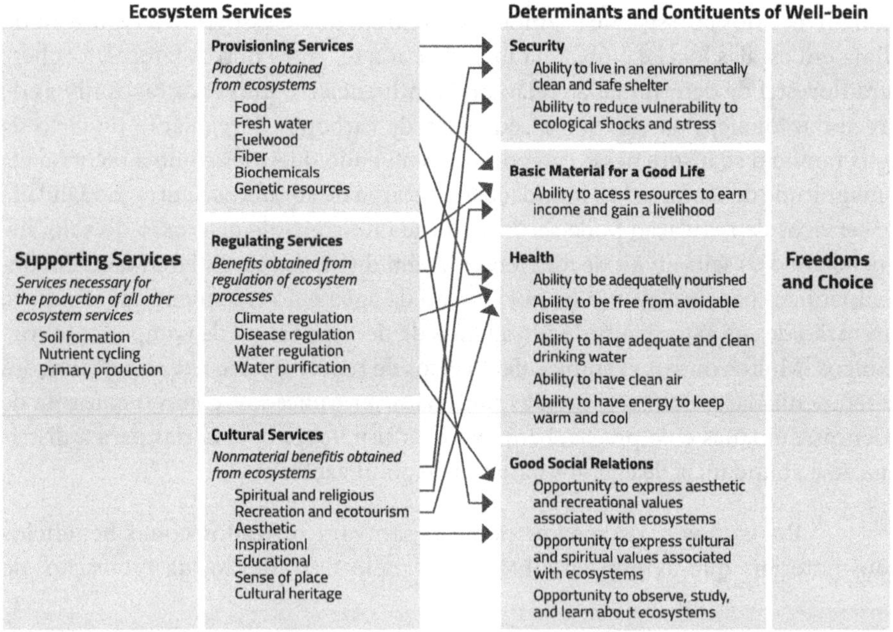

149 Também designada como *produtividade primária*, "refere-se à taxa com que a energia solar é armazenada pela atividade fotossintética dos organismos produtores (principalmente plantas clorofiladas) sob a forma de substâncias orgânicas, por unidade de área (nos ecossistemas terrestres) ou de volume (nos ecossistemas aquáticos) e por unidade de tempo" (GRISI, 2007, pp. 193-194).

150 Ou *ciclo de nutrientes*, "refere-se ao caminho percorrido pelos nutrientes na Natureza" (GRISI, 2007, p 52).

Tendo em vista o papel relevante (essencial) que desempenham, seria de se esperar que a promoção e proteção dos serviços ambientais ocupasse papel central na formulação de políticas ambientais e na legislação correlata. Entretanto, não é isso o que se verifica na prática. Ao contrário, a importância dos serviços ambientais geralmente ainda não integra a percepção que as pessoas têm sobre o meio ambiente, inclusive em situações cotidianas. Para ilustrar esse distanciamento – entre a *relevância* e a *percepção* dos serviços ambientais –, J. B. Ruhl e James Salzman (2007, p. 157) apresentam os exemplos seguintes:

> quando mordemos uma maçã suculenta e paramos para pensar sobre onde ela vem, se olharmos para além da loja onde foi comprada e do pomar onde foi cultivada, nós talvez vamos pensar em solo e água, mas é improvável que nós consideremos os polinizadores naturais que fecundaram a flor da macieira, de modo que o fruto possa se desenvolver. Quando nós bebemos um copo de água fresca da torneira, podemos pensar no reservatório local, mas a real fonte da qualidade da água está quilômetros a montante, na arborizada bacia hidrográfica que filtra e limpa a água que flui para rio abaixo. Quando nós aproveitamos um feriado divertido na praia, nós podemos pensar no calor do sol, mas dificilmente no sequestro de carbono realizado pelas plantas e que contribui para a estabilidade do clima.

Em outro texto, James Salzman (2010, pp. 138-141) indica três motivos básicos para a falta de reconhecimento do papel e importância dos serviços ambientais. O primeiro deles é a *ignorância* acerca do assunto. Não apenas do público em geral, mas também diante da constatação de que "[...] a pesquisa científica se concentrou muito mais em compreender os processos ecossistêmicos do que em determinar os serviços ecossistêmicos". Em decorrência disso, ainda há muitas limitações quanto à capacidade técnica de avaliar qual a consequência da realização de *certa* atividade ou uso do solo, num *determinado* local, para um *específico* serviço ambiental e na *interação* entre os diversos serviços ambientais. A falta de convergência de conhecimento acerca de tais consequências reforça a tendência de se formular as políticas ambientais e a legislação correlata a partir de outras bases, que não os serviços ambientais decorrentes das funções ecossistêmicas.

Outro obstáculo pode ser verificado no âmbito *econômico,* ante a caracterização dos serviços ambientais como *bens públicos* e das frequentes *externalidades* a eles relacionadas. Em termos econômicos, *bens públicos* são aqueles cujo "[...] consumo por alguém individualmente não reduz a disponibilidade do consumo do mesmo bem por outras pessoas (são não-rivais) e para os quais ninguém pode ser efetivamente excluído do seu uso (são não-excludentes)" (OCDE, 2010, p. 26). Tome-se como exemplo o serviço ambiental de regulação do clima local, diretamente influenciado pela cobertura florestal existente em determinada região. Trata-se de um típico exemplo de bem público em termos econômicos: o fato de esse serviço beneficiar individualmente cada uma das pessoas que reside naquele local não diminui a possibilidade de todas as outras pessoas ali residentes também se beneficiarem do mesmo serviço (não-rivalidade), bem como não existem meios eficazes de impedir que o benefício seja aproveitado por alguém especificamente (não-exclusão).[151] De outra parte, os serviços ambientais também costumam acarretar *externalidades*. É bastante evidente que as atividades que alguém desenvolve em sua propriedade (por exemplo, as práticas de uso do solo que adota) podem impactar na disponibilidade e qualidade de serviços ambientais importantes para outras pessoas. Ocorre que, muito frequentemente, tais efeitos para terceiros não são levados em consideração por aqueles que se beneficiam de certo serviço ambiental, gerando externalidades positivas.[152] Novamente recorrendo ao exemplo anterior, a circunstância de algum proprietário privado adotar práticas de conservação de uma extensa área florestada em seu imóvel certamente contribui para a regulação do clima local, embora, provavelmente, os outros beneficiários dessa medida não levarão isso em consideração na realização de suas atividades. Como resultado da associação dessas circunstâncias (natureza de bens públicos e existência de externalidades positivas), normalmente há poucos incentivos para que as pessoas voluntariamente adotem medidas de cuidado em relação aos serviços ambientais. Primeiro, porque partem da premissa de que se trata de benefícios garantidos, já que não há como serem excluídas do seu aproveitamento (bens públicos). Segundo, porque percebem que não serão reconhecidas pelos impactos positivos que suas condutas individuais gerarem para a disponibilidade e qualidade dos serviços ambientais aproveitados por outras pessoas (externalidades positivas).

151 Em algumas situações apenas uma das características está presente (são exclusivos, mas não-rivais; ou são não-exclusivos, mas rivais), o que costuma ser designado pela expressão *bens quase-públicos* (OCDE, 2010, p. 26). Além disso, muitas vezes, essas características (não-exclusividade e não-rivalidade) não existem de fato, como se verifica cada vez mais corriqueiramente no caso do acesso à água em diversos lugares do mundo. Mesmo nessas situações, entretanto, é bastante frequente que as pessoas continuem se portando em relação a tais bens como se efetivamente tratassem de bens públicos (não rivais e não exclusivos). Em ambos os casos (bens quase-públicos e bens percebidos como se fossem públicos), pelo menos em alguma medida, também se aplicam as considerações relativas aos bens públicos.

152 O mesmo vale também para o caminho inverso, com a produção de externalidades negativas. Sobre o tema, vide o item 2.3.2.1.

A falta de percepção e adequada proteção dos serviços ambientais também está relacionada a obstáculos *institucionais*. O modo como é definido o âmbito de atuação de instituições político-jurídicas,[153] para quem são atribuídas competências (de fiscalização ou planejamento) em matéria ambiental, apenas raramente coincide com a extensão de áreas ecologicamente relevantes para os vários tipos de serviços ambientais. Basta verificar que as delimitações realizadas por meio das divisas de territórios ou limites de jurisdições de entes político-jurídicos pouco frequentemente levam em consideração questões ambientais. Assim, o processo de discussão e tomada de decisão acerca de condutas que impactam na disponibilidade e qualidade de serviços ambientais é, com bastante frequência, realizado simultaneamente em instituições ou órgãos diferentes, o que nem sempre se faz de forma articulada. Isso pode ocorrer em vários níveis: *(i)* entre instituições político-jurídicas diferentes (i.e., nas diversas formas de relação envolvendo Municípios, Estados e União); *(ii)* dentro da estrutura de uma mesma instituição político-jurídica (por exemplo, no relacionamento entre os diversos órgãos internos que abordam a questão ambiental);[154] *(iii)* ou em instituições nas quais, além da atuação de entes jurídico-políticos, também há a participação de representantes de outras organizações, inclusive privadas (v.g., nos diversos conselhos relacionados a temas ambientais que se estruturaram nos últimos anos).[155] A existência de vários níveis de decisão e a falta de articulação entre suas atuações ampliam os riscos de *problemas de ação coletiva* envolvendo serviços ambientais, de modo que "[...] políticas que beneficiariam muitos indivíduos sejam difíceis de implementar: os custos pessoais (tempo, esforço, etc.) envolvidos desencorajam a participação e a mobilização necessárias para as mudanças" (GLENCROSS, 2014, p. 108).

153 A expressão é aqui utilizada para se referir às diversas pessoas jurídicas de direito público (União, Estados e Municípios).

154 Por exemplo, na organização administrativa da União, além do Ministério do Meio Ambiente, as questões ambientais também compõem, pelo menos, a estrutura: do Ministério de Agricultura, Pecuária e Abastecimento – MAPA, por meio do Departamento de Sistemas de Produção e Sustentabilidade – DEPROS, que é responsável pela regulação e estímulo a práticas de agropecuária sustentáveis, que preservem o ambiente e os recursos naturais; do Ministério de Desenvolvimento Agrário – MDA, por meio da Secretaria de Reordenamento Agrário, a quem compete promover a adoção de práticas de gestão e proteção ambiental nas comunidades envolvidas nos programas de reordenamento agrário; do Ministério de Minas e Energia – MME, por meio da Assessoria Especial em Gestão Socioambiental; da Secretaria (Ministério) de Assuntos Estratégicos – SAE, por meio da Secretaria de Desenvolvimento Sustentável.

155 Exemplificativamente, no âmbito federal: o Conselho Nacional do Meio Ambiente – CONAMA; o Conselho Nacional de Recursos Hídricos – CNRH, o Conselho Nacional das Cidades – CONCIDADES, o Conselho Nacional de Desenvolvimento Rural Sustentável – CNDRS.

3.3. Os (principais) aspectos técnicos do Pagamento por Serviços Ambientais (PSA)

3.3.1. Conceito (jurídico) de PSA

Na medida em que a literatura especializada ampliou consideravelmente sua atenção para a importância dos serviços ambientais (para além da estrutura do meio ambiente),[156] paralelamente também se pode identificar o surgimento e crescimento do debate acadêmico acerca da utilização de instrumentos de incentivo como estratégia para sua tutela (jurídica), do que o Pagamento por Serviços Ambientais talvez seja a expressão mais evidente. Ilustrativo desse cenário é a observação de Paul Ferraro (2011, p. 1134), ao relatar o incremento no número de artigos acadêmicos sobre o assunto ao longo dos últimos anos. Por exemplo, nos primeiros dez anos de edição da *Conservation Biology* – um dos mais respeitados jornais acadêmicos na área – somente 12 artigos publicados se referiram a incentivos econômicos e apenas 2 artigos mencionaram pagamentos (em dinheiro ou em espécie) como uma potencial ferramenta de conservação. Já entre 2001 e 2011, foram publicados mais de 140 trabalhos tratando de incentivos econômicos, sendo que, pelo menos, 24 deles focaram especificamente na realização de pagamentos como estratégia de conservação. Adotando outra base de comparação – o *Google Scholar* – o mesmo autor indica que, entre 1996 e 1998, apenas uma dúzia de publicações continha a expressão Pagamento por Serviços Ambientais e suas variações. Já no período de 2006 a 2008, mais de 500 publicações acadêmicas incluíam o referido termo e seus correspondentes.

Entretanto, mesmo diante do aprofundamento do debate acerca do tema, ainda há divergências quanto a algumas de suas noções mais básicas. É o caso do próprio *conceito* de Pagamento por Serviços Ambientais, que é apresentado de formas bastante diversas, mesmo entre os autores considerados referência no assunto.

Talvez a mais conhecida das definições para Pagamento por Serviços Ambientais é a proposta formulada por Sven Wunder (2005, pp. 2-3). Após explicar que a ideia central do instrumento consiste em beneficiários de serviços ambientais realizarem "[...] pagamentos diretos, contratuais e condicionais para proprietários e possuidores de terras em razão da adoção de práticas que garantam a conservação e restauração de ecossistemas", o mencionado autor conceitua Pagamento por Serviços Ambientais como

156 Sobre o tema, vide item 3.2.1.

> (1) uma transação voluntária, na qual (2) um serviço ambiental bem definido (ou um uso da terra que possa assegurar este serviço) (3) é 'comprado' por (pelo menos) um comprador de serviços ambientais (3) de (pelo menos) um provedor de serviços ambientais, (5) se, e apenas se, o provedor do serviço ambiental assegurar a sua provisão (condicionalidade).

Trata-se de definição amplamente difundida, inclusive no Brasil, onde é mencionada e expressamente reproduzida não apenas em trabalhos doutrinários, mas também no âmbito legislativo.[157] Entretanto, quando se analisa a forma como atualmente são desenvolvidas iniciativas efetivamente consideradas como Pagamento por Serviços Ambientais ao redor do planeta,[158] percebe-se que nem todas (ou muito poucas) contemplam integralmente os requisitos contidos na conceituação acima apresentada. As divergências entre essa *definição teórica* e as *ações práticas* existentes são, especialmente, evidentes em relação ao requisito *voluntariedade*, haja vista que uma quantidade expressiva de iniciativas intituladas como Pagamento por Serviços Ambientais não envolve realmente uma escolha, notadamente por parte dos beneficiários (compradores) dos serviços ambientais. Por consequência, a ideia de relação de natureza contratual – que normalmente está associada à noção de autonomia da vontade e, portanto, de voluntariedade – também não se afigura adequada para caracterizar a generalidade dos atuais programas de Pagamento por Serviços Ambientais. Basta mencionar que, cada vez de modo mais frequente, o que se entende como mecanismos de Pagamento por Serviços Ambientais tem no Poder Público (União, Estados ou Municípios) uma figura central, seja arrecadando compulsoriamente dos beneficiários do serviço ambiental ou de toda a coletividade os recursos envolvidos (sem que exista plena voluntariedade, portanto), seja atuando como agente de transferência de tais recursos para os provedores dos serviços ambientais (em relações – jurídicas – que não se enquadram como contratuais propriamente ditas).[159]

Em razão desse distanciamento entre teoria e prática, nos últimos anos surgiram várias outras conceituações para o instrumento Pagamento por Serviços Ambientais. Nesse contexto, por exemplo, Matthew Sommerville (*et alli*, 2009, pp. 1-2) propõe uma estrutura conceitual revisada para o Pagamento por

157 Tanto no que se refere às atividades realizadas no Congresso Nacional para debater as propostas de legislação federal sobre o tema (CMADS, 2009), assim como no texto de normas estaduais ou municipais já editadas.

158 Algumas experiências práticas em outros países são brevemente descritas no item 4.1.

159 O próprio Sven Wunder (2005, p. 4) reconhece que, na prática, nem todos os requisitos por ele propostos estão presentes em programas atualmente desenvolvidos, os quais seriam iniciativas do *tipo-PSA* (*PES-like*).

Serviços Ambientais. Após esclarecer que "um critério que não consideramos crucial para todas as intervenções de PSA é a exigência de ser voluntário", na medida em que isso "[...] pertence à discussão e ao contexto institucional", o Pagamento por Serviços Ambientais é definido como

> mecanismos que visam (1) transferir incentivos positivos para provedores de serviços ambientais que são (2) condicionados à prestação do serviço, nos quais a implementação bem sucedida é baseada numa análise de (1) adicionalidade e (2) diferentes contextos institucionais.

Embora, por razões diversas, a mesma crítica endereçada à proposta inicialmente mencionada também é apresentada diante da definição acima reproduzida: quando são analisadas as iniciativas atualmente implementadas e reconhecidas como Pagamento por Serviços Ambientais, muitas delas não atendem a todos os requisitos indicados. É o que se verifica, notadamente, pela inclusão da *adicionalidade* – ou seja, "[...] a mensuração dos resultados em relação ao que teria ocorrido na ausência da intervenção" promovida pelo programa de Pagamento por Serviços Ambientais (SOMMERVILLE; *et alli*, 2009, p. 7) – como um de seus elementos definidores.[160] Isso porque a adicionalidade não é solicitada ou mesmo mensurada em diversas ações reconhecidas como sendo de Pagamento por Serviços Ambientais ao redor do mundo, o que pode ocorrer seja diante de dificuldades (empecilhos) de ordem técnica, ou até mesmo em razão da inclusão de outros valores (v.g., sociais ou de equidade) em algumas das referidas iniciativas. Há, por exemplo, esquemas que admitem como beneficiários de pagamentos os proprietários ou possuidores de imóveis que já desenvolviam as medidas solicitadas, que impactam positivamente na provisão de serviços ambientais, mesmo antes da própria existência do programa de PSA, não se enquadrando suas condutas como *adicionais* em sentido estrito.[161]

Possivelmente em razão de tais dificuldades, podem-se identificar propostas de definir o instrumento Pagamento por Serviços Ambientais em termos

160 O papel e a importância da adicionalidade no Pagamento por Serviços Ambientais é tema que será retomado no item 3.3.3.

161 Cabe destacar que os proponentes da definição apresentada reconhecem as dificuldades relacionadas à adicionalidade nos programas de Pagamento por Serviços Ambientais. Em outro tópico do mesmo trabalho, chegam a afirmar que "embora nós reconhecemos que a adicionalidade seja inviável como um critério de definição para esquemas de PSA, deveria ser uma consideração norteadora para garantir que não se torne aceitável infundir recursos substanciais de incentivo em comunidades sem a preocupação com o que foi alcançado" (SOMMERVILLE, *et alli*, 2009, p. 7). Entretanto, a expressa inclusão da adicionalidade na definição que formulam para Pagamento de por Serviços Ambientais torna a afirmação (ou o próprio conceito proposto), no mínimo, contraditória.

sobremaneira mais abrangentes. Como aponta Sven Wunder (2005, p. 4), "[...] alguns poderiam escolher definir PSA pelo significado aditivo dos termos que ele contém: qualquer 'pagamento' de alguma forma destinado a promover 'serviços ambientais' poderia ser PSA". A mesma observação também é realizada por Matthew Sommerville (*et alli*, 2009, pp. 1), ao apontar a tendência de que o termo seja utilizado como "[...] um 'guarda-chuva' para abordagens que utilizam incentivos positivos na gestão de ecossistemas para produzir serviços ambientais". Em termos práticos, a utilização dessas propostas conduziria a fazer coincidir o Pagamento por Serviços Ambientais com toda e qualquer ferramenta de incentivo econômico destinada à tutela do meio ambiente. Numa palavra, a partir dessa abordagem, *Pagamento por Serviços Ambientais* e *instrumentos (jurídi cos) de incentivo econômico* seriam expressões praticamente sinônimas. Trata-se, entretanto, de extensão que não corresponde à forma como tais mecanismos são atualmente utilizados. Conforme alerta James Salzman (2009, p. 18), "ao definir o que significa PSA, é igualmente importante que esteja claro o que o termo não inclui", haja vista que há diversos instrumentos que nem sempre são reconhecidos como formas de expressão de programas de Pagamento por Serviços Ambientais, embora sejam baseados na ideia de incentivos econômicos. Disso são exemplos a tributação ambiental, a concessão de empréstimos governamentais com juros subsidiados por razões ambientais, além de algumas formas de certificação de produtos ou métodos produtivos considerados ambientalmente menos degradantes.

Portanto, para evitar que se adotem aportes teóricos que excluam de seu escopo várias das iniciativas que atualmente são reconhecidas como PSA ou, inversamente, que incluam instrumentos que não são necessariamente considerados PSA, afigura-se pertinente buscar uma delimitação mais adequada à realidade (nacional) para o conceito (jurídico) de Pagamento por Serviços Ambientais.[162] Para além de considerações meramente teóricas, trata-se de preocupação

162 É pertinente reconhecer que os conceitos normalmente apresentados para o termo PSA – como os acima discutidos – estão contidos em trabalhos acadêmicos de outras áreas do conhecimento, não se destinando especificamente a questões jurídicas. Por isso, normalmente são formulados com objetivos descritivos (e não normativos) da sua ideia central e elementos, sendo menor a preocupação com sua consistência e precisão. A literatura jurídica específica é bastante incipiente, fazendo com que os debates (sobre a elaboração e aplicação da legislação quanto ao assunto) não raramente se valham dessas definições externas ao Direito. Entretanto, em razão da diversidade de objetivos (descritivo *vs.* normativo) e das especificidades da cada sistema legal nacional, ainda que se adotem as definições de outras áreas do conhecimento como ponto de partida, o debate em torno do *conceito jurídico* da categoria Pagamento por Serviços Ambientais possui contornos próprios, justificando a discussão aqui realizada.

relevante em termos práticos, especialmente quando se pretende investigar essa ferramenta na perspectiva de um sistema jurídico específico.[163] Isso porque a forma como se define o Pagamento por Serviços Ambientais como *categoria jurídica* certamente exerce influência nas tarefas de elaboração, interpretação e aplicação da legislação que disciplina o seu regime jurídico (marco legal), na medida em que conforma os limites (e revela as possibilidades) do seu conteúdo,[164] assim como a sua compatibilidade com o sistema jurídico-constitucional de determinado país.

Em razão disso, para o contexto do sistema constitucional brasileiro, propõe-se compreender o Pagamento por Serviços Ambientais como o instrumento jurídico caracterizado pela ocorrência de *(1)* pagamentos diretos, envolvendo recursos monetários ou outros meios, *(2)* realizados por beneficiário(s) de determinado(s) serviço(s) ambiental(is) ou por intermediário(s), *(3)* em favor de provedor(es) deste(s) serviço(s) ambiental(is), *(4)* em razão da efetiva adoção de prática(s) de uso e manejo do solo, previamente definida(s) e considerada(s) positivamente impactante(s) na disponibilidade e qualidade do(s) referido(s) serviço(s) ambiental(is).

A definição acima incorpora aquilo que, nas palavras de José Gobbi (2011, p. 297), constitui uma premissa central amplamente aceita para esquemas de Pagamento por Serviços Ambientais, ou seja, o reconhecimento de que há "[...] correlação entre determinados tipos de usos da terra e a geração de serviços ambientais. Em outros termos, existe uma relação de causa-efeito na qual determinados usos da terra e seu manejo geram um certo tipo e quantidade de SA [serviço ambiental]". De mais a mais, o conceito proposto busca indicar todos os elementos que formam a *relação jurídica* que decorre da implantação de programas de Pagamento por Serviços Ambientais, tanto no que se refere às partes que a integram (itens 2 e 3), como também às obriga-

163 Sobre o contexto e delimitação metodológica no qual se desenvolve este trabalho, vide o item 1.1.

164 Por exemplo, ao adotar conceituação com as características contidas na proposta de Sven Wunder, somente poderiam ser juridicamente considerados como Pagamento por Serviços Ambientais aquelas iniciativas nas quais efetivamente houvesse voluntariedade na participação de todos os envolvidos. Por outro lado, utilizando-se algum conceito que se aproxime da formulação de Matthew Sommerville, não poderiam ser juridicamente considerados como programas de Pagamento por Serviços Ambientais as iniciativas que não envolvessem a adicionalidade como exigência indispensável para a adesão ao esquema.

ções ou objetos nela envolvidos (itens 1 e 4). Além disso, ao fazer referência à realização de pagamentos diretos (sejam monetários ou não) como uma de suas características definidoras, facilita-se a distinção entre o PSA e outros instrumentos de incentivo econômico, que operam por meios diferentes. Da mesma forma, tal como apresentada, a definição se afigura alinhada com recentes formulações realizadas pela literatura especializada, seja em outras áreas do conhecimento,[165] ou por aqueles que também se dedicaram aprofundadamente à discussão do Pagamento por Serviços Ambientais no cenário jurídico nacional.[166]

É a partir das informações contidas na sua definição que podem ser identificados e analisados os elementos que normalmente são apontados como relevantes para a *modelagem* e *estruturação* de um determinado programa de Pagamento por Serviços Ambientais, entre os quais se destacam temas como: para o quê devem ser realizados os pagamentos (?); quem deve ser pago (?); quanto deve ser pago (?); como os pagamentos devem ser feitos (?) (FAO, 2007, 45), além de questões relativas ao financiamento, avaliação e mecanismos de participação e transparência.

Porém, antes de aprofundar a análise da sua *estruturação*, é pertinente contextualizar e apresentar alguns esclarecimentos acerca da relação entre as (e o papel das) técnicas de valoração econômica (monetária) de serviços ambientais e os programas de PSA, a fim de evitar confusões em razão da forma como tal associação possa ser (inadequadamente) realizada.

165 Apresentando o mesmo núcleo central, por exemplo, é a definição realizada por Roldan Muradian (*et alli*, 2010, 1204): "PSA é a transferência de recursos entre grupos para criar incentivos destinados a alinhar decisões individuais e/ou coletivas de uso da terra com os interesses sociais na gestão dos recursos naturais". Cabe destacar, entretanto, que nessa definição não está necessariamente inserida a realização de pagamentos diretos como elemento do PSA, enquanto que, na conceituação que se propõe neste Livro, trata-se de característica distintiva dessa ferramenta.

166 É o que se verifica, por exemplo, em trabalho de Ana Maria Nusdeo (2013, p. 13), para quem "os pagamentos por serviços ambientais podem ser conceituados como transações entre duas ou mais partes envolvendo a remuneração àqueles que promovem a conservação, recomposição, incremento ou manejo de áreas de vegetação /ecossistema considerada apta a fornecer certos serviços ambientais, e ou que se abstém de práticas tendentes à sua degradação. Tende-se a remunerar os provedores dos serviços ambientais (proprietários, posseiros ou ocupantes legítimos de certas áreas) por práticas de conservação, recuperação, regeneração, manejo do uso dos recursos naturais e abstenção de uso de técnicas impactantes tais como o emprego do fogo ou agrotóxicos".

3.3.2. A valoração econômica (monetária) dos serviços ambientais e o PSA

Paralelamente ao aprofundamento do debate acadêmico acerca da importância das funções ambientais e da utilização de instrumentos de incentivo – entre os quais os programas de PSA – como estratégia voltada à sua proteção e promoção, tem se desenvolvido também um abrangente ferramental teórico destinado a realizar a *valoração econômica (monetária) dos serviços ambientais.*[167] Por meio de categorias e metodologias específicas, busca-se estabelecer o Valor Econômico Total (VET) de determinado ecossistema (e, portanto, de seus bens e serviços), de modo que se alcance "[...] uma estimação baseada na agregação de valores compatíveis (que não sejam excludentes entre si) que resultam dos distintos usos (quantificáveis) diretos ou indiretos, dos valores de opção associados e dos valores de não-uso" (CORDERO; *et alli*, 2008, p. 43). Dito de outro modo, o VET seria o resultado monetário (ou em outra medida padronizada)[168] da soma de diversas categorias de valores por meio dos quais determinado bem ou serviço

167 No âmbito das Ciências Econômicas, costuma-se indicar duas correntes teóricas relacionadas a essa temática: a Economia Ambiental e a Economia Ecológica. Nas palavras de Clóvis Cavalcanti (2010), "a economia ambiental aplica aos problemas ecológicos as ferramentas da economia neoclássica. Olha o meio ambiente, mas seu propósito é internalizá-lo no cálculo econômico. Ou seja, valorá-lo monetariamente: dar aos preços a condição de refletir valores hipotéticos para serviços e funções da natureza. Já a EE [Economia Ecológica] tem como propósito dizer em que medida o uso da natureza pode ser feito sustentavelmente". Na opinião de André Cechin e José Eli Veiga (2010, p. 35), "uma das principais diferenças entre as duas teorias econômicas, a ecológica e a convencional, está em seus respectivos pontos de partida. Mesmo que existam alguns conceitos comuns, eles são bem secundários se comparados às visões gerais de cada uma sobre a realidade. No fundo, são duas concepções de mundo, pois a convencional enxerga a economia como um todo, e quando chega a considerar a natureza, o meio ambiente, ou a biosfera, eles são entendidos como partes ou setores da macroeconomia [...] Exatamente o inverso da Economia Ecológica, para a qual a macroeconomia é parte de um todo mais amplo, que a envolve e sustenta". Entretanto, segundo Erick Goméz-Baggethun (*et alli*, 2009, p. 4) "como a Economia Ambiental e a Ecológica exatamente diferem remanesce controverso. As duas se sobrepõem no uso de técnicas específicas para mensurar a sustentabilidade, avaliar políticas e assistir o processo de decisão, e na prática muitos teóricos que trabalham com a ecologia ecológica exploram as ferramentas microeconômicas neoclássicas. É patente, porém, que ambas as abordagens diferem significativamente no quadro qualitativo com o qual operam". Ter compreensão da existência dessa distinção é relevante, mas aprofundar as diferenças específicas entre as referidas abordagens extrapolaria o escopo deste trabalho.

168 Embora não seja a única medida-padrão utilizada para a valoração de serviços ambientais – como será indicado adiante – a mensuração monetária é a mais frequente, razão pela qual é aqui mencionada.

ambiental pode interferir no bem-estar (material e espiritual) das pessoas, cuja classificação será a seguir brevemente indicada.[169]

Valores de uso estão ligados à utilização direta ou indireta de um bem ou serviço ambiental, com o objetivo de satisfazer uma necessidade, obter um benefício econômico ou a simples sensação de deleite. Essa categoria é dividida em *valores de uso direto, valores de uso indireto* e *valores de opção.* A primeira modalidade (*uso direto*) compreende todos os usos que são diretamente realizados a partir do meio ambiente, como é o caso da extração de madeira das florestas. Já o valor de *uso indireto* abrange as funções ecológicas que sustentam e viabilizam a realização de atividades econômicas, como ocorre com a contribuição das florestas para o controle da erosão ou filtragem da água. Por sua vez, o *valor de opção* é representado pelo benefício decorrente da possibilidade de utilização de um bem ou serviço ambiental num momento temporalmente posterior – por exemplo, em razão de novas descobertas científicas ou de avanços tecnológicos –, como ocorre com o possível futuro aproveitamento de elementos da biodiversidade de uma floresta para fins medicinais.

Já o *valor de não-uso* se subdivide em *valor de existência* e *valor de legado.* A primeira modalidade (*existência*) corresponde ao valor econômico atribuído pelas pessoas a um ecossistema, seus componentes e atributos, mesmo que não os utilizem direta ou indiretamente, nem pensam em fazê-lo no futuro. Representam o valor decorrente do simples fato de que existam, por razões emocionais, culturais ou pela crença (ética ou religiosa) no direito da existência de outras formas de vida. É o ocorre, por exemplo, no caso dos valores associados à conservação de determinada espécie da fauna ameaçada de extinção, mesmo por aquelas pessoas que vivam em locais muitos distantes do *habitat* do animal e ainda que possivelmente jamais o vejam diretamente. De outra parte, o *valor de legado* expressa o desejo de que as futuras gerações tenham acesso e a possibilidade de utilizarem determinado bem ou serviço ambiental para o atendimento de suas necessidades materiais e espirituais. A título ilustrativo, a figura seguinte sintetiza as diversas modalidades de valores que integram a abordagem VET, como forma de estimar o valor econômico (monetário) de bens e serviços ambientais

169 Normalmente representado pela equação: VET = VUD + VUI + VO + VE + VL. Onde: VET = Valor Econômico Total; VUD = Valor de Uso Direto; VUI = Valor de Uso Indireto; VO = Valor de Opção; VE = Valor de Existência; e VL = Valor de Legado.

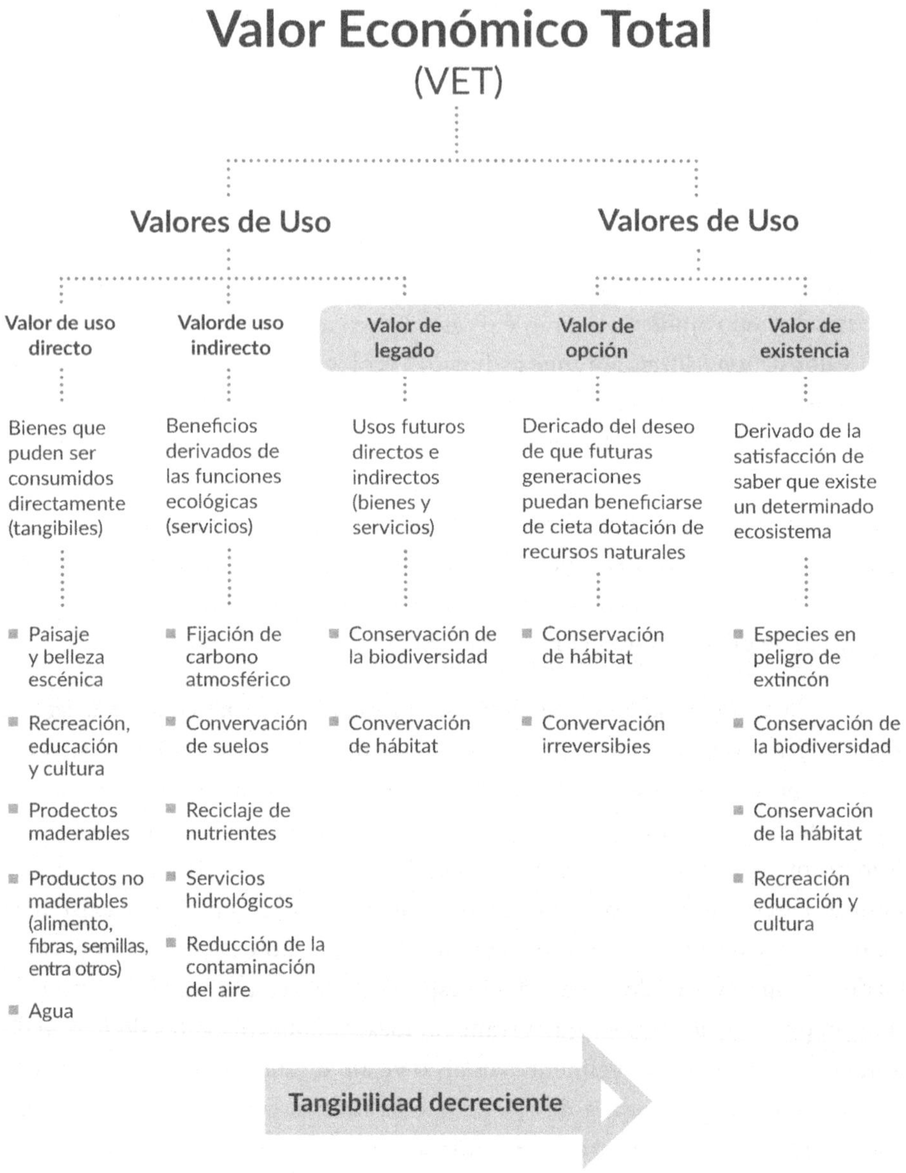

Perceba-se que, especialmente quando comparado com os produtos e serviços que normalmente são produzidos pelo próprio ser humano, a atribuição de conteúdo econômico (monetário) a tais formas de valores (uso e não-uso) para bens e serviços ambientais apresenta significativas peculiaridades, seja em razão da sua decrescente tangibilidade (vide figura acima), seja pela inexistência de estruturas de trocas entre as pessoas (mercados) claramente definidas.[170] Para responder a esse cenário, os estudiosos da valoração econômica dos serviços ambientais costumam apresentar *metodologias* específicas (GROOT; *et alli*, 2002, p. 403-407; CORDERO, *et alli*, 2008, pp. 47-52), com o objetivo de desenvolver o ferramental teórico voltado não apenas a indicar *o que* valorar (uso e não-uso), mas também *como* fazê-lo, conforme será panoramicamente indicado a seguir.

O primeiro grupo é designado como *metodologias de valoração direta* (ou baseadas em valores de mercado), as quais utilizam como parâmetro o *preço* praticado na transação de certo bem ou serviço ou os *custos* associados à modificação na sua qualidade ou disponibilidade. Na primeira abordagem são verificados os *preços* atribuídos nas trocas que envolvam elementos do meio ambiente. Entretanto, tal metodologia é insuscetível de ser empregada na maioria dos casos envolvendo serviços ambientais, pois sua aplicabilidade se restringe a poucas situações, normalmente relacionadas a bens ambientais específicos, para os quais haja mercados organizados (local, nacional ou internacional), como ocorre com a produção de alimentos, por exemplo. Além disso, também encontra dificuldades por pretender fazer coincidir *preço* e *valor* monetário. Ocorre que o montante pelo qual se promove alguma transação (preço) em determinada circunstância, não necessariamente representa integralmente o seu conteúdo monetário (valor econômico total). Por isso, como forma de complementar essa análise, são apresentadas técnicas nas quais os *custos* atuais ou potenciais, relacionados ao impacto econômico e social de determinado bem ou serviço ambiental, são utilizados como parâmetro para a estimação de seu valor (monetário). Nesse contexto, estão abrangidas diversas categorias de custo, entre os quais se pode mencionar: *(i)* o *custo evitado*, referindo-se àqueles gastos que ocorreriam no caso da ausência ou decréscimo de certo bem ou serviço ambiental, tais como os prejuízos ao patrimônio e à saúde das pessoas que são minorados pelos serviços ambientais de controle de enchentes ou de tratamento de resíduos orgânicos; *(ii)* o *custo de substituição*, relacionado aos dispêndios que seriam necessários para, quando isso for possível, substituir artificialmente o benefício decorrente de certa função ambiental, tal como ocorre, por exemplo, com a instalação de unidades de tratamento diante da diminuição do serviço ambiental de purificação da água; *(iii)* o *custo defensivo ou de reparação*, ligado aos gastos necessários para evitar ou corrigir os impactos indesejados para o meio ambiente, tal como se dá com

170 Essas circunstâncias estão associadas ao caráter de bem público e à tendência de externalidades nos serviços ambientais, temas tratados no item 3.2.2.

a adoção de medidas de preservação ou restauração de extensas áreas florestadas com espécies nativas, com o objetivo de manter os serviços ambientais associados à biodiversidade local; *(iv)* o *custo de oportunidade*, representado pelos benefícios econômicos que se perdem ou não são auferidos, por não se utilizar determinado recurso natural para outras finalidades que tenham valor monetário, como pode ocorrer com a paralisação ou substituição de usos produtivos da terra (agricultura, pecuária etc.) em razão da adoção de medidas voltadas a promoção de serviços ambientais.

A literatura especializada também faz referência a *metodologias de valoração indireta* (ou baseadas em preferências reveladas), as quais pautam a valoração econômica de bens e serviços ambientais na disposição das pessoas em pagar para obter seus benefícios. É o que ocorre, por exemplo, com a utilização da categoria conhecida como *custo de viagem*, que se baseia no pressuposto de que as pessoas valoram economicamente (monetariamente) a experiência de visitar locais com valor ambiental (parques, florestas, sítios históricos etc.). Diante disso, os custos de viagem (tempo de deslocamento, gastos envolvidos em chegar até o local, as tarifas cobradas, o que se deixa de auferir com outras atividades nesse período etc.) poderiam ser tidos como o reflexo do valor econômico (monetário) que implicitamente se atribui, por exemplo, a serviços ambientais relacionados à recreação. Com lógica semelhante, surge também o denominado *preço hedônico*, por meio do qual se busca identificar o valor econômico (monetário) implicitamente associado a determinado produto, em razão de suas características ambientais. Para exemplificar isso, costuma-se fazer referência aos preços de imóveis localizados em praias, normalmente mais elevados do que o valor monetário de imóveis situados em regiões com cenários menos atrativos, ainda que sejam edificações com as mesmas características. Perceba-se, entretanto, sem prejuízo de outras dificuldades metodológicas, que a valoração econômica baseada em preferências reveladas é aplicável a um conjunto bastante restrito de situações.

Também vêm sendo desenvolvidas metodologias de *valoração contingente* (ou baseadas em preferências declaradas), nas quais se formulam diversos cenários alternativos hipotéticos, aplicando-se questionários com a intenção de identificar o valor econômico (monetário) que as pessoas atribuem e reconhecem para modificações na qualidade e disponibilidade de serviços ambientais e qual a sua disposição para suportar (pagar) os custos envolvidos. Há, ainda, metodologias que partem de *elementos biofísicos*, como a proposta de "[...] que todos os processos e transações realizadas na economia fossem analisados em termos da energia contida nos bens e produtos transacionados, de forma que valorações de recursos naturais não seriam feitas em unidades monetárias, mas sim em unidades energéticas" (MATTOS; *et alli*, 2009, p. 63).

Ainda que se partisse do pressuposto de que "o principal objetivo em compreender e valorar o capital natural e os serviços ambientais [seja] tomar decisões mais acertadas, resultando em melhores ações relacionadas ao uso da terra, água e outros elementos do capital natural" (DAILY; *et alli*, 2009 p. 23), e mesmo que se reconhecesse como relevante o seu papel de aproximar (a partir de uma base mais comum) o discurso entre economistas, ecólogos e tomadores de decisão (VIGLIZZO; *et alli*, 2011, p. 20), o fato é que a proposta de valorar economicamente os serviços ambientais (por meio da estimação do VET), assim como as categorias e metodologias desenvolvidas para tal tarefa, enfrentam sérias dificuldades e severas críticas.

Em primeiro lugar, há barreiras de *conhecimento técnico-científico* que impactam na viabilidade, qualidade e adequação das estimativas indicadas pelos diversos métodos de valoração econômica do meio ambiente. Conforme destaca José Paruelo (2011, p. 125), "em muitos poucos casos se conhece suficientemente bem as formas de produção dos distintos serviços [ambientais], é dizer, o vínculo entre a estrutura e o funcionamento do ecossistema e o nível de provisão de um serviço [ambiental]". Como decorrência disso, Ronaldo da Motta (2011, p. 185) reconhece que a estimação da futura escassez de um determinado serviço ambiental e a correspondente valoração monetária dessa circunstância é "[...] uma questão complexa, que exige um certo exercício de futurologia". Isso revela o *subjetivismo* que também é inerente à aplicação das metodologias de valoração econômica de serviços ambientais e deixa transparecer que não se trata de ferramenta neutra ou imparcial, de modo que seus resultados são afetados por concepções (ideológicas, políticas, éticas etc.) daqueles que a conduzem. Mas talvez a principal crítica (pelo menos no sentido de ser a mais recorrente) a tais metodologias esteja relacionada à sua concepção *unimodal*, "[...] dado que todas elas defendem a existência de uma única fonte de valor" (SCHWARZ, 2012, p. 104), pressupondo equivocamente a comensurabilidade dos bens e serviços ambientais a partir de uma única medida padronizada, como é o caso de seu valor monetário.[171] Ao promover essa abordagem, desconsidera-se que os bens e serviços ambientais também abrangem outras formas de valores (sociais, culturais, éticos etc.) que não estão necessariamente vinculadas ao viés utilitarista e, portanto, simplesmente não seria viável pretender reduzi-los todos a unidades monetárias ou a qualquer outra unidade-padrão.[172]

Num primeiro momento poder-se-ia pretender vislumbrar, nessas pertinentes críticas à dificuldade (impossibilidade) de se promover a valoração econômica (monetária) dos serviços ambientais, também um obstáculo intransponível para o próprio cabimento e utilidade de programas de Pagamento por Serviços Ambientais, como ferramentas de tutela (jurídica) do meio ambiente. Poder-se-ia argumentar que, não sendo viável identificar satisfatoriamente o valor de mercado (monetário) dos elementos do meio ambiente, também seria oportuno concluir, até mesmo por dedução lógica, pela inadequação de todo e qualquer instrumento que tenha como base o *pagamento* para a provisão de tais *serviços ambientais*, como supostamente ocorreria com esquemas de PSA. Entretanto, diversamente da

171 Henrique Schwarz (2012, p. 105 e p. 111) esclarece que esse caráter *unimodal* dos métodos de valoração econômica do meio ambiente não se restringe à utilização da moeda como medida padrão. Ao contrário, ele pode recorrer, pelo menos, "[...] a um de dois métodos de cálculo: por um lado, ao cálculo monetário, com base no princípio do 'consentimento marginal para pagar' (pela aquisição de um bem ou serviço) ou 'para receber' (uma compensação pela sua perda) e na configuração de mercados fictícios; por outro, apoia-se na contabilidade energética, com base em modelos biofísicos, que estimam o valor dos bens em função da quantidade de energia solar que está neles incorporada. No primeiro caso, falamos de valoração monetária ou económica dos bens, no segundo de valoração energética ou ecológica". Em outro trecho, referido autor complementa: "a análise ecoenergética assume-se, por seu lado, como um projeto com propriedades simétricas da análise monetária, no que se refere à valoração dos bens e serviços do ambiente. Mas ela também assenta na ideia de comensurabilidade de todos os valores, limitando-se, nestas condições, a substituir o reducionismo monetário por um outro reducionismo, neste caso de tipo ecológico. É um facto que ela parte de uma conexão radicalmente diferente da economia, encarando-a como sistema aberto, que troca materiais e energia com o ambiente [...] Mas, no fundo, também ela se baseia num dogma 'monista', só que, desta vez, de tipo energético, defendendo a tese de que apenas a energia incorporada conta para a determinação do valor dos bens, que os fluxos de materiais são meros suportes ou veículos da energia, considerada como o fator limitante da produção de riqueza".

Favor rever palavra acima destacada. Não sei se seria "conexão".

172 Mesmo entre aqueles que se dedicam a estudar a valoração econômica dos serviços ambientais, se reconhece a existência de *valores intrínsecos* (não-instrumentais, portanto) relacionados ao meio ambiente. Tratando do tema, Susan Seehusen e Ingrid Prem (2012, p. 24) pontuam que: "os valores intrínsecos correspondem à contribuição dos ecossistemas e da biodiversidade em manter a saúde e a integridade de um ecossistema ou espécie per se, independente da satisfação humana. Esses valores são baseados em sistemas de valor teológicos ou éticos e não podem ser captados em termos monetários". Essa conclusão (atribuição de valores não-instrumentais ao meio ambiente e, portanto, não suscetíveis de valoração monetária) pode ser obtida sem necessariamente recorrer a argumentos não-antropocêntricos mais extremados, mas também a partir de uma abordagem alargada do antropocentrismo, conforme já discutido no item 1.2.6.

dubiedade que talvez o próprio sentido literal da nomenclatura utilizada possa induzir, o Pagamento por Serviços Ambientais não necessariamente envolve operações de venda e compra propriamente ditas, realizadas mediante a atribuição de um preço, numa lógica de funcionamento de mercado. Dito de outro modo, os programas de PSA não têm como objeto a realização de transações monetárias envolvendo a alienação e aquisição do serviço ambiental em si, nem trabalham com a lógica de que os serviços ambientais consubstanciam bens plenamente passíveis de serem livremente transferidos entre titulares diferentes, num cenário de interação espontânea de oferta e demanda de fixação de preços.[173]

Ao contrário, pelo menos no contexto (jurídico) brasileiro, o *objeto* do Pagamento por Serviços Ambientais pode ser compreendido como a busca pela efetiva adoção de condutas (fazer, não fazer, tolerar etc.) consideradas positivamente impactantes na disponibilidade e qualidade de serviços ambientais, utilizando-se um incentivo econômico específico (pagamentos diretos) como estratégia para se atingir tal objetivo. De mais a mais, tal ferramenta geralmente apenas tem condições de ser desenvolvida quando previamente foram elaboradas estruturas regulatórias consistentes, ainda que atuem a partir do fomento e não da repressão, justamente porque não é acertado supor a existência ou formação de um mercado de transação para serviços ambientais nos moldes tradicionais.[174] Na medida em que se esclarece que os programas de PSA não representam

173 Na mesma direção, posiciona-se Ana Maria Nusdeo (2012, p. 70): "importante frisar também que o fato de haver remuneração e de as políticas que adotam o pagamento por serviços ambientais basearem-se fortemente em incentivos econômicos não deve levar à conclusão da existência de mercados maduros em torno desses mesmos serviços. Vale dizer, a lógica econômica por trás dos pagamentos por serviços ambientais não envolve uma lógica de mercado. A ideia de mercado pressupõe a interação espontânea de agentes compradores e fornecedores cujo objetivo principal seja a alocação eficiente de recursos para a produção de bens e serviços cuja necessidade é variável e sinalizada pelo mercado. A situação do fornecimento do serviço ambiental é diferente, pois, na medida em que é provido pela natureza e tem características de bem público, existe a possibilidade de beneficiários não pagarem por ele. A interação entre oferta e procura, assim, não será determinante para a alocação dos recursos. [...] Para efeitos de uma discussão jurídica sobre o tema, o principal aspecto que distingue as transações sobre serviços ambientais daquelas próprias dos mercados relevantes tradicionais é a sua dependência, salvo algumas exceções, de uma estrutura regulatória que as induza e a predominância de objetivos socioambientais – e não da mera eficiência alocativa – nas políticas a eles referentes".

174 Embora seja verdade que a estruturação de programas de PSA, em determinadas condições, pode se aproximar da lógica de mercado, com negociações diretas e voluntárias entre os participantes. Isso costuma ocorrer nos chamados *PSA privados* (vide item 3.3.3.), embora representem parcela não majoritária das experiências práticas atualmente existentes. Entretanto, mesmo nestes casos, o objeto da relação jurídica que se forma entre as partes é o cumprimento de obrigações específicas (adoção de certo uso do solo e, de outra parte, realização de pagamentos diretos), não representando propriamente a transação do serviço ambiental em si.

propriamente a compra e venda de serviços ambientais e nem operam necessariamente no contexto de mercados, mas destinam-se a (têm como objeto) influenciar a adoção de certos comportamentos considerados ambientalmente desejados, afigura-se pertinente a afirmação reiteradamente contida na literatura especializada, no sentido de que "[...] não é uma condição necessária efetuar uma valoração econômica [monetária] dos serviços ambientais para desenvolver um PSA, sobretudo quando se tem em conta as dificuldades teóricas e práticas de valorá-los" (GOBI, 2011, p. 301).[175]

Em suma, a utilidade de programas de PSA, como uma das estratégias de tutela jurídica do meio ambiente, não se confunde e nem se vincula necessariamente com as dificuldades (impossibilidade) de completa valoração econômica (monetária) dos serviços ambientais. Os objetivos ambientais de esquemas de PSA podem ser alcançados independentemente da atribuição de valor monetário para os serviços ambientais propriamente ditos, porque tais programas têm como objeto a adoção de certas condutas consideradas ambientalmente desejadas. É bem verdade que as categorias oriundas da valoração econômica podem (devem) ser levadas em consideração como *um dos critérios* no processo de escolha e modelagem jurídica e institucional de programas de PSA. Por exemplo, estimar qual o *custo defensivo* das demais alternativas disponíveis para a provisão de determinado serviço ambiental, ou perquirir qual o *custo de oportunidade* envolvido na adoção da conduta pretendida pelo programa de Pagamento por Serviços Ambientais, são elementos que podem influenciar nos resultados atingidos com a sua implantação. Portanto, embora não seja condição necessária para que esquemas de PSA sejam utilizados, não se afigura despropositado reconhecer que o aprimoramento e o adequado manuseio das ferramentas teóricas de valoração econômica dos serviços ambientais podem auxiliar na sua eficácia.

Numa palavra, a utilização de programas de Pagamento por Serviços Ambientais não está vinculada à valoração econômica de serviços ambientais,

175 Em sentido semelhante manifestam-se vários outros autores. Por exemplo, na literatura nacional, "a consolidação de um sistema de PSA não requer uma valoração econômica dos serviços ambientais (benefícios dos compradores), nem uma análise dos retornos financeiros dos usos da terra alternativos (custos de oportunidade dos provedores)" (SEEHUSEN; PREM, 2012, p. 39). Já em trabalhos de autores estrangeiros: "na prática, a valoração não é uma precondição para a implementação de PSA, porque os tomadores de decisão apenas precisam determinar se vale a pena pagar o preço" (FERRARO 2011, p. 1136). Ou ainda: "ao contrário do senso comum, muitas vezes não é necessário realizar uma completa valoração econômica dos serviços ambientais antes de estabelecer um programa de PSA [...]" (WUNDER, 2005, p. 11).

embora tais categorias (da valoração econômica) podem contribuir na sua estruturação e aplicação (do PSA). É pertinente destacar, entretanto, que essa circunstância (influência) não se restringe apenas aos esquemas de Pagamento por Serviços Ambientais. Ao contrário, a utilização – explícita ou implícita – de categorias oriundas da valoração econômica do meio ambiente é uma característica que está presente em praticamente todos os instrumentos destinados a sua tutela jurídica, sejam os que atuam na regulação direta de comportamentos das pessoas ou naqueles baseados em incentivos.[176] Por exemplo, os mesmos custos *defensivo* e *de oportunidade*, relacionados aos vários modos de uso da terra e que impactam diferentemente na qualidade e disponibilidade de serviços ambientais, também podem configurar *um dos* fatores relevantes para a definição do valor da multa ou da intensidade da punição necessária para motivar efetivamente as pessoas a não adotarem condutas proibidas na norma (jurídica) repressiva, influenciando também os resultados alcançados por meio das imposições de sanções jurídicas negativas.[177]

Uma vez situada qual a relação entre (e o papel da) valoração econômica (monetária) de serviços ambientais e os programas de PSA, pode-se avançar na discussão de alguns dos principais elementos teóricos atinentes à estruturação de esquemas de Pagamento por Serviços Ambientais, o que será realizado no próximo item.

3.3.3. Principais elementos da estruturação de programas de PSA

Não obstante possam ser identificadas variações na forma de exposição, quando a literatura especializa discute a estruturação de programas de PSA, normalmente são abordados os seguintes elementos: *(i)* os serviços ambientais envolvidos; *(ii)* as partes que os integram; e a *(iii)* operacionalização dos pagamentos, no que se refere às modalidades utilizadas, às formas de seleção de

176 Sobre essa distinção, vide item 2.4.

177 Sob esse contexto, portanto, não há diferenças essenciais entre o Pagamento por Serviços Ambientais e outros instrumentos de tutela jurídica do meio ambiente. Em todos esses casos se está diante de normas que buscam influenciar padrões de comportamento, variando apenas a estratégia (repressiva ou promocional) para se atingir esse objetivo. Em termos teóricos, é possível que o mesmo resultado (conduta) possa ser obtido por instrumentos jurídicos distintos (ou da combinação entre eles), dependendo da escolha legislativa adotada. A reflexão sobre os critérios de escolha entre os diversos instrumentos de tutela jurídica do meio ambiente é retomada no Epílogo.

quem os recebe e o modelo de governança dos recursos.[178] Além disso, costumam ser destacados alguns dos principais cuidados que devem estar presentes na implementação de tais instrumentos de incentivo, assim como são apresentadas considerações críticas à sua concepção e funcionamento. Este será, portanto, o roteiro do presente item.

3.3.3.1. Os serviços ambientais (mais comumente) envolvidos em programas de PSA

Embora teoricamente a utilização de PSA possa estar direcionada às mais variadas situações, os autores que se dedicam ao tema indicam que as experiências práticas frequentemente estão voltadas aos serviços ambientais ligados *(i)* à conservação da biodiversidade; *(ii)* à proteção de bacias hidrográficas; *(iii)* ao sequestro e estocagem de carbono; e *(iv)* à beleza cênica. Na doutrina nacional, por exemplo, Ana Nusdeo (2012, pp. 23-52) busca contextualizar essas possibilidades, bem como as transações mais frequentemente utilizadas em cada uma delas, no âmbito de programas de PSA.

A *biodiversidade* ou diversidade biológica pode ser definida como "a variabilidade de organismos vivos de todas as origens [...] compreendendo ainda a diversidade dentro de espécies, entre espécies e de ecossistemas" (MMA, 2000, p. 9). Serviços ambientais de todas as categorias[179] estão diretamente associados à biodiversidade, entre os quais podem ser mencionados a própria manutenção e funcionamento dos ecossistemas (serviços de suporte); a qualidade da água e a estabilidade climática global e local (serviço de regulação); a obtenção de substâncias e informações genéticas relevantes para a produção de medicamentos e o desenvolvimento de tratamentos médicos, por meio da bioprospeção (serviços de provisão); além de estar relacionada a valores recreacionais e espirituais (serviços culturais). Em razão dessas características, costuma-se destacar que, para além do *uso direto*, a diversidade biológica também apresenta elevado valor de *uso indireto, de opção* e *de legado.*[180]

178 Será adotado como base o modelo indicado pela FAO (2007, pp. 36-45 e pp. 73-93), complementado pelas ideias de outros autores que se dedicaram ao tema. Porém, no desenvolvimento do presente tópico serão realizadas *adaptações* na forma de apresentar o assunto, com o objetivo de melhorar a sua sistematização; além de *adequações* de conteúdo, visando aproximar a exposição teórica aqui realizada ao contexto brasileiro.

179 Sobre a conceituação e classificação da categoria *serviços ambientais*, vide item 3.2.

180 Sobre a classificação das modalidades de valor no âmbito da valoração econômica (monetária) dos serviços ambientais, vide item 3.3.2. Destaque-se que a noção de valor da biodiversidade transcende seu conteúdo meramente econômico, na medida em que se reconhecem também valores não-instrumentais (intrínsecos) atribuídos ao meio ambiente. Sobre o tema, vide item 1.2.

Desse modo, os esquemas de Pagamento por Serviços Ambientais focados na biodiversidade costumam contemplar incentivos econômicos (pagamentos diretos) destinados à realização de certos usos do solo que podem impactar positivamente na quantidade e qualidade da diversidade biológica. É que se verifica, por exemplo, com as medidas de *preservação* de certa área, que envolvem o "[...] isolamento de um ecossistema com a finalidade de que ele mantenha suas características naturais [...]"; ou com medidas de *conservação*, nas quais a interação homem-natureza tem por objetivo a "[...] melhoria das condições ambientais sem que esses ambientes percam a sua originalidade" (GRISI, 2007, p. 63 e p. 192). Para tanto, pode ser necessário o desenvolvimento de ações de *recuperação*, visando à "restituição de um ecossistema ou de uma população silvestre degradada a uma condição não degradada, que pode ser diferente de sua condição original"; de *restauração* de "[...] um ecossistema ou de uma população silvestre degradada o mais próximo possível da sua condição original"; de *manejo*, envolvendo procedimentos que procuram "[...] assegurar a conservação da diversidade biológica e dos ecossistemas" (LF 9.985/00, art. 2º); ou de *enriquecimento* ecológico, envolvendo técnicas que visam "[...] à recuperação da diversidade biológica em áreas de vegetação nativa, por meio da reintrodução de espécies nativas" (LF 11.428/06, art. 3º, VI). Além disso, no caso dos serviços ambientais advindos de recursos genéticos presentes em áreas biodiversas, as medidas de PSA também podem envolver condutas destinadas ao próprio acesso ao patrimônio genético e aos conhecimentos tradicionais associados.[181]

Por sua vez, os programas de *proteção de bacias hidrográficas* também estão indissociavelmente relacionados a diversos serviços ambientais, tais como o *suporte* na formação do solo e na ciclagem de nutrientes; a *regulação* de enchentes e do ciclo da água, seja pela redução da erosão, sedimentação e salinização, bem como pela filtragem de contaminantes e da recarga de lençóis freáticos; a *provisão* de água em níveis quantitativos e qualitativos suficientes para a dessedentação e outros usos produtivos; além de ser fonte de serviços *culturais* de recreação. Em tais situações, o *valor de uso* (direto ou indireto) e o *valor de legado* costumam ser destacados, despontando a atenção para os custos (*evitado*, *de substituição*, *defensivo*, etc.) implicados na alteração do funcionamento destes serviços ambientais.

Em razão da forte conexão entre a quantidade-qualidade da água

181 No ordenamento jurídico brasileiro, a disciplina jurídica sobre tais questões está contida na Medida Provisória n. 2.186-16/01.

e a cobertura florestal existente em certa região, é bastante frequente que os programas de Pagamento por Serviços Ambientais direcionados à proteção de bacias hidrográficas busquem a adoção de condutas que promovam as medidas, antes mencionadas, de preservação, conservação, recuperação, restauração, manejo ou enriquecimento de recursos florestais e da vegetação nativa.[182] Além disso, nessa modalidade de esquemas de PSA, também se destaca o estímulo à substituição de práticas atuais de uso produtivo do solo por técnicas de produção alternativas, consideradas mais positivamente (ou mesmo negativamente) impactantes para a provisão dos serviços ambientais que se pretende promover. Como exemplos disso, podem ser mencionados: o sistema de *integração lavoura-pecuária-floresta*, assim entendida "a estratégia de produção sustentável que integra atividades agrícolas, pecuárias e florestais, realizadas na mesma área, em cultivo consorciado, em sucessão ou rotacionado, buscando efeitos sinérgicos entre os componentes do agroecossistema", a fim de mitigar o desmatamento provocado pela conversão de novas áreas de vegetação nativa em locais de pastagem ou lavoura (LF 12.805/13, art. 1º); o sistema de *plantio direto*, que "[...] é uma técnica de cultivo conservacionista na qual procura-se manter o solo sempre coberto por plantas em desenvolvimento e por resíduos vegetais", de modo a protegê-lo do impacto da chuva, do escorrimento superficial e das erosões hídrica e eólica (EMBRAPA, 2006); e o sistema de *produção orgânica e agroecológica*, com a finalidade de "promover um uso saudável do solo, da água e do ar, e reduzir ao mínimo todas as formas de contaminação desses elementos que possam resultar das práticas agrícolas" (DF, 10.831/03, art. 1º, § 1º, IV).

Outra área na qual despontam programas de Pagamento por Serviços Ambientais é o *sequestro e estocagem de carbono* e de outros gases que influenciam na regulação do clima, e, em última análise, nos próprios serviços ambientais de suporte das condições necessárias para a viabilidade e qualidade da vida humana (e não humana) no planeta. No que se refere aos ecossistemas terrestres, por exemplo, o fenômeno conhecido como *mudanças climáticas183* está diretamente relacionado às modificações provocadas por atividades humanas nos estoques

182 A possibilidade de uma mesma opção de uso do solo impactar positivamente na provisão de mais de um serviço ambiental é bastante frequente na prática. No que se refere à estruturação de programas de PSA, essa circunstância será retomada quando se tratar dos chamados serviços ambientais em *pacote* (item 3.3.3.4.).

183 Pode ser definida como as alterações nas condições climáticas – e os fenômenos naturais disso decorrentes – "[...] que possa ser direta ou indiretamente atribuída à atividade humana que altere a composição da atmosfera mundial e que se some àquela provocada pela variabilidade climática natural observada ao longo de períodos comparáveis" (LF 12.187/09, art. 2º, VIII).

de carbono existentes na *biomassa viva aérea* (que se encontra acima do solo, incluindo caules, troncos, galhos, cascas, sementes e folhagens), na *biomassa viva subterrânea* (formada pelas raízes vivas), na *matéria orgânica morta* (abrangendo materiais como a madeira, além de resíduos orgânicos em geral) e no próprio *solo mineral e orgânico* (HERBERT, 2010, p. 31).

Nesse contexto, esquemas de PSA são utilizados como uma das alternativas para promover medidas de *mitigação*, ou seja, "mudanças e substituições tecnológicas que reduzam o uso de recursos e as emissões por unidade de produção, bem como a implementação de medidas que reduzam as emissões de gases de efeito estufa e aumentem os sumidouros", estes últimos entendidos como o "processo, atividade ou mecanismo que remova da atmosfera gás de efeito estufa, aerossol ou precursor de gás de efeito estufa" (LF 12.187/09, art. 2º, VII e IX). Isso porque a mitigação da *mudança climática* pode envolver diversas ações de *sequestro e estocagem de carbono* que estão diretamente relacionadas ao uso do solo, inclusive as já anteriormente mencionadas, consistentes na recuperação, restauração, manejo e enriquecimento da cobertura florestal,[184] assim como por meio da utilização de sistemas produtivos alternativos, a exemplo da integração lavoura-pecuária-floresta e do plantio direto. Além disso, entre outras técnicas de uso do solo que envolvem o sequestro e a estocagem de carbono, cuja adoção pode ser estimulada por programas de PSA, podem ser mencionadas: a *recuperação de pastagens degradas*, para evitar a perda de cobertura vegetal e a redução no teor de matéria orgânica do solo e, por conseguinte, o aumento da emissão de gás carbônico para a atmosfera que disso resulta (MAPA, 2012, p. 75); a *fixação biológica de nitrogênio*, que consiste no "uso de microrganismos que possuem uma enzima denominada nitrogenase e que são capazes de transformar o nitrogênio atmosférico (N2) em NH3, forma nitrogenada prontamente assimilável pelas plantas e outros organismos" (MAPA, 2011, p. 38), diminuindo ou eliminando o uso de adubos minerais; e o *tratamento de dejetos animais*, consistente

184 No contexto global, entre os instrumentos de sequestro de carbono destaca-se o Mecanismo de Desenvolvimento Limpo (no âmbito do Protocolo de Quioto), que pode assumir o caráter de Pagamento por Serviços Ambientais, na forma propugnada neste trabalho, quando a transação de créditos de carbono envolver a modificação de usos do solo. Outro instrumento que tem assumido relevância é a denominada Redução de Emissões provenientes de Desmatamento e Degradação Florestal (REDD+), o qual também pode se operacionalizar por meio da realização de pagamentos diretos relacionados ao uso do solo que se adota em determinado local. O aprofundamento acerca desses instrumentos extrapola os limites deste Livro. Sobre o Mecanismo de Desenvolvimento Limpo, vide o trabalho de Melissa Furlan (2010). Já para uma descrição e avaliação do REDD+, vide publicação da Secretaria de Assuntos Estratégicos (SAE, 2011).

na utilização da biodigestão de resíduos animais para geração de biogás – e sua conversão em energia – e de composto orgânico.[185]

Finalmente, também podem ser identificados programas de Pagamento por Serviços Ambientais compreendendo a conservação de locais considerados belos ou portadores de valor histórico ou cultural, utilizados para a prática de atividades desejadas pelas pessoas, por exemplo, com finalidades recreacionais, turísticas, contemplativas, esportivas, educativas etc. Assim como ocorre com as modalidades de PSA antes descritas, também esses casos estão relacionados ao uso do solo, na medida em as opções que forem adotadas podem impactar (positiva ou negativamente) nas condições que singularizam tais locais como provedores dos *serviços ambientais culturais* antes mencionados. Entre as transações geralmente associadas a esquemas de PSA envolvendo beleza cênica, a título exemplificativo podem ser mencionadas: a *cobrança de taxas* para acesso e permanência em tais locais; a formatação de *pacotes de ecoturismo*, com o repasse de pagamentos diretos em troca da adoção de práticas de uso do solo que auxiliem na provisão dos serviços ambientais pretendidos; a realização de *acordos de cooperação* para a administração conjunta do local; além de *contratos de gestão de área*, por meio dos quais se assume a obrigação de conservação do local com as características de paisagem (NUSDEO, 2012, pp. 50-52).

3.3.3.2. As partes que integram programas de PSA

Adotando como ponto de partida a definição (jurídica) antes proposta e discutida,[186] como *partes* que integram as relações formadas em decorrência da implantação de programas de PSA podem ser identificados os *(i)* provedores de serviços ambientais, *(ii)* os beneficiários de serviços ambientais e *(iii)* os intermediários.[187] Em termos sintéticos, na lógica do PSA, os *provedores* que

185 No contexto brasileiro, todas essas medidas fazem parte do Plano Nacional de Mudança do Clima, que tem como objetivo geral "[...] identificar, planejar e coordenar as ações e medidas que possam ser empreendidas para mitigar as emissões de gases de efeito estufa geradas no Brasil, bem como àquelas necessárias à adaptação da sociedade aos impactos que ocorram devido à mudança do clima" (CIMC, 2008).

186 Sobre a conceituação de Pagamento por Serviços Ambientais, vide o item 3.3.1.

187 Na literatura especializada também é possível identificar referência aos *prestadores de conhecimento* (*knowledge providers*), para indicar os "[...] expertos em gestão, especialistas em valoração, planejadores de uso do solo, consultores legais que podem fornecer conhecimento essencial para o desenvolvimento do esquema" de PSA (SMITH; *et alli*, 2013, p. 20). Não obstante sua relevância prática, tal categoria de agentes não é incluída na definição proposta (nem analisada no presente item) por não constituir um elemento necessário na caracterização da relação jurídica formada no âmbito dos programas de PSA.

integram o programa assumem a obrigação de adotar condutas (fazer, não fazer, suportar) relativas ao uso do solo, que são consideradas positivamente impactantes na disponibilidade e qualidade de determinado serviço ambiental, recebendo para isso incentivos econômicos, por meio de pagamentos diretos (monetários ou não), que são realizados pessoalmente pelos *beneficiários* destes serviços ambientais ou por meio de *intermediários*. É chegado o momento de analisar as características teóricas da estruturação de PSA em relação cada uma destas partes.

Os *beneficiários* de PSA constituem o grupo de pessoas que aproveitam os serviços ambientais cuja disponibilidade e qualidade são positivamente impactadas pelas condutas adotadas pelos provedores que integrem o programa. Entretanto, em esquemas de PSA é bastante frequente que não haja coincidência absoluta entre os *beneficiários* e aqueles que efetivamente realizam os pagamentos diretos para os provedores dos serviços ambientais. Em grande medida, isso decorre das próprias características que marcam os serviços ambientais, já anteriormente discutidas (vide item 3.2.2.), entre as quais a natureza de bens públicos, as dificuldades de internalização das externalidades positivas, a ausência de informação completa sobre seus efeitos, os problemas de ação coletiva envolvidos e a impossibilidade de precisa valoração econômica ou de plena adoção da lógica de trocas de mercado. Dito de outro modo, embora teoricamente possível, na prática, não se identificam situações nas quais *todos* os beneficiários arquem com *todos* os pagamentos diretos realizados em favor dos provedores num determinado programa de PSA. Essa assimetria entre *beneficiários* e aqueles que suportam os pagamentos diretos pode ocorrer de diversas formas.

Há situações nas quais as melhorias decorrentes do programa de PSA tenham o potencial de beneficiar um grupo de pessoas mais abrangente do que os responsáveis pelos pagamentos diretos. Por exemplo, pense-se na situação de uma usina hidrelétrica, para cujas atividades é fundamental o acesso à água em volumes frequentes e com baixos níveis de sedimentação. Buscando alcançar essas características, a usina pode estruturar um programa de Pagamento por Serviços Ambientais com os responsáveis pelas terras que estejam situadas acima do ponto de captação de água que abastece suas turbinas, realizando pagamentos diretos àqueles que adotarem práticas de gestão do solo que contribuam positivamente para os referidos serviços ambientais (controle de fluxo e sedimentação), como o cercamento e revegetação das faixas ciliares ou o emprego de técnicas que reduzam a erosão dos solos. Numa situação como essa, embora todos os pagamentos sejam realizados apenas pela usina hidrelétrica, o conjunto de beneficiários da melhoria da qualidade do serviço ambiental (fluxo constante e baixos níveis de sedimentação) é potencialmente bem mais numeroso, podendo envolver, inclusive, os habitantes das cidades situadas à jusante da usina e que utilizam o mesmo rio para obtenção da água destinada ao consumo humano. Outro exemplo dessa disparidade entre beneficiários e responsáveis pelos pagamentos diretos também ocorre geralmente em programas de PSA voltados para a conservação da biodiversidade. Os serviços ambientais associados à proteção e promoção da diversidade biológica podem potencialmente impactar na qualidade de vida de todas as pessoas ao redor do planeta, embora os incentivos econômicos que integram programas de PSA voltados à biodiversidade costumam ter como origem um conjunto bem mais restrito de pessoas ou instituições.

Em razão das mesmas peculiaridades que costumam ser associadas aos serviços ambientais, também é bastante frequente que os pagamentos diretos em favor dos provedores não sejam realizados ou suportados pessoalmente pelos beneficiários, mas sim por *intermediários*. De acordo com James Salzman (2006, p. 141), a maioria dos casos exitosos de programas de PSA na atualidade "[...] operam como *monopsômios*, com um comprador dominante para múltiplos vendedores provedores de serviços [ambientais]". Nesse contexto, surgem pessoas ou instituições que atuam como *intermediários*, em nome ou no interesse dos *beneficiários* dos serviços ambientais envolvidos no programa de PSA, disponibilizando os recursos utilizados para a sua operacionalização e para a realização dos pagamentos diretos em favor dos provedores que a ele aderirem.

Esse papel pode ser desempenhado por vários atores diferentes: empresas privadas, organismos internacionais, organizações não governamentais e o próprio Estado. Conforme aponta Sissel Waage (2007, p. 35), para além das situações em que é diretamente *beneficiária* de certo serviço ambiental, há casos nos quais empresas financiam programas de PSA. Atuam como *intermediárias*, no interesse das pessoas potencialmente beneficiadas pela melhoria na disponibilidade e qualidade do serviço ambiental. A motivação para agir dessa maneira pode estar relacionada a razões filantrópicas ou ao aproveitamento de valores intangíveis, como a solidificação da imagem da companhia junto aos consumidores e à comunidade onde atua, o fortalecimento de uma marca determinada de seu *portfólio*, ou até mesmo como forma de melhorar o clima organizacional entre seus funcionários e incrementar o desejo de outras pessoas integrarem seus quadros. Também o cumprimento dos objetivos institucionais ou estatutários de organismos internacionais e de organizações não governamentais, voltadas à proteção e promoção do meio ambiente, pode se concretizar por meio da estruturação e financiamento de programas de PSA, agindo como intermediários entre os beneficiários e provedores envolvidos. Porém, como destaca James Salzman (2006, p. 136), "[...] se um uso do solo fornece serviços ambientais valiosos, mas eles são amplamente aproveitados por beneficiários difusos, é improvável que um mercado de serviços irá surgir na ausência de intervenção do governo". Por isso, ao apreciar as iniciativas práticas de PSA da atualidade, percebe-se que em muitas delas o Estado assume um papel central de intermediação, seja promovendo diretamente a arrecadação e a gestão dos recursos financeiros que serão utilizados para a realização de pagamentos aos provedores que o integram (por exemplo, pela via tributária, pela constituição de fundos públicos ou pela utilização de recursos do orçamento geral[188]), seja regulamentando as relações entre particulares, de modo que se promova o surgimento de esquemas de PSA.

Em suma, os recursos utilizados na estruturação e implantação de um programa de PSA podem ter origem nos próprios *beneficiários* (ainda que apenas parcela deles), ou na atuação de *intermediários* (empresas privadas, organismos internacionais, organizações não governamentais e, muito frequentemente, o próprio Estado). Diante disso, Thomas Greiber (2010, pp. 13-17) distingue entre três modalidades básicas de Pagamento por Serviços Ambientais: *privados*, *públicos* ou *regulamentados* (regime de comércio).

Os esquemas de PSA *privados* são aqueles que se formam entre particulares, seja diretamente entre beneficiários e provedores, seja com a intermediação de algum ente privado (v.g., organizações não governamentais). Em tais casos, a intervenção governamental é mínima, sendo aplicável basicamente o regime jurídico incidente sobre as relações contratuais, tendo em vista que "[...] se duas entidades privadas acordam que uma delas gestionará a terra de determinada maneira [...] em troca do pagamento de uma compensação, não será preciso um marco jurídico específico". De outra parte, os PSA *públicos* são caracterizados pela atuação de um governo local ou nacional como intermediário,

188 Também nesses casos pode se manifestar a possível assimetria entre *beneficiários* e aqueles que efetivamente suportam os pagamentos diretos realizados, porém, num sentido inverso ao antes descrito. Pense-se na situação de um programa de PSA voltado à conservação da qualidade da água numa bacia hidrográfica específica, tendo como beneficiários diretos, portanto, os residentes naquela região. Caso o financiamento deste esquema de PSA seja realizado com recursos públicos do orçamento geral – atuando o Estado com intermediário – é possível que o grupo de pessoas que suportam os pagamentos diretos (todos os contribuintes) seja mais abrangente do que o formado pelos *beneficiários* propriamente ditos.

desempenhando a função de único ou principal[189] responsável pela condução do programa e pela realização dos pagamentos diretos. Em tais casos – por envolver o exercício da função administrativa do Estado e, inclusive, o emprego de recursos públicos – a existência de um marco legal adequado é elemento indispensável para sua viabilização, estruturação e resultados, seja por conferir segurança jurídica e criar confiança entre as demais partes (provedores e beneficiários), seja voltado a assegurar ferramentas de boa governança.[190] Já nos esquemas de PSA *regulamentados*, embora os pagamentos diretos sejam realizados entre provedores e beneficiários (ou intermediários) privados, as transações ocorrem no âmbito de um marco regulatório definido pelo Poder Público. É o que se verifica, por exemplo, com a utilização de ferramentas do tipo teto-comércio (*cap-trade*), que podem assumir a condição de programas de PSA quando os créditos envolvidos (com emissão regulamentada pelo Poder Público, mas negociáveis entre terceiros privados) estiverem relacionados à adoção de práticas do uso do solo que impactam positivamente na disponibilidade e qualidade de determinado serviço ambiental.[191]

Na outra ponta das relações (jurídicas) envolvendo PSA estão os *prove dores* de serviços ambientais, assim considerados os ocupantes de imóveis cujas características atendam aos requisitos definidos num programa específico e que assumam a obrigação de adotar as práticas de uso do solo nele estabelecidas. Os provedores são os destinatários dos pagamentos diretos que caracterizam os esquemas de PSA. Na literatura especializada, é corrente a distinção entre proprietários *de iure* e *de facto*. O primeiro termo é utilizado para designar aqueles que possuem título jurídico que lhes atribua a propriedade (*de iure*) sobre determinado imóvel, reservando-se o uso da segunda expressão para indicar a situação daqueles que, embora ocupem certa porção de terra (*de facto*), não detêm título jurídico que lhes assegure a condição de proprietários (BOND; MAYERS, 2010, p. 66). Em decorrência disso, pelo menos em termos teóricos, o PSA pode admitir como *provedores* mesmo aqueles que não consigam demonstrar que são

189 A literatura especializada destaca, ainda, a possibilidade de ocorrer a combinação entre fontes de recursos, dando origem a esquemas de pagamento público-privado, nos quais são "[...] associados fundos governamentais e privados para pagar o manejo da terra ou de outros recursos destinado ao provimento de serviços ecossistêmicos" (SMITH, *et alli*, 2013, p. 16). De todo modo, quando estiver presente a atuação do Estado, tais esquemas mistos têm o seu funcionamento jurídico equiparado aos esquemas públicos de PSA, pela incidência do regime jurídico administrativo.

190 Sobre o marco legal do Pagamento por Serviços Ambientais no Brasil, vide o item 4.2.

191 Sobre os mecanismos de teto-comércio, vide item 2.4.

juridicamente proprietários (*de iure*) de certa gleba de terra, podendo ser considerada suficiente a constatação de que disponham do efetivo controle fático (*de facto*) sobre as práticas de uso do solo que são atualmente realizadas e que sejam capazes de promover naquele local, sem concorrência com terceiros, as modificações pretendidas pelo programa. De mais a mais, também sob o prisma teórico, nada impede que os *provedores* que integrem determinado esquema de PSA estejam dispostos ou representados em grupo, seja por meio da constituição de associações e cooperativas, seja em razão do uso coletivo do solo que os caracteriza (como no caso de comunidades tradicionais, quilombolas e índios). Desde que adotadas as cautelas necessárias, alternativas como essas podem contribuir para a implementação e melhoria dos resultados atingidos pelos programas de PSA, na medida em que viabilizam a adesão de quem efetivamente dispõe de meios para implementar as práticas de uso do solo pretendidas (reconhecendo-se a propriedade *de facto*) e facilitam o processo de esclarecimento, de tomada de decisão quanto à adesão ao programa e a realização de medidas de monitoramento (em razão da existência de uma entidade que os congrega).

Entre os que se dedicam ao estudo do tema, também é amplo (e inconcluso) o debate sobre ser ou não imprescindível a configuração de *adicionalidade* na conduta do ocupante de determinada gleba de terra, como requisito (indispensável) para que alguém possa assumir a posição de *provedor* em programas de PSA e, por conseguinte, receba pagamentos diretos. Dois questionamentos costumam ser apresentados. O primeiro deles consiste em definir se os ocupantes de imóveis que, mesmo antes do surgimento do PSA, já implementaram os usos do solo ambientalmente desejados, são ou não elegíveis para participarem do programa e, por conseguinte, receberem pagamentos diretos para *continuar* adotando tais comportamentos. A segunda questão se direciona à possibilidade ou não de condutas (fazer, não fazer ou suportar) que são expressamente definidas como *obrigações jurídicas* serem comtempladas no escopo de esquemas de PSA, prevendo-se que a adoção de determinado uso do solo não apenas represente o cumprimento de um dever legal, mas também desencadeie a realização de pagamentos diretos no caso de adesão ao programa.

Adicionalidade é o termo utilizado para designar "[...] as ações e os efeitos que não teriam ocorrido sem o esquema" de Pagamento por Serviços Ambientais (SMITH; *et alli*, 2008, p. 49). Dito de outro modo, em termos concretos, "para ser *adicional*, a redução dos poluentes ou as modificações de uso do solo devem ter sido realizadas como resposta direta aos pagamentos" decorrentes da participação do provedor no programa de PSA (BENETI, 2010, p. 420).

A constatação da adicionalidade, por sua vez, depende do estabelecimento da chamada *linha de base*, "[...] o que envolve uma avaliação hipotética do que teria acontecido sem o esquema de PSA" (PORRAS; *et alli*, 2008 p. 93). É dizer, como evoluiria (ou involuiria) a provisão do serviço ambiental caso nenhuma medida adicional fosse adotada (ou seja, no denominado cenário *business-as-usual*).

Há quem argumente que "[...] um projeto de PSA só pode ser considerado como tal, se o mesmo for comparado a uma determinada situação existente ou esperada [...]" (2008, VEIGA NETO, p. 26), de modo que sua estruturação esteja diretamente ligada à obtenção de adicionalidade nas condutas de cada um dos envolvidos. Tendo em vista que os recursos financeiros disponíveis para qualquer instrumento de tutela jurídica do meio ambiente não são ilimitados, se a questão for analisada estritamente sob o enfoque da *eficiência econômica*,[192] a exigência de adicionalidade como critério necessário para a participação em programas de PSA se justifica, como forma de direcionar os pagamentos para aqueles cuja mudança de comportamento implique novos (adicionais) impactos positivos para o serviço ambiental envolvido.

Diante de tal contexto, portanto, somente seriam elegíveis para o recebimento dos pagamentos diretos aqueles ocupantes de terra que, no momento da adesão ao programa de PSA, ainda *não adotam* as práticas de uso do solo que são desejadas. Isso porque não haveria que se falar em adicionalidade no que se refere àqueles ocupantes de imóveis que, por qualquer razão, já tenham anteriormente implementado as medidas previstas no esquema de PSA. Nesses casos, como o uso do solo que beneficia a provisão do serviço ambiental já era realizado antes da existência do programa de PSA, não há como reconhecer que a conduta dos ocupantes destes imóveis seja uma resposta direta aos pagamentos oferecidos pelo esquema. Na esteira desse mesmo raciocínio, as condutas que já são prescritas pelo ordenamento jurídico, na condição de *obrigações legais*, também não seriam contempláveis em programas de PSA. Isso porque, inexistindo propriamente opção quanto à adoção do comportamento (por se tratar de um dever jurídico), a implementação de determinado uso do solo não poderia ser taxativamente considerada uma medida adicional para a qualidade e disponibilidade do serviço ambiental. Dito de outra forma, mesmo que não fosse aplicado

192 Aqui entendida como a obtenção do maior resultado, pelo menor custo possível. Assim, no presente caso, eficiente seria a situação que gerasse o maior nível de adicionalidade possível, com a utilização dos mesmos recursos financeiros.

o esquema de PSA – e realizados os pagamentos diretos nele envolvidos – tal comportamento deveria ser obrigatoriamente adotado (em cumprimento à imposição legal), de modo que não haveria que se falar em adicionalidade diante de tais situações.

Não parece haver divergências quanto ao reconhecimento de que a adicionalidade "[...] deveria ser uma aspiração para todas as intervenções de gestão ambiental", entre as quais os Pagamentos por Serviços Ambientais (SOMMERVILLE; *et alli*, 2009, p. 7). De fato, a disponibilidade e qualidade de determinados serviços ambientais constitui o objetivo central dos programas de PSA, sendo que a ampliação das condutas que possam conduzir a esse resultado (adicionalidade) é um elemento que realmente não pode ser desconsiderado. Entretanto, o cerne da discussão aqui apresentada é outro: consiste em atribuir ou não à adicionalidade o papel de requisito (juridicamente) indispensável para a habilitação de algum interessado num esquema de PSA. A resposta afirmativa a esse questionamento, embora teoricamente possível, implica problemas de duas ordens. O primeiro deles é de caráter técnico, sendo necessário reconhecer que "[...] implementar um critério de adicionalidade é complicado, tendo em vista que predizer o que ocorreria no futuro [caso o programa de PSA não existisse] não é simples" (BENETI, 2010, p. 424), havendo sérias dificuldades metodológicas para a obtenção de linhas de base adequadas, além dos custos de verificação normalmente envolvidos, o que poderia tornar inviável a própria iniciativa de PSA. Além disso, ao restringir a adesão apenas àqueles que ainda não adotavam as medidas ambientalmente desejadas e tão somente para condutas (fazer, não fazer, suportar) que não sejam previamente consideradas obrigações legais, a exigência de adicionalidade também pode implicar problemas de *equidade*. Isso porque exclui qualquer possibilidade de participação daqueles que já anteriormente manifestavam um comportamento ambientalmente adequado e, de outra parte, desconsidera absolutamente todo e qualquer fator (histórico, social, econômico, ético etc.) que possa estar associado ao nível de (des)cumprimento de determinada obrigação legal. Entretanto, analisada a questão estritamente sob o prisma dos fundamentos *teóricos* do PSA, embora se trate de questão polêmica, não se afigura despropositado asseverar que a literatura especializada considera viável a formatação de programas que contemplem ambas as situações, admitindo como *provedores* de serviços ambientais: *(i)* também aqueles que anteriormente já praticavam o uso do solo desejado;[193] e *(ii)* podendo abranger, entre as medidas que visa estimular, a adoção de condutas que concomitantemente também são consideradas obrigações legais.[194]

3.3.3.3. Pagamentos diretos e condicionais em programas de PSA: modalidades

O conceito anteriormente proposto também caracteriza os programas de PSA pela existência de pagamentos *diretos* em favor dos provedores de serviços ambientais, os quais são *condicionados* à adoção do uso do solo desejado.[195] Nesse sentido, Rohit Jindal e John Kerr (2007, p. 44) afirmam que o "PSA é distinto das demais abordagens de conservação baseadas em incentivo porque fornece estímulos diretos aos prestadores de serviços [ambientais], condicionados à prestação continuada do serviço [ambiental]".

Na linha desse entendimento, nos esquemas de PSA, os pagamentos devem representar para o *provedor* um acréscimo direto no seu patrimônio, em razão do efetivo ingresso de recursos (monetários ou monetariamente aferíveis) que não seriam recebidos sem sua participação no programa. Tal circunstância permite diferenciar os programas de PSA de outros instrumentos de incentivo econômico, tal como ocorre com a tributação ambiental, com a disponibilização de empréstimos com juros reduzidos por conta de critérios ambientais ou com as iniciativas de etiquetagem ou selos ambientais. Todos esses casos se utilizam de meios indiretos de estímulo econômico, seja *evitando* a realização de certos custos (fiscais ou de financiamento), seja criando uma *expectativa* de acréscimo no preço ou na quantidade de produtos comercializados (em razão da etiqueta ou selo). De mais a mais, a natureza *direta* também afasta a previsão de contraprestações que, mesmo antes da implantação do programa

193 Nesse sentido, James Salzman (2009, p. 27) pontua que: "nós podemos dividir de forma útil os provedores [de serviços ambientais] em duas categorias amplas. A primeira é de vendedores [provedores] que são pagos para realizar a mudança. Isto é, pagamentos são feitos para donos de terras que desejem *mudar* seus usos da terra para fornecer melhores serviços [ambientais]. [...] Sem esses pagamentos, a mudança no uso da terra não ocorreria. A segunda categoria de vendedores [provedores] se aproxima de um seguro. Ela inclui aqueles que já provêm os serviços [ambientais] atualmente. O objetivo aqui é manter o *status quo*".

194 Sobre o tema, assim se manifesta Matthew Sommerville (*et alli*, 2009, p. 4 e p. 9): "incentivos positivos também podem ser usados num programa de PSA para influenciar atitudes na direção de uma regulamentação ou de uma modificação na legislação [...] Há vários exemplos nos quais pagamentos são usados para alterar comportamentos que já são considerados ilegais".

195 Trata-se dos itens (1) e (4), na definição proposta (vide item 3.3.1.).

de PSA, já representavam obrigação dos responsáveis pelo pagamento (beneficiários ou intermediários) e, correlativamente, já constituíam direito dos provedores. Assim, por exemplo, num modelo de *PSA público* – tendo o Estado na condição de intermediário –, não é indicado que se preveja que os pagamentos realizados para os *provedores* assumam exclusivamente a forma de construção de equipamentos públicos (escolas, postos de saúde, sistema viário etc.) destinados à coletividade. [196] Embora não haja dúvidas de que tais medidas tragam benefícios também para os provedores, a sua implantação constitui obrigação anteriormente existente para o responsável pelo pagamento (no caso, o Poder Público), não assumindo propriamente a natureza de pagamentos diretos, no sentido antes apontado.[197]

Entretanto, vincular os programas de PSA à realização de *pagamentos diretos* não significa que necessariamente envolvem (apenas) a transferência de *dinheiro* para os provedores. Também é teoricamente possível que os pagamentos em decorrência da participação em esquemas de PSA sejam realizados *em espécie*, por meio do fornecimento de bens materiais (portanto, monetariamente aferíveis) que possam ser diretamente utilizados pelo provedor do serviço ambiental.[198] O pagamento em espécie pode estar relacionado às medidas pretendidas pelo programa de PSA, como se verifica, por exemplo: com a entrega de cerca e arame, caso se proponha o isolamento de determinadas áreas; com a disponibilização de sementes, se o objetivo é implantar medidas de recuperação, restauração ou enriquecimento florestal; com o fornecimento de equipamentos necessários à instalação de biodigestores, quando se pretender a adoção de

196 Assim como o direito ao pagamento somente surge para o provedor com o estabelecimento do programa PSA (não se trata de direito autônomo e preexistente), também se afigura adequado reconhecer que tais pagamentos não podem representar a mera repetição de um direito anteriormente já consagrado na esfera jurídica do provedor (como o acesso à saúde, à educação etc.).

197 Nessa direção, também se manifestam Rohit Jindal e John Kerr (2007, p. 44): "da mesma forma, um benefício que reverta para toda a comunidade pode não fornecer incentivos diretos para cada membro individual aderir às práticas de uso da terra que induzem ao serviço ambiental". Isso não significa, entretanto, que os pagamentos diretos *nunca* possam assumir a forma de obras civis. Em termos teóricos, isso pode ocorrer, por exemplo, nos PSA privados, na medida em que não se trata de obrigações anteriores dos beneficiários ou intermediários. Além disso, os próprios programas de PSA públicos podem prever a realização de obras comunitárias quando os provedores estão reunidos em grupo (associações, cooperativas, comunidades tradicionais etc.) e podem decidir receber edificações como pagamentos diretos.

198 Isso não se confunde com a situação anteriormente explanada, justamente porque tais bens (em espécie) podem ser diretamente empregados pelo provedor (sem a concorrência com terceiros) e porque o seu recebimento decorre diretamente da participação no programa (é dizer, não constituía prévio direito seu ou dever do responsável pelo pagamento).

práticas de tratamento de dejetos animais. Em tais situações ilustrativas, além de se incorporarem diretamente ao patrimônio do provedor – aumentando o seu valor monetário – o fornecimento desse tipo de material também implica a redução dos *custos de implantação* das condutas previstas no programa de PSA, o que pode ser especialmente relevante nos casos de proprietários e possuidores financeiramente mais frágeis ou quando o programa de PSA estiver voltado ao estímulo da adoção de comportamentos que concomitantemente também configuram obrigações legais. Além disso, o pagamento em espécie também pode ser utilizado quando se pretender gerar alternativas de renda relacionadas ao uso mais adequado da terra. No âmbito de programas de PSA, isso pode ocorrer, por exemplo, por meio da disponibilização de equipamentos para que o provedor possa diversificar as atividades desenvolvidas (v.g., com a entrega de colmeias para a apicultura), ou mesmo com o fornecimento da infraestrutura necessária à adoção de técnicas mais rentáveis (v.g., mecanização da produção leiteira, utilização do sistema lavoura-pecuária-floresta, etc.). Também aqui, além de se incorporarem diretamente ao patrimônio do provedor – acrescendo-lhe valor monetário, portanto – a utilização desse tipo de equipamento e infraestrutura como forma de pagamento pode visar à compensação ou superação dos *custos de oportunidade* eventualmente decorrentes da alteração do uso do solo pretendida pelo programa de PSA.[199]

Também é possível identificar menção a outras formas de pagamento direto, tal como o *reconhecimento de direitos* sobre o uso da terra em decorrência da adesão no programa de PSA (UNEP, 2008, p. 46), o que pode ser uma alternativa interessante quando estiver caracterizada a ocupação de fato, mas não houver clara atribuição de direitos de propriedade (*de iure*) sobre o local. Além disso, quando o programa de PSA estiver diretamente relacionado a alguma atividade que dependa do provimento de um serviço ambiental

199 A opção entre a previsão de pagamentos *em dinheiro* ou *em espécie* é assunto que divide a literatura que se dedica a estudar os programas de PSA. Sobre o tema, Eugenio Figueroa (2009, p. 30) observa que: "há quem sustente que o pagamento em espécie gera um benefício duradouro, enquanto que é mais provável que o pagamento em dinheiro seja gasto em seguida. Sem embargo, esta é uma visão paternalista, que determina de maneira externa o que supostamente seria mais adequado e conveniente para os provedores de serviços ambientais, no lugar de permitir a eles mesmos optar pelo modo de dispor dos pagamentos efetivos que recebem. Obviamente, esse tipo de visão emana da suposição de que os provedores de serviços ambientais são incapazes de saber o que é o mais conveniente para si, e que burocratas estatais, funcionários internacionais, ou empregados de ONG sabem decidir melhor por eles. Uma proposta para superar estas objeções seria oferecer diversas modalidades de pagamento, se os custos administrativos envolvidos não forem muito elevados".

para que possa gerar ganhos econômicos a terceiros – como nos casos em que o ecoturismo é viabilizado pelos serviços ambientais (culturais) associados à beleza cênica de determinado local – os pagamentos diretos também podem assumir a forma de *participação nos benefícios derivados* (GREIBER, 2010, p. 10), de modo que os provedores recebam parcela dos rendimentos auferidos com a realização da atividade.

De outra parte, no que diz respeito ao *momento* dos pagamentos diretos, a literatura especializada também faz referência a várias modalidades (FAO, 2007, pp. 87-88). Uma das alternativas é a realização dos pagamentos diretos *ex ante*, ou seja, já por ocasião da adesão ao programa de PSA e mesmo que as obrigações assumidas pelo provedor ainda não tenham sido implementadas. Tal estratégia pode se revelar uma opção interessante em situações específicas, especialmente quando os *custos de implantação* das medidas pretendidas pelo esquema forem elevados, o que poderia desestimular a adesão de potenciais provedores. Entretanto, tendo em vista que a *condicionalidade* se aplica para todos os pagamentos realizados no âmbito de um esquema de PSA – inclusive os *ex ante* –, a antecipação pode apresentar sérias limitações práticas. Por exemplo, nos casos em que o provedor não cumprir com as obrigações constantes do programa, haverá a necessidade de adotar medidas destinadas a reaver os pagamentos feitos em antecipação, o que nem sempre é facilmente realizável. Diante disso, outra possibilidade teórica quanto ao momento do pagamento é a sua fixação *ex post*, ou seja, após a constatação de que as obrigações assumidas em razão da adesão ao programa de PSA foram adequadamente cumpridas. Esse formato minimiza os impactos do inadimplemento das obrigações do provedor, haja vista que é mais fácil deixar de realizar os pagamentos vincendos em tais hipóteses, do que promover medidas para reavê-los.

Além do momento (*ex ante* ou *ex post*) do pagamento, também é necessário estabelecer a sua *periodicidade*. Entre as modalidades mais usualmente utilizadas, destacam-se: *(i)* os pagamentos *unitários*, quando concentrados num mesmo momento; e *(ii)* os pagamentos *periódicos*, quando a sua realização estiver vinculada a determinado lapso temporal (mensal, anual etc.) ou ao atendimento de um cronograma gradual de atividades previamente estabelecido. Nesse último caso (pagamentos periódicos) também é necessário estabelecer o *prazo* dos pagamentos, sendo teoricamente possível a estruturação de programas de PSA: *(i) permanentes*, assim entendidos aqueles nos quais não há prévia estipulação do momento em que os pagamentos serão encerrados; *(ii) renováveis*, nos quais há a fixação de período inicial em que o esquema permanece em vigor, prevendo-se desde logo a possibilidade de renovações sucessivas, nas mesmas ou com novas condições; além *(iiii)* de *transição*, caracterizados pela existência de um prazo de vigência desde logo fixado, não se prevendo a sua renovação para períodos posteriores (BOND; MAYERS, 2010, p. 80).

De mais a mais, outro fator que pode influenciar na estruturação dos pagamentos diretos em programas de PSA diz respeito à circunstância de a mesma prática de uso do solo poder estar simultaneamente relacionada à provisão de serviços ambientais distintos. Por exemplo, a adoção de técnicas de restauração florestal pode concomitantemente estar associada à provisão de serviços ambientais afetos à conservação da biodiversidade, à captura e estocagem de carbono, além do controle da qualidade e quantidade da água. O tema é abordado por David Cooler e Lydia Olander (2012, pp. 10150-10165), os quais indicam ser teoricamente possível que um programa de PSA seja estruturado *em pacote* (*bundling*), de modo que "o participante de um projeto receba um único pagamento pela provisão de múltiplos serviços ambientais", podendo haver ou não a identificação da parcela de remuneração relativa a cada um dos serviços envolvidos. No sentido inverso, também podem ocorrer situações de *sobreposição* (*stacking*) de programas de PSA, o que "[...] ocorre quando os provedores recebem mais de um pagamento [...] relacionados a uma mesma parcela de propriedade".

São três as modalidades de sobreposição identificadas pela literatura especializada. A primeira é a chamada *horizontal*, quando pagamentos distintos são feitos por práticas de uso do solo realizadas em locais diferentes de um mesmo imóvel. É o que se verifica, por exemplo, quando se remunera o plantio de árvores ao longo de um rio pela provisão do serviço ambiental de regulação de água e o plantio de árvores em outros locais do mesmo imóvel pelo serviço ambiental de sequestro e estocagem de carbono. A segunda forma de sobreposição é *vertical*, quando um provedor recebe múltiplos pagamentos em razão de serviços ambientais distintos, mas decorrentes da mesma forma de uso do solo adotada num específico ponto do imóvel. Disso são exemplos os casos de remunerações diferentes pelos serviços de regulação da água e de sequestro de carbono desempenhados por árvores plantadas ao longo de um rio, ou seja, num mesmo local. Já a terceira modalidade de sobreposição é a *temporal*. É similar à anterior, por envolver determinada prática de uso do solo numa mesma localização do imóvel, mas nela os pagamentos por serviços ambientais distintos são realizados em momentos temporalmente diferentes.

Por fim, ainda como uma variação dessas possibilidades teóricas, surge a categoria conhecida como *dupla contabilização* (*double counting*), o que se verifica quando "[...] pagamentos sobrepostos [*stacked*] incluem serviços redundantes. A ocorrência dessa situação é mais comum quando pacotes de serviços coincidem com outro [programa de PSA com] pagamento individual ou em pacote". Isso pode ocorrer, por exemplo, entre esquemas de PSA voltados a objetivos distintos, mas relacionados, como é o caso da proteção de áreas úmidas e da qualidade da água. O *pacote de serviços* abrangido num programa de PSA que tenha foco na proteção de áreas úmidas abrange a regulação da qualidade da água, de modo que o recebimento de pagamentos em decorrência de outro programa de PSA, voltado especificamente à qualidade da água, representaria a renumeração por serviços redundantes, acarretando a *dupla contabilização.*

Diante dessa diversidade de cenários, é pertinente que a estruturação de um programa de PSA indique quais os serviços ambientais que estão sendo considerados para fins de pagamento, bem como estabeleça regras quanto à aceitação ou não da concomitante adesão do provedor em outros esquemas de pagamento. Isso porque a sobreposição (*stacking*) ou a dupla contabilização (*double counting*) pode ocasionar estímulos positivos ou negativos para a provisão do serviço ambiental, dependendo das características de cada programa de PSA. São alternativas a serem consideradas, por exemplo, quando envolverem práticas de uso do solo mais complexas, ou nas situações em que os montantes pagos por cada programa de PSA aplicável são individualmente insuficientes para efetivamente incentivar a implantação das práticas de uso do solo desejadas, o que pode ocorrer quando não se aproximarem dos custos de implantação ou de oportunidade suportados pelo provedor. Por outro lado, a possibilidade de sobreposição ou de dupla contabilização deve ser evitada, especialmente quando um programa de PSA estiver relacionado a medidas de mitigação de atividades ambientalmente impactantes que foram (ou serão) realizadas pelo responsável do pagamento, sob pena de gerar efeitos negativos para a provisão do serviço ambiental. É o que ocorre, por exemplo, na modalidade de *PSAs regulamentados* que adotam mecanismos de teto-comércio (*cap-trade*). Como esses casos normalmente se destinam a compensar a atividade degradante daquele que promove o pagamento, se a prática de uso do solo adotada no mesmo local for utilizada pelo provedor em dois programas de PSA distintos, pelo menos uma das condutas impactantes daqueles que realizaram a remuneração não terá sido efetivamente mitigada (COOLER; OLANDER, p. 10152 e p. 10158).[200]

Em suma, a partir das opções teóricas acima apresentadas, é possível estruturar programas de PSA por meio de inúmeras combinações diferentes entre a *natureza, forma, momento, periodicidade, prazo* e *sobreposição* dos pagamentos diretos, sendo necessário avaliar as características específicas de cada situação concreta (v.g., tipo e escala do serviço ambiental evolvido, quantidade de beneficiários e provedores, disponibilidade e frequência dos recursos financeiros, custos de implantação ou de oportunidade, outros objetivos indiretos envolvidos, como a geração de renda ou a adequação a condicionantes legais, etc.).

De todo modo e independentemente da modelagem que for adotada, uma característica sempre presente nos programas de PSA é a *condicionalidade*, assim entendida a vinculação dos pagamentos diretos à efetiva realização das obrigações assumidas pelo provedor por ocasião de sua adesão.

Geralmente, a condicionalidade pode assumir duas modalidades: *(i)* de *entrada* (*input*), quando a relação condicional com o pagamento direto se estabelecer com a demonstração da efetiva adoção de determinada forma de uso do solo prevista no programa de PSA, tal como o isolamento de certas áreas, o plantio ou enriquecimento florestal, a utilização de alguma técnica produtiva específica (plantio direto, fixação biológica de nitrogênio etc.); ou *(ii)* de *saída* (*output*), quando a relação condicional com o pagamento direto se estabelecer com a demonstração da efetiva provisão do serviço ambiental abrangido pelo programa de PSA, exigindo-se a aplicação de ferramentas técnicas que permi-

200 Como exemplo concreto desse risco, os referidos autores descrevem o seguinte caso: "em 2000, uma companhia desenvolveu um projeto na parte leste da Carolina do Norte, para comercializar créditos relacionados à proteção de áreas úmidas e recursos hídricos com o Departamento de Transporte daquele Estado, para compensar os impactos da construção de rodovias em áreas úmidas e recursos hídricos. Em 2009, essa companhia vendeu créditos de qualidade da água desse mesmo projeto – sem promover nenhuma atividade adicional de manejo – para o Departamento Ambiental e de Recursos Naturais da Carolina do Norte compensar os impactos do lançamento de nitrogênio na bacia do rio Neuse. Naquele momento, o Estado não tinha qualquer regulamentação para esse tipo de sobreposição de créditos. De acordo com especialistas locais, se todos os outros locais existentes fossem autorizados a sobrepor créditos de nitrogênio, o mercado seria inundado com 1,1 milhão de libras de créditos de nitrogênio, excedendo todos os créditos gerados desde que o programa iniciou, em 2001. O Estado não permitiu negociações adicionais desse tipo [...]" (COOLER; OLANDER, 1996, p. 10158).

tam a concreta mensuração das alterações promovidas na qualidade e disponibilidade do referido serviço ambiental, tal como se busca realizar, por exemplo, com as metodologias de cálculo de estocagem de carbono utilizadas no âmbito do Protocolo de Quioto. Em síntese, embora a ideia de condicionalidade esteja presente em ambos os casos, no primeiro modelo (*input*) seu foco é a mudança de uso do solo que tenha o potencial de impactar positivamente na qualidade e disponibilidade do serviço ambiental, enquanto que o segundo modelo (*output*) se concentra na provisão do serviço ambiental em si, independentemente da prática de uso do solo que foi utilizada para tanto.[201] Em termos concretos, porém, conforme esclarecem Rui Santos e Jorge Vivan (2012, p. 32), "a dificuldade ou o elevado custo associado à medição e à valoração de forma rigorosa da maioria dos serviços ambientais que constituem os objetivos da política de conservação é o principal motivo pelo qual a maioria dos programas seja do tipo *input-based*".[202]

201 Isso não significa, obviamente, que nos programas que adotem o sistema *input* os resultados relativos ao serviço ambiental em si não sejam relevantes. Em tais situações, embora não ocorra a mensuração em relação a cada provedor isoladamente considerado, costuma-se prever mecanismos que buscam realizar uma análise global das alterações de sua disponibilidade e de qualidade, como forma de avaliar os resultados do programa como um todo. Para além disso, a escolha entre tais sistemas pode ocasionar outras repercussões práticas, por exemplo, no que se refere a fatores externos capazes de influenciar na demonstração da condicionalidade. Pense-se num programa de PSA que vise à conservação da biodiversidade, por meio de medidas de isolamento (preservação) de determinada área. Suponha-se que, não obstante o provedor tenha adotado a prática de uso do solo prevista no programa (isolamento da área), um incêndio causado por fatores externos (v.g. a queda de um raio na floresta), tenha reduzido significativamente a diversidade biológica naquele local. A menos que haja regras do programa disciplinando em sentido contrário, a tendência é de que esse risco seja atribuído ao provedor, caso tenha sido utilizado o sistema *output* (pois o serviço não foi efetivamente provido); do contrário, tendo sido adotado o sistema *input*, o risco pelo evento externo, a princípio, é suportado por aquele que for responsável pelo pagamento (beneficiário ou intermediário), na medida em que o uso do solo requerido foi realizado (isolamento da área).

202 Importa esclarecer que a *condicionalidade*, como requisito para os pagamentos diretos, não se confunde com a *adicionalidade*, anteriormente discutida, como requisito para a adesão em programas de PSA. Sobre esse assunto, assim se manifestam Susan Seehusen e Ingrid Prem (2012, p. 43): "é importante diferenciar a condicionalidade da adicionalidade. Muitos autores consideram a existência de benefícios ambientais adicionais, a adicionalidade, um aspecto central dentro dos princípios que definem esquemas de PSA. [...] Essa é, entretanto, uma discussão controversa. Outros autores argumentam que atividades que já vêm sendo adotadas também garantem o provimento de serviços ambientais e deveriam ser elegíveis para receberem recursos de PSA. [...] Já a condicionalidade refere-se ao condicionamento dos pagamentos ao provimento dos serviços ambientais. Em outras palavras, a aplicação do conceito de condicionalidade implica que os pagamentos só devem ocorrer após a verificação de que o serviço ambiental prometido foi provido, ou de que o uso da terra capaz de prover o serviço tenha sido colocado em prática".

3.3.3.4. Seleção dos provedores, definição dos montantes de pagamento e governança em programas de PSA

A estruturação de programas de PSA também abrange a definição de mecanismos de seleção daqueles que o integrarão na condição de provedores, assim como os critérios utilizados para a fixação dos montantes de pagamento envolvidos.[203] Tendo em vista que a implantação de qualquer instrumento (jurídico) de tutela do meio ambiente é realizada num contexto de limitações financeiras e operacionais, a combinação entre os requisitos de seleção dos interessados e de fixação do montante de pagamentos vai influenciar diretamente na abrangência e no escopo do programa de PSA, que pode estar direcionado a englobar a maior área possível com a inclusão de um grande número de provedores (modelo conhecido como *broad and shallow*) ou estarem direcionados a questões ambientais mais específicas e que envolvam uma quantidade menor de participantes (tipo *deep and narrow*) (SANTOS; VIVAN, 2012, p. 59). Ao abordar o tema sob essa perspectiva, James Salzman (2010, p. 31) indica que a escolha dos provedores e a definição dos valores de pagamentos diretos podem assumir quatro principais modalidades: *(i)* subsídios gerais; *(ii)* subsídios pontuados; *(iii)* leilões inversos; e *(iv)* negociação.[204]

A primeira modalidade – *subsídios gerais* – é caracterizada por ter os critérios de escolha (dos provedores e dos montantes) determinados administrativamente por aquele que for responsável pelo pagamento (beneficiários ou intermediários), sem a possibilidade de qualquer negociação entre as partes durante a fase de adesão (PORRAS; *et alli*, 2008, p. 58). Trata-se da forma mais simples de definição dos valores auferidos por meio dos pagamentos diretos, os quais são uniformes entre todos os participantes e normalmente se vincu-

203 Repise-se que os pagamentos diretos não necessariamente precisam ser realizados por meio da transferência de dinheiro em favor do provedor do serviço ambiental (vide item 3.3.3.3).

204 O referido autor indica, ainda, os *pagamentos compensatórios* (*offset payments*) e a *certificação* como modalidades abrangidas pelo Pagamento por Serviços Ambientais. No primeiro caso, os pagamentos são o resultado da adoção de um comportamento obrigatório da outra parte, como ocorre nos mecanismos de teto-comércio (*cap-trade*), já anteriormente mencionados. Por sua vez, a certificação visa diferenciar determinados produtos que sejam considerados ambientalmente mais adequados. É bem verdade que, mesmo à luz do conceito de Pagamento por Serviços Ambientais aqui proposto (vide item 3.3.1.), tais técnicas podem estar associadas a programas de PSA: por exemplo, no caso de pagamentos compensatórios, quando um mecanismo de teto-comércio envolver a adoção de certos *usos do solo*; e, além disso, no caso dos programas de certificações, quando estiverem atrelados ao pagamento de um *sobre-preço* (e não uma mera expectativa de ganhos adicionais) para os produtos envolvidos. De todo modo, no presente item não será realizado o aprofundamento desses temas, na medida em que não se trata, propriamente, de estratégias de seleção dos provedores e de definição dos níveis de pagamento direto a ser realizado.

lam a uma unidade preestabelecida (v.g., uma certa quantia por cada hectare de área florestada que se pretende preservar ou conservar, ou árvore plantada, ou metro linear de cercas implantadas, ou tonelada de dejetos animais destinados à biodigestão, etc.). Mantendo a mesma lógica, nesses casos a escolha entre os interessados também assume formas bastante simplificadas, geralmente priorizando-se aqueles que primeiro se inscreveram no programa (modelo conhecido como *first-come-first-served*) ou estabelecendo-se critérios mais objetivamente verificáveis (tais como idade, gênero ou renda dos proponentes, ou tamanho da área envolvida etc.).

Uma variação desse formato são, na classificação antes apresentada, os denominados *subsídios pontuados*. Assim como ocorre com o tipo anterior, os critérios de seleção e os níveis dos pagamentos também são previamente estabelecidos nessa modalidade. Entretanto, ao invés de tratar sem qualquer forma de distinção as áreas submetidas ao processo de seleção (v.g., atribuindo o mesmo valor para um hectare de floresta preservado, independentemente da sua localização ou condições), essa modalidade se baseia em *sistemas de pontuação*, a partir de características específicas que são consideradas prioritárias para que se atinjam os objetivos pretendidos pelo programa de PSA. Desse modo, a escolha dos contemplados para os pagamentos diretos (provedores) e o montante que lhes será disponibilizado é o resultado da pontuação atingida pela verificação das circunstâncias desejadas pelo esquema de PSA, que não coincidem entre propriedades e mesmo dentro de cada imóvel. Nesse sentido, para determinar o alvo (*target*) dos pagamentos diretos, podem ser identificados, pelo menos, três elementos que variam espacialmente entre os interessados em aderir ao programa de PSA (OCDE, 2010, p. 40 e pp. 56-63). O primeiro deles são os *benefícios* gerados pela provisão do serviço ambiental, realizando-se a pontuação por meio de parâmetros métricos que levam em consideração certos elementos, tais como o estágio sucessional da vegetação, a formação de corredores ecológicos, a proximidade de unidades de conservação, a presença de espécies da fauna com risco de extinção, o potencial de recarga de aquífero etc. Além disso, também o grau da *ameaça* de perda ou do *potencial* de aumento na qualidade e disponibilidade do serviço ambiental pode ser levado em consideração. Nesse caso, busca-se diferenciar entre os locais mais suscetíveis a processos de degradação ambiental (desmatamento, poluição de recursos hídricos etc.) e aqueles que tendem a manter suas características ambientais mais preservadas ou conservadas, estabelecendo-se uma tabela de pontuação a partir de critérios como a distância até a cidade ou rodovia mais próxima, o grau de facilidade ou dificuldade de acesso, o relevo, a densidade demográfica etc. Também os *custos de oportunidade* associados à provisão do serviço ambiental podem constituir um elemento de pontuação, priorizando-se a destinação de recursos para aqueles locais que apresentarem menor potencial de ganho financeiro com o emprego de usos do solo que impactem negativamente na qualidade do meio ambiente. Isso porque, pelo menos teoricamente, os níveis de pagamento necessários para influenciar a adesão ao programa tendem a ser menos elevados em tais situações. Por fim, diversamente da modalidade anterior, costuma-se ressaltar que o *subsídio pontuado* implica a elaboração e aplicação de ferramentas tecnicamente mais complexas de seleção entre os interessados e de fixação dos montantes de pagamento, demandando a realização de vistorias *in loco* e (ou) o desenvolvimento de tecnologias de mapeamento espacial da paisagem.

Como parte da estruturação de programas de PSA, também podem ser desenvolvidos mecanismos de *leilão inverso* (*reverse auction*), assim entendido o sistema no qual os proponentes – proprietário ou ocupante de imóvel que dele deseja participar – "[...] apresentam propostas fechadas, indicando o montante que estão dispostos a aceitar para promover as mudanças na gestão da terra" requeridas (FAO, 2007, p. 83). Então, a partir das propostas apresentadas, determinam-se quais os patamares dos pagamentos diretos e a ordem em que serão realizados entre os proponentes. Pode-se adotar como parâmetro de pagamento para todos os provedores contemplados o valor da proposta mais elevada entre aquelas que foram selecionadas (conhecido como modelo *uniform-price*), ou pagam-se os valores efetivamente constantes em cada proposta formulada, iniciando-se pela que seja menos elevada (modelo *dicriminatory-price*), até o limite dos recursos financeiros disponíveis para o programa (OCDE, 2010, p. 42). Essa metodologia visa reduzir a influência da assimetria de informações, que normalmente existe na relação entre o responsável pelo pagamento direto (beneficiário ou intermediário) e os potenciais provedores, o que "[...] pode levar a sistemas de pagamento mal estruturados, que custem mais caro do que o necessário ou que acabe pagando quem teria fornecido o serviço [ambiental] de qualquer forma e não influenciando o uso da terra daqueles que não estejam provendo o serviço [ambiental]". De outra parte, "leilões são baseados na premissa de que, quando os provedores de serviço [ambiental] competem por um contrato, eles são obrigados a revelar suas verdadeiras preferências" (JINDAL; KERR, 2007, p. 41).

Finalmente, a *negociação direta* entre provedores e beneficiários (ou intermediários) também pode figurar como uma das alternativas para o estabelecimento de critérios de seleção dos interessados e definição dos níveis de pagamento. Em tais casos, como a própria designação sugere, todos os elementos que integram a estrutura de um programa de PSA – inclusive quem recebe os pagamentos e quanto – dependem da realização de acordos entre as partes envolvidas, a partir de negociações diretas. Embora seja teoricamente possível, a adoção da negociação direta tem aplicação menos expressiva em termos práticos, geralmente ficando restrita a programas de PSA privados, de escala reduzida e com poucos participantes (provedores, beneficiários e intermediários).

Cada uma das modalidades acima indicadas possui potenciais e limitações próprios, sendo que a opção entre elas (ou na combinação delas), no âmbito de um determinado programa de PSA, deve ser realizada à luz das características específicas que estiverem presentes.[205] Porém, independentemente de qual seja o formato empregado, para além dos critérios de definição das partes envolvidas e dos pagamentos que serão realizados, a previsão de ferramentas de *governança* também consubstancia outro elemento importante na estruturação de programas de PSA.

Entre os vários aspectos relacionados ao tema, dois costumam ser destacados. O primeiro deles diz respeito à previsão de ferramentas de *gestão adap tativa*, o que "[...] significa simplesmente que os projetos [de PSA] serão todos avaliados e conclusões sobre o que funciona e o que não funciona serão incorporadas nas revisões das atividades e dos planos de trabalho" (UNEP, 2008, p. 43). Tal preocupação deve abranger os diversos elementos que integram a estrutura de programas de PSA: o monitoramento das alterações provocadas na disponibilidade e qualidade do serviço ambiental envolvido; as opções quanto à natureza, forma, momento, periodicidade e prazo dos pagamentos diretos; as práticas de constatação da condicionalidade, por meio da verificação acerca da efetiva adoção das medidas requeridas; os métodos utilizados para a seleção de provedores e definição dos patamares de pagamento. De mais a mais, conforme

205 Por exemplo, quanto aos *subsídios diretos*, destaca-se a maior facilidade de implantação, em razão de sua simplicidade, mas com o risco de não se utilizar da forma economicamente mais eficiente os recursos disponíveis, pois tem dificuldade em distinguir áreas com menor ou maior possibilidade de promover mudanças na provisão do serviço ambiental pretendido. Já o modelo de *subsídios pontuados* incorpora mais aprofundadamente as características ambientais próprias das áreas envolvidas, mas encontra maiores dificuldades de operacionalização, em razão das ferramentas técnicas que demanda. A modalidade de *leilão inverso*, por sua vez, pode diminuir os riscos de pagamentos excessivos ou desnecessários, mas a complexidade de seu funcionamento pode inibir a participação de potenciais provedores e áreas ambientalmente relevantes. Por fim, a *negociação direta* permite ampla manifestação de todas as partes, mas sua utilização raramente se revela viável em cenários com diversos participantes, como normalmente ocorre na provisão de serviços ambientais.

pontua M. Smith (*et alli*, 2008, p. 59), a previsão e funcionamento de "canais de comunicação claros, a consulta entre as partes e uma atuação ativa de todos os intervenientes são vitais", uma vez que, "embora decisões unilaterais são geralmente mais rápidas de se implementar, elas raramente se afiguram sustentáveis ao longo do tempo". Dentro desse contexto, a *participação* e a *transparência* no processo de tomada de decisão são valores fundamentais para a boa governança de programas de PSA, os quais precisam estar presentes em todas as suas etapas (estruturação, implementação e avaliação) e devem levar em consideração as características diferenciadas das pessoas e grupos envolvidos, que não raramente apresentam grande diferença de acesso à informação e de poderio econômico, além de modos de vida e valores culturais próprios.[206]

3.3.3.5. Cuidados e reflexões críticas aos programas de PSA

Embora não estejam propriamente inseridos entre os elementos que integram a relação (jurídica) formada a partir da estruturação de programas de PSA, a literatura especializada indica uma série de fatores que podem repercutir negativamente nos resultados obtidos. Além disso, há também manifestações que discutem as limitações ou a inadequação da própria lógica inserida nos Pagamentos por Serviços Ambientais. O primeiro grupo aponta cuidados na estruturação de esquemas PSA, enquanto o segundo formula críticas diretas a este instrumento como mecanismo de tutela do meio ambiente. Aspectos teóricos relacionados a ambos os temas serão brevemente apontados neste item.

Entre os pontos que demandam cuidado na estruturação de programas de PSA, costuma ser destacado o risco de *escape* (*leakage*), que consiste na possibilidade de que a implantação de um esquema de PSA em determinado local aumente as pressões por usos da terra que sejam ambientalmente degradantes em outro lugar, não coberto pelos pagamentos diretos. É o que se verifica, por exemplo, quando o estímulo à adoção de medidas de recuperação, restauração ou enriquecimento florestal numa região trouxerem, como efeito indireto, o deslocamento das pressões de desmatamento para áreas que não estavam sob ameaça antes da implantação do PSA.

Outro fator a ser levado em consideração são os riscos de *permanência*, ou seja, de que as práticas de uso do solo requeridas pelo programa de PSA não

206 Isso se verifica com especial relevância, por exemplo, quando o programa de PSA envolver a relação entre beneficiários (ou intermediários) residentes em áreas urbanas e provedores que vivem em localidades rurais (notadamente pequenos produtores, comunidades tradicionais, quilombolas e indígenas).

se mantenham constantes ao longo do tempo. Isso pode ser influenciado por fatores externos (incêndios etc.), mas também quando não há a necessária preocupação em relação ao cenário que se estabelecerá após o término do programa e a consequente cessação dos pagamentos diretos.

Ainda é possível que ocorram *conflitos* entre objetivos ambientais distintos, haja vista que usos do solo que incrementam os serviços ambientais focados por um determinado programa de PSA podem, simultaneamente, influenciar negativamente na provisão de outro serviço ambiental. É o que se verifica em alguns casos de projetos de sequestro e estocagem de carbono florestal, especialmente quando são utilizadas espécies exóticas de árvores que, não obstante tenham elevado potencial de retenção de carbono, dependem de altas taxas de consumo de água (interferindo nos serviços de regulação hídrica) e podem alterar as relações até então existentes entre espécies nativas daquele local (interferindo nos serviços associados à diversidade biológica).

Outra preocupação que costuma ser manifestada diz respeito à concorrência de programas de PSA com a manutenção de *incentivos perversos*, assim entendidos os estímulos à produção que não levam em consideração fatores ambientais. Dependendo do seu nível e abrangência, os incentivos perversos podem diminuir ou mesmo anular a disposição de potenciais provedores em aderir a programas de PSA, tendo em vista que a manutenção de usos do solo ambientalmente menos favoráveis à provisão de serviços ambientais tornam-se medidas financeiramente mais atrativas no curto prazo, justamente porque estão cobertas por incentivos perversos.

Já no que diz respeito à operacionalização dos programas de PSA, dois cuidados que costumam ser destacados são direcionados aos *custos de transação* e aos problemas de *ação coletiva*. O primeiro deles remete aos custos (financeiros) envolvidos na adoção das medidas necessárias à negociação, contratação, implementação e monitoramento das ações que integram o esquema de PSA. Em situações nas quais os custos de transação forem muito elevados, significativa parcela dos recursos financeiros disponíveis para o programa é despendida com atividades-meio, o que pode reduzir os níveis dos pagamentos diretos até o ponto de inviabilizar a própria iniciativa, diante da ausência de interesse por parte dos potenciais provedores. Já os problemas de ação coletiva se expressam nos conflitos que podem emergir da circunstância de programas de PSA envolverem uma grande quantidade de atores, formados por indivíduos e (ou) grupos que nem sempre manifestam interesses convergentes. Ainda que os recursos financeiros e técnicos estejam à disposição, quando o tempo e os esforços necessários ao equacionamento desses conflitos de interesse forem expressivos, é possível que não seja viável manter a coesão mínima necessária para superar as fases de concepção e estruturação de programas de PSA.

De outra parte, pode ser identificada uma série de críticas à própria ideia central contida no Pagamento por Serviços Ambientais. Talvez as mais recorrentes sejam as relacionadas à alegação de que os programas de PSA contribuiriam para a *comoditização* dos serviços ambientais, com destaque para a crítica de que se trataria de uma tentativa de lhes atribuir valor de troca (e não apenas de uso), "[...] atuando assim como um dos motores de uma nova fase expansiva no processo de mercantilização da natureza" (GOMÉZ-BAGGETHUM, 2011, p. 45). Essa alegação pode vir acompanhada da observação de que, em diversos lugares, os "pagamentos diretos irão trazer as cercas de volta, forçando as pessoas a abandonarem seus modos de vida tradicionais, dissociando as ideias de conservação e desenvolvimento" (WUNDER; WERTZ-KANOUNNIKOFF, 2009, p. 584). Em última análise, a utilização de incentivos econômicos para conservação ambiental induziria "[...] lógicas de individualismo e competição em sociedades previamente estruturadas sobre valores comunitários e de reciprocidade" (GOMÉZ-BAGGETHUM; *et alli*, 2010, p. 1216), na medida em que os pagamentos diretos poderiam mudar a atitude de fazer o que é considerado apropriado pelo pensamento centrado em qual a ação que é individualmente mais benéfica (VATN, 2010). De mais a mais, especialmente quando envolverem pagamentos em dinheiro, "ao longo do tempo, incentivos positivos podem passar a ser percebidos não como incentivos, mas como direitos, e então perdem sua força motivadora" (SOMMERVILLE; *et alli*, 2009, p. 4). Outras considerações críticas também são endereçadas aos resultados e ao quadro institucional no qual são implementados programas de PSA. Em relação ao primeiro aspecto, H. Tallis (*et alli*, 2008, p. 9464) se manifesta no sentido de que "a maioria do atual entusiasmo por projetos de serviços ecossistêmicos na conservação do mundo é um ato de fé", tamanhas as dificuldades e barreiras técnicas e científicas relacionadas à compreensão das funções ambientais e ao impacto que determinados usos do solo podem efetivamente ocasionar para a melhoria de sua provisão. Quanto ao segundo aspecto, há autores pontuando que também não se sustentariam as alegações de que os programas de PSA apresentam benefícios institucionais em comparação com instrumentos prescritivos (do tipo comando-e-controle). Nesse sentido, por exemplo, Seema Jayachandran (2013, p. 5) alega que é desnecessário recorrer a esquemas de PSA em países desenvolvidos, porque o aparato de restrições legais, multas e outras formas de punição podem funcionar adequadamente. Já nos países em desenvolvimento, os mesmos problemas de governança que dificultam o funcionamento adequado de instrumentos repressivos também estarão presentes na operacionalização de programas de PSA.

4 EXPERIÊNCIAS PRÁTICAS E **MARCO LEGAL EM PROGRAMAS DE PAGAMENTO POR** SERVIÇOS AMBIENTAIS (PSA)

4.1. Algumas experiências práticas de PSA em outros países

Uma vez indicados alguns dos principais aspectos técnicos relativos à estruturação de programas de PSA, considera-se pertinente apresentar algumas iniciativas práticas que vêm sendo desenvolvidas no âmbito internacional. A literatura especializada menciona a existência de diversos esquemas de PSA nos mais variados países. Tendo em vista que o objetivo deste item é meramente ilustrar algumas dessas ações, a descrição ficará restrita àqueles programas de PSA que mais frequentemente foram mencionados nos trabalhos consultados.

4.1.1. PSA Vittel (França)

A primeira iniciativa de PSA aqui apresentada é conhecida como o caso Vittel (Nestlé), em referência a uma das mais valiosas marcas de água mineral do mundo (PERROT-MAÎTRE, 2006). O nome da marca está associado à cidade de Vittel, localizada no nordeste da França. Nela, há mais de um século, foi iniciada a atividade de captação e engarrafamento de água mineral, vendida sob a marca Vittel e atualmente pertencente ao grupo Nestlé, que se diferencia nesse segmento de mercado pela total ausência de nitritos e um nível particularmente baixo de nitratos.

A partir do final dos anos 80 do século passado, o processo de intensificação das atividades agrícolas na região passou a interferir mais acentuadamente na qualidade da água, especialmente com o aumento dos níveis de concentração de nitrato. Esse cenário representava uma significativa ameaça para a Vittel, porque a maioria das propriedades rurais que ocasionava essa pressão está situada em regiões mais altas da bacia hidrográfica, a montante do ponto de captação da água engarrafada pela empresa. De acordo com a legislação francesa, se a concentração de minerais de um determinado local se modificar para além de certo padrão, não se pode mais utilizar o rótulo de "água mineral natural". Como também não é admitida nenhuma forma de tratamento artificial em tais produtos – ou seja, suas características químicas devem ser mantidas naturalmente –, caso a tendência de aumento dos níveis de nitrato se estendesse ao longo do tempo, Vittel poderia ser forçada a deixar de desenvolver suas atividades.

Diante desse cenário, foram considerados pela empresa cenários hipotéticos para enfrentar o problema. As primeiras quatro alternativas foram logo descartadas. *Não fazer nada* representava um risco que simplesmente não poderia ser assumido. *Mudar a captação* para um local onde os riscos fossem menores implicaria perder a ligação com a marca Vittel e sua posição de distinção no mercado. *Adquirir todas as propriedades* na região da fonte de captação era inviável, não apenas em razão dos custos financeiros associados, mas também porque a legislação francesa não admite a venda de áreas agrícolas para propósitos não agrícolas, além das repercussões sociais e políticas envolvidas com tal proposta. Da mesma forma, promover uma *ação judicial* para obrigar os proprietários rurais a modificarem seus usos do solo provavelmente não teria êxito, na medida em que, embora prejudiciais para a atividade da Vittel, os níveis de nitrato na água ainda atendiam aos parâmetros mínimos legalmente estabelecidos.

Diante desse contexto, a empresa passou a considerar o estabelecimento de um programa de incentivos para que os produtores rurais voluntariamente modificassem suas práticas de uso do solo. Assim, em 1989, foi iniciado um projeto de quatro anos, calcado numa metodologia de quatro etapas: *(i)* compreender os sistemas agrícolas empregados e porque os produtores rurais os utilizam; *(ii)* analisar as condições sob as quais os produtores rurais considerariam modificar suas práticas de uso do solo; *(iii)* identificar, testar e validar em campo as práticas de manejo necessárias para reduzir as concentrações de nitrato; *(iv)* disponibilizar suporte técnico e financeiro para os produtores rurais que desejassem aderir ao programa. O objetivo era não apenas focado em questões científicas e econômicas, mas também na compreensão de aspectos históricos, geográficos e sociológicos da região e das pessoas que a habitavam. A partir dos estudos realizados, constatou-se que as modificações necessárias para atender ao objetivo (reduzir níveis de nitrato) eram bastante significativas, envolvendo desde deixar de realizar o cultivo de milho para ração animal, até o abandono do uso de agroquímicos, além da compostagem de resíduos animais e da modernização das instalações das propriedades, para otimizar a estocagem e tratamento de lixo e resíduos. Isso implicava a realização de investimentos que os produtores rurais simplesmente não tinham condições de realizar.

Dez anos de negociação foram necessários para que todos os proprietários rurais da região aderissem ao programa, com a Vittel arcando com a realização de pagamentos diretos que não fossem menores do que os custos de oportunidade da modificação dos usos do solo, mais benefícios adicionais para incentivar tal mudança. Além disso, para otimizar o contato com os produtores rurais e implementar o programa, foi criada uma instituição específica (Agrivair), inicialmente financiada pela Vittel, mas que atualmente também presta serviços técnicos para outros projetos. Embora as características dos pacotes de incentivos variem de acordo com a negociação realizada por cada produtor rural, geralmente envolveram as seguintes características: *(i)* segurança de longo prazo, com contratos com períodos de vigência entre 18 e 30 anos; *(ii)* subsídios, em média, de € 200 hectare/ano durante 5 anos, para garantir o ingresso de renda durante o período de transição e para reembolsar os débitos suportados antes da adesão ao programa; *(iii)* até € 150 mil por propriedade rural, para cobrir os custos de todos os novos equipamentos e da modernização das construções; *(iv)* arcar com os custos de trabalhadores designados para aplicar adubo nas propriedades rurais de forma adequada, em quantidades definidas anualmente; *(v)* assistência técnica gratuita, incluindo planos de produção anuais e individualizados, além da aproximação de novas redes profissionais.

O caso da Vittel normalmente é citado como uma iniciativa de *PSA privado*, voltado a serviços ambientais (regulação da qualidade da água) associados à *proteção de bacias hidrográficas*, no qual um *beneficiário* (Vittel) realiza pagamentos diretos para um grupo de *provedores*, tanto sob a forma de recursos *monetários*, como também em produtos e equipamentos em *espécie*. Além da própria responsável pelo pagamento, o incremento na qualidade da água também tem o potencial de beneficiar os habitantes da cidade de Vittel e arredores, que utilizam a mesma fonte de água para consumo. Trata-se de uma iniciativa de PSA de pequena escala (*narrow*), pois envolve pagamentos diretos para apenas 26 propriedades rurais, utilizando a *negociação direta* como ferramenta para a seleção dos participantes e definição dos patamares de pagamento. Quanto à *condicionalidade*, adota a modalidade *input*, pois os pagamentos são condicionais à efetiva implementação de modificações nas práticas de uso do solo e não propriamente à alteração da taxa de nitrato nos aquíferos. Embora não tenha sido identificada informação específica sobre a previsão de renovação ou não dos contratos após seu período inicial, as alterações de uso do solo foram previstas buscando viabilizar ingressos de receita durante todo o ano. Assim, uma vez implementadas as modificações requeridas, ao que tudo indica, os produtores rurais não teriam incentivos fortes o suficiente para fazê-los retomar as antigas práticas, o que reduz os riscos de quebra de *permanência* dos efeitos do programa.

4.1.2. PSA Nova Iorque ou Catskill/Delaware (EUA)

A cidade Nova Iorque tem cerca de 9 milhões de habitantes, que consomem em torno de 5,3 bilhões de litros d'água todos os dias. Praticamente 90% do abastecimento de água de Nova Iorque vem de localidades conhecidas como Catskill e Delaware, através de um sistema de reservatórios e distribuição que começou a ser implantado nos anos 20 do século passado. Até os dias de hoje, considera-se que a água do sistema Catskill/Delaware mantém altos índices de qualidade, sendo fornecida aos habitantes de Nova Iorque sem a realização de processos artificiais de filtragem (EPA, 2014). Uma das razões para que isso seja viável é a implantação de um dos programas de Pagamento por Serviços Ambientais mais comumente referenciados pela literatura especializada.

Em 1986, em razão de emendas na legislação dos EUA que trata da regulação da água destinada ao consumo humano (*Safe Drinking Water Act*), foi estabelecido que o órgão ambiental federal (*Environmental Protection Agency* – EPA) deveria disciplinar em quais hipóteses seria obrigatória a filtragem da água obtida de reservatórios superficiais. Em 1989, a EPA promulgou o Regulamento de Tratamento de Águas de Superfície (*Surface Water Treatment Rule* – STWR), determinando que todo sistema público de suprimento de água obtida de reservatórios superficiais adotasse medidas de filtragem. Como alternativa, a regulamentação previa hipóteses de isenção da obrigação de filtragem, quando o responsável pela captação e distribuição atendesse a um conjunto de critérios relacionados à qualidade da água, à operação do sistema e ao controle da bacia hidrográfica. Esse último critério deveria ser cumprido por meio do estabelecimento e manutenção de programas que pudessem efetivamente minimizar o potencial de contaminação das fontes de água (NYCDEP, 2011).

As autoridades e especialistas do departamento de águas de Nova Iorque estimaram que a construção de instalações destinadas à filtragem de toda a água consumida custaria entre U$ 8 e 10 bilhões, além de gastos anuais de operação na casa das centenas de milhões de dólares (DUNN, 2011, p. 24). Em razão disso, no início dos anos 90, a prefeitura de Nova Iorque passou a adotar medidas de gestão da bacia hidrográfica, conjuntamente com as demais cidades que integram o sistema Catskill/Delaware, tendo inicialmente obtido do órgão ambiental (EPA) autorização que dispensava a realização de medidas artificiais de filtragem. Porém, na avaliação realizada em 1993, o órgão ambiental apontou uma série de preocupações quanto à capacidade das medidas então empregadas serem capazes de garantir os critérios de qualidade da água exigidos ao longo do tempo. Em razão disso, o órgão ambiental requereu que a cidade de Nova Iorque preparasse os projetos das instalações de tratamento para a água oriunda do sistema Catskill/Delaware, argumentando que não se deveria perder mais tempo, diante da possibilidade de que a determinação de realizar o tratamento artificial se efetivasse no futuro.

Foi nesse contexto que um grupo de pessoas e instituições ligadas ao tema foram reunidas, com o objetivo de alcançar um acordo que pudesse evitar a perda da isenção de filtragem. As negociações envolveram a cidade de Nova Iorque, o Estado, a EPA, representantes de outras cidades e residentes da região abrangida pelo sistema Catskill/Delaware, além de entidades relacionadas à proteção do meio ambiente. Em 1997, após anos de negociação, foi finalmente assinado um Memorando de Acordo (*Memorandum of Agreement* – MOA), suplementando as iniciativas de proteção antes existentes, por meio de medidas adicionais de financiamento de programas econômico-ambientais de parceria com as comunidades localizadas nas partes mais elevadas da bacia hidrográfica, da criação de um fundo de desenvolvimento econômico regional e a organização de um fórum regional permanente de aconselhamento para iniciativas de qualidade da água. Como decorrência da implementação das medidas previstas no referido Memorando de Acordo, a EPA vem sucessivamente dispensando a cidade de Nova Iorque de aplicar medidas artificiais de filtragem da água originada do sistema Catskill/Delaware. A última avaliação foi realizada em 2007, com prazo de validade de 10 anos, embora sujeita a revisões periódicas (NYCDEP, 2011). De acordo com os dados divulgados pela literatura especializada (DUNN, 2011, p. 24), a implantação das medidas contidas no MOA custou em torno de U$ 1,5 bilhão para a cidade de Nova Iorque, valor significativamente menos expressivo do que a quantia antes estimada para realizar a filtragem da água por meio de técnicas artificiais (entre U$ 8 e 10 bilhões, além de custos de operação).

Entre várias outras ações,[207] o Memorando de Acordo prevê uma série de iniciativas que são enquadradas como programas de PSA, tendo a cidade de Nova Iorque como responsável pelos pagamentos diretos – atuando como intermediária, no interesse de seus moradores –, que são destinados para os proprietários de terras localizadas na região dos reservatórios e dos mananciais do sistema Catskill/Delaware (assumindo a condição de provedores). Os pagamentos envolvem não apenas valores monetários, como também equipamentos e materiais, sendo geralmente condicionados à adoção das práticas de uso do solo que contribuem positivamente para a provisão de serviços ambientais de regulação da água, a fim de viabilizar a manutenção dos padrões de qualidade que fundamentam o órgão ambiental em relação à utilização de técnicas artificiais de filtragem, em Nova Iorque.

Trata-se dos chamados Programas de Proteção e Parceria da Bacia Hidrográfica (*Watershed Protection and Partnership Programs*), os quais "estabelecem as obrigações e os mecanismos de pagamento de fundos, com a finalidade de estabelecer programas que as partes concordam que são necessários, a fim de manter e melhorar a qualidade da água e o caráter econômico e social das comunidades na bacia hidrográfica" (MOA, item 119). Entre as medidas cobertas pelos pagamentos diretos, podem ser mencionados programas voltados: *(i)* à substituição de fossas sépticas que não funcionam adequadamente; *(ii)* a projetos, construção e manutenção de boas práticas relacionadas à captação e escoamento de águas da chuva; *(iii)* à implantação de corredores de proteção de cursos d'água; *(v)* ao manejo florestal; *(vii)* à elaboração de planos de uso de fazendas e à adoção de boas práticas de manejo, a fim de proteger a qualidade da água da poluição associada a atividades agrícolas; *(viii)* ao estabelecimento de servidões (*easements*) sobre imóveis particulares, por meio das quais se restringem as possibilidades de conversão de áreas florestadas ou agrícolas para outros usos, como a expansão de empreendimentos de habitação urbana. A adesão dos proprietários de terras (provedores) a todos esses programas é voluntária, sendo comum que estejam reunidos em grupos e representados por associações,

207 Tais ações envolvem, além de regras prescritivas, a aquisição de terras sensíveis pela cidade de Nova Iorque, o custeio de obras de infraestrutura nas cidades vizinhas e a realização de programas de educação e conscientização ambiental.

como o Conselho Agropecuário da Bacia Hidrográfica (*Watershed Agricultural Council*) (NYSDH, 2011).

O PSA Nova Iorque (ou Catskill/Delaware) costuma ser destacado como uma iniciativa de referência de *PSA público* voltado à *conservação de bacias hidrográficas* e atuando em *escala regional,* na qual os *custos de defesa* associados aos serviços ambientais de regulação da água se mostraram menos onerosos do que os *custos de substituição* envolvidos na construção e operação de instalações de filtragem artificial. Os pagamentos diretos adotam uma combinação das modalidades teóricas existentes: quanto à *natureza,* abrange recursos monetários e em espécie (equipamentos e materiais); no que diz respeito à *periodicidade,* podem ser realizados de forma unitária (v.g. nas servidões perpétuas), ou assumirem o formato de renováveis após a expiração do prazo inicialmente fixado (v.g. na implantação de corredores de proteção da faixa ciliar de cursos d'água). Os critérios de seleção e os níveis de pagamento foram estabelecidos a partir de *negociações diretas* entre as partes envolvidas, sendo que a adesão dos provedores não decorre propriamente de imposições legais (mantém características de voluntariedade), o que certamente contribuiu para o tempo relativamente longo despendido na estruturação do programa. De outra parte, a existência de instâncias de governança bem delineadas e de instituições representativas que agrupam os interesses dos provedores, certamente são fatores que contribuíram para reduzir os riscos associados a *problemas de ação coletiva.*

4.1.3. Conservation Reserve Program (EUA)

Nos anos de 1970, a erosão do solo passou a ser um problema significativo nos EUA, com perdas de terras agrícolas estimadas entre 2 e 6,8 bilhões de toneladas. Os impactos no solo também reduziam a visibilidade e a qualidade do ar, bem como tornavam a terra mais suscetível à erosão causada pelo vento, acarretando a redução da produtividade agrícola. Buscando equacionar esse problema, uma das ações adotadas, em 1985, foi a implantação do *Conservation Reserve Program* – CRP, a partir de emendas introduzidas na Lei de Segurança Alimentar (*Food Security Act*). Atualmente, o programa é administrado pela Agência de Serviços Agropecuários (*Farm Service Agency* – FSA), órgão vinculado ao Departamento de Agricultura dos EUA (*United States Department of Agriculture* – USDA).

O CRP é um programa de abrangência nacional, destinado a encerrar ou modificar a realização de atividades agropecuárias em áreas altamente erodíveis ou ambientalmente sensíveis, por meio da adoção de práticas do uso do solo como a conversão para pastagens, o plantio de árvores, a restauração de ambientes da vida selvagem ou o emprego de técnicas produtivas consideradas ambientalmente menos impactantes. Como medidas de incentivo econômico para a modificação de comportamento, a FSA (que atua como intermediária, em nome do povo americano) realiza pagamentos diretos em favor de produtores rurais (provedores). O esquema foi originalmente projetado para reduzir a erosão e restaurar a produtividade agrícola, fatores que estão diretamente relacionados ao serviço ambiental de conservação dos solos. Ao longo do tempo, porém, seus objetivos vêm sendo ampliados e direcionados a diversos outros serviços ambientais, tais como melhoria da qualidade das fontes hídricas superficiais e subterrâneas (serviço de regulação da água), da qualidade do ar (serviço de regulação atmosférica), manutenção e restauração de *habitats* para a vida selvagem (serviços associados à biodiversidade), além do sequestro e armazenagem de carbono e outros gases relacionados à mudança climática (serviço de regulação do clima). Desde a sua criação, estima-se que o CRP tenha reduzido a erosão do solo em 454 milhões de toneladas por ano, restaurado mais de 800 mil hectares de áreas úmidas, sequestrado 48 milhões de toneladas de carbono por ano, estabelecido 1,29 milhões de hectares de *habitat* para a vida silvestre, melhorado a qualidade da água, diminuído a utilização de fósforo e nitrogênio, aumentado as populações de animais selvagens e reduzido os danos causados por inundações (SMITH; *et alli*, 2013, p. 59).

Nas descrições realizadas pela literatura especializada, um dos fatores que costuma ser destacado no CRP é a forma de seleção dos provedores e de definição dos níveis de pagamento, num modelo que é resultado da combinação do sistema de *leilão inverso (reverse auction)* e de *pontuação* (*scoring*). O principal requisito pessoal para pleitear a adesão no programa consiste em ser o responsável pela área pelo menos 12 meses antes da data final de inscrição anual, a menos que tenha sido adquirida em razão do falecimento do antigo proprietário, de execução hipotecária (*foreclousure*) ou que as circunstâncias assegurem que o novo proprietário não tenha adquirido o imóvel com o propósito de pleitear participação no programa. Já entre os requisitos de adesão relacionados ao imóvel, podem ser destacados os seguintes: *(i)* a terra deve ter sido utilizada para atividades agropecuárias em pelo menos quatro das seis safras anteriores à inscrição; *(ii)* o local deve ser física e legalmente apto à realização de atividades agropecuárias, não sendo objeto, por exemplo, de restrições decorrentes de servidões (*easement*); e, além disso, *(iii)* a área deve apresentar elevado potencial de erosão na avaliação realizada, ou já estar inscrita no programa em contratos que estejam prestes a se encerrar, ou estar localizada numa região de conservação prioritária.

Juntamente com a proposta de adesão, o proprietário deve indicar o valor que está disposto a receber pela adoção das medidas requeridas no programa. O limite máximo do valor que pode ser pago pela FSA é definido pelos índices de produtividade relativa do solo em cada município (condado) e pela média de renda esperada no cultivo de terras secas, utilizando-se dados do Serviço Nacional de Estatística Agrícola (*National Agricultural Statistical Service*). Entretanto, como as propostas são apresentadas no sistema de *leilão inverso*, para serem competitivos, os valores indicados pelos provedores normalmente são inferiores ao patamar máximo disponibilizado pelo governo. Juntamente com o valor financeiro, a classificação das propostas também é realizada a partir da pontuação obtida com a aplicação do Índice de Benefícios Ambientais (*Environmental Benefits Index* – EBI), que leva em consideração elementos ambientais específicos relacionados às características, localização e das práticas de uso do solo que serão adotadas no imóvel, tendo como critérios os benefícios ligados: *(i)* à vida selvagem, decorrentes da cobertura do solo; *(ii)* à qualidade da água, pela redução da erosão, escoamento e lixiviação; *(iii)* à melhoria na produção agropecuária, também decorrentes da diminuição da erosão; *(iv)* aos efeitos ambientalmente positivos que irão perdurar para além da vigência do contrato; *(v)* à qualidade do ar, associada à erosão por fontes aéreas; *(vi)* ao custo necessário para a implantação das medidas. Os provedores no CRP são definidos a partir do cotejo desses dois critérios – propostas com valores financeiros mais baixos e índice de benefícios ambientais mais elevados – com o objetivo de melhorar a eficiência econômica e ambiental do programa (USDA, 2013a).

A adesão ao programa é formalizada por meio da celebração de contratos com duração entre 10 e 15 anos, nos quais são determinados os usos do solo que o provedor assume a obrigação de adotar, além dos níveis e prazos dos pagamentos diretos que a FSA deve realizar. O pacote de remuneração dos provedores é composto por *pagamentos anuais de renda* e pela *divisão dos custos de assistência*. A primeira modalidade consiste na transferência de recursos monetários para o provedor, tendo como base o valor contido na proposta submetida ao procedimento de leilão inverso. Dependendo de quais sejam as formas de uso do solo envolvidas no contrato, é possível que a FSA destine incentivos financeiros adicionais, de até 20% do valor dos pagamentos anuais de renda. Já a segunda espécie de pagamentos funciona como uma forma de assistência que pode cobrir até 50% dos custos de implantação das medidas de gestão do solo assumidas pelo provedor. Para estimular a competitividade das propostas e evitar impactos não pretendidos sobre a produção agropecuária, o CRP tem sua atuação limitada a 12,95 milhões de hectares, o que representa algo em torno de 9% da área utilizada para agropecuária nos EUA, que totalizou cerca de 145,69 milhões de hectares em 2013 (USDA, 2013b). Ainda assim, a informação divulgada é no sentido de que o programa destina anualmente cerca de U$ 2 bilhões para os pagamentos diretos em favor dos provedores. Na rodada de inscrições do leilão inverso realizado em 2013, foram aceitas 24.213 propostas, entre novas áreas e renovações de contratos, abrangendo 681.502 hectares, com pagamentos anuais de renda totalizando mais de U$ 108 milhões, numa média de U$ 25,71 por hectare, além da divisão dos custos de assistência (USDA, 2013c).

O CRP também é composto por um sistema de inscrições com fluxo contínuo (*continuous sign-up*), que podem ser realizadas a qualquer momento e não se sujeitam ao regime de leilões inversos, com o objetivo de apoiar práticas conservacionistas específicas. Nesses casos, além dos já indicados requisitos gerais de admissibilidade (pessoais e do imóvel), as medidas propostas devem contemplar práticas de uso do solo relacionadas, por exemplo: à proteção de zonas ripárias, à proteção de *habitats* da vida selvagem, à proteção e restauração de zonas úmidas etc. Em tais situações, diante da ausência de competição, os valores pagos a título de renda anual costumam se aproximar do patamar máximo admitido pela FSA. Além disso, como divisão de custos de assistência, o provedor pode receber adiantadamente até U$ 60,00 por hectare a título de incentivo pela adesão, além de subsídios de até 40% dos custos de implantação das práticas de uso do solo contempladas no contrato (USDA, 2013d).

O CRP representa uma iniciativa de *PSA público* (pago com recursos do orçamento geral) de *grande escala* (todo o território dos EUA), que abrange um *pacote* de serviços ambientais (conservação do solo, regulação da água e do clima, conservação da biodiversidade). Os pagamentos diretos conjugam valores *monetários* e recursos *em espécie*, com prazo previamente estipulado, mas prevendo-se a possibilidade de renovação, por meio da participação de futuras rodadas de inscrição. A condição para o recebimento dos pagamentos é a demonstração de que as práticas de uso do solo foram adotadas (modelo *input*) e não propriamente a demonstração de provisão do serviço ambiental em si. Na maioria dos casos, o processo de seleção de provedores e de estabelecimento dos níveis de pagamento resulta da aplicação simultânea e coordenada do sistema de *leilões inversos* e de *pontuação* das características ambientais do imóvel, sendo reconhecido como a maior e mais antiga experiência de PSA de larga escala que não se baseia em pagamentos tipicamente uniformes.

4.1.4. Bush Tender Program (Austrália)

Outra iniciativa indicada em diversos trabalhos é o programa de PSA conhecido como *Bush Tender Program* – BTP, realizado desde 2001, no Estado de Victoria, Austrália, por meio de seu Departamento de Recursos Naturais e Meio Ambiente (*Department of Natural Resources and Environment* – DNRE). A criação do programa foi motivada pelos altos índices de áreas desmatadas no referido Estado, que alcançava em torno de 80% em propriedades privadas. Além disso, os remanescentes de vegetação nativa ainda existentes serviam de *habitat* para, ao menos, 30% das espécies da fauna ameaçadas de extinção na região e 60% destes locais eram formados por espécies da flora consideradas ameaçadas, vulneráveis ou esgotadas. Os proprietários de imóveis que participam do programa (provedores) celebram um contrato de 5 anos com o governo do Estado de Victoria (na condição de intermediário, atuando em nome dos seus habitantes), durante os quais devem ser implantadas medidas de reflorestamento, recuperação e restauração florestal em níveis superiores aos legalmente exigidos, que estão associados a diversos serviços ambientais (qualidade da água, controle de salinidade, proteção do solo, sequestro de carbono, proteção da diversidade biológica etc.). Os pagamentos diretos são realizados a partir da implementação de um cronograma de ações, sendo que o provedor deve apresentar relatórios anuais para o órgão responsável pela gestão do programa. Além dos contratos com prazo previamente estipulado, também há a opção de o provedor realizar contratações de caráter perpétuo, vinculando o atual e futuros proprietários do imóvel à sua utilização em consonância com as práticas adotadas em razão da adesão ao programa (SMITH; *et alli*, 2013, anexo, p. 9).

O que destaca o BTP na literatura especializada é o sistema criado para a seleção dos provedores e definição do valor dos pagamentos diretos, também baseado na combinação do modelo de *leilão inverso* e *pontuação*, mas com uma metodologia de avaliação considerada mais robusta do que se verifica na generalidade de iniciativas de PSA.

Com o auxílio de associações representativas, especialmente de produtores rurais, o DNRE divulga sua disposição de realizar pagamentos diretos em troca da adoção de medidas de preservação e conservação de florestas e outras formas de vegetação. Os interessados entram em contato com o DNRE, que envia uma equipe de técnicos para realizar uma inspeção de campo na propriedade, explicando quais são os locais com vegetação nativa ambientalmente mais significativos e as práticas de uso do solo que são consideradas mais efetivas para os objetivos preservacionistas e conservacionistas do programa.

Com base nas informações coletadas, a equipe de técnicos analisa o valor de cada local inspecionado em duas escalas diferentes. A primeira é chamada de Pontuação de Significância da Biodiversidade (*Biodiversity Significance Score* - BSC), que classifica a importância da conservação do local de acordo com a escassez da vegetação remanescente. A segunda escala é denominada Pontuação de Serviços para o *Habitat* (*Habitat Service Score* - HSC), que avalia a contribuição positiva que as modificações do uso do solo (cercamento da área, plantio de espécies nativas etc.) propostas podem ocasionar para a proteção e melhoria da biodiversidade.

O proprietário interessado em aderir ao programa é informado apenas do HSC (mas não do BSC) com base no qual pode submeter propostas contendo os níveis de pagamento que está disposto a aceitar – considerando todos os custos (de oportunidade, implantação etc.) envolvidos –, além de detalhar em um plano de manejo (elaborado juntamente com a equipe técnica do programa) qual o remanescente de vegetação que se dispõe a conservar, bem como os regimes de manejo que irá adotar. Como a DNRE tem uma estimativa da importância de cada um destes locais para a biodiversidade – obtida por meio da escala BSC, a partir das informações coletadas em campo –, ele pode identificar quais entre as propostas apresentadas oferecem a contribuição de maior valor para biodiversidade pelo menor custo (monetário) por hectare.

Tendo em vista que os recursos disponíveis para o programa são limitados, apenas são contempladas as propostas que apresentam a melhor relação entre o nível dos pagamentos diretos e os benefícios esperados para a biodiversidade. Em termos práticos, constatou-se que diversas propostas apresentadas solicitavam pagamentos diretos em níveis inferiores àqueles que o DNRE estimava que seria necessário realizar, embora não esteja claro se a razão para isso é o nível de competitividade criado pelo sistema ou a disposição dos proprietários em aderirem ao programa motivados pelo reconhecimento de outros valores (não necessariamente utilitaristas) associados às medidas de preservação, de modo que se dispuseram a arcar com parcela dos custos de implantação das medidas (FAO, 2007, p. 86-87).

Em suma, o Bush Tender é um programa de *PSA público*, de escala *regional*, voltado à *proteção da biodiversidade* e que utiliza uma combinação de *leilão inverso* e *pontuação* baseada em avaliações de campo para selecionar os interessados e definir os níveis de pagamento, que são realizados periodicamente ao longo da vigência contratual, de forma condicional ao cumprimento das medidas estipuladas num cronograma de ações. O modelo desenvolvido pelo Bush Tender tem sido replicado em diversos outros programas de PSA de pequena e média escala na Austrália (v.g. Eco Tender, River Tender, Wetlands Tender, etc.), perfazendo um total de 1.295 contratos e abrangendo 112.402 hectares de áreas de terras protegidas ou sob práticas de manejo consideradas ambientalmente adequadas (FARGHER, 2013, p. 34).

4.1.5. Grain for Green Program (China)

Na China, a erosão do solo também é uma preocupação cada vez mais constante na agenda do governo. Segundo Liz Zhen (*et. all*, 2011, p. 14), "os dados disponíveis indicam que a erosão do solo afeta aproximadamente a área de 360 milhões de hectares na China, em torno de 38% de sua área total, mais do que três vezes a média mundial". Em 1998, o Rio Yangtze e seus tributários inundaram grandes áreas nas suas margens, causando a morte de cerca de 3.600 pessoas e a destruição de mais de 4,5 milhões de construções. A erosão do solo foi identificada como uma das causas para o evento, com estudos sugerindo que aproximadamente 1,3 bilhão de toneladas de lodo, oriundo de áreas rurais com elevada inclinação, no oeste do país, escoaram para os cursos d'água ao longo dos anos. Foi nesse contexto que surgiu o programa *Grain for Green Program* – GFG,[208] que se tornou uma das maiores experiências de PSA da atualidade, tanto no que se refere à área abrangida, quanto em relação ao orçamento (bilionário) disponibilizado.[209] Iniciou em 1999, como um projeto piloto que abrangia apenas cinco províncias chinesas. Entretanto, desde a sua implantação nacional, em 2001, já se estende por 25 províncias – que correspondem a mais de 70% da área da China – somente não sendo aplicável em regiões densamente povoadas e mais desenvolvidas da costa leste.

O GFG foi estruturado com dois objetivos principais: *(i)* promover reflorestamento e revegetação em larga escala; e *(ii)* proteger o solo, por meio da conversão de terras agrícolas de baixo rendimento, localizadas em encostas íngremes, para pastagem ou floresta. Por intermédio da adoção de tais medidas, busca-se atingir como resultados ambientalmente positivos a prevenção da

208 Também conhecido como *Sloping Land Conversion Program* – SCLP.

209 As informações sobre o orçamento total são contraditórias na literatura especializada. Por exemplo, Martin Presson (*et alli*, 2013) indica o valor de U$ 40 bilhões de dólares, enquanto que Lin Zhen (*et alli*, 2011) se refere a algo em torno de U$ 55,32 bilhões. De acordo com Can Liu e Bin Wu (2010, p. 6), até 2008 já haviam sido efetivamente utilizados cerca de U$ 14,82 bilhões.

degradação do solo, a redução da erosão e o sequestro de carbono e outros gases associados às mudanças climáticas (ZHAO, *et. alli*, 2013).[210]

De acordo com Crystal Gauvin (*et alli*, 2010, pp. 490), para atingir essas metas, a inclinação de encostas existentes em imóveis rurais tem sido utilizada como o principal critério de adesão ao programa. Na região sudoeste do país, são elegíveis áreas com declividade superior a 15º. Já na região noroeste, o alvo são os locais com declividade superior a 25º. Baseado nessas premissas, cada participante do GFG recebe pagamentos diretos de três modalidades: *(i)* pela entrega de 1,5 a 2,25 toneladas de grãos por hectare anualmente, inicialmente realizado em espécie e, a partir de 2004, pela remuneração de 1,4 yuan (U$ 0,16) por quilo[211]; *(ii)* a disponibilização gratuita de sementes, no começo de sua participação no programa; e *(iii)* a remuneração em dinheiro, no valor anual de 300 yuan (U$ 49,25) por hectare. Os contratos são firmados pelo período de 8 anos nos casos que envolverem o plantio de florestas ecológicas e de 5 anos para o plantio de florestas econômicas, os quais podem ser renovados por igual período, embora com redução dos pagamentos à metade (ZHEN; *et alli*, 2011, p. 15).

As metas previstas para o GFG são bastante ousadas. Por exemplo, ao longo das partes mais elevadas das bacias dos rios Yangtze e Amarelo, planeja realizar a conversão de 14,7 milhões de hectares de terras agrícolas em encostas íngremes para floresta ou pastagem natural. Além disso, visa recuperar outros 17,3 milhões de hectares de terras degradadas, por meio de revegetação e reflorestamento (WANG; *et alli*, 2013). No cômputo total, em sua primeira década de implantação, estima-se que o GFG já tenha promovido a conversão de 20 milhões de hectares de áreas agrícolas ou degradadas em usos do solo baseados em árvores (PERSSON; *et alli*, 2013), além de ter reduzido a erosão e perda do solo em 18% e 45,4%, respectivamente (DENG; *et alli*, 2012).

Talvez justamente pela magnitude do programa e ritmo acelerado com o qual vem sendo implantado – e não obstante os expressivos resultados atingidos – a literatura especializada indica desafios em várias áreas, para o aprimoramento do GFG. No campo institucional, costuma ser destacada a necessidade de destinação mais eficiente dos recursos disponíveis, a fim de que sejam direcionados para áreas que possam efetivamente atingir seus objetivos (GAUVIN;

210 O combate e redução da pobreza também é um dos objetivos declarados do GFG, conforme destaca Crystal Gauvin (*et alli*, 2010).

211 De acordo com a cotação de 23 de fevereiro de 2014.

et alli, 2010, p. 490). Embora seja motivado por preocupações ambientais, há estudos indicando evidências de que o reflorestamento em larga escala realizado em regiões áridas e semiáridas pode impactar negativamente na disponibilidade de água e afetar adversamente o número de espécies animais existentes (CAO; *et alli*, 2009, p. 542). Além disso, em virtude das proporções que o programa assumiu, surgiram também debates sobre a possível influência do GFG na segurança alimentar chinesa, em razão da diminuição das áreas utilizadas para a produção de grãos, embora haja estudos estimando que a perda de produtividade seria mais acentuada se não fossem adotadas medidas para conter a erosão (LU; *et alli*, 2013).

4.1.6. Pagos por Servicios Ambientales (Costa Rica)

Uma das experiências de PSA mais recorrentemente mencionadas na literatura especializada é o Programa de Pagamento por Serviços Ambientais (*Programa de Pagos por Servicios Ambientales* – PPSA) existente na Costa Rica. Em 1997, entrou em vigor a Lei Florestal costarriquenha (COSTA RICA, 1996), estabelecendo os marcos legal, institucional e financeiros do PPSA.[212] Referida legislação expressamente introduziu a noção de serviços ambientais como *categoria jurídica*, assim considerando "os fornecidos pelas florestas e plantações florestais e que afetam diretamente a proteção e melhoria do meio ambiente", sendo explicitamente indicados a mitigação de gases de efeito estufa (fixação, redução, sequestro, armazenamento e absorção); a proteção da água para uso urbano, rural ou hidrelétrico; a proteção da biodiversidade para sua conservação e uso sustentável, científico e farmacêutico, pesquisa e melhoramento genético, proteção de ecossistemas e formas de vida; e beleza cênica natural para fins turísticos e científico (art. 3, k). No plano institucional, a Lei Florestal criou o Fundo Nacional de Financiamento Florestal (*Fondo Nacional de Financiamiento Forestal* – FONAFIO), tendo entre seus objetivos captar fontes de financiamento para o pagamento de serviços ambientais providos pelas florestas, plantações florestais e outras atividades necessárias para fortalecer o desenvolvimento do setor de recursos naturais (art. 46). Além disso, a referida legislação estabeleceu medidas financeiras de apoio a programas de compensação, vinculando a aplicação de 3,5% do valor arrecadado com o imposto único sobre os combustíveis

212 A Lei Florestal (n. 7575) constitui o núcleo central do PPSA, mas dispositivos normativos relativos ao tema também estão inseridos em outros diplomas legais daquele país, tais como a Lei da Autoridade Reguladora dos Serviços Públicos, a Lei Orgânica do Meio Ambiente, a Lei de Conservação de Solo e da Biodiversidade.

em programas de PSA,[213] além de prever a possibilidade de destinação de outras fontes de recursos, tais como empréstimos e doações, inclusive de estados estrangeiros, organismos internacionais e organizações não governamentais.

O PPSA se desdobra em diversas em ações, prevendo a adesão e a realização de pagamentos diretos em razão da adoção de práticas de uso do solo reunidas em sete modalidades: *(i)* reflorestamento; *(ii)* regeneração natural; *(iii)* proteção de florestas; *(iv)* proteção de florestas em vazios de conservação; *(v)* proteção de recursos hídricos; *(vi)* manejo de florestas; e *(vii)* sistemas agroflorestais. A cada ano, o Ministério do Ambiente e Energia (*Ministerio del Ambiente y Energía* – MINAE) edita decretos executivos, estabelecendo as regras que incidirão quanto à oferta, adesão e forma de pagamento em cada uma dessas modalidades. Em 2013, por exemplo, isso ocorreu por meio do Decreto Executivo n. 37.660 (MINAE, 2013).[214] Para o referido ano, na modalidade de *reflorestamento,* foi fixado o limite de contratação de 6 mil hectares, no valor entre U$ 980,00/ha e U$ 1.470,00/ha, dependendo da espécie da flora utilizada, com pagamentos realizados ao longo de 5 anos e com contratos com vigência de até 15 anos. Já para as medidas de *regeneração natural* foram previstos 3 mil hectares, com pagamentos de U$ 410,00/ha, desembolsados durante dez anos, mesmo prazo de vigência do contrato. A ação consistente na *proteção de florestas* foi contemplada com 52,98 mil hectares, além de 1 mil hectares adicionais para os locais considerados *vazios de conservação,* com pagamentos realizados ao longo dos dez anos de vigência contratual, atingindo as somas de U$ 640,00/ha e U$ 750,00/ha, respectivamente. Além disso, para a *proteção de recursos hídricos,* em zonas consideradas de importância hídrica pelo governo, foram incluídos 5 mil hectares, prevendo-se pagamentos de até U$ 800,00/ha, diferidos no prazo de 10 anos. Para o *manejo florestal* foram destinados 5 mil hectares, fixando-se os pagamentos em U$ 500,00/ha, também realizados ao longo dos 10 anos de vigência contratual. Por fim, para a implantação de *sistemas agroflorestais* foi autorizada a contratação de pagamentos relativos a 1,35 milhões de árvores, no valor de U$ 1,95 por

213 Tal percentual foi fixado posteriormente, pela Lei de Simplificação Tributária. A redação original da Lei Florestal indicava que um terço do valor do referido tributo seria aplicado em programas de compensação ambiental, porém não estabelecia caráter vinculante para tais receitas, de modo que significativa parcela era utilizada para outras finalidades.

214 As informações contidas neste parágrafo, salvo indicação expressa em sentido contrário, foram obtidas do mencionado decreto executivo.

árvore, distribuídos em três anos, embora a vigência da relação perdure por 5 anos. Em cada uma dessas modalidades são estabelecidos critérios de prioridade específicos para selecionar os interessados (v.g. por meio da localização do imóvel, das características dos proprietários ou da adoção de um sistema de pontuação), tendo o FONAFIO como responsável pelos pagamentos (na condição de intermediário, em benefício de todo o povo da Costa Rica), realizados em favor dos proprietários ou ocupantes dos imóveis selecionados (provedores de serviços ambientais), que podem submeter as inscrições individualmente ou em grupo (por meio de associações e cooperativas, ou até mesmo em nome de comunidades tradicionais ou indígenas).

Ao longo dos mais de 16 anos de funcionamento, segundo dados do governo costarriquenho (FONAFIO, 2014), estão incluídas no PPSA 934,27 mil hectares nas diversas modalidades relacionadas diretamente às florestas (v.g. proteção, manejo, regeneração, reflorestamento), além de mais 4,67 milhões de hectares que estão sob o regime de sistemas agroflorestais, distribuídos em 12.528 contratos, envolvendo recursos financeiros na ordem de U$ 258 milhões.[215] Trata-se de uma das mais difundidas experiências de *PSA público*, de *grande escala* e que adota pagamentos fixos (*subsídios gerais*). Talvez justamente em razão de sua magnitude, o PPSA costarriquenho enfrenta desafios específicos para aprimorar o grau de *eficiência* dos recursos utilizados[216]

215 As informações foram obtidas a partir dos dados contidos nas seguintes tabelas, disponibilizadas pelo FONAFIO: *(i)* distribuição de hectares contratados em Pagamento por Serviços Ambientais, por ano e modalidade; *(ii)* distribuição dos montantes orçamentários para CAF e PSA (sendo considerados apenas os valores indicados a título de PSA, os quais foram convertidos para valores em dólares americanos, no câmbio de 23 de fevereiro de 2014).

216 Tratando do tema, Stefano Pagiola (2007, p. 8-9) destaca que "programas de PSA podem sofrer de vários tipos de ineficiência: oferecer pagamentos que são insuficientes para induzir a adoção de usos do solo socialmente desejáveis, causando a manutenção de práticas de manejo da terra socialmente indesejadas atualmente em uso; indução na adoção de usos do solo socialmente desejados, que provejam serviços ambientais, mas a um custo mais elevado do que o valor dos serviços; pagamento pela adoção de práticas que seriam adotadas de qualquer forma. [...] O tipo e tamanho dos pagamentos realizados num programa de PSA afetam a probabilidade desses problemas surgirem. O programa de PSA da Costa Rica oferece pagamentos relativamente baixos, indiferenciados e majoritariamente sem alvo específico [*untarget*]. Então, ele tende a atrair apenas participantes cujos custos de oportunidade da adesão sejam baixos, ou negativos. Tal programa é bastante suscetível a experienciar o primeiro tipo de problema, no qual usos do solo socialmente desejados não são adotados porque o pagamento oferecido é insuficiente. Sendo indiferenciados e sem alvo específico, o programa também vai atrair muitos proprietários e possuidores de terras que teriam adotado as práticas desejadas de qualquer modo (terceiro problema)".

e para evitar riscos associados à *permanência* dos benefícios gerados.[217]

4.2. PSA no Brasil: (algumas) experiências práticas e marco legal

Em sentido semelhante ao que ocorre em outros países, nos últimos anos vêm despontando uma série de iniciativas de elaboração e implantação de programas de Pagamento por Serviços Ambientais (PSA) também no Brasil, nas suas mais diversas modalidades (privado, público, regulamentados). Identificando essa tendência de crescimento da utilização do PSA no âmbito nacional, ao coletar informações que compõem a mais recente edição do perfil dos municípios brasileiros, o Instituto Brasileiro de Geografia e Estatística - IBGE (2013, p. 185) chegou à conclusão de que "[...] 418 governos municipais (7,5%) efetuam pagamento por serviços ambientais", assim entendida a "[...] retribuição, monetária ou não, às atividades humanas de restabelecimento, recuperação, manutenção e melhoria dos ecossistemas que geram serviços ambientais e que estejam amparados por planos e programas específicos".

Diante desse cenário, a descrição de algumas dessas experiências práticas pode contribuir para identificar potencialidades (e limitações) do Pagamento por Serviços Ambientais como instrumento jurídico de tutela do meio ambiente no contexto brasileiro, bem como o arcabouço legal que lhe serve de base.

4.2.1. (In)compatibilidade com o sistema jurídico brasileiro?

Porém, antes de passar à descrição de algumas das experiências práticas de PSA no Brasil (e do marco legal que delas se origina), é pertinente resga-

217 Segundo Stefano Pagiola (2007, p. 8-9), embora haja "[...] a expectativa de que os proprietários de terra irão continuar com o uso da terra acordado mesmo após os pagamentos cessarem [...] vários relatórios indicam que muitos proprietários encontram bastante dificuldade para manter as plantações [...]", tendo em vista o tempo que transcorre entre o fim dos pagamentos e a retirada da madeira. De mais a mais, diversas modalidades do PPSA são associadas à futura exploração florestal. Nesse sentido, inclusive, o decreto executivo 37.660 esclarece que "[...] toda pessoa que refloreste ou tenha reflorestado com crédito ou com o financiamento dos programas de pagamento por serviços ambientais através da gestão do FONAFIO, terá o direito irrestrito de realizar o aproveitamento dessas árvores ou plantação florestal, sem requerer permissão ou autorização de corte de nenhuma instância administrativa, se e quando estiver de acordo com as condições e prazos estabelecidos nos contratos, planos de manejo, estudos técnicos e outros correspondentes" (art. 3).

tar o debate acerca da compatibilidade do Pagamento por Serviços Ambientais com o sistema legal brasileiro. Isso porque, na doutrina especializada, ainda é possível identificar autores que, a partir do enfoque especificamente jurídico, manifestam reservas ao cabimento da utilização do Pagamento por Serviços Ambientais como instrumento jurídico, do que é exemplo o posicionamento manifestado por Antônio Benjamin (2013).

Após situar o Pagamento por Serviços Ambientais como "[...] uma das mais importantes questões da legislação ambiental na atualidade", referido autor postula que "[...] é de acordo com construções jurídicas que seremos capazes de chegar a algum tipo de acordo [...]" sobre o conceito e pertinência (jurídicos) do referido instituto. A partir disso, destaca que é importante "[...] definir uma palavra na expressão PSE [Pagamento por Serviços Ecossistêmicos], que é a palavra *pagamento*", o que conduz o operador do Direito a responder a algumas perguntas (BENJAMIN, 2013, pp. 1-2). É justamente diante desses questionamentos que emergiriam objeções (jurídicas) à utilização do Pagamento por Serviços Ambientais como instrumento de tutela do meio ambiente, inclusive (ou notadamente) no contexto brasileiro.

O primeiro deles consiste em questionar para quem tais pagamentos poderiam ser realizados, tomando como parâmetro o tratamento (jurídico) conferido para o meio ambiente no texto constitucional. Partindo desse pressuposto, mencionado autor (BENJAMIN, 2013, pp. 3-4) indaga: "se a Constituição já reconhece a propriedade pública ou estatal de tais processos ecológicos, então será complicado avaliar o PSE ou privatizar esses pagamentos. De fato, se os processos ecológicos essenciais pertencem ao Estado, como nós poderíamos justificar o pagamento por tais processos para indivíduos privados?". Trata-se, portanto, de objeção (jurídica) quanto aos beneficiados com os pagamentos diretos (provedores) usualmente contemplados em programas de Pagamento por Serviços Ambientais.

Relacionado a esse aspecto, outro questionamento apresentado à pertinência (jurídica) do PSA como instrumento de tutela do meio ambiente se refere "[...] não apenas ao montante a ser pago, mas também à natureza de tais pagamentos" (BENJAMIN, 2013, p. 4). A preocupação quanto ao ponto reside no possível entendimento de que os pagamentos diretos realizados em programas de PSA assumiriam caráter de obrigatoriedade para o Estado, sob a alegação de que representariam a satisfação (atendimento) de um direito que integraria a esfera jurídica individual de todo aquele que, em razão de sua condição de proprietário ou possuidor de determinado imóvel, esteja em posição de interferir na provisão (qualidade ou disponibilidade) de serviços ambientais. Em consequência disso, poder-se-ia argumentar, por exemplo, que qualquer ato de expropriação da propriedade privada em função de objetivos ambientais (v.g., a criação de unidade de conservação de proteção integral) implicaria a necessidade de indenizar não apenas o valor de mercado do imóvel, mas também o valor (monetário) dos serviços ambientais a ele relacionados, já que também integrariam o patrimônio jurídico de seu proprietário. Em termos práticos, "[...] nós podemos terminar com uma conta tão alta e cara de ser paga para os governos expropriarem terras com o intuito de proteger [por exemplo] uma espécie criticamente ameaçada, que os governos [...] irão hesitar e eventualmente sequer considerarão tomar tais ações para proteger o ambiente" (BENJAMIN, 2013, p. 5). Trata-se, portanto, da objeção à natureza (jurídica) dos pagamentos diretos realizados no âmbito de PSA.

Ademais, outro questionamento apresentado diz respeito a quais condutas poderiam motivar (juridicamente) os pagamentos diretos destinados aos participantes de programas de Pagamento por Serviços Ambientais. Dito de outro modo, "determinar para o que o pagamento será realizado é uma questão importante, diante do risco de se acabar pagando para pessoas cumprirem requisitos legais que são efetivamente aplicáveis a todos" (BENJAMIN, 2013, p. 4). Trata-se da preocupação de afastar a possibilidade de serem contemplados com pagamentos diretos aqueles que não adotam condutas (juridicamente) adicionais, no sentido de que apenas passaram a realizar aquilo que anteriormente já era estabelecido como obrigações legais no uso do solo.

Embora ponderáveis ao ponto de indicarem temas relevantes para a estruturação de programas de PSA, se adequadamente compreendido o contexto e os fundamentos teóricos apresentados nos Capítulos anteriores, parece ser possível concluir que tais objeções não necessariamente se sustentam à luz do sistema jurídico brasileiro.

Inicialmente, cabe rememorar que os pagamentos diretos, realizados no âmbito de programas de PSA, não encontram fundamento (jurídico) na atribuição de titularidade (propriedade) individual de qualquer serviço ambiental àquele que realiza práticas de uso do solo consideradas adequadas num determinado local. Ao contrário, conforme abordado no Capítulo 1, justamente por se inserirem na noção (jurídica) unitária/indivisível de meio ambiente, os serviços ambientais consubstanciam *bens de uso comum do povo*, no sentido de que têm sua titularidade conferida difusamente a toda a coletividade (inclusive, as futuras gerações), incidindo concomitantemente ao direito (individual) de propriedade que se estabelece sobre determinado imóvel (vide item 2.3.3.). De todo modo, isso não é necessariamente contraditório com o reconhecimento de ser o Pagamento por Serviços Ambientais uma das possibilidades de concretização do *Princípio do Protetor Recebedor*, que encontra fundamento constitucional no *dever fundamental da coletividade proteger e preservar o meio ambiente* para a presente e futuras gerações, nos termos do art. 225, *caput* CRFB/88 (vide item 2.3.2.). Como já indicado, trata-se de dever *fundamental* e de natureza *coletiva*, que emerge no texto constitucional como categoria *autônoma* (paralela) em relação ao direito que envolve o mesmo valor (i.e. bem jurídico), ambos compondo o (e atuando conjuntamente no) sistema constitucional de tutela do meio ambiente ecologicamente equilibrado. Levando em consideração tal dever (fundamental, coletivo e autônomo), a legislação infraconstitucional pode estabelecer situações nas quais a tutela jurídica do meio ambiente adote como estratégia dividir com toda a (ou parcela da) coletividade os custos e ônus associados à prática de condutas consideradas socialmente (e ambientalmente) desejadas. Nesse contexto, é possível compreender que os pagamentos diretos realizados no âmbito de programas de PSA não se destinam propriamente a remunerar a titularidade (propriedade) sobre quaisquer serviços ambientais, somente havendo direito ao recebimento de eventuais pagamentos nas hipóteses, forma e condições expressamente previstas na legislação infraconstitucional, na medida em que o dever fundamental no qual se apoia não detém aplicabilidade direta.

Em decorrência disso, também é possível compreender que a utilização de programas de Pagamento por Serviços Ambientais não é incompatível com as características que o sistema constitucional atribui ao meio ambiente, como bem jurídico. É dizer, não há contraste necessário entre o eventual estabelecimento de programas de PSA (e a utilização de pagamentos diretos como estratégia jurídica) e a caracterização do *meio ambiente* como um bem *unitário* e *imaterial*, de titularidade *difusa*, qualificado como bem de *uso comum do povo*, reconhecido como *fundamental* e voltado à equidade *intergeracional* (vide item 2.3).

Muito ao contrário, na medida em que se admite ser o equilíbrio ecológico (ou macrobem ou bem ambiental) a *ultima ratio* da tutela jurídica do meio ambiente – e não propriamente os recursos ambientais (microbens) isoladamente considerados – a previsão e operacionalização de instrumentos jurídicos voltados à promoção da qualidade e da disponibilidade de *serviços ambientais* deve ser tida como algo compatível com o próprio texto constitucional, o qual, inclusive, expressamente identifica a preservação e restauração dos processos ecológicos essenciais como uma das incumbências da atuação estatal quanto ao tema (art. 225, § 1º, I CRFB/88). De mais a mais, o compartilhamento de custos e ônus associados à adoção de medidas ambientalmente desejadas, fazendo deles participar toda a (ou parcela da) coletividade – que é o que se pretende com a realização de pagamentos diretos por meio de programas de PSA –, também se revela uma medida alinhada com o contexto de multiplicidade de direitos fundamentais consagrados no texto constitucional, no sentido de que é a noção de desenvolvimento sustentável o foco da legislação ambiental, o que implica harmonizar (ou reconhecer a conflituosidade entre) proteção ambiental, justiça social e viabilidade econômica nas relações (jurídicas) formadas na sociedade (vide item 1.4.).

Por fim, não se pode desconsiderar que a legislação ambiental não desempenha apenas e necessariamente uma *função repressiva* (coativa), calcada em *sanções jurídicas negativas*, destinadas a combater atos ou fatos ilícitos (vide item 2.2.). Ao contrário, a legislação ambiental também pode buscar a tutela jurídica do meio ambiente por intermédio de instrumentos ligados à *função promocional* do Direito, atuando por meio de *sanções jurídicas positivas*, destinadas a tornar a realização de condutas socialmente (e ambientalmente) desejadas mais fáceis ou vantajosas (vide item 2.3.). Longe de se tratarem de estratégias que necessariamente atuam isoladamente e de forma excludente entre si (repressão *vs.* promoção), em termos teóricos nada impede que a legislação ambiental estabeleça a atuação combinada e simultânea de sanções negativas e sanções positivas voltadas à concretização de um mesmo objetivo (v.g., a qualidade e disponibilidade de algum serviço ambiental). Diante disso, ainda que tal circunstância implique a necessidade da adoção de cautelas adicionais (vide item 3.3.3.5.), em face de situações específicas e nos termos delimitados pela própria legislação, não há necessariamente incompatibilidade jurídica na inserção do cumprimento de certa obrigação legal (reprimida por meio de sanções jurídicas negativas) como uma das condutas que se pretende estimular pela operacionalização de um programa de Pagamento por Serviços Ambientais (que prevê a realização de pagamentos diretos, como sanção jurídica positiva).

4.2.2. Marco legal e (algumas) experiências práticas no âmbito federal

Uma vez abordada a inexistência de incompatibilidade do instrumento Pagamento por Serviços Ambientais (PSA) com o sistema jurídico brasileiro, pode-se passar a identificar (algumas) das principais experiências práticas desenvolvidas no país e o marco legal que lhes confere sustentação jurídica.

No âmbito federal, não há legislação que estabeleça normas gerais sobre a elaboração e implantação de programas de Pagamento por Serviços Ambientais (PSA), mas apenas referências esparsas em diplomas legais específicos. É o que se verifica, por exemplo, na Lei Federal n. 12.114/09, que criou o Fundo Nacional sobre Mudança Climática, cuja finalidade é assegurar recursos para apoio a projetos ou estudos e financiamento de empreendimentos que visem à mitigação da mudança do clima e à adaptação aos seus efeitos (art. 2º). Em 2011, segundo o Ministério do Meio Ambiente, o Fundo possuía orçamento de R$ 200 milhões para projetos reembolsáveis e de R$ 30 milhões para projetos não reembolsáveis (FGV, 2012, p. 28). É justamente a partir dessa última fonte de recursos que podem ser estruturadas iniciativas de PSA, pois a legislação que disciplina o Fundo explicitamente estabelece que, entre diversas outras atividades, os recursos nele reunidos podem ser aplicados em pagamentos por serviços ambientais às comunidades e aos indivíduos cujas atividades comprovadamente contribuam para a estocagem de carbono, atrelada a outros serviços ambientais (art. 5º, XI, § 3º).

Também a redação da Lei Federal n. 12.651/12, conhecida como novo Código Florestal, contempla expressamente o pagamento por serviços ambientais como uma das linhas de ação que o Poder Executivo pode utilizar para a realização de medidas de apoio e incentivo à conservação do meio ambiente (art. 41). Definido como a "[...] retribuição, monetária ou não, às atividades de conservação e melhoria dos ecossistemas e que gerem serviços ambientais" (art. 41, I), a legislação florestal indica a possibilidade de utilização de pagamento por serviços ambientais para diversas finalidades: *(i)* sequestro, a conservação, a manutenção e o aumento do estoque e a diminuição do fluxo de carbono; *(ii)* conservação da beleza cênica natural; *(iii)* conservação da biodiversidade; *(iv)* conservação das águas e dos serviços hídricos; *(v)* regulação do clima; *(vi)* valorização cultural e do conhecimento tradicional ecossistêmico; *(vii)* conservação e o melhoramento do solo; *(viii)* manutenção de Áreas de Preservação Permanente, de Reserva Legal e de uso restrito.

Embora contemple definição e indique o âmbito de atuação, não há nas Leis Federais n. 12.114/09 e n. 12.651/12 (tampouco nos atos infralegais que as regulamentam) elementos suficientes para delinear o regime jurídico destinado a operacionalizar a adoção de programas de Pagamento por Serviços

Ambientais (PSA). Em razão disso, é crescente o debate acerca da necessidade de suprir tal lacuna legislativa (ausência de marco legal geral quanto ao PSA), tanto que tramitam no Congresso Nacional diversas proposições legislativas que tratam da matéria (PEIXOTO, 2011), a saber: *(i)* PL n. 792/07, que dispõe sobre a definição de serviços ambientais; *(ii)* PL n. 1.190/07, que cria o Programa Nacional de Compensação por Serviços Ambientais – Programa Bolsa Verde, destinado à transferência de renda com condicionalidades; *(iii)* PL n. 1.667/07, que dispõe sobre a criação do Programa Bolsa Natureza; *(iv)* PL n. 1.920/07, que institui o Programa de Assistência aos Povos da Floresta – Programa Renda Verde; *(v)* PL n. 1.999/07, que institui o Programa Nacional de Recompensa Ambiental (PNRA); *(vi)* PL n. 2.364/07, que dispõe sobre a adoção do Programa de Crédito Ambiental de Incentivo aos Agricultores Familiares e Produtores Rurais – Crédito Verde; *(vii)* PL n. 5.528/09, que dispõe sobre o Programa Bolsa Floresta; *(viii)* PL n. 7.061/10, que autoriza o Poder Executivo a criar a Bolsa Florestal para a agricultura familiar; (*ix)* PL n. 5.487/09, que institui a Política Nacional dos Serviços Ambientais, o Programa Federal de Pagamento por Serviços Ambientais, estabelece formas de controle e financiamento desse Programa; *(x)* PLS n. 309/10, que institui a Política Nacional de Bens e Serviços Ambientais e Ecossistêmicos – PNBASAE; *(xi)* PL n. 1.274/11, que institui o Programa Nacional de Compensação por Serviços Ambientais e o Fundo Federal de Pagamento por Serviços Ambientais.

De todo modo, em razão da inexistência de marco legal de caráter geral, as experiências práticas de programas de Pagamento por Serviços Ambientais (PSA) no âmbito federal se apresentam de forma fragmentada, dentre as quais podem ser destacadas duas: o Bolsa Verde e o Produtor de Água.

Bolsa Verde é a denominação pelo qual ficou conhecido o conjunto de duas iniciativas de PSA no âmbito federal: o Programa de Apoio à Conservação Ambiental e o Programa de Fomento às Atividades Produtivas Rurais, os quais foram instituídos pela Medida Provisória n. 535/11, convertida na Lei Federal n. 12.512/11 e regulamentados pelo Decreto Federal n. 7.572/11.

Ambos atuam por meio de pagamentos diretos, como estratégia para facilitar e estimular a adoção de práticas consideradas socialmente e ambientalmente desejadas e que podem impactar positivamente na provisão de serviços ambientais. No âmbito do Programa de Apoio à Conservação Ambiental são realizados pagamentos trimestrais no valor de R$ 300,00 (trezentos reais) por família beneficiária (art. 6º), durante o período inicial de 2 anos, sendo admitida a prorrogação para novos ciclos. Já o Programa de Fomento às Atividades Produtivas Rurais concede subsídios que podem variar entre R$ 2.400,00 (dois mil e quatrocentos reais) e R$ 3.000,00 (três mil reais) por família participante, disponibilizados em, pelo menos, duas parcelas, não havendo previsão de renovação para novos ciclos (art. 13 c/c 13-A LF 12.512/11).

De acordo com informações prestadas pelo Ministério do Meio Ambiente, o Bolsa Verde contempla atualmente 69.707 pessoas, localizadas em 26 Estados (MMA, 2014), sendo que seus beneficiários se comprometem a realizar atividades de preservação ambiental em Unidades de Conservação, projetos de assentamento, territórios ocupados por populações indígenas e outras comunidades tradicionais, além de serem residentes em outras áreas rurais definidas como prioritárias (art. 3º LF 12.512/11), bem como desenvolvem projetos de estruturação de unidades produtivas familiares visando à geração de trabalho e renda com sustentabilidade (art. 9º c/c art. 12 LF 12.512/11).

Uma das principais características do Bolsa Verde é sua forte ligação com aspectos sociais, tendo como objetivo a melhoria das condições de vida e a elevação da renda da população em situação de extrema pobreza que exerça atividades de conservação dos recursos naturais no meio rural (art. 3º, II). Tanto é assim que a demonstração de se tratar de família em situação de extrema pobreza (renda *per capita* mensal de até R$ 77,00) é condição necessária para aderir ao programa (art. 5º, § 3º DF 7.572/11). Mesmo assim, segundo se posiciona Ana Nusdeo (2014, p. 433), "a ênfase do programa na dimensão social não prejudica, por si, a dimensão ambiental do programa", haja vista que "um dos desafios do desenvolvimento sustentável é justamente permitir a superação da pobreza e a geração de renda de forma compatível com a preservação".

Ainda no âmbito federal, também é possível identificar iniciativa de PSA relacionada à provisão de serviços ambientais ligados à conservação do solo e à disponibilidade e qualidade da água. Trata-se do que ficou conhecido como Programa *Produtor de Água – PPA*.

A legislação que instituiu a Política Nacional de Recursos Hídricos – PNRH (LF n. 9.433/97) tem como objetivos assegurar à atual e às futuras gerações a necessária disponibilidade de água, além da utilização racional e integrada dos recursos hídricos, bem como realizar a prevenção e defesa contra eventos hidrológicos críticos de origem natural ou decorrentes do uso inadequado dos recursos naturais (art. 2º). Entre os instrumentos jurídicos da PNRH, destinados à consecução desses objetivos, está a chamada cobrança pelo uso de recursos hídricos (art. 5º, IV), por meio da qual se pretende financiar programas e intervenções contemplados nos planos de bacias hidrográficas (art. 19, III), sendo que os valores arrecadados poderão ser aplicados a fundo perdido em projetos e obras que alterem, de modo considerado benéfico à coletividade, a qualidade, a quantidade e o regime de vazão de um corpo de água (art. 22, § 2º). É dentro desse contexto que a Agência Nacional de Águas – ANA, no exercício de sua atribuição de propor o estabelecimento de incentivos, inclusive financeiros, à conservação qualitativa e quantitativa de recursos hídricos (art. 4º, XVII LF n. 9.984/00), estruturou e vem desenvolvendo o Programa Produtor de Água.

O PPA é "[...] um programa de controle da poluição difusa rural, dirigido prioritariamente a bacias hidrográficas de importância estratégica para o país" e que "tem como foco a redução da erosão, melhoria da qualidade da água, a regulação do regime hidrológico dos rios, utilizando práticas mecânicas e vegetativas de conservação de solo e água" (ANA, 2009, p. 9).[218] De acordo com o Manual Operativo do PPA, elaborado pela ANA (2012, p. 5),

> o Programa se efetiva por meio de articulações e parcerias entre instituições das esferas municipal, estadual, federal e privada, visando o desenvolvimento da política de Pagamento por Serviços Ambientais – PSA como um instrumento de incentivo aos produtores rurais que adotarem, de forma voluntária, práticas voltadas à conservação de água e solo.

Note-se que, ao contrário do que ocorre com o Bolsa Verde, no Produtor de Água não há apenas a participação de entes federais. Isso porque, o que a Agência Nacional de Águas pretende com o PPA é promover a atuação conjunta de diversos atores (estados, municípios, organizações da sociedade civil, empresas, produtores rurais etc.), com o objetivo de estruturar programas de Pagamento por Serviços Ambientais nos âmbitos local e regional. Em

218 Assim como ocorre em programas de PSA de outros países (vide item 4.1.), o Programa Produtor de Águas está notadamente direcionado a combater os efeitos da erosão decorrentes da realização de atividades rurais de modo inadequado. Isso porque, "estima-se que o prejuízo relativo às perdas de nutrientes carreados pela erosão seja da ordem de R$ 7,9 bilhões por ano no Brasil e, se acrescentarmos o efeito da erosão na depreciação da terra e outros custos tais como conservação de estradas, tratamentos de água, e redução da vida útil de reservatórios, teríamos um total de R$ 13,3 bilhões de prejuízo anual [...]". Longe de se tratar apenas de um desafio para a agricultura, "[...] a perda do solo também afeta sobremaneira a qualidade e o volume das águas devido à sedimentação e assoreamento", sendo que "em casos extremos esse processo pode culminar no desaparecimento total de pequenos cursos d'água e nascentes" (ANA, 2009, pp. 5-6).

termos mais concretos, o PPA estabelece uma metodologia para a estruturação dos programas de PSA nos quais haverá a participação (técnica e financeira) da Agência Nacional de Águas, mas cuja implementação também depende da atuação de diversos outros atores (públicos ou privados). Em razão disso, conforme explica Devanir Garcia dos Santos (*et alli*, 2012, p. 235), o PPA não é propriamente um único programa de PSA, mas antes "[...] é formado por uma série de projetos, cada qual articulado de forma a atender aos interesses da bacia e dos partícipes nela inseridos".

Em suma, o PPA consiste num mecanismo de atuação conjunta entre a ANA e outros interessados em promover programas de PSA especificamente voltados *(i)* à *conservação do solo*, visando recompensar financeiramente o produtor rural que adote ou venha a adotar práticas conservacionistas (tais como, subsolagem, construção de terraços, de barragens de captação e infiltração de água de chuva, barragens subterrâneas, readequação de estradas rurais, adoção do plantio direto etc.), *(ii)* à *restauração ou conservação de Área de Preservação Permanente e/ou Reserva Legal*, visando recompensar financeiramente o produtor rural que recompor ou manter a vegetação nativa nesses espaços ambientais especialmente protegidos, além da *(iii) conservação de remanescentes de vegetação nativa*, visando recompensar financeiramente o produtor rural que proteger a vegetação nativa já existente em sua propriedade, evitando a conversão do solo para uso alternativo em tais locais (ANA, 2012, p. 41).

Como forma de operacionalizar o PPA, a ANA (2014, p. 3) lança periodicamente Chamamentos Públicos, destinados à seleção de propostas de projetos no âmbito do Produtor de Água, com a condição de que impliquem o "[...] desenvolvimento de projetos em que haja, em alguma de suas fases, pagamento por serviços ambientais (PSA) a produtores rurais nas formas e condições consideradas no âmbito do Programa [...]".

No segundo semestre de 2014, por exemplo, foi divulgado o Chamamento Público n. 02/14, por meio do qual os interessados (proponentes) em participar do PPA podem receber da ANA apoio técnico para a implantação e desenvolvimento de projetos, ou apoio financeiro para a execução de ações de conservação de água e solo. Trata-se, portanto, do aporte de recursos (humanos e materiais) federais para facilitar a adoção de medidas consideradas ambientalmente adequadas em determinada bacia hidrográfica. Porém, tendo em vista se caracterizar pela atuação conjunta com atores locais, ainda que determinado projeto de PSA esteja enquadrado no PPA, a participação financeira da ANA se restringe à disponibilização de recursos destinados à adoção de práticas de uso do solo consideradas benéficas para a provisão de serviços ambientais que constituem o seu foco. De outra parte, mesmo nos projetos de PSA que integram o PPA, a responsabilidade pela remuneração dos produtores rurais participantes incumbe aos proponentes da iniciativa, haja vista que "a ANA não contribuiu com recursos financeiros para o pagamento por serviços ambientais, que devem ser aportados por parceiros previamente definidos no âmbito do arranjo organizacional do projeto" (ANA, 2012, p. 14).

Embora a ANA não tenha responsabilidade pelos pagamentos diretos, para que seja elegível, a proposta de PSA formulada por terceiros (Estados, Municípios, organizações da sociedade civil etc.) deve ser estruturada de acordo com a metodologia definida pelo Programa Produtor de Água, contemplando, por exemplo: *(i)* a elaboração de diagnóstico socioambiental da bacia hidrográfica envolvida, incluindo estudos voltados a identificar os impactos de atividades agrícolas, pecuárias e florestais em relação à qualidade e quantidade de água; *(ii)* a definição dos parâmetros adotados nos pagamento diretos a serem realizados aos participantes (Valor de Referência – VRE), levando em consideração os custos de oportunidade envolvidos e a redução nos processos erosivos (Percentual de Abatimento de Erosão – PAE) que se pretende alcançar em decorrência da adoção das práticas de uso do solo previstas; *(iii)* o levantamento de informações técnicas em cada uma das propriedades que expressaram interesse em participar do Programa, por meio da elaboração de Projetos Individuais de Propriedades – PIPs, os quais irão indicar as medidas concretas atualmente já desenvolvidas ou que ainda podem ser realizadas para atender aos objetivos do Programa e, portanto, gerem pagamentos diretos; *(iv)* a seleção dos interessados em participar da iniciativa, tendo em vista que a disponibilidade de recursos financeiros tende a ser inferior à quantidade de interessados, adotando como critério de julgamento a pontuação atingida por cada propriedade nos PIPs e a aceitação do proprietário ou possuidor em adotar as medidas de manutenção/recomposição vegetal e conservação do solo e água; *(v)* a formalização de contratos com os participantes selecionados, contemplando prazo de 60 (sessenta) meses para a execução e monitoramento das medidas a serem adotadas; *(vi)* a realização, em datas preestabelecidas , de vistoria no imóvel participante e elaboração de laudo técnico, para certificar se o participante atingiu os critérios contratuais mínimos, de modo a justificar os pagamentos diretos; *(vii)* a adoção de medidas de monitoramento da bacia hidrográfica, com o levantamento de indicadores técnicos (v.g., vazão e turbidez da água nos cursos hídricos diretamente afetados pelo projeto de PSA), para subsidiar a avaliação dos benefícios gerados pelas diversas práticas utilizadas, de modo a orientar a continuidade, extinção ou aprimoramento do projeto de PSA (ANA, 2012).

Entre as iniciativas de âmbito local vinculadas ao PPA, possivelmente aquela que recebeu maior difusão, tanto na literatura especializada como nos meios de comunicação em geral, foi o *Projeto Conservador de Água – PCA*, desenvolvido no Município de Extrema (MG), conjuntamente entre a Prefeitura , Agência Nacional de Águas, Estado de Minas Gerais e organizações da sociedade civil (SOS Mata Atlântica e TNC).[219]

Extrema é um pequeno município mineiro, com cerca de 32 mil habitantes e área de apenas 24.309 hectares, mas que concentra recursos hídricos importantes e que "[...] constituem um dos principais mananciais de abastecimento do Brasil, chamado Sistema Cantareira [...]", destinado ao fornecimento de água para a região metropolitana de São Paulo e outros municípios que integram a bacia do Rio Piracicaba (DMAE, 2010, p. 5). Em razão disso, em 2005, foi editada a Lei Municipal n. 2.100, que criou o Projeto Conservador de Águas, com o objetivo de implantar ações para a melhoria da qualidade e quantidade das águas no município de Extrema (art. 1º), a qual também autorizou o Poder Executivo a prestar apoio financeiro aos proprietários rurais que se habilitarem no PCA, comprometendo-se com a execução de medidas consideradas ambientalmente desejadas (art. 2º). Posteriormente, como forma de centralizar e assegurar recursos para a realização do Projeto, a Lei Municipal n. 2.482/09 instituiu o Fundo Municipal para Pagamento por Serviços Ambientais, cujos ativos destinam-se exclusivamente para a execução e operação do PCA (art. 5º), prevendo-se a possibilidade de várias fontes de custeio, desde dotações orçamentárias municipais, passando por transferências estaduais ou federais, além do produto de arrecadações específicas (taxas, cobrança pelo uso da água etc.), até a reversão de ressarcimentos fixados em Termos de Ajustamento de Conduta e doações efetuadas por entidades privadas (art. 4º). Atualmente, a regulamentação do PCA está contida no Decreto Municipal n. 2.409/10, de cujas disposições se destacam: *(i)* a fixação dos valores dos pagamentos diretos anuais em até 100 (cem) Unidades Fiscais de Extrema – UFEX, que correspondiam a R$ 210,00 no ano de 2013 (art. 2º, § 1º), por um período mínimo de 4 (quatro)

219 A Agência Nacional de Águas indica, como outras iniciativas de PSA no âmbito do PPA, os seguintes projetos: PCJ – Joanópolis e Nazaré Paulista (SP), Piriripau (DF), ProdutorES de Água (ES), Camboriú (SC), João Leite (GO), Guandú (RJ), APA do Guariroba (MS), Córrego Feio (MG), Nova Friburgo (RJ), Apucarana (PR), Guaratinguetá (SP), Rio Rola (AC), Taquarussu (TO), Rio Capivari (MG).

anos (art. 2º, § 1º), *(ii)* a definição das metas a serem atingidas para que os pagamentos diretos sejam realizados, nas áreas de adoção de práticas conservacionistas de solo (abatimento efetivo da erosão e da sedimentação), implantação de sistema de saneamento ambiental na propriedade (tratamento adequado para abastecimento de água, efluentes líquidos e resíduos sólidos) e recomposição e manutenção das Áreas de Preservação Permanente (art. 2º), *(iii)* a realização de levantamento planialtimétrico e planta digital do imóvel rural, indicando sua situação atual e futura (art. 3º), além da elaboração de projeto técnico contemplando ações a serem desenvolvidas em cada imóvel participante (art. 5º), *(iv)* a celebração de contratos e termos de compromisso, formalizando o ingresso no Projeto, bem como a previsão de medidas de acompanhamento mensal do Poder Público municipal quanto ao cumprimento das obrigações assumidas por cada participante e de avaliação semestral do Projeto pelo Conselho Municipal de Desenvolvimento Ambiental – CODEMA (art. 6º). De acordo com informações prestadas pelo próprio Município de Extrema, entre os anos de 2007 e 2010, o PCA atendeu 94 propriedades rurais, resultando na celebração de 76 contratos, envolvendo ações como a implantação de mais de 121 mil metros lineares de cercas para isolamento de áreas ambientalmente protegidas ou sensíveis e o plantio de mais de 146 mil mudas de árvores e outras formas de vegetação em tais locais (DMAE, 2010, pp. 86-87), associados à adoção de práticas conservacionistas do uso do solo.

4.2.3. Marco legal e (algumas) experiências práticas no âmbito estadual

A criação de incentivos econômicos como forma de tutelar o meio ambiente não é algo que se verifica apenas no âmbito federal, haja vista que diversos Estados federativos também vêm estruturando iniciativas de Pagamento por Serviços Ambientais (PSA), inclusive com a edição de arcabouço legislativo específico.

No Estado do *Acre*, a Lei Estadual n. 2.025/08 instituiu o *Programa Estadual de Certificação de Unidades Produtivas Familiares – PECUPF*, com o objetivo de estabelecer um processo voluntário de certificação socioambiental de tais locais (art. 1º). Voltado a ocupações rurais cuja área não ultrapasse a 150 hectares (FGV, 2012, p. 36), o PECUPF leva em consideração indicadores ambientais (v.g., APP, RL, uso do fogo, nível de degradação agrícola e realização de práticas sustentáveis) e sociais (v.g., participação em associações). O Programa está estruturado em quatro fases, iniciando-se com a celebração de termo de adesão, passando pelas certificações básica, intermediária e plena, podendo durar até nove anos em seu ciclo completo (art. 5º). Além de ser disponibilizado apoio técnico e acesso a linhas de financiamento para a realização das atividades previstas no Programa, na medida em que o participante atinge as metas definidas em cada uma das etapas, há a previsão do recebimento de bônus, como forma de pagamento anual por serviços ambientais e incentivo para a adoção de práticas produtivas sustentáveis (art. 3º, I), que podem variar entre R$ 500,00 e R$ 600,00 (ACRE, 2014, p. 5).

Ainda no *Acre*, a legislação estadual também contempla o *Sistema de Incentivos a Serviços Ambientais - SISA* (LE n. 2.308/10), com o objetivo de fomentar a manutenção e a ampliação da oferta de serviços e produtos ecossistêmicos relacionados *(i)* ao sequestro, conservação e manutenção, além do aumento do estoque e diminuição do fluxo de carbono, *(ii)* à conservação da beleza cênica natural, *(iii)* à conservação das águas e dos serviços hídricos, *(iv)* à regulação do clima, *(v)* à valorização cultural e do conhecimento tradicional ecossistêmico e *(vi)* à conservação e melhoramento do solo (art. 1º).

Como destaca Maria Stanton (2014, p. 233), o SISA "[...] inaugura um sofisticado e inovador arranjo institucional que envolve diversas instâncias governamentais e independentes garantindo eficiência, transparência e controle social". Realmente, comparativamente a outros diplomas legais que tratam da matéria, a legislação acreana que instituiu o SISA se destaca não apenas pela preocupação de apresentar definições legais para diversos elementos que integram programas de PSA (provedores, beneficiários, linha de base, serviços ambientais etc.), como também pelo arranjo institucional destinado à gestão, controle, registro e participação nos projetos que podem culminar com a realização de pagamentos diretos. Em decorrência da legislação que estabelece o SISA, inclusive, foram criadas estruturas administrativas específicas, como *(i)* o Instituto de Mudanças Climáticas e Regulação de Serviços Ambientais - IMC, autarquia especial com a incumbência, entre outras, de estabelecer normas complementares no SISA, aprovar metodologias e manter o registro de operações de PSA (art. 7º), *(ii)* a Comissão Estadual de Validação e Acompanhamento, com composição paritária entre representantes da sociedade civil organizada e do poder público, tendo como uma de suas tarefas garantir a transparência e o controle social da ações desenvolvidas no âmbito do SISA (art. 12), *(iii)* o Comitê Científico, composto por autoridades acadêmicas nacionais e internacionais, que tem o papel de opinar sobre questões técnicas, científicas, jurídicas e metodológicas ligadas ao SISA (art. 13), *(iv)* a Ouvidoria do SISA, órgão que recebe e acompanha denúncias quanto às atividades desenvolvidas pelo programa (art. 14), além da *(iv)* Companhia de Desenvolvimento de Serviços Ambientais – CDSA, que atua sob forma de sociedade anônima de economia mista, tendo entre as suas principais incumbências o desenvolvimento de estratégias voltadas à captação de recursos financeiros e investimentos no SISA, bem como gerir os recursos do programa (art. 15). Por outro lado, a referida legislação estadual estabelece que as regras de funcionamento e organização da maioria dessas modalidades de programas de PSA (com exceção da redução de emissões de gases do efeito estufa) dependem da edição de lei específica (art. 29 a art. 34), havendo a informação de que ainda não foram estipulados os valores a serem destinados como pagamentos diretos por serviços ambientais no âmbito do SISA (FGV, 2012, p. 42).

No Estado do *Amazonas*, uma inciativa de PSA pode ser identificada na Lei Estadual n. 3.135/07. Referida legislação trata da Política Estadual sobre Mudanças Climáticas, Conservação Ambiental e Desenvolvimento Sustentável, sendo que um dos programas previstos para a sua implementação é o *Bolsa Floresta – PBF*, com o objetivo de instituir o pagamento por serviços e produtos ambientais às comunidades tradicionais pelo uso sustentável dos recursos naturais, conservação, proteção ambiental e incentivo às políticas voluntárias de redução de desmatamento (art. 5º, II). Regulamentado pelo Decreto Estadual n. 26.958/07, o PBF concede benefícios aos residentes de Unidades de Conservação existentes no Estado, com a finalidade de incentivar a conservação dos recursos naturais por meio da manutenção das florestas (art. 1º) e engloba as seguintes espécies: *(i)* a bolsa floresta *renda*, destinada a arranjos produtivos que aumentem os rendimentos decorrentes de atividades que não produzam desmatamento, estejam em conformidade com a legislação e acrescentem valor à floresta em pé, na qual é pago cerca de R$ 398,50 por família por ano, disponibilizados diretamente à comunidade na qual residam, *(ii)* a bolsa floresta *social*, que busca a melhoria da educação, saúde, comunicação e transporte, representando pagamentos em torno de R$ 350,00 anuais por família, levando em consideração a comunidade onde se localizam, *(iii)* a bolsa floresta *associação*, destinada ao fortalecimento das associações de moradores das Unidades de Conservação abrangidas no programa, que destina cerca de R$ 67,20 por família a cada ano e *(iv)* a bolsa floresta *familiar*, que promove o pagamento mensal de R$ 50,00 por família, como forma de recompensa pela conservação da floresta (VIANA; *et alli*, 2014).

Diante da circunstância de se destinar à realização de pagamentos diretos a residentes de unidades de conservação, tendo como foco a provisão de serviços ambientais que podem ser positivamente impactados com a conservação de recursos naturais pela manutenção de florestas, Danielle Mamed (2014, pp. 275-276) entende que "os beneficiários elegíveis para participação no Programa Bolsa Floresta constituem espécie de comunidade tradicional [...] pois suas práticas econômicas possuem baixo impacto ao meio ambiente e não utilizam a tecnologia de massa [...]". Como resultado das medidas adotadas, de acordo com dados relativos ao mês de novembro de 2014, o PBF atinge 40.026 pessoas, distribuídas em quinze Unidades de Conservação existentes no território amazonense (FAS, 2014).

Entre as características específicas do PBF, destaca-se o arranjo institucional estabelecido pela legislação, que assume a formato público-privado. Isso porque, embora se trate de um programa do Governo Estadual, o gerenciamento de suas atividades foi concedido, pela Lei Estadual n. 3.184/07 (art. 1º), para a Fundação Amazonas Sustentável - FAS, uma instituição privada e sem fins lucrativos. Após ter recebido aporte inicial de R$ 20 milhões em recursos públicos estaduais (art. 2º), a FAS passou a captar e gerenciar também recursos privados para as ações previstas na Lei Estadual n. 3.135/07, entre as quais o Programa Bolsa Floresta, tendo recebido doações de diversas entidades (v.g., R$ 20 milhões do Banco Bradesco e R$ 20 milhões da Coca Cola Brasil), de modo que, no ano de 2012, "do orçamento executado, apenas 10% foram oriundos de recursos governamentais, o que demonstra a capacidade da FAS de captar recursos privados para as ações do programa" (FGV, 2012, p. 34).

Já no Estado do *Espírito Santo,* há legislação que trata especificamente do *Programa de Pagamento por Serviços Ambientais - PSA.* Trata-se da Lei Estadual n. 8.955/09, a qual estabelece uma política pública para proprietários ou possuidores de áreas rurais que destinem parte de seus imóveis para fins de preservação e conservação da cobertura florestal (art. 1º). Indicando expressamente que objetiva recompensar financeiramente produtores rurais, em função do valor econômico dos serviços ambientais prestados por sua área destinada para cobertura florestal, o PSA capixaba abrange as seguintes modalidades: *(i)* conservação e melhoria da qualidade e da disponibilidade hídrica, *(ii)* conservação e incremento da biodiversidade, *(iii)* redução dos processos erosivos, *(iv)* fixação e sequestro de carbono para fins de minimização dos efeitos das mudanças climáticas globais (art. 2º). Aqueles que são selecionados para participarem do Programa assinam contratos com prazos que podem variar entre 2 (dois) e

10 (dez) anos, sujeitos à renovação, ensejando pagamentos diretos anuais correspondentes a até 510 Valores de Referência do Tesouro Estadual - VRTEs por hectare, o que representou cerca de R$ 1.285,71 no ano de 2014. O financiamento do PSA no Espírito Santo é feito com recursos do Fundo Estadual de Recursos Hídricos - FUNDÁGUA, que tem como uma de suas principais fontes de custeio a destinação de parcela (3%) do produto da arrecadação proveniente da compensação financeira dos *royalties* do petróleo e do gás natural recebida pelo Estado (LE 8.960/09, art. 3º). De acordo com dados da Secretaria de Estado de Meio Ambiente e Recursos Hídricos, no exercício 2009-2010, os contratos celebrados no âmbito do PSA do Espírito Santo abrangiam 1.895,20 hectares, com a previsão de dispender R$ 830.139,93, alcançado o valor médio de R$ 438,03 por hectare protegido ao longo de todo o período contratual (IEMA, 2014).

Uma característica que distingue o PSA capixaba é a circunstância de ser o único projeto de âmbito estadual que integra o Programa Produtor de Água - PPA, instituído pela Agência Nacional de Águas - ANA (vide item 4.2.2). Atualmente divulgado sob o nome de *ProdutorES de Água*, foi o Decreto Estadual n. 2.168-R/08 que, na modalidade de pagamento por serviços ambientais prestados pela cobertura florestal na conservação e incremento da qualidade e da disponibilidade hídrica (art. 1º), promoveu a adequação do projeto de PSA do Espírito Santo à metodologia definida pelo programa federal PPA, por meio de previsões específicas, tais como: *(i)* a adoção da bacia hidrográfica como unidade de planejamento (art. 3º), *(ii)* a definição da situação dos imóveis rurais participantes (declividade, porcentagem da área com cobertura florestal, importância estratégica, etc.) e dos potenciais impactos das atividades neles realizadas em locais considerados prioritários (art. 4º), *(iii)* a elaboração de metodologia para a fixação dos valores a serem pagos, levando em consideração o potencial erosivo associado às medidas contempladas no programa (art. 13) e *(iv)* a fixação de procedimentos de verificação quanto à adoção das medidas contratadas, por meio da elaboração de parecer técnico (art. 16).

Também o Estado de *Minas Gerais* possui legislação específica sobre a utilização de mecanismos promocionais para a tutela do meio ambiente, inclusive PSA. A legislação que trata da Política Estadual de Recursos Hídricos (LE n. 13.199/99) prevê como uma das ações do poder público a concessão de incentivo financeiro a proprietários e posseiros rurais, para identificação, recuperação, preservação e conversação de áreas necessárias à proteção e a qualidade de água (art. 4º, X). Em sentido semelhante, o diploma legal que dispunha sobre as políticas florestal e de proteção da biodiversidade no Estado já indicava a criação de normas de apoio e incentivos especiais para a conservação de tipologias florestais e campestres, a utilização de espécies nativas ou ecologicamente adaptadas para a recuperação de áreas degradadas e a proteção de corpos d'água (LE 14.309/02, art. 31).[220]

É dentro desse contexto que a Lei Estadual n. 17.727/08 criou e o Decreto Estadual n. 45.133/09 regulamentou o programa denominado *Bolsa Verde – BV*, voltado à proteção de áreas estratégicas (formações ciliares, recargas de aquíferos, biodiversidade, ecossistemas sensíveis), por meio da realização de pagamentos diretos em troca da adoção de práticas do solo consideradas ambientalmente adequadas (LE n.17.727/08, art. 1º) que podem chegar a até R$ 200,00 por hectare ao ano (PAGIOLA, 2012, p. 327), com período de contratação de 5 anos (DE n. 45.133/09, art. 8º) . Embora em tese seja admitido como participante qualquer proprietário ou possuidor de imóvel (inclusive em área urbana), o programa BV prioriza a inclusão de agricultores familiares, pequenas propriedades rurais e imóveis situados em Unidades de Conservação pendentes de regularização fundiária (DE 45.133/09, art. 2º). Entre as medidas contempladas no programa estão *(i)* a adequação aos critérios de regularização de Reserva Legal e de proteção de Áreas de Preservação Permanente, modalidade na qual também podem ser disponibilizados os insumos necessários à realização de tais atividades, *(ii)* a conservação de áreas já cobertas por vegetação em locais estabelecidos pela legislação, além da *(iii)* preservação da cobertura vegetal já existente em patamares superiores ao fixado pela legislação (DE n. 45.133/09, art. 3º). A seleção é realizada por meio da atribuição de pontuação aos imóveis interessados em participar do programa, levando em consideração as características ambientais e as práticas de manejo realizadas no imóvel, atribuindo-se pontos adicionais para as propostas coletivas, apresentadas conjuntamente por um grupo de proprietários lindeiros ou localizados na mesma região (IEF, 2010, pp. 13-16). A formalização do ingresso no Programa BV ocorre por meio da celebração de Termo de Compromisso de Adesão, que contempla a prestação de orientação técnica para as medidas a serem adotadas, sendo que os pagamentos diretos são efetuados após a realização de vistoria anual de avaliação (IEF, 2010, p. 29). De acordo com informação apresentada por Ana Luzia Campos (2014, pp. 139-140), durante o primeiro ciclo de contratações (2010 e 2011),

220 A Lei Estadual n. 14.309/02 foi posteriormente revogada pela Lei Estadual n. 20.922/13 (art. 126), a qual faz expressa referência ao pagamento por serviços ambientais como um dos instrumentos da política florestal e de proteção à biodiversidade estadual (art. 5º, XI).

o programa Bolsa Verde mineiro abrangeu medidas de conservação ou de recuperação em 35.500,69 hectares, com a previsão de pagamentos diretos no montante de R$ 6.9873.279,30 durante toda a vigência contratual.

De sua parte, no Estado de *São Paulo*, o PSA, como instrumento de tutela do meio ambiente, está expressamente contemplado na Lei Estadual n. 13.798/09 que, ao instituir a Política Estadual de Mudança Climática - PEMC, determinou a estruturação e implantação do Programa de Remanescentes Florestais - PRF, com o objetivo de fomentar a delimitação, demarcação e recuperação de matas ciliares e outros tipos de fragmentos florestais, podendo prever, para consecução de suas finalidades, o pagamento por serviços ambientais aos proprietários rurais conservacionistas, bem como incentivos econômicos a políticas voluntárias de redução de desmatamento e proteção ambiental (art. 23). Foi o Decreto Estadual n. 55.947/10 que regulamentou o PRF, incumbindo à Secretaria do Meio Ambiente - SMA a atribuição de definir os projetos de PSA no Estado de São Paulo (art. 63, § 1º). Justamente no exercício desta competência, a SMA editou a Resolução n. 123/10, que define as diretrizes de um programa de PSA destinado precipuamente à proteção de nascentes, que ficou conhecido como *Projeto Mina D'água - PMD.*

O PMD é executado em locais que são considerados mananciais de abastecimento público e contempla ações voltadas à proteção de nascentes, tais como: *(i)* execução de medidas e ações com o objetivo de manter a área livre de fatores de degradação (v.g., presença de animais, fogo, focos de erosão, entre outros), *(ii)* realização de ações que favoreçam a regeneração natural da vegetação, (v.g., eliminação de espécies competidoras, implantação de técnicas de nucleação, entre outras), *(iii)* plantio de mudas de espécies nativas de ocorrência regional e *(iv)* adoção de medidas de monitoramento e vigilância (art. 2º). Preferencialmente voltado à participação de produtores rurais que se enquadram na categoria de agricultores familiares, são condições para serem selecionados, entre outras, a comprovação do uso e ocupação regular do imóvel ou celebração de Termo de Adequação Ambiental, além da comprovação de inexistência de qualquer débito com entidades estaduais. Os contratos celebrados no âmbito do PMD têm vigência que pode variar entre 2 (dois) e 5 (cinco) anos e contemplam, além da disponibilização de assistência técnica, a realização de pagamentos diretos anuais que podem alcançar R$ 300,00 por nascente, sendo limitada a remuneração ao correspondente a 4 (quatro) nascentes por participante (SMA, 2014). Para o cálculo dos valores a serem efetivamente pagos para cada um dos participantes, a SMA estabeleceu uma metodologia, que leva em consideração, além do custo de oportunidade, fatores como o nível de proteção existente e a importância (uso, vazão, localização) da nascente que se pretende proteger. Os pagamentos diretos são realizados com recursos do Fundo Estadual de Prevenção e Controle da Poluição – FECOP e a liberação dos valores é condicionada ao cumprimento das obrigações assumidas no contrato, verificado por meio de vistoria técnica e registrado em relatório (Res SMA n.123/10, art. 7º, p.u.).

Uma característica que se destaca no Programa Mina D'Água é a atuação conjunta entre o Estado e os Municípios onde se localizam as áreas de mananciais de abastecimento de água. A legislação que disciplina o PMD expressamente indica que sua execução é realizada por meio da celebração de convênios entre a SMA e Municípios, fixando como condições a existência de lei municipal que autorize a realização dos pagamentos diretos aos produtores rurais participantes, além do funcionamento de Conselho Municipal de Meio Ambiente com a participação da sociedade, bem como a disponibilização de profissionais para a realização das atividades de assistência técnica e monitoramento das ações decorrentes do projeto (Res. SMA n.123/10, art. 3º, § 1º). Atualmente, são nove os Municípios que atuam em conjunto com a SMA no Mina D'Água (SMA, 2014), os quais, de acordo com Helena Von Glehn (*et alli*, 2012, p. 307), "[...] têm tido participação ativa na definição das atividades e etapas para implementação do projeto [...]".[221]

Diante da disseminação de programas de PSA em vários Estados federativos, a literatura especializada, inclusive na área jurídica, começa a desenvolver estudos buscando identificar pontos fortes, fragilidades e desafios, bem como apresentar recomendações para o aprimoramento da utilização deste instrumento de tutela (jurídica) do meio ambiente. Exemplo disso é o trabalho capitaneado pelo Instituto O Direito por Um Planeta Verde, que, após elaborar relatórios acerca de diversas experiências estaduais, aponta, como *pontos fortes* dos programas de PSA, *(i)* a capacidade de induzirem tanto uma mudança de atitude, quanto a manutenção de práticas conservacionistas já existentes, *(ii)*

221 No âmbito municipal é possível identificar, ainda, outros diplomas legais, não necessariamente vinculados ao Programa Mina D'Água, que também fazem referência ao PSA. É o que ocorre, por exemplo, na capital paulista, onde a legislação que trata da Política Municipal de Mudança Climática faz expressa referência ao princípio do protetor recebedor e indica a edição de lei específica para estabelecer mecanismo de pagamento por serviços ambientais para proprietários de imóveis que promoverem a recuperação, manutenção, preservação ou conservação ambiental em suas propriedades, mediante a criação de Reserva Particular do Patrimônio Natural - RPPN ou atribuição de caráter de preservação permanente em parte da propriedade (LM n. 14.933/09, art. 1º, V e art. 36).

a circunstância de, além do aspecto econômico, promoverem efeitos sociais benéficos nas comunidades onde são implantados, *(iii)* o potencial de incentivar a conservação, a proteção e a melhora de serviços ambientais relacionados ao combate das mudanças climáticas, *(iv)* a possibilidade de se constituir numa fonte de dados sobre a situação ambiental dos imóveis participantes, contribuindo para o monitoramento das condições ambientais das propriedades envolvidas, *(v)* o estabelecimento de arranjos jurídico-políticos que propiciam esforços conjuntos do poder público e de particulares. Já como principais *fragilida des* e *desafios* dos programas de PSA analisados, foram apontados *(i)* a incerteza quanto à efetiva provisão dos serviços ambientais, tendo como possíveis causas a complexidade técnica do desenvolvimento e aplicação de metodologias de mensuração, além do próprio pioneirismo das iniciativas já existentes, *(ii)* os altos níveis de custo de transação associados ao diagnóstico, estruturação e implementação dos programas, *(iii)* a insuficiência de recursos humanos e financeiros, especialmente na fase posterior à adesão, o que pode vir associado a *(iv)* sistemas de monitoramento insuficientes, além de *(v)* riscos de descontinuidade e de insegurança jurídica, notadamente por se tratarem, na maioria dos casos, de projetos-piloto, sujeitando-se a alterações de orientações políticas e a deficiências da legislação que lhes confere sustentação jurídica (LAVRATTI, 2014, pp. 97-118).

EPÍLOGO

PAGAMENTO POR SERVIÇOS AMBIENTAIS (PSA) E PRAGMATISMO JURÍDICO NA ELABORAÇÃO DA LEGISLAÇÃO AMBIENTAL: REFLEXÕES INICIAIS

Com as discussões formuladas nos Capítulos anteriores, espera-se ter sido atendido o objetivo geral proposto para o presente trabalho, no sentido de apresentar alguns dos principais *elementos* que contribuem para a compreensão do Pagamento por Serviços Ambientais, como um dos instrumentos jurídicos de tutela do meio ambiente no contexto brasileiro. Deveras, seja para concordar ou discordar dos resultados até aqui apontados, não parece despropositado afirmar que a investigação acerca do cabimento (e utilidade) do Pagamento por Serviços Ambientais no ordenamento jurídico nacional está intimamente relacionada a discussões sobre *(i)* a sua compatibilidade com as premissas que conformam o meio ambiente como bem jurídico constitucionalmente protegido (vide Capítulo 1), *(ii)* os fundamentos teóricos a partir dos quais se justifica e apoia o PSA como instituto jurídico (vide Capítulo 2), *(iii)* os aspectos técnicos que conduzem à sua conceituação, caracterização e sistematização (vide Capítulo 3), além da *(iv)* identificação e descrição de experiências práticas que indicam sua efetiva aplicação e, no âmbito nacional, também revelam o marco legal que vem conferindo sustentação jurídica a iniciativas já implantadas (vide Capítulo 4).

Entretanto, é necessário reconhecer e ter em mente que tais elementos gerais constituem apenas o *ponto partida* do interesse (acadêmico e prático) acerca do Pagamento por Serviços Ambientais. É por isso que a identificação do PSA, como (mais) um dos instrumentos de tutela jurídica do meio ambiente, traz para o debate outros temas que afetam diretamente o conteúdo do regime jurídico que incide sobre o Pagamento por Serviços Ambientais, envolvendo repercussões até mesmo em campos do direito que sequer seriam percebidas por aqueles que restringirem seu enfoque às questões tipicamente relacionadas à legislação ambiental.

Embora de modo ainda bastante insipiente, já surgem na literatura especializada iniciativas nessa direção. Assim, por exemplo, no direito tributário, já foi proposta a discussão sobre o (des)cabimento da incidência do Imposto sobre Serviço de Qualquer Natureza – ISSQN em relação aos pagamentos diretos recebidos pelos participantes de programas de PSA (PLAZA; SANTOS, 2010, p. 1.507). No campo do direito administrativo, também é possível vislumbrar pontos de conexão, notadamente quanto às formalidades procedimentais a serem observadas para a regular seleção dos participantes que recebem pagamentos diretos com recursos públicos, bem como a formatação da relação contratual entre os entes estatais e os administrados que integram programas de PSA.[222] As despesas relacionadas a programas de PSA também podem motivar questionamentos jurídicos quanto à melhor forma de observância das normas de execução orçamentária de recursos públicos. Aliás, isso já ocorreu no âmbito do Programa Produtor de Água (vide item 4.2.2.), levando a Procuradoria-Geral da Agência Nacional de Águas – ANA (PGANA, 2007) a emitir parecer jurídico esclarecendo que, por não se tratar de programa de natureza assistencialista, não haveria a necessidade de edição de lei específica para a destinação dos recursos previstos naquela iniciativa de PSA, sem que isso afronte a Lei de Responsabilidade Fiscal (LCF n. 101/00, art. 26). Até mesmo no âmbito do

222 Uma das discussões possíveis nesse campo diz respeito, por exemplo, à necessidade de realização de procedimento licitatório, em alguma das modalidades previstas na Lei Federal n. 8.666/93, para a definição dos contemplados com pagamentos diretos. Além disso, notadamente com o advento da Lei Federal n. 13.309/14, nas iniciativas de PSA conduzidas por entidades da sociedade civil em colaboração com o Poder Público, também é possível cogitar sobre a necessidade de realização de Chamamento Público e das formalidades inerentes a tal instrumento (art. 23)

direito internacional, é possível que ocorram repercussões relacionadas ao regime jurídico atribuído a programas de PSA, como na hipótese de os pagamentos diretos serem (juridicamente) considerados uma forma de subsídio governamental a determinado setor produtivo (por exemplo, no caso de iniciativas de PSA que remunerem produtores rurais), o que poderia motivar o argumento de que se estaria diante de interferência indevida na formação das condições de competitividade do comércio internacional de certos produtos.[223]

A completa identificação e o aprofundamento da abordagem de cada um desses desdobramentos é tarefa que certamente extrapola os limites e objetivos propostos para este trabalho e, considerada a novidade do assunto na doutrina nacional, sequer seria prudente supor a possibilidade de esgotar aqui todos os aspectos a eles relacionados. De outra parte, também não parecia adequado simplesmente concluir as ideais lançadas neste Livro, silenciando sobre o fato de que se está diante apenas do *ponto de partida* para os debates jurídicos acerca do PSA. Não destacar essa circunstância significaria desperdiçar a oportunidade de estimular a realização de novos estudos, destinados ao debate de temas que, embora estejam (também) relacionados ao PSA, frequentemente não são abordados pela doutrina do Direito Ambiental como disciplina jurídica especializada.

Por isso, sob a forma de Epílogo, propõe-se apontar especificamente a relevância de um desses temas: trata-se da necessidade de refletir sobre a própria atividade de formulação da legislação ambiental brasileira, notadamente quanto à escolha e à modelagem[224] dos instrumentos jurídicos por meio dos quais se busca concretizar o direito ao meio ambiente ecologicamente equilibrado. Dito de outro modo, uma vez constatado que o sistema legal brasileiro contempla ampla gama de instrumentos jurídicos distintos em matéria ambiental

223 Essa preocupação é expressamente relevada no Manual Operativo do Programa Produtor de Água (ANA, 2012, p. 12), ao explicitar que: "entende-se que o modelo de PSA adotado [no Programa Produtor de Água] seja um instrumento que recompensa os produtores rurais que mantêm ou ampliam os serviços ecossistêmicos, não se constituindo em um subsídio agrícola posto que o pagamento é proporcional ao serviço ambiental prestado".

224 O termo "modelagem" é aqui empregado para designar o conteúdo específico atribuído a determinado instrumento jurídico no bojo da legislação ambiental. Assim, quando se tratar de instrumentos repressivos, como no caso de multas ambientais administrativas, a "modelagem" diz respeito, por exemplo, a aspectos relativos às condutas que serão tipificadas, aos valores das multas previstas, etc. Nesse mesmo contexto, quando se tratar de instrumentos promocionais, como no caso de programas de Pagamento por Serviços Ambientais (PSA), a "modelagem" diz respeito, por exemplo, aos serviços ambientais que se pretende estimular, aos beneficiários do programa, à forma, periodicidade e prazo dos pagamentos diretos, etc.

(vide item 3.4.), embora todos estejam teoricamente voltados à consecução dos mesmos objetivos, passa a ser relevante o debate acerca do(s) critério(s) adotado(s) para escolher entre a utilização de programas de Pagamento por Serviços Ambientais (PSA) ou de outros mecanismos (repressivos ou promocionais), ou da combinação entre mais de um deles, na formulação da legislação. Desde logo se esclareça que não há qualquer pretensão de esgotar a discussão quanto a este tópico específico, pelas razões já indicadas acima, de modo que a abordagem adiante realizada deve ser compreendida apenas e tão somente como uma proposta de reflexão inicial (e, portanto, incompleta), destinada a constatar que, tomando como ponto de partida o reconhecimento do PSA como instrumento jurídico de tutela do meio ambiente, é possível (e pertinente) enfrentar discussões relevantes para a formatação do conteúdo de seu regime jurídico, o que também envolve sua relação com as demais estratégias (instrumentos) admitidas pelo sistema legal brasileiro.

Assim como em outros momentos deste trabalho (vide item 2.1.), a Teoria do Direito é aqui utilizada como subsídio inicial. Para tanto, retomam-se dois elementos-chave que caracterizam o positivismo jurídico como tradição teórica dominante (e principal fonte de refutação doutrinária) no direito brasileiro: *(i)* a teoria da interpretação não-criativa e a *(ii)* teoria formalista do direito. Espera-se que a identificação da influência de cada um desses postulados do positivismo (e das consequentes propostas de refutação) possa auxiliar na reflexão aqui proposta, que aponta para a atenção demasiado tímida que os juristas[225] em geral (na academia ou não) têm conferido para o tema relativo aos critérios que orientam a escolha entre os diversos instrumentos jurídicos de tutela do meio ambiente, nos quais se inclui o PSA, na formulação da legislação ambiental.

O primeiro desses aspectos resulta do método próprio que costuma ser atribuído à concepção juspositivista, que se restringe à mera descrição do fenômeno jurídico, tendo como consequência a limitação da atividade do jurista à pura interpretação declarativa (mecânica) da norma jurídica, daí porque ser conhecido como o postulado positivista da interpretação não-criativa do

225 O termo "jurista" é aqui empregado em sentido amplo, para designar todos os campos de atuação do profissional do Direito, desde a produção e discussão do conhecimento jurídico (doutrina jurídica), até as carreiras jurídicas propriamente ditas.

Direito.[226] Trata-se, portanto, essencialmente, de um modo de abordagem do fenômeno jurídico que restringe o campo de atuação do jurista ao momento da interpretação/aplicação da legislação já produzida.

A principal consequência percebida (e combatida) dessa orientação positivista ocorre na atuação do Poder Judiciário, na medida em que a rígida aplicação desse postulado reduz significativamente (ou, mesmo, exclui completamente) qualquer função criativa (ou constitutiva) da atividade judicial, posto que o juiz teria seu papel limitado à aplicação mecânica (acrítica) de normas jurídicas, as quais teriam seu conteúdo estabelecido não apenas de modo prévio, mas também completo e irrefutável. Diante desse contexto, era mesmo compreensível e esperado que a reação (refutação) à tese positivista da interpretação não-criativa do Direito surja e se desenvolva justamente em torno dos limites da atuação do Poder Judiciário. Tanto é assim que a discussão (da ampliação) do papel da atividade jurisdicional, notadamente no âmbito da concretização de direitos fundamentais, tem impulsionado verdadeira profusão de estudos doutrinários sobre temas como a colisão de direitos fundamentais (AMARAL, 2001), a teoria da decisão judicial (STRECK, 2012) e o ativismo judicial (RAMOS, 2010).

Talvez em razão da importância (simbólica e prática) que a refutação do postulado da interpretação não-criativa do Direito representa para as correntes teóricas que propugnam a superação do positivismo jurídico, como modelo teórico dominante, um efeito prático – colateral e menos percebido –

226 Reitere-se que as observações aqui apresentadas não estão necessariamente voltadas ao sentido como tais proposições são efetivamente formuladas no plano teórico pelo positivismo jurídico, mas como sua leitura (correta ou equivocada) tem sido apreendida e aplicada (e criticada) no âmbito da atuação concreta dos juristas (na academia ou não). Por exemplo, mesmo expoentes do positivismo jurídico, como Hans Kelsen (1987, p. 396), admitem expressamente que a atividade de interpretação das normas jurídicas envolve, em alguma medida, atos de vontade e escolha: "[...] na aplicação do Direito por um órgão jurídico, a interpretação cognoscitiva (obtida por uma operação de conhecimento) do Direito a aplicar combina-se com um ato de vontade em que o órgão aplicador do Direito efetua uma escolha entre as possibilidades reveladas através daquela mesma interpretação cognoscitiva". Para compreender uma afirmação como essa e, por conseguinte, o âmbito no qual se desenvolve a tese positivista da interpretação não-criativa do direito, seria necessário aprofundar, por exemplo, a análise da distinção kelseniana entre interpretação *como ato de vontade* e *como ato de conhecimento* (STRECK, 2014), o que nem sempre é realizado por aqueles que se dispõem a analisar (criticamente) a obra do referido autor e, certamente, extrapola os limites do presente trabalho. De todo modo, independentemente de ser ou não fruto de leitura equivocada daquilo que foi efetivamente proposto no plano teórico, o fato é que, em termos concretos, se disseminou entre os juristas a ideia (e a prática) de que o positivismo restringe a interpretação das normas jurídicas a uma atividade estritamente mecânica (não-criativa).

reside na circunstância de que a doutrina jurídica[227] tem se debruçado de forma quase exclusiva a temas relacionados ao momento da interpretação/aplicação da norma jurídica, notadamente no âmbito da atividade jurisdicional.[228] Dito de outro modo, é como se o interesse e o campo de atuação do jurista esteja (deva estar) efetivamente circunscrito a esse aspecto do fenômeno jurídico (interpretação/aplicação).

Entretanto, embora seja absolutamente razoável que a doutrina jurídica se dedique preponderantemente a problemas envolvendo as alternativas de interpretação/aplicação diante do texto de comandos normativos previamente existentes, isso não significa que o momento da elaboração dos textos legislativos[229] deva ser considerado um tema alheio à discussão e ao campo de investigação dos juristas. Ao contrário, pelo menos no que se refere aos debates que envolvem a escolha e a modelagem do (conjunto de) instrumento(s) jurídico(s) que será(ão) utilizado(s) na legislação destinada à concretização de determinado direito fundamental, como é o caso da tutela jurídica do meio ambiente, a atividade do jurista também pode se mostrar relevante, constituindo, por conseguinte, campo de estudo que deve interessar ao debate (inclusive, acadêmico) na área jurídica.[230]

Tratando do papel do jurista em tais situações (ou seja, na fase de elaboração dos textos legislativos), Alf Ross (2007, p. 379-380) assevera que, "por um lado, é um especialista em seu campo específico [...]; por outro lado, ele é quem, amiúde, depois que os especialistas fizeram conhecer sua opinião,

227 O termo "doutrina jurídica" é aqui empregado em sentido amplo, abrangendo não apenas os estudos relativos à dogmática jurídica propriamente dita, mas também a produção e discussão do conhecimento sobre os diversos aspectos do fenômeno jurídico, em seus mais variados momentos (elaboração, interpretação, aplicação e revisão da legislação).

228 Certamente há outros fatores que conduzem a essa concentração da produção doutrinária em torno da atividade judicial, incluindo até mesmo questões mais prosaicas, como o fato de ser a atuação perante o Poder Judiciário o único local no qual a atuação (ainda) é exclusiva de profissionais com formação jurídica formal.

229 O termo "elaboração de textos normativos" é aqui empregado em sentido amplo, abrangendo não apenas a edição de diplomas legais para temas que anteriormente não eram juridicamente regulados, mas também o debate acerca da manutenção ou revisão de um texto legal já existente.

230 Deixe-se explicitado, porém, que a constatação de ser (também) tema de interesse da doutrina jurídica não implica a assertiva de que apenas aos juristas é que incumbem as discussões sobre a "elaboração de textos normativos", nem sequer que os juristas desempenham um papel de primazia nesse contexto. Trata-se, inevitavelmente, de atividade política e interdisciplinar, característica que marca, inclusive, a concepção alargada que assume o meio ambiente na Constituição Federal de 1988 (vide item 1.2.6.), para qual a doutrina jurídica pode prestar sua contribuição.

pesa e estima todas as considerações e alcança a formulação que integra de melhor maneira todos os componentes motivadores", além do que também é normalmente responsável pela "[...] formulação linguística da decisão (a qual, que se diga de passagem, dificilmente pode ser separada da própria decisão), numa linguagem jurídica aceitável e que se harmoniza com o corpo de normas existente".[231]

É justamente nesse sentido e contexto, pouco explorado pela doutrina jurídica em geral (inclusive, no Direito Ambiental), que desponta a importância para os programas de Pagamento por Serviços Ambientais (PSA). Na medida em que se compreende que o jurista também desempenha papel relevante no momento da elaboração da legislação ambiental, passa a interessar ao campo de investigação doutrinária a reflexão acerca do(s) critério(s) que devem nortear a indicação da escolha e composição legislativa diante dos diversos instrumentos jurídicos (repressivos e promocionais), entre os quais o Pagamento por Serviços Ambientais (PSA), destinados a algum campo específico da tutela jurídica do meio ambiente.

Mas a (re)condução da investigação da doutrina jurídica (também) para o momento da elaboração de textos normativos é apenas uma das facetas da reflexão inicial que aqui se propõe. Outro aspecto que se afigura igualmente relevante diz respeito ao enfoque que interessa ao jurista e o consequente ferramental teórico (e metodológico) de que a doutrina jurídica dispõe para a realização de tal tarefa. Dito de outro modo, não é suficiente reconhecer que a doutrina jurídica deva se interessar pelo momento da elaboração legislativa, sendo pertinente também questionar de que modo (i.e., qual o enfoque e com quais ferramentas teóricas) essa tarefa é realizada.

231 A obra de Alf Ross, inclusive, dedica-se a investigar esse campo de atuação do jurista, para o qual foi atribuída a denominação de "política jurídica". Segundo o referido autor, "[...] a política jurídica não é determinada por um objetivo específico, mas por uma técnica específica: abarca todos os problemas práticos que surgem do uso, para o atingimento de objetivos sociais, da técnica do direito, em particular da legislação". De mais a mais, ao responder à indagação sobre qual "[...] o lugar reservado à específica política jurídica como esfera de competência dos juristas", o autor esclarece que não se pode entender que "[...] o jurista deve limitar-se estritamente a problemas técnico-jurídicos [...] deixando todas as demais questões aos outros especialistas". Ao contrário, "[...] sua tarefa consiste em ser árbitro dos especialistas", tomando-se a cautela, entretanto, para não cair no risco de "[...] uma crença romântica na função oracular do jurista como porta-voz da consciência jurídica da nação", evitando a atitude de, "[...] sob a aparência de uma cautelosa objetividade, preencher essa casca vazia com suas próprias aspirações pessoais de reforma social" (ROSS, 2007, pp. 275-285).

Também quanto ao ponto, não parece despropositado identificar a influência do positivismo jurídico como concepção teórica dominante, notadamente a postura estritamente formalista que assume diante do fenômeno jurídico. Trata-se da tese da separação entre moral e direito, central na construção teórica do positivismo jurídico.[232] A aplicação rígida desse postulado levaria a restringir o papel do jurista à investigação de temas relacionados à validade do Direito, numa perspectiva eminentemente formal (a partir do modo como é produzido e não de seu conteúdo). De outra parte, a reação (refutação) ao formalismo positivista geralmente se faz pela proposta de (re)inserção de aspectos não-formais quanto ao conteúdo e aplicação das normas jurídicas, alegadamente decorrentes de valores morais, éticos, de justiça etc., que estão (ou deveriam estar) explícita ou implicitamente contidos no ordenamento jurídico. Como resultado desse processo teórico de afirmação (e refutação) do formalismo positivista, frequentemente as discussões na doutrina jurídica brasileira (e o enfoque nas análises realizadas por juristas) se restringem ao embate *justiça-validade* das normas jurídicas.

É justamente a partir da revisão das características atinentes às principais correntes teóricas que permeiam a formação do pensamento jurídico predominante – o jusnaturalismo e o juspositivismo – que se pode identificar a posição de destaque que o *embate justiça-validade* assumiu na tradição jurídica brasileira. Na síntese apresentada por Norberto Bobbio (2008b, p. 54), o Direito Natural "reduz a validade à justiça",[233] enquanto o Positivismo Jurídico "reduz a justiça à validade".

232 Também aqui a afirmação é realizada não necessariamente no sentido em que tal distinção positivista (entre direito e moral) é efetivamente proposta em termos teóricos. O aprofundamento do tema demandaria, pelo menos, abordar a distinção kelseniana entre direito e ciência do direito, pois, como lembra Lênio Streck (2014), "[...] Kelsen não separou o direito da moral e, sim, a ciência do direito da moral". Para o objetivo aqui exposto, entretanto, o que interessa é como a separação entre direito e moral é geralmente percebida (e praticada) em termos concretos pelos juristas (da academia ou não).

233 O jusnaturalismo tem em sua base o pressuposto da existência de um direito anterior a toda lei positiva humana (GUIMARÃES, 1991, p. 211), que seria capaz de "[...] revelar o que é justo ou injusto de modo universalmente válido" (BOBBIO, 2008b, p. 56). Tais pressupostos de justiça deveriam "[...] preferir às leis positivas que lhes forem contrárias; [de modo que] o direito natural deve sempre prevalecer sobre o direito positivo" (RADBRUCH, 1997, p. 62). É certo que também o jusnaturalismo comporta diversas vertentes teóricas, cujo aprofundamento desborda os objetivos deste trabalho. Para a reflexão aqui proposta, assim como anteriormente já se indicou em relação ao positivismo jurídico, importa o modo como o jusnaturalismo é percebido (e aplicado) pelos juristas em termos concretos, o que geralmente conduz à ideia de que, à luz do Direito Natural, somente poderia ser considerada juridicamente válida uma norma que, para além do preenchimento de requisitos formais, fosse consentânea com a justiça e a moral.

Já nas últimas décadas, "a superação histórica do jusnaturalismo e o fracasso político do positivismo abriram caminho para um conjunto amplo e ainda inacabado de reflexões acerca do Direito" (BARROSO, 2012), marcado pelo desenvolvimento de correntes teóricas pós-positivistas e que se reúnem, na expressão indicada por Dimitri Dimoulis (2006, p. 87), sob o rótulo de *moralismo jurídico*, o qual "[...] faz depender o reconhecimento da validade das normas jurídicas e sua interpretação de elementos vinculados a valores (e correspondentes mandamentos) de origem moral". Embora concentrem propostas teóricas que não sejam completamente convergentes, o que as aproxima é justamente a refutação do postulado positivista da estrita separação entre direito e moral. Dito de outro modo, a superação do positivismo jurídico se daria pela "[...] relativização do direito escrito que, no caso concreto, pode e deve ser relativizado se não for razoável (e, porque não dizer, justo)", sendo que tais valorações morais e éticas "[...] são operacionalizadas por princípios jurídicos, incorporados expressa ou implicitamente às constituições nacionais e não por um direito natural metafísico, característico do jusnaturalismo" (GICO JR., 2010, p.13).[234] Para além de outros aspectos relevantes, não parece despropositado identificar que, não obstante se destine à superação da distinção direito-moral, o discurso teórico das correntes pós-positivistas que integram o moralismo jurídico continua a enfocar (restringir) a análise doutrinária ao embate justiça-validade da norma jurídica (e do próprio ordenamento jurídico).

Não parece haver dúvidas (e nem se propugna isso) que o debate acerca da validade e da justiça das normas jurídicas ocupa (e deve ocupar) posição de destaque nas discussões realizadas pela doutrina jurídica. Entretanto, por mais relevante que seja, o embate justiça-validade não concentra ou

234 No atual contexto brasileiro, esse ideário teórico é assumido especialmente pelo denominado Neoconstitucionalismo, que, de acordo com Luís Roberto Barroso (2012, p. 15), é termo que vem sendo utilizado para designar "[...] um conjunto amplo de transformações ocorridas no Estado e no Direito Constitucional [...]", que resultou "[...] um processo extenso e profundo de constitucionalização do Direito", tendo como *marco histórico* a consolidação do Estado constitucional de Direito, como *marco filosófico* "a [...] centralidade dos direitos fundamentais e a reaproximação entre Direito e ética [...]", e como *marco teórico* a "[...] expansão da jurisdição constitucional e o desenvolvimento de uma nova dogmática da interpretação constitucional". A refutação à tese positivista da separação entre direito e moral está no centro da elaboração teórica dessa corrente doutrinária. Conforme aponta Daniel Sarmento (2012, p. 4), "ao reconhecer a força normativa de princípios revestidos de elevada carga axiológica [...] o neoconstitucionalismo abre as portas do Direito para o debate moral".

esgota todos os aspectos que compõem o fenômeno jurídico.[235] Como consequência dessa polarização – nem sempre adequadamente percebida – a doutrina jurídica frequentemente deixa em segundo plano outros aspectos do fenômeno jurídico, tão importantes quanto as discussões centradas na validade e na justiça em termos abstratos.

É o que ocorre notadamente com o âmbito da eficácia das normas jurídicas,[236] tema para o qual a doutrina jurídica nacional dedica atenção demasiadamente tímida, não raramente sendo abordado de forma pouco aprofundada e sistematizada (ao contrário, geralmente se restringe a opiniões lançadas a partir da mera intuição dos juristas), inclusive (ou especialmente) quando se propõe a refletir acerca dos resultados concretos produzidos pelos (ou os resultados que se pode esperar que produzam os) diversos instrumentos jurídicos que compõem a legislação ambiental, entre os quais o próprio Pagamento por Serviços Ambientais (PSA). O assunto passa praticamente despercebido nos manuais de Direito Ambiental, destinados à apresentação inicial e geral dessa disciplina especializada.[237] Da mesma forma, há poucos trabalhos monográficos que o abordam.[238] E não parece despropositado afirmar que, mesmo na análise de institutos jurídicos específicos e já inseridos na legislação ambiental há algum tempo, a produção doutrinária tem se concentrado de forma muito mais expressiva em aspectos relacionados à interpretação e avaliação (formal e moral) do conteúdo

235 Retomando a lição de Miguel Reale (2010, p. 511), a tradição jurídica ao longo da história revela que "[...] a estrutura do Direito é tridimensional, visto como um elemento *normativo*, que disciplina os comportamentos individuais e coletivos, pressupõe sempre uma dada *situação de fato*, referida a *valores* determinados". Ainda que nem sempre de modo explícito, é possível identificar que essa concepção tridimensional do fenômeno jurídico norteia as discussões travadas no âmbito da Teoria do Direito, as quais se desenvolveram em torno das categorias fundamentais *justiça* (relacionada a valores), *validade* (relacionada à norma) e *eficácia* (relacionada aos efeitos concretos produzidos). Em suma, conforme pontua Norberto Bobbio (2008b, pp. 45-46), "frente a qualquer norma jurídica podemos colocar uma tríplice ordem de problemas: 1) se é justa ou injusta; 2) se é válida ou inválida; 3) se é eficaz ou ineficaz".

236 O termo "eficácia" é empregado em vários contextos pela Teoria do Direito. Neste trabalho, é utilizado no sentido de eficácia social ou efetividade que, conforme pontua Patrícia Bianchi (2010, p. 264), "representa a realização do conteúdo normativo no plano dos fatos, ou a conformidade da conduta com a norma jurídica". Trata-se, portanto, da repercussão concreta da incidência da norma jurídica no plano fático.

237 Uma exceção é encontrada, por exemplo, na obra de Rômulo Sampaio (2012, pp. 335-385), que dedica um capítulo para refletir sobre a eficácia do Direito Ambiental.

238 Do que são alguns exemplos os livros de Vladimir Passos de Freitas (2005) e de Patrícia Bianchi (2010), além de iniciativas destinadas a identificar indicadores de aplicação e cumprimento da norma ambiental (CAPPELLI, 2007).

abstrato das normas jurídicas do que à investigação dos efeitos concretos por elas produzidos (ou que delas se possa efetivamente esperar).[239]

Como acima apresentado, a circunstância de a doutrina jurídica nacional restringir seu enfoque ao referido embate justiça-validade (e, consequentemente, relegar a segundo plano o debate e a investigação aprofundados e sistematizados sobre a eficácia das normas jurídicas) não é algo imperativo (necessário), mas apenas reflete as preocupações que estão na base dos discursos teóricos que tradicionalmente encontram ressonância no contexto brasileiro, tanto nas concepções predominantes (jusnaturalismo e juspositivismo) como nas recentes propostas de sua superação (moralismo jurídico, neoconstitucionalismo, etc.). Tanto é assim que, quando se verifica a tradição jurídica em alguns dos demais países ocidentais, notadamente naqueles que adotam o sistema da *common law* e especialmente nos Estados Unidos da América, é possível identificar que a reação às concepções tradicionais fez emergir na Teoria do Direito e refletir nas diversas disciplinas jurídicas especializadas (inclusive, no Direito Ambiental) movimentos que "colocaram em relevo a eficácia, mais do que a

239 Por exemplo, diversas são as obras doutrinárias dedicadas à interpretação e avaliação abstrata das normas jurídicas que disciplinam as sanções administrativas ambientais, com base nas quais, como se viu, é aplicada a maior parcela de multas administrativas (e nos valores médios mais elevados) no âmbito federal (vide item 2.2.2.1.). Entretanto, possivelmente com exceção de um trabalho recém-publicado (MJ, 2013), praticamente nenhum esforço doutrinário se concentra no fato e na investigação das razões (jurídicas) pelas quais, no ano de 2011, apenas 1,72% dos valores contidos em multas aplicadas pelo IBAMA foram efetivamente recolhidos aos cofres públicos (MJ, 2013, p. 319). O mesmo ocorre em relação a temas que despontam no âmbito judicial. A produção doutrinária é profícua na apreciação de aspectos interpretativos e discussões de conteúdo (formal e moral) de questões como a continuidade de ação penal ambiental, mesmo diante da celebração de Termo de Ajustamento de Conduta pelo réu (vide item 2.2.2.2.), mas muito pouco se debate sobre o (potencial) efeito jurídico concreto (positivo ou negativo) desse posicionamento jurisprudencial, por exemplo, para estimular (ou desestimular) o infrator a adotar desde logo medidas de reparação do dano ambiental. O mesmo se verifica em relação aos efeitos concretos que podem estar associados ao cumprimento (ou descumprimento) de alguma limitação administrativa ambiental específica, como no caso da Reserva Legal (tal como estava prevista na Lei Federal n. 4.771/65), cuja disciplina jurídica imporia a praticamente apenas uma parcela da população (proprietários de imóveis rurais) um "custo provável de duas vezes o PIB anual de todo o setor agropecuário, apenas com o plantio, sem considerar a perda da produção nas áreas reconvertidas", segundo Gerd Sparovek (*et alli*, 2010). Esgotar todos os aspectos dessas questões certamente não seria tarefa possível aqui, já que se propõe apenas uma reflexão inicial sobre o assunto. De todo modo, esses exemplos práticos (dentre vários outros possíveis) permitem constatar a relevância que a modelagem das normas jurídicas desempenha na produção de resultados concretos (eficácia) da legislação ambiental, bem como indicam a pertinência e necessidade da superação do embate abstrato justiça-validade (sem, obviamente, suprimi-lo) nas discussões travadas pela doutrina jurídica e na atuação dos juristas.

justiça ou a validade. Travam uma batalha em duas frentes: contra o jusnaturalismo, que teria uma concepção *ideal* do direito, e contra o positivismo em sentido estrito, que tem uma concepção *formal* do direito" (BOBBIO, 2008b, p. 62).

Embora tenha produzido correntes teóricas nem sempre convergentes, algumas inclusive incompatíveis entre si, a investigação (e aplicação) dos postulados desses movimentos teóricos, que enfocam a discussão em torno da eficácia do fenômeno jurídico, talvez auxilie não apenas nos momentos de interpretação/aplicação da norma jurídica já positivada, mas também contribua nas reflexões atinentes ao momento da própria elaboração da norma jurídica, notadamente diante da necessidade de se escolher entre múltiplos instrumentos jurídicos que, por meio de estratégias diferentes, podem, em tese, ser empregados para a concretização de um mesmo direito fundamental. Aplicando tal raciocínio especificamente à reflexão (inicial) ora proposta, aproveitar o direcionamento apresentado por correntes teóricas que apontam para além do embate que se restrinja ao binômio justiça-validade,[240] de modo a incluir também aportes teóricos direcionados preponderantemente à eficácia da norma jurídica, pode consubstanciar reflexão e abordagem úteis no momento da formulação da legislação ambiental, notadamente para as discussões concernentes à escolha entre a utilização de programas de Pagamento por Serviços Ambientais (PSA) ou de outros mecanismos (repressivos ou promocionais) destinados à tutela do meio ambiente.

É a partir desse cenário que pode despontar como pertinente a abordagem de alguns elementos que compõem o denominado *Pragmatismo (Jurídico)*, uma corrente teórica que, embora praticamente não tenha sido inserida na construção do discurso jurídico brasileiro, exerce forte influência na Teoria do Direito em outros países. A origem do Pragmatismo, tal como atualmente compreendido, remete ao final do século XIX, nos Estados Unidos da América, a partir das discussões realizadas num grupo de especulação filosófica conhecido como Clube Metafísico, tendo entre os seus principais expoentes iniciais Charles Sanders Pierce (1839-1914), William James (1842-1910), John Dewey (1859-1952) e Oliver Wendell Holmes Jr. (1841-1935). Após um período de efervescência durante a primeira metade do século XX, o Pragmatismo perdeu prestígio acadêmico no momento posterior à II Guerra Mundial, sendo

240 Não se trata, esclareça-se, de excluir ou desconsiderar a importância desses aspectos (justiça e validade) do fenômeno jurídico, os quais também lhe são inerentes, mas sim de (re)introduzir o aspecto *eficácia*, possivelmente o mais negligenciado na formação do pensamento jurídico que tradicionalmente predominou da doutrina nacional.

retomado e tendo se expandido desde os anos 1980, especialmente a partir dos trabalhos de Richard Rorty (1931-2007), de modo a atualmente servir de fonte de inspiração para acadêmicos de diversos países, onde influencia de maneira expressiva a concepção teórica aplicada a várias áreas do conhecimento (inclusive, o Direito).[241]

Na síntese apresentada por William James (1948, p. 94), um dos patronos dessa concepção teórica,

> o método pragmatista é, antes de tudo, um método de terminar discussões metafísicas que, de outro modo, seriam intermináveis. [...] O método pragmático nesse caso é tentar interpretar cada noção identificando as suas respectivas consequências práticas. Qual diferença prática faria para alguém se essa idéia/conceito [submetido à investigação/debate] for verdadeira? Se nenhuma diferença prática puder ser identificada, então as alternativas significam praticamente a mesma coisa, e a disputa é inútil.

Mais do que propriamente uma concepção filosófica, o Pragmatismo se propõe a fornecer um método que possa auxiliar a discussão e resolução de questionamentos filosóficos (mas não apenas destes), cuja matriz teórica é caracterizada, de acordo com Thamy Pogrebinschi (2006, p. 134), por três aspectos: *(i) antifundacionalismo*, que implica a rejeição de entidades metafísicas como fundamento do pensamento, que recusa a ideia de certeza e verdade como conceitos irrefutáveis e que adota a crítica como postura constante do pensamento; *(ii) instrumentalismo* (ou consequencialismo), que marca sua insistência em olhar para o futuro, em submeter todo debate ao teste das consequências futuras, as quais devem ser permanentemente antecipadas e *(iii) contextualismo*, apontando que as discussões devem levar em consideração o papel do contexto (político, social, religioso, científico, econômico etc.) no qual são realizadas, de modo que toda atividade de investigação deve enfatizar os fatos, atribuir relevância à concretude (efeitos práticos) e não perder de vista a noção de

241 Uma abordagem das origens e desenvolvimento do Pragmatismo, a partir da revisão do pensamento de seus principais expoentes, pode ser encontrada no livro de Michael Bacon (2012). Destaque-se, ainda, que, assim como ocorre com as demais concepções teóricas, o enquadramento de determinado autor como integrante ou não do movimento rotulado como Pragmatismo não é algo incontroverso na literatura especializada. Embora certamente relevantes em outros campos de análise, o aprofundamento dessa discussão não seria útil para a reflexão inicial do tema aqui proposto.

adaptação ao contexto e suas alterações. Em suma, sob o ângulo filosófico, conforme esclarece Dimitri Dimoulis (2006, p. 158), "define-se como pragmatista uma postura que rejeita a metafísica e o determinismo, mantém-se continuamente aberta à revisão do conhecimento e considera decisivos os efeitos práticos e a utilidade social do saber, sendo disposta a corrigir afirmações e teorias em razão de experiências práticas".

Obviamente que nem todas as questões presentes na concepção filosófica do Pragmatismo se aplicam (ou mesmo interessam) a todos os campos acadêmicos, mas isso não impede (não tem impedido) que o *tom pragmático* (POSNER, 2010, p. 20) seja aplicado e influencie os debates de outras áreas do conhecimento (que não a filosofia estritamente considerada).[242] É justamente a aplicação do referido *tom pragmático* no campo do Direito que origina e fundamenta o denominado Pragmatismo Jurídico.[243]

Nesse cenário, no que diz respeito ao campo jurídico, mais especificamente o posicionamento diante de cada uma das etapas fenômeno jurídico (*v.g.*, elaboração, interpretação, aplicação e revisão da legislação), desponta o "[...] pragmatismo entendido como uma disposição de basear as decisões públicas em fatos e consequências, não em conceitualismos e generalizações" (POSNER, 2012, p. 358).[244] Destarte, costuma-se relacionar o Pragmatismo Jurídico a "uma abordagem prática e instrumental, e não essencialista: interessa-se por aquilo que funciona e é útil, e não por aquilo que 'realmente é'", sendo que "o 'denominador comum' do pragmatismo é um 'instrumento voltado para o futuro', que busca

242 Apenas a título exemplificativo, a aplicação de postulados do pragmatismo no âmbito da Teoria Social e da Teoria Política é o tema enfrentado no livro publicado por Thamy Pogrebinschi (2005).

243 Sobre o tema, assim se manifesta Richard Ponser (2010, p. 3): "defendo que apelos ao pragmatismo para guiar a adjudicação e outros atos governamentais devem ter suas amarras cortadas da filosofia. [...] No entanto, os dois pragmatismos estão relacionados: o filosófico pode criar um clima receptivo para o cotidiano e tem algumas aplicações diretas no direito e na política". Na nomenclatura proposta pelo referido autor, isso implica compreender a distinção entre *pragmatismo filosófico* (ou seja, *na* filosofia) e *pragmatismo cotidiano* (em outras áreas, *a partir da* filosofia).

244 Deve-se reconhecer que, mesmo nos países onde encontra maior adesão, os debates em torno do Pragmatismo Jurídico estão frequentemente mais direcionados à atuação do Poder Judiciário e, portanto, ao momento da interpretação e da aplicação das normas jurídicas pelos juízes. Há diversas razões, inclusive de ordem cultural e das características do próprio sistema legal geralmente utilizado nesses países (*commom law*), que conduzem a esse cenário. Porém, isso não invalida a possibilidade e utilidade da discussão sobre a aplicação do Pragmatismo Jurídico também a outras etapas do fenômeno jurídico (inclusive, à elaboração dos textos normativos), mesmo em países que adotam sistemas legais diferentes (*civil law*), o que não é rechaçado pelos autores que tratam do tema.

empregar o pensamento como uma arma que possibilite ações mais eficazes", de modo que, no plano jurídico, "o pragmatismo mantém-se como antídoto para o formalismo. A ideia de que as questões jurídicas podem ser respondidas mediante a investigação da relação entre conceitos e, portanto, sem a necessidade de mais que um exame superficial da relação destes com o mundo dos fatos, é tão antipragmática quanto antiempírica" (POSNER, 2009, pp. 4, 418 e 421).

Diante da diversidade de fundamentos teóricos que os norteiam, José Eisenberg e Thamy Pogrebinschi (2002, p. 110 e 113) anotam que "o positivismo encontrou entre os seus vários oponentes surgidos no pós-guerra o pragmatismo jurídico", notadamente tendo em vista que

> o instrumentalismo pragmatista implica também uma abordagem do direito referida ao futuro, atenta às consequências e aos resultados de sua aplicação, ao passo que o positivismo jurídico se centra na idéia de um sistema auto-referenciado, que se reproduz a partir de um processo de criação e aplicação de normas, fiel apenas a critérios formais. Os conceitos e categorias do positivismo jurídico, assim como suas normas, são estáticos. Sua a-valoração, seu despimento de qualquer conteúdo valorativo material, permite revisão apenas de um ponto de vista formal. Para os pragmatistas as normas jurídicas devem ser pensadas em termos instrumentais: são contestáveis, revisáveis e mutáveis. Afinal, o conteúdo das decisões será determinado sempre de acordo com o contexto e as consequências em uma sociedade em constante evolução.

Compreendido nesses termos, o Pragmatismo Jurídico pode se revelar uma concepção teórica útil para que a doutrina jurídica conduza investigações e promova o debate acerca de elementos específicos do fenômeno jurídico, com um enfoque que não se restrinja à validade formal das normas jurídicas – típica do positivismo jurídico –, mas que se concentre no plano da eficácia (efetiva ou potencial) de instrumentos incorporados à legislação para a tutela de determinado bem jurídico. Entretanto, isso não significa que, assim como ocorre com as demais concepções teóricas, a proposta veiculada pelo Pragmatismo Jurídico não provoque reações e críticas, direcionadas à própria adequação da abordagem que seus postulados indicam para enfrentar problemas jurídicos.[245]

245 Tampouco implica assumir como adequadas todas as propostas teóricas e conclusões apresentadas pelos autores que se associam ao Pragmatismo Jurídico. Antes de adesão total, a referência ao Pragmatismo Jurídico deve ser tida como uma inspiração (ponto de partida) para a discussão em torno do papel da eficácia no processo de elaboração e modelagem da legislação ambiental.

Aqui interessam, especialmente, as seguintes críticas mais frequentes, no sentido de que o Pragmatismo Jurídico: *(i)* não teria *limites (ou conteúdo) moral*, sendo incapaz de tratar adequadamente desse que é um dos aspectos inafastáveis do fenômeno jurídico, *(ii)* teria a pretensão de assumir uma *postura fundante* do próprio Direito, no sentido de sustentar que o único aspecto que realmente interessaria às diversas etapas que compõem o fenômeno jurídico seria o exame das consequências práticas da aplicação das suas normas e *(iii)* além disso, seria *hostil a toda e qualquer teoria*. Embora pertinentes ao ponto de serem levadas em consideração, não parece despropositado concluir que, uma vez adequadamente compreendidas, tais críticas não refutam ou afastam a utilidade do Pragmatismo Jurídico como concepção teórica de investigação de problemas jurídicos, inclusive no que se refere à legislação ambiental. De outra parte, não se pode desconsiderar que tais críticas se revelam úteis, notadamente porque revelam alguns dos limites e limitações do Pragmatismo Jurídico.

Em relação ao primeiro questionamento apontado, até mesmo aqueles que, explicitamente, adotam e defendem essa concepção teórica reconhecem que o Pragmatismo (Jurídico) "[...] não tem valência política inerente" (POSNER, 2009, p. 415), de modo que é permeável às mais diversas orientações ideológicas, éticas, morais etc.[246] Isso de fato representaria um problema difícil de ser transposto, caso o Pragmatismo (Jurídico) se dispusesse a funcionar como uma teoria prescritiva das relações travadas na sociedade e disciplinadas por meio do Direito, no sentido de pretender fornecer elementos (previamente verdadeiros) para a realização de juízos de valor sobre o que é certo ou errado em termos políticos, éticos, morais, jurídicos etc. Mas não é isso o que propõe o Pragmatismo Jurídico. É bem verdade que sua característica central reside na defesa da ênfase do debate e da investigação das consequências (potenciais ou efetivas) das normas jurídicas (plano da eficácia), mas isso é algo bastante diferente de considerar que o Pragmatismo (Jurídico) esteja comprometido (moralmente, eticamente, politicamente etc.) com as consequências práticas decorrentes do processo de formulação/aplicação de normas jurídicas em determinada situação ou que

246 Essa afirmação não deve ser mal compreendida, no sentido de que se considera o Pragmatismo (Jurídico) uma abordagem (moralmente, eticamente, politicamente etc.) neutra. Muito ao contrário, tendo em vista sua postura antifundacional e contextual, o Pragmatismo desconfia da própria noção de neutralidade.

considere tais consequências (moralmente, eticamente, politicamente etc.) positivas ou negativas simplesmente por terem ocorrido (ou porque possam vir a ocorrer). Como alertam José Eisenberg e Thamy Pogrebinschi (2002, p. 111), o Pragmatismo Jurídico "[...] não pretende ser uma teoria do direito, mas uma teoria sobre como fazer teoria. Os embates dos pragmatistas com quaisquer outras matrizes teóricas tendem a se firmar não tanto num nível conceitual, mas no domínio da prática jurídica [...]", de modo que sua única pretensão prescritiva (se é que assim pode ser qualificada) reside na circunstância de o Pragmatismo Jurídico considerar incompleta (inadequada) qualquer investigação ou reflexão da doutrina jurídica que desconsidere os resultados concretos efetivamente produzidos (ou que possivelmente sejam produzidos) a partir da escolha do legislador (momento da elaboração) ou da atuação do aplicador (momento da interpretação e aplicação) diante de determinada norma jurídica.

Compreendido que não contempla aspirações prescritivas, como acima indicado, também não se sustenta a alegação de que o Pragmatismo (Jurídico) teria a pretensão de se apresentar como fundamento último do Direito, no sentido de que apenas as consequências práticas (e não aspectos relacionados à validade e à justiça) das normas jurídicas seriam relevantes para as investigações e debates promovidos pela doutrina jurídica. Também, aqui, afirmar que a elaboração e aplicação de normas jurídicas não pode prescindir do exame de suas (efetivas e potenciais) consequências práticas, o que não deve ser confundido com a inadequada generalização de que apenas o exame dessas consequências é que teria relevo para o jurista. Obviamente que as questões atinentes à validade formal e ao conteúdo valorativo (ligado a ideais de moral, justiça etc.) das normas jurídicas são fatores de extrema relevância para a doutrina jurídica e isso não é negado pelo Pragmatismo (Jurídico), havendo abordagens teóricas certamente mais adequadas para promover tais análises em termos abstratos. Nesse contexto, "o grande valor do pragmatismo reside em prevenir o encerramento prematuro dos debates [...]" (POSNER, 2009, p. 419), o que fatalmente ocorre quando a investigação e discussão em torno das medidas propostas na etapa da elaboração de normas jurídicas têm sua análise restrita a considerações formais (de validade) ou abstratas (de moralidade ou justiça), mas não promovem o exame acerca da viabilidade prática de se alcançar os resultados esperados (ou seja, da eficácia). Dito de outra forma, ao invés de negar relevância para as investigações acerca da validade ou da justiça de normas jurídicas, o que o Pragmatismo Jurídico preconiza é o aprofundamento de tais debates, por meio da inclusão (no sentido de adição) do já mencionado exame das (efetivas ou potenciais) consequências práticas.

Por fim, outra objeção frequentemente apresentada em face do Pragmatismo (Jurídico) seria a sua suposta hostilidade a toda e qualquer forma de teoria. Realmente, como decorrência dos elementos que integram suas características centrais, o Pragmatismo (Jurídico) é refratário a posicionamentos teóricos que buscam construir suas investigações a partir de elementos meramente formais ou especulativos (i.e., desvinculados das repercussões concretas dos fatos que envolvem) ou que se proponham a fornecer respostas irrefutáveis e imutáveis (i.e., que sejam avessas ao exame crítico e às transformações do contexto no qual são desenvolvidas). Mas isso não significa que o Pragmatismo Jurídico seja "[...] hostil a toda teoria. De fato, é mais hospitaleiro a algumas formas de teoria do que o é o formalismo legal, a saber, teorias que guiam a investigação empírica" (POSNER, 2010, p. 47). E nem poderia ser diferente, na medida em que, como antes destacado, o Pragmatismo Jurídico não se apresenta propriamente como uma Teoria do Direito, mas sim como um método (uma teoria) que auxilia na justificação e desenvolvimento de outras abordagens teóricas. Na realidade, ao contrário do que essa crítica sugere, o Pragmatismo Jurídico é mais receptivo a propostas de abordagens teóricas do fenômeno jurídico que seriam prontamente descartadas por concepções de Teoria do Direito que estejam associadas ao positivismo jurídico e até mesmo ao moralismo jurídico. Afinal de contas, embora o tom pragmático aponte o direcionamento conferido às investigações e debates da doutrina jurídica, o Pragmatismo (Jurídico) não dispõe de (nem fornece o) ferramental técnico que pode subsidiar o jurista na discussão acerca das (efetivas ou potenciais) consequências de determinada norma jurídica, o qual se desenvolve em outras áreas do conhecimento, demandando uma abertura da doutrina jurídica à interdisciplinaridade. Dito de outro modo, o Pragmatismo Jurídico é fonte de estímulo (e não de hostilidade) para que as investigações e debates realizados pela doutrina jurídica dialoguem com outras áreas do conhecimento, que também estejam direcionadas à investigação das repercussões práticas verificadas (ou que podem ser verificadas) a partir da forma como sistemas de incentivos à adoção ou rejeição de determinados comportamentos (como é o sistema jurídico) são modelados.[247]

O que vem sendo dito em relação ao Pragmatismo (Jurídico) em geral também encontra ressonância (teórica e prática) diante de temas que envol-

247 É esse contexto que está na base, por exemplo, da frequente associação entre a abordagem proposta pelo Pragmatismo Jurídico (como fundamento teórico) e a utilização da Análise Econômica do Direito – AED (como ferramental técnico) no âmbito da Teoria do Direito. Em linhas gerais, a AED propõe o emprego das ferramentas técnicas da Economia – entendida como "a ciência que estuda o comportamento humano como uma relação entre fins e meios escassos que possuem usos alternativos" (ROBBINS, 1945, p. 16) – para investigar as (efetivas ou potenciais) consequências decorrentes da aplicação de sistemas legais. Isso na medida em que, conforme apontam Robert Cooter e Thomas Ulen (2010, p. 25), "[...] podemos dizer que a economia fornece uma teoria comportamental para prever como as pessoas reagem às leis". Nesse sentido, na definição proposta por Márcia Ribeiro (2009), a AED consiste na "aplicação da teoria econômica (seu método) para o exame da formação, estruturação e impacto da aplicação das normas e instituições jurídicas". Embora se trate de disciplina já consolidada na tradição jurídica de muitos países e que desperta crescente interesse na doutrina nacional, a AED ainda enfrenta bastante resistência na academia, por vezes, fruto da incompreensão de suas noções básicas. Por exemplo, no que se refere à sua aplicabilidade a temas que não estão associados à noção tradicional de mercado e que não envolvam diretamente recursos monetários (ou bens que possam ser monetariamente representados), na medida em que "[...] havendo escolhas para analisar, existe a possibilidade de aplicar a Economia [...], pois "o que verdadeiramente interessa à Economia é perceber quais os incentivos a que as pessoas reagem e como é que lhes reagem: o fato de esses incentivos serem, ou não, monetários é irrelevante" (RODRIGUES, 2007, pp. 34 e 37). Além disso, também nem sempre está adequadamente presente a compreensão de que a AED não busca atribuir ao método econômico um caráter fundacional, no sentido de "[...] que o Direito possa ser reduzido à Economia, e que as categorias jurídicas tradicionais (como direitos subjetivos, deveres jurídicos, culpa, negligência, etc.) possam ser substituídas por categorias econômicas" (SALAMA, 2008b, p. 52). De mais a mais, a literatura especializada reconhece com tranquilidade que, assim como ocorre com qualquer ferramental técnico, a AED também tem limites e limitações, sendo que a hipótese de que sua utilização "possa dar respostas definitivas para dilemas normativos é 'ridícula'", pois sua pretensão se restringe a "iluminar problemas jurídicos" e "apontar as implicações das diversas possíveis escolhas normativas" (SALAMA, 2008a, p. 5-6). Tomada nesse sentido, a proximidade com a proposta contida no Pragmatismo Jurídico se evidencia, já que também a AED busca contribuir para retirar "[...] as consequências do fenômeno jurídico da periferia, trazendo-as para o centro do debate" (SALAMA, 2008b, p. 53), de modo que seu enfoque se concentra no âmbito da eficácia das normas jurídicas. Em razão do caráter meramente inicial da reflexão aqui proposta, certamente não é o caso de avançar na análise das diversas ferramentas técnicas da Economia que podem ser utilizadas conjuntamente com a doutrina jurídica (v.g., custos de transação, racionalidade limitada e assimetria informacional, comportamento oportunista e efeito carona, análise custo-benefício, falhas de mercado e de governo, problemas agente-principal, teoria dos jogos, economia comportamental etc.). De todo modo, dada a proximidade de enfoque, é possível antever que o aprofundamento da abordagem proposta pelo Pragmatismo Jurídico para problemas envolvendo legislação ambiental (inclusive, no que se refere ao PSA) possa implicar também o aprofundamento da discussão acerca da (im)pertinência e (in)utilidade da aplicação da AED para essas mesmas questões.

vam especificamente questões de legislação acerca do meio ambiente. É dizer que, na literatura especializada, é possível identificar posicionamentos que vislumbram e propugnam a aplicação do Pragmatismo (Jurídico) para enfrentar problemas de (legislação) ambiental. Diante disso é que surge – inicialmente na Filosofia e, gradativamente, em outras áreas do conhecimento – o que ficou conhecido como *Pragmatismo Ambiental* ou *Ecopragmatismo*, termo empregado para designar, na definição apresentada por Andrew Light e Eric Ktaz (1996, p. 2), a postura "[...] aberta a problemas específicos da vida real na relação da humanidade com o meio ambiente". Ao transcender o enfoque meramente abstrato, que tradicionalmente marca a especulação filosófica, o Ecopragmatismo se apresenta, no entendimento de Robert Talisse e Scott Aikin (2008, p. 165), como uma abordagem teórica que "[...] claramente tem aplicação para muitas questões da contemporânea filosofia ambiental, uma vez que seus métodos são direcionados para muitas das preocupações relativas a políticas públicas, valores e as consequências das ações humanas".

Assim como ocorre em termos gerais, também quando aplicado especificamente a situações relativas ao meio ambiente, nem todas as questões presentes na concepção filosófica do Pragmatismo (Ambiental) se aplicam (ou mesmo interessam) a todos os campos acadêmicos. Mas também aqui isso não impede (não tem impedido) que o *tom pragmático* seja aplicado e influencie os debates de outras áreas do conhecimento (que não a filosofia estritamente considerada), de modo que os postulados do Ecopragmatismo sejam utilizados como método (teoria) de abordagem, inclusive, para a formulação de políticas públicas ambientais, nela incluído o momento de elaboração da própria legislação que trata da tutela do meio ambiente.[248] No direito comparado, a proposta de aplicação da abordagem pragmatista para o Direito Ambiental é explicitamente formulada por Daniel Faber (1999), a partir do qual vários outros trabalhos na mesma direção vêm sendo escritos por outros juristas.[249]

Diante das ideias acima lançadas, é o momento de retomar o tema central da reflexão inicial que aqui se propõe. Obviamente que não há resposta única

248 Especificamente no que se refere ao Ecopragmatismo, a utilização do termo na própria Filosofia e em outros campos do conhecimento é assinalada por Andrew Light (1996, p. 171). Mencionado autor propõe a distinção entre os usos *filosófico* e *metafilosófico* do pragmatismo, na mesma direção da diferenciação apresentada por Richard Posner (nota n. 243) entre pragmatismo *filosófico* e *cotidiano*.

249 Entre os quais, exemplificativamente, indicam-se os trabalhos de Mary Angelo (2006), Lisa Heinzerling (2000), Sidney Schapiro (2008), Christofer Schroeder (2003), J. B. Ruhl (2003), entre outros.

ou definitiva, notadamente em razão das especificidades do meio ambiente como bem juridicamente protegido, tornando a discussão sobre o tema ainda mais desafiadora. De todo modo, não é despropositado considerar que a adoção de postulados do Pragmatismo Jurídico possivelmente pode auxiliar a doutrina jurídica a compreender que, para a consecução de cada objetivo específico de tutela do meio ambiente, a opção adotada no bojo da legislação ambiental, entre a utilização de programas de Pagamento por Serviços Ambientais ou de outros instrumentos jurídicos (repressivos ou promocionais), terá mais possibilidade de ser adequadamente realizada se o debate não se limitar a aspectos eminentemente formais (de validade) ou à discussão de valores (morais, de justiça etc.) no plano meramente abstrato, mas estiver comprometida com a identificação e avaliação dos resultados concretos que realmente se pode esperar que ocorram em razão da aprovação ou revisão de algum diploma legal numa determinada modelagem, conferindo destaque para o plano da eficácia das normas jurídicas.

Para tanto, parece ser conveniente e oportuno incentivar que as investigações e discussões da doutrina jurídica em torno do tema adotem as características que formam a matriz teórica do Pragmatismo Jurídico, privilegiando a postura que seja *(i) antifundacionalista*, mantendo-se aberta a efetivamente considerar todos os pontos de vista teóricos que se apresentarem para o debate no processo de elaboração da legislação ambiental e rejeitando concepções que se proponham a fornecer verdades apriorísticas e irrefutáveis, *(ii) contextualista*, no sentido de que não tome os objetivos de tutela do meio ambiente – e os instrumentos destinados a implementá-los – como algo isolado e desconectado do contexto (social, cultural, econômico etc.) no qual a legislação será aplicada, nem desvinculado da concretização de outros direitos que também encontram esteio no texto constitucional, *(iii) instrumentalista*, de modo a não perder de vista que a escolha entre as várias possibilidades de modelagem dos instrumentos jurídicos de tutela do meio ambiente somente pode ser adequadamente realizada levando em consideração as diferentes consequências práticas (potenciais ou efetivas) associadas a cada alternativa disponível e, consequentemente, *(iv) interdisciplinar*, reconhecendo como útil à atuação do jurista, pelo menos como subsídio complementar, o ferramental teórico (e técnico) desenvolvido a partir de outras áreas do conhecimento, notadamente aquelas que também se dedicam a investigar quais os efeitos que os estímulos provocados, a partir da forma como se estruturam e do conteúdo que se atribui a sistemas normativos (como o Direito), provocam (ou pode se esperar que provoquem) nas condutas concretamente praticadas pelos seus destinatários (interdisciplinaridade).

Considerações finais

Para que a legislação ambiental brasileira possa atender adequadamente a tarefa que lhe foi atribuída pela Constituição Federal de 1988 (CRFB/88), é necessário o estabelecimento e a aplicação de instrumentos jurídicos que estejam voltados não apenas a algum elemento da natureza isoladamente considerado, mas que também sejam capazes de contemplar a tutela jurídica dos *serviços ambientais* responsáveis pelas condições necessárias à provisão, à regulação e ao suporte do equilíbrio ecológico em determinado local e, por conseguinte, da própria qualidade de vida para todos os que integram a presente e as futuras gerações.

É dentro desse contexto que este Livro se dedicou ao estudo do mecanismo conhecido na literatura especializada como Pagamento por Serviços Ambientais (PSA), definido neste trabalho como o *instrumento jurídico* que atua por meio da destinação de *(1)* pagamentos diretos, envolvendo recursos monetários ou outros meios, *(2)* realizados por beneficiário(s) de determinado(s) serviço(s) ambiental(is) ou por intermediário(s), *(3)* em favor de provedor(es) deste(s) serviço(s) ambiental(is), *(4)* em razão da efetiva adoção de prática(s) de uso e manejo do solo, previamente definida(s) e considerada(s) positivamente impactante(s) na disponibilidade e qualidade do(s) referido(s) serviço(s) ambiental(is).

Tendo em vista que o PSA não adota a estratégia predominantemente (quase exclusivamente) utilizada no sistema jurídico nacional (i.e., mecanismos repressivos, calcados na imposição de sanções negativas), pelo menos comparativamente a outros instrumentos jurídicos já contemplados na legislação ambiental, a doutrina tem dedicado pouca atenção a temas relacionados ao Pagamento por Serviços Ambientais. Foi por isso que, entre os diversos recortes metodológicos que seriam possíveis para o assunto, o presente trabalho se concentrou especificamente no aprofundamento da investigação em torno do cabimento e da utilidade do PSA como instrumento jurídico *no contexto da legislação ambiental brasileira*. Para tanto, no desenvolvimento do conteúdo deste Livro, buscou-se reunir subsídios quanto aos fundamentos teóricos, aos aspectos técnicos e a algumas experiências práticas de programas de Pagamento por Serviços Ambientais.

Dessa forma, o Capítulo 1 se propôs a uniformizar o entendimento utilizado ao longo do texto para algumas premissas gerais que norteiam qualquer instrumento jurídico inserido na legislação ambiental nacional, de modo a abarcar, inclusive, o PSA. Inicialmente, no que se refere às características *da relação jurídica entre o ser humano e o meio ambiente*, ficou assentado que o sistema constitucional brasileiro se aproxima do modelo que é teoricamente conhecido como *antropocentrismo alargado*, na medida em que o equilíbrio ecológico é juridicamente reconhecido como bem indispensável à dignidade da pessoa humana, sendo um direito desde logo assegurado também às futuras gerações (equidade intergeracional) e que não se restringe à tutela do meio ambiente como mero recurso produtivo destinado à satisfação imediata de preferências individuais (ao contrário, é considerado essencial à integralidade dos aspectos que propiciam a qualidade de vida para todos). Na sequência, no que diz respeito às *características jurídicas* do meio ambiente no ordenamento nacional, ficou consignada a adoção do *conceito amplo* (abrangendo a interação de aspectos naturais, artificiais e culturais), consubstanciando um bem jurídico *unitário* e *imaterial* (posto estar sempre mediatamente direcionado à tutela do equilíbrio ecológico), que apresenta *titularidade difusa* e é qualificado como *de uso comum do povo* (atuando paralela e concomitantemente ao exercício do direito de propriedade individual que incide sobre certo bem, de modo a condicionar o seu conteúdo), bem como assumindo a posição de *direito fundamental* (pois integra o núcleo essencial da dignidade da pessoa humana). Encerrando este Capítulo, foi abordado o *papel constitucionalmente atribuído ao Estado* no que se refere ao meio ambiente, despontando ser a noção de *desenvolvimento sustentável* o elemento norteador, inclusive, da legislação ambiental, no sentido de que todas as atividades a ela associadas (formulação, aplicação etc.) estão voltadas à busca de compatibilização das medidas destinadas à tutela jurídica do equilíbrio ecológico com os aspectos sociais (justiça), culturais (diversidade) e econômicos (viabilidade) que também estejam presentes diante de alguma situação concreta.

A partir dessa perspectiva, não se afigura inadequado concluir que o Pagamento por Serviços Ambientais não é um instrumento aprioristicamente incompatível com o tratamento constitucionalmente conferido ao meio ambiente como bem juridicamente protegido. Por estar voltado ao estímulo da adoção de condutas que podem impactar positivamente na provisão de serviços ambientais, o PSA visa à melhoria do *equilíbrio ecológico* (e, portanto, da qualidade de vida) não apenas num horizonte de curto prazo, estando voltado também a interesses das *futuras gerações*. De mais a mais, ainda que envolva a realização de pagamentos diretos (inclusive, monetários), os programas de PSA não representam necessariamente contradição com a natureza *difusa* e com a qualificação de *bem de uso comum do povo* que são juridicamente atribuídas ao meio ambiente. Isso porque tais pagamentos não representam a realização de um direito (individual) decorrente da condição de proprietário ou possuidor de determinado imóvel, mas apenas e tão somente se revelam como *uma das estratégias possíveis* que podem (ou não) ser utilizadas pela legislação como vetor de estímulo para a adoção de condutas que, diante de condições previamente definidas, o legislador ou o administrador público consideraram potencialmente benéficas para toda a (ou parcela da) coletividade. Além disso, uma vez adotadas as cautelas necessárias, a utilização de programas de PSA também pode se revelar uma ferramenta capaz de compatibilizar medidas de proteção ambiental à melhoria das condições sociais, culturais e econômicas dos destinatários dos incentivos que forem estabelecidos, convergindo para a noção de *desenvolvimento sustentável* (por exemplo, conferindo tratamento diferenciado a determinados segmentos mais fragilizados da população; proporcionando complementação de renda a seus participantes; estimulando a modificação de práticas produtivas que, além de ambientalmente inadequadas, também são economicamente ineficientes etc.).

Já o Capítulo 2 se dedicou a aprofundar a análise acerca dos *fundamentos teóricos* do PSA, sob diversas perspectivas. Assim, no que diz respeito à *Teoria do Direito*, o PSA foi identificado como um instrumento que representa a manifestação da *função promocional* do Direito (Ambiental), atuando por meio da previsão de *sanções jurídicas positivas* (pagamentos diretos), destinadas a *estimular* (tornando mais fáceis ou vantajosas) a adoção de condutas consideradas ambientalmente desejadas para a qualidade e disponibilidade de determinado serviço ambiental. Quando verificado à luz das *normas-princípios* que orientam e servem de base para a produção e aplicação (interpretação) da legislação ambiental, pontuou-se que o PSA encontra fundamento no *Princípio do Protetor Recebedor* (*PPR*), cujo núcleo central consiste no reconhecimento de determinadas *externalidades ambientais positivas* como situações juridicamente relevantes, tal como ocorre com a retribuição (pagamento direto), realizada no bojo de programas de PSA, àqueles que adotam as medidas pretendidas para a melhoria de certo serviço ambiental. De mais a mais, tendo em vista o conteúdo estabelecido pela CRFB/88, apurou-se que o PSA pode encontrar *fundamento constitucional* na regra inserida na parte final do *caput* do art. 225. Tal dispositivo consagra o *dever fundamental da coletividade* (como categoria jurídica própria e distinta dos indivíduos que a integram) de proteger e preservar o meio ambiente, atuando paralelamente ao direito fundamental voltado ao mesmo objetivo, de modo a viabilizar ao legislador a edição de diplomas legais que prevejam o compartilhamento, com toda a (ou parte da) coletividade beneficiada, dos custos e ônus associados à adoção de medidas ambientalmente desejadas em relação à provisão ou disponibilidade de certo serviço ambiental, justamente o que se pode verificar com os pagamentos diretos realizados em programas de PSA. Para além disso, no que se refere à sua implementação concreta, identificou-se que o PSA fundamenta-se como uma forma de atuação da chamada *Administração Fomentadora,* na qual o exercício da função estatal administrativa é realizado por meio de mecanismos de indução (e não de instrumentos cogentes, repressivos), sendo que os programas de PSA geralmente consubstanciam medidas de *fomento administrativo* na forma de *meios econômicos* (implicam acréscimo patrimonial para seu participante), que se materializam por meio de *vantagens de caráter real* (com a disponibilização de medidas de apoio, tornando mais fácil a conduta desejada) ou de *vantagens de caráter financeiro direto* (implicando o efetivo recebimento de recursos monetários).

No Capítulo 3 foram apresentados alguns dos principais *aspectos técnicos* relacionados ao PSA, de modo a indicar possibilidades e limitações que podem (devem) ser levadas em consideração notadamente nas etapas de discussão, elaboração e revisão da legislação que estrutura tais programas. Após indicar uma definição (técnica) de *serviços ambientais* e de discutir e propor um conceito (jurídico) para *Pagamento por Serviços Ambientais,* este Capítulo passou a tratar *(i)* dos *serviços ambientais* mais comumente envolvidos em programas de PSA (conservação da biodiversidade, proteção de bacias hidrográficas, sequestro e estocagem de carbono, beleza cênica), *(ii)* das *partes* que integram tais iniciativas (provedores, beneficiários e intermediários) e os aspectos destacados a eles relacionados (os formatos de interação, além dos critérios da condicionalidade e da adicionalidade, etc.), *(iii)* das modalidades de *pagamentos diretos* que usualmente são utilizadas, quanto à natureza (monetária ou não), momento (*ex ante* ou *ex post*), periodicidade (permanente, renovável, de transição), além da admissão ou não de sobreposição de pagamentos, *(iv)* de aspectos relacionados ao modelo de *seleção dos provedores* e de *definição dos montantes de pagamento* (subsídios gerais, subsídios pontuados, leilão inverso, negociação direta etc.), *(v)* além de alguns *cuidados* (escape, permanência, conflitos de proteção, incentivos perversos, custos de transação etc.) e de *críticas* (comoditização da natureza, ineficiência de resultados etc.) apontadas quanto à utilização de ferramentas de PSA.

Após a discussão desses elementos teóricos e técnicos, o Capítulo 4 iniciou com a descrição de aspectos destacados de algumas das experiências de PSA que são mais frequentemente mencionadas pela literatura especializada, de modo a visualizar resultados e dificuldades enfrentadas por iniciativas que já estão sendo desenvolvidas, tanto em outros países (França, EUA, Austrália, China e Costa Rica), como também no Brasil (nos âmbitos federal e estadual). No que se refere às experiências nacionais, diante da ausência de legislação de caráter geral, a descrição realizada também permitiu identificar os marcos legais que vêm servindo de base jurídica para os principais programas de PSA federais (Bolsa Verde e Produtor de Água), assim como alguns daqueles desenvolvidos nos Estados (Acre, Amazonas, Espírito Santo, Minas Gerais e São Paulo).

Por fim, no Epílogo, foram indicados outros aspectos complementares, inclusive oriundos das demais disciplinas jurídicas especializadas (direito tributário, administrativo, financeiro, internacional etc.), que também podem repercutir no estabelecimento do regime jurídico e na implementação de programas de PSA. Tendo em conta a amplitude das matérias envolvidas, a pretensão de esgotar completamente esses aspectos complementares não seria pertinente (nem viável). De todo modo, a identificação desses elementos revela que, para além das questões concernentes aos fundamentos teóricos e aos aspectos técnicos, há outros temas relacionados ao instrumento jurídico PSA para os quais a academia e os operados do Direito devem ser estimulados a debater e aprofundar a investigação e aplicação.

É nessa perspectiva que foi proposta uma reflexão meramente inicial (e, portanto, incompleta) sobre o papel do jurista (e da doutrina jurídica) quanto à modelagem da legislação ambiental, notadamente no que se refere ao(s) critério(s) para definir (escolher) entre a utilização de programas de PSA ou de outros instrumentos jurídicos (repressivos ou promocionais) de tutela do meio ambiente ou, ainda, das diversas possibilidades de combinação entre esses mecanismos. Nesse contexto, como reflexão inicial, apontou-se que, para a adequada estruturação e implementação de iniciativas de PSA (ou de outros instrumentos de tutela jurídica do meio ambiente), é necessário direcionar a pesquisa acadêmica (e a discussão legislativa) para os efeitos práticos (eficácia) que se possa esperar que ocorram com a inserção de determinada estratégia de proteção do meio ambiente na legislação. Isso implica a realização do esforço (acadêmico e prático) de superação de discussões acerca do conteúdo, elaboração ou revisão da legislação ambiental que se restrinjam apenas a aspectos de validade (formal) ou de justiça (moral) em termos meramente abstratos e subjetivos.

Para tanto, pode se revelar útil instigar a adoção de posturas (teóricas e práticas) mais pragmáticas diante de problemas envolvendo legislação ambiental, implicando a abertura para a pesquisa e o debate que *(i)* desconfie de concepções que se proponham a fornecer verdades apriorísticas e irrefutáveis (antifundacionalista), *(ii)* não desconsidere os impactos e a própria viabilidade das medidas propostas diante do contexto (ecológico, social, cultural, econômico etc.) para o qual se dirija (contextualismo), *(iii)* não perca de vista a importância das diferentes consequências concretas (potenciais ou efetivas) que podem decorrer do emprego dos variados instrumentos jurídicos à disposição da legislação (instrumentalismo) e *(iv)* que compreenda e aproveite a contribuição que o ferramental teórico (técnico) desenvolvido em outras áreas do conhecimento pode fornecer para a tarefa de elaboração ou revisão da legislação ambiental, notadamente daqueles ramos científicos que há mais tempo (e com maior profundidade) se dedicam a investigar como as pessoas reagem diante de sistemas de estímulos (por repressão ou incentivo), como é o caso do Direito.

Como palavra final, cabe, novamente, enfatizar que, mesmo diante da conclusão de que o Pagamento por Serviços Ambientais é um instrumento jurídico compatível com o (e útil ao) sistema jurídico nacional, isso em nada interfere ou contradiz a necessidade e o papel de primazia que a legislação ambiental confere aos tradicionais mecanismos repressivos que se destinam a prevenir ou a coibir ilícitos contra o meio ambiente. Ao que tudo indica, porém, a previsão legislativa e a implantação de iniciativas de PSA podem funcionar, uma vez adotadas as devidas cautelas, como uma estratégia jurídica complementar (e nem por isso menos importante) para a consecução dos objetivos pretendidos pela legislação ambiental.

Referências

ABBAGNANO, Nicola. **Dicionário de Filosofia.** 4. ed. Tradução coordenada por Alfredo Bosi. São Paulo: Martins Fontes, 2000.

ABBOUD, Georges; CARNIO, Henrique Gabrellini; OLIVEIRA, Rafael Tomaz de. **Introdução à Teoria e à Filosofia do Direito.** São Paulo: Revista dos Tribunais, 2013.

ACCIARRI, Hugo. **La relación de causalidad y las funciones del Derecho de danos: reparación, prevención, minimización de costos sociales.** Buenos Aires: Abeledo Perrot, 2009.

ACRE – Estado do Acre. **Sistema de Incentivo a Serviços Ambientais.** Disponível em www.ac.gov.br/wps/wcm/connect/.../publicação_lei_2308_ling_PT.pdf?..., acessado em 03 de dezembro de 2014.

AMARAL, Gustavo. **Direito, escassez e escolha.** Rio de Janeiro: Renovar, 2001.

ANA – Agência Nacional de Águas. **Chamamento Público n. 002/2014 – Seleção de propostas de projetos no âmbito do Programa Produtor de Água.** Disponível em http://produtordeagua.ana.gov.br/Portals/0/DocsDNN6/documentos/20140819_ChamamentoANA_n_002.pdf, acessado em 01 de dezembro de 2014.

______. **Manual Operativo do Programa Produtor de Água.** Brasília: ANA, 2012.

______. **Programa Produtor de Água.** Brasília, ANA, 2009.

ANDRADE, Daniel Caixeta; ROMEIRO, Ademar Ribeiro. **Serviços Ecossistêmicos e sua importância para o sistema econômico e o bem-estar humano.** Texto para discussão n. 155. Campinas: IE/UNICAMP, 2009.

ANGELO, Mary Jane. Embracing uncertainty, complexity, and change: an eco--pragmatic reinvention of a first-generation environmental law. *in:* **Ecology Law Quaterly**, vol. 33, 2006.

ANTUNES, Paulo de Bessa. **Direito Ambiental.** 11. ed. Rio de Janeiro: Lumen Juris, 2008.

ARAGÃO, Maria Alexandra de Souza. **O princípio do poluidor pagador:** pedra angular na política comunitária do ambiente. Coimbra: Coimbra Editora, 1997.

ARNOLD, Craig Anthony. Fourth-Generation Environmental Law: Integrationist and Multimodal. *in:* **William and Mary Environmental Law and Policy Review.** vol. 35, n. 3, 2011.

ASCENSÃO, José de Oliveira. **O Direito:** Introdução e teoria geral. 2. ed. Rio de Janeiro: Renovar, 2001.

BACHELET, Michel. **Ingerência Ecológica:** Direito Ambiental em questão. Lisboa: Instituto Piaget, 1995.

BACON, Francis. **Nova Atlântida.** Tradução de José Aluysio Reis de Andrade. São Paulo: Nova Cultural, 1999.

BACON, Michael. **Pragmatism: an introduction.** Cambridge: Polity, 2012.

BANDEIRA DE MELLO, Celso Antônio. **Curso de Direito Administrativo.** 25. ed. São Paulo: Malheiros, 2008.

______. A democracia e suas dificuldades contemporâneas. **Revista Diálogo Jurídico**, Salvador, CAJ - Centro de Atualização Jurídica, v. I, nº. 4, julho, 2001. Disponível em: http://www.direitopublico.com.br. Acesso em: 13 de novembro de 2014.

BARROSO, Luis Roberto. **Neoconstitucionalismo e constitucionalização do Direito:** o triunfo tardio do Direito Constitucional no Brasil. Disponível em http://www.direitodoestado.com/revista/RERE-9-MAR%-C7O-2007-LUIZ%20ROBERTO%20BARROSO.pdf Acessado em 03 de julho de 2012.

______. **O direito constitucional e a efetividade de suas normas:** limites e possibilidades da Constituição brasileira. Rio de Janeiro: Renovar, 1993.

BECHARA, Érika. **A proteção da fauna sob a ótica constitucional.** São Paulo: Juarez de Oliveira, 2003.

BECK, Ulrich. **Risk Society and the Provident State.** *In:* Risk, Environment & Modernity: towards a new ecology. Londres: Sage Publications, 1988.

BELL, Simon; MORSE, Stephen. **Sustainability Indicators:** measuring the immeasurable? 2. ed. Londres: Earthscan, 2008.

BENETI, Karen. Additionality: the next step for ecosystem service markets. *in:* **Duke Environmental Law and Policy Forum.** vol. 20. Durham (EUA): Duke University School of Law, 2010.

BENEVIDES FILHO, Maurício. **A sanção premial no Direito.** Brasília: Brasília Jurídica, 1999.

BENJAMIN, Antônio Herman. Payment for Ecosystem Services. *in:* **Potchefstroom Eletronic Law Journal/ Potchefstroomse Elektroniese Regsblad - PER/PLJ.** Vol. 16, n. 2, 2013. Disponível em http://dx.doi.org/10.4314/pelj.v16i2.1, acessado em 7 de maio de 2014.

_____. Constitucionalização do Ambiente e ecologização da Constituição brasileira. *in:* CANOTILHO, José Joaquim Gomes; LEITE, José Rubens Morato (org.). **Direito Constitucional Ambiental Brasileiro.** São Paulo: Saraiva, 2011.

_____. Responsabilidade civil pelo dano ambiental. *in:* NERY JR., Nelson; NERY, Rosa Maria de Andrade (org.). **Responsabilidade civil.** São Paulo: Revista dos Tribunais, 2010.

BIANCHI, Patrícia. **Eficácia das normas ambientais.** São Paulo: Saraiva, 2010.

BIELSA, Rafael. Derecho Administrativo: **El poder de poícia. Limitaciones impuestas a la propriedad privada en interés público. Administración fiscal.** Buenos Aires: Depalma, 1956.

BOBBIO, Norberto. **Direito e Poder.** São Paulo: Unesp, 2008. (a)

_____. **Teoria da norma jurídica.** Bauru, SP: Edipro, 2008. (b)

_____. **Da estrutura à função:** novos estudos de Teoria do Direito. Barueri, SP: Manole, 2007.

______. **O positivismo jurídico:** lições de filosofia do Direito. São Paulo: Ícone, 2006.

______. **A era dos direitos.** 10. ed. Rio de Janeiro: Campus, 1992.

BONAVIDES, Paulo. **Curso de Direito Constitucional.** 12. ed. São Paulo: Malheiros, 2002.

BOND, I.; MAYERS, J. **Fair deals for watershed services:** lessons from a multi-country action-learning project. Natural Resource Issues n. 13. Londres: IIED, 2010.

BRAGA NETTO, Felipe Peixoto. **Teoria dos ilícitos civis.** Belo Horizonte: Del Rey, 2003.

BRONZE, Fernando José. **Lições de Introdução ao Direito.** Coimbra: Coimbra Editora, 2002.

CALLICOTT, J. Baird. **Beyond the land ethic:** more essays in environmental philosophy. Albany (EUA): Sunny Press, 1999.

CAMPOS, Ana Luiza Garcia. Minas Gerais. *in:* LAVRATTI, Paula; TEJEIRO, Guilherme; STANTON, Marcia Silvia (org.). **Sistemas Estaduais de Pagamento por Serviços Ambientais – relatórios estaduais.** São Paulo: Instituto o Direito por um Planeta Verde, 2014.

CANOTILHO, José Joaquim. Estado Constitucional Ecológico e Democracia Sustentada. *in:* LEITE, José Rubens Morato. **Estado de Direito Ambiental:** tendências, aspectos constitucionais e diagnóstico. Rio de Janeiro: Forense Universitária, 2004.

______. O Direito Constitucional passa; o Direito Administrativo passa também. *in:* **Boletim da Faculdade de Direito da Universidade de Coimbra** – n. 61. Coimbra: Coimbra Editora, 2001.

______. **Direito Constitucional e Teoria da Constituição**. 3. ed. Coimbra: Almedina, 1999.

______. **Direito Público do Ambiente.** Coimbra: CEDOUA, 1995.

CANOTILHO, J. J. Gomes; MOREIRA, Vital. **Constituição da República Portuguesa anotada**. Coimbra: Coimbra, 1993.

CAO Shixiong; CHEN, Li; YU, Xinxiao. Impact of China's Grain for Green Project on the landscape of vulnerable arid and semi-arid agricultural regions: a case study in northern Shaanxi Province. *in:* MILNER-GULLAND, E. J. (ed.). **Journal of Applied Ecology.** n. 46. British Ecological Society, 2009.

CAPPELLI, Silvia (coord.). **Indicadores de aplicação e cumprimento da norma ambiental para ar, água e vegetação no Brasil.** Santiago: CEPAL/ ONU, 2007.

CAPRA, Fritjof. **Conexões Ocultas** – ciência para uma vida sustentável. (Tradução de Marcelo de Brandão Cipolla). 2. ed. São Paulo: Cultrix, 2002.

CARNEIRO, Ricardo. **Direito Ambiental:** uma abordagem econômica. Rio de Janeiro: Forense, 2003.

CARVALHO, Carlos Gomes de. **Introdução ao Direito Ambiental.** 3 ed. São Paulo: Letras & Letras, 2001.

CAVALCANTI, Clóvis. **Concepções da economia ecológica: suas relações com a economia dominante e a economia ambiental.** *Estud. av.* vol. 24, n. 68 [online]. 2010.

CAVSARTE – Committee on Assessing and Valuing the Services of Aquatic and Related Terrestrial Ecosystems (USA). **Valuing Ecosystem Services: toward Better Environmental Decision-Making.** Washington: The National Academies Press, 2004.

CECHIN, André; VEIGA. José Eli. O fundamento central da Economia Ecológica. *in:* MAY, Peter. (org.). **Economia do Meio Ambiente: teoria e prática.** 2. ed. Rio de Janeiro: Elsevier/Campos, 2010.

CIMC – Comitê Interministerial sobre Mudança do Clima. **Plano Nacional sobre Mudança do Clima: PMNC Brasil.** 2008. Disponível em http://www.mma.gov.br/estruturas/169/_arquivos/169_29092008073244.pdf., acessado em 15 de fevereiro de 2014.

CMADS – Comissão de Meio Ambiente e Desenvolvimento Sustentável da Câmara dos Deputados. **Pagamento por Serviços Ambientais.** Brasília: Câmara dos Deputados, 2009.

CNJ – Conselho Nacional de Justiça. CONSELHO NACIONAL DE JUSTIÇA. **Justiça em números: 2013.** Brasília: CNJ, 2013.

COELHO, Fábio Ulhoa. **Para entender Kelsen.** 3 ed. São Paulo: Max Limonad, 2000.

CONSTANZA, Roberto; D'ARGE, Ralph. The value of world's ecossystem services and natural capital. *in:* **Nature.** v. 387, 1997.

COOLEY, David; OLANDER, Lydia. Stacking Ecosystem Services Payments: risks and solutions. *in:* **Environmental Law Reporter.** vol. 42, n. 2. Washington: Environmental Law Institute, 2012.

COOTER, Robert; ULEN, Thomas. **Direito e Economia.** Porto Alegre: Bookman, 2010.

CORDERO, Doris; MORENO-DIÁZ, Alonso; KOSMUS, Marina. **Manual para el desarrollo de mecanismos de pago/compensación por servicios ambientales.** Quito: GTZ/Inwent, 2008.

COSTA RICA. **Ley Florestal.** 5 de fevereiro de 1996, disponível em www.cne.go.cr/cedo_dvd5/.../doc387-contenido.pdf, acessado em 16 de fevereiro de 2014.

CRUZ, Paulo Márcio; OLIVIERO, Maurizio. Reflexões sobre a crise financeira internacional e o Estado de Bem-Estar. *in:* CRUZ, Paulo Márcio (editor). **Novos Estudos Jurídicos.** vol. 18, n. 3, set-dez. Itajaí: Editora da Universidade do Vale do Itajaí, 2013.

DAILY, Gretchen; POLASKY, Stephen; GOLDSTEIN, Joshua; KAREIVA, Peter; MOONEY, Harold; PEJCHAR, Liba; RICKETTS, Taylor; SALZMAN, James; SHALLENBERGER, Robert. Ecosystem services in decision making: time to deliver. *in:* **Frontiers in Ecology and the Environment.** vol. 7, n. 1. Washington: ESA, 2009.

DAILY, Gretchen (ed.); *et alli.* **Nature's Services: Societal Dependence on Natural Systems.** Washington: Island Press, 1997.

DALLARI, Dalmo de Abreu. **Elementos de Teoria Geral do Estado.** 20 ed. São Paulo: Saraiva, 1998.

DELMANTO, Celso. **Sebastian Soler.** *in:* Revista dos Tribunais. vol. 549. São Paulo: Revista dos Tribunais, 1981.

DENG, L.; SHANGGUAN, Z. P.; LI, R. Effects of the grain-for- green program on soil erosion in China. *in:* **International Journal of Sediment Research.** n. 27. Elsevier, 2012.

DERANI, Cristiane. **Direito Ambiental Econômico.** 2. ed. São Paulo: Max Limonad, 2001.

DESCARTES, René. **Discurso do Método.** Tradução de Enrico Corvisieri. São Paulo: Nova Cultural, 1999.

DIAS, José Eduardo Figueiredo. Que estratégia para o Direito Ambiental norte-americano no século XXI: o "cacete" ou a "cenoura"? *In*: **Boletim da Faculdade de Direito de Coimbra.** Vol. LXXVII. Coimbra: Coimbra Editora, 2001.

_____. **Tutela ambiental e contenciosos administrativo:** da legitimidade processual e das suas consequências. Coimbra: Coimbra Editora, 1997.

DIEGUES, Antônio Carlos. **O mito da natureza moderna intocada.** 4 ed. São Paulo: NUPUB/USP, 2002.

DIMOULIS, Dimitri. **Positivismo jurídico:** introdução a uma teoria do direito e defesa do pragmatismo jurídico-político. São Paulo: Método, 2006.

DMAE – Departamento de Meio Ambiente do Município de Extrema (MG). **Conservador de Águas – 5 anos.** Disponível em extrema.mg.gov.br/conservadordasaguas/Livro-Conservador-20101.pdf, acessado em 02 de dezembro de 2014.

DOTTI, René Ariel. A incapacidade criminal da pessoa jurídica, *in*: PRADO, Luis Regis (coord.). **Responsabilidade penal da pessoa jurídica: Em defesa do princípio da imputação penal subjetiva.** São Paulo: Revista dos Tribunais, 2001.

DUNN, Helen. **Payments for Ecosystem Services.** DEFRA Evidence and Analysis Series, Paper n. 4. Londres: DEFRA, 2011.

EFING, Antônio Carlos. **Fundamentos do Direito Brasileiro das Relações de Consumo:** consumo, desenvolvimento e sustentabilidade. Curitiba: Juruá, 2012.

EISENBERG, José; POGREBINSCHI, Thamy. Pragmatismo, Direito e Política. *in:* **Revista Novos Estudos.** n. 62. São Paulo: CEBRAP, 2002.

EMBRAPA – Empresa Brasileira de Pesquisa Agropecuária. **Embrapa Milho e Sorgo. Sistemas de Produção.** 2. ed. [on line], 2006. Disponível em: http://sistemasdeproducao.cnptia.embrapa.br, acessado em 9 de fevereiro de 2014.

ENTERRÍA, Eduardo García; FERNANDÉZ, Tomás-Ramón. **Curso de Derecho Administrativo.** 4. ed. Madrid: Civitas, 1997.

EPA – Environmental Protection Agency (EUA). **New York City Watershed.** Disponível em http://www.epa.gov/region2/water/nycshed/, acessado em 20 de fevereiro de 2014.

FACCHI, Alessandra. **Diritto e recompense: riconstruzione storica di un'idea.** Torino: Giappichelli, 1994.

FAO – Food and Agriculture Organization of the United Nations. **Paying farmers for environmental services.** FAO Agriculture Series n. 38. Roma: FAO, 2007.

FARBER, Daniel. Pollution Markets and Social Equity: Analyzing the Fairness of Cap and Trade. *in:* **Ecology Law Quarterly.** vol. 39, n. 3. Berkley (EUA): University of California, 2012.

_____. **Eco-pragmatism.** Chicago: The University of Chicago Press, 1999.

FARGHER, Will. **Rural sector engagement in markets for managing natural resources: a scoping study.** Barton (Austrália): RIRDC, 2013.

FAS – Fundação Amazonas Sustentável. **Prestação de Contas.** Disponível em http://fas-amazonas.org/transparencia/, acessado em 10 de dezembro de 2014.

FERNANDEZ, Maria Elizabeth Moreira. **Direito ao Ambiente e Propriedade Privada:** aproximação ao estudo da estrutura e das consequências das "leis reserva" portadora dos vínculos ambientais. Coimbra: Coimbra, 2001.

FERRARO, Paul J. The future of payments for Environmental Services. *in:* BURGMAN, Mark A. (ed.). **Convervation Biology.** vol. 25, n. 6. Oxford: Wiley, 2011.

FERRAZ JR., Tércio Sampaio. **Introdução ao Estudo do Direito.** 4. ed. São Paulo: Atlas, 2003.

_____. O pensamento jurídico de Norberto Bobbio. Apresentação à edição brasileira de BOBBIO, Norberto. **Teoria do Ordenamento Jurídico**. 6.ed. Brasília: UNB, 1995.

FERRER, Gabriel Real. La construcción del Derecho Ambiental. *in:* CRUZ,

Paulo Márcio (editor). **Novos Estudos Jurídicos.** vol. 18, n. 3, set.-dez. Itajaí: Editora da Universidade do Vale do Itajaí, 2013.

FGV – Fundação Getúlio Vargas. **Marco Regulatório sobre Pagamento por Serviços Ambientais no Brasil.** Belém: FGV/IMAZON, 2012.

______. **Comissão Mundial sobre Meio Ambiente e Desenvolvimento:** Nosso Futuro Comum. 2. ed. Rio de Janeiro: Editora da FGV, 1991.

FIGUEROA, Eugenio. **Pago por servicios ambientales en áreas protegidas en América Latina.** Santiago: FAO/OAPN, 2009.

FONAFIO – Fondo Nacional de Financiamento Florestal (Costa Rica). **Servicios Ambientales: estadística PSA.** Disponível em http://www.fonafifo.go.cr/paginas_espanol/servicios_ambientales/sa_estadisticas.htm, acessado em 17 de fevereiro de 2014.

FOUREZ, Gérard. **A construção das ciências:** introdução à filosofia e à ética das ciências. Tradução de Luiz Paulo Rouanet. São Paulo: UNESP, 1995.

FRAGOSO, Heleno Cláudio. **Lições de Direito Penal.** Rio de Janeiro: Forense, 2006.

FREITAS, Vladimir passos de. FREITAS, Gilberto passos de. **Crimes contra a natureza** (de acordo com a Lei 9.605/98). 9. ed. São Paulo: Revista dos Tribunais, 2012.

______. **Crimes contra a natureza** (de acordo com a Lei 9.605/98). 8. ed. São Paulo: Revista dos Tribunais, 2006.

______. **A Constituição Federal e a efetividade das normas ambientais.** São Paulo: Revista dos Tribunais, 2005.

FURLAN, Anderson; FRACALOSSI, Willian. **Direito Ambiental.** Rio de Janeiro: Forense, 2010.

FURLAN, Melissa. **Mudanças Climáticas e valoração econômica da preservação ambiental. O pagamento por serviços ambientais e o princípio do protetor-recebedor.** Curitiba: Juruá, 2010.

GARRIDO FALLA, Fernando. **Tratado de Derecho Administrativo.** vol. II. 11. ed. Madri: Tecnos, 2002.

GAUVIN, Crystal; UCHIDA, Emi; ROZELLE, Scott; XU, Jintao; ZHAN, Jinyan. Cost-Effectiveness of Payments for Ecosystem Services with Dual Goals of Environment and Poverty Alleviation. *in:* **Environmental Management.** vol. 45. Cham (Suíça): Springer, 2013.

GICO JR., Ivo. Metodologia e Epistemologia da Análise Econômica do Direito. *in:* **Economic Anlysis of Law Review**. v. 1, n. 1, jan-jun de 2010.

GLEHN, Helena von; *et alli*. Projeto Mina d'água. *in:* PAGIOLA, Stefano; *et alli* (org.). **Experiências de Pagamento por Serviços Ambientais no Brasil.** São Paulo: SMA, 2012.

GLENCROSS, Andrew. **The politics of European integration: political union or a house divided.** West Sussex (Inglaterra): Wiley Blackwell, 2014.

GOBI, José. Pagos por Servicios Ambientales: ¿que són y cómo funcionan? *in:* LATERRA, Pedro; JOBBAGY, Esteban; PARUELO, José M. (ed.). **Valoración de servicios ecossistémicos: conceptos, herramientas y aplicaciones para el ordenamiento territorial.** Argentina: Instituto Nacional de Tecnologia Agropecuária, 2011.

GOLDBLATT, David. **Teoria Social e Ambiente.** Lisboa: Instituto Piaget, 1996.

GOMES, Carla Amado. O ambiente como objecto e os objectos do direito do ambiente. *in:* **Curso de Pós-Graduação em Ciências Jurídico-Administrativas da Faculdade de Direito de Lisboa**. Lisboa: 1999/2000. Disponível em <egov.ufsc.br/portal/sites/.../19332-19333-1-PB.pdf>. Acesso em 10 de agosto de 2013.

GOMÉZ-BAGGETHUM, Erik. Análisis crítico de los pagos por servicios ambientales: de la gestación teórica a la implementación. *in:* **Revista Española de Estudios Agrosociales y Pesqueros.** vol. 228, n. 1. Madri: Ministerio de Medio Ambiente y Medio Rural y Marino, 2011.

GOMÉZ-BAGGETHUM, Erik; GROOT, Rudolf de; LOMAS, Pedro L.; MONTES, Carlos. The history of ecosystem services in economic theory and practice: From early notions to markets and payment schemes. *in:* **Ecological Economics.** v. 69, n. 6. Elsevier, 2010.

GRAU, Eros Roberto. **Ensaio e discurso sobre a interpretação e aplicação do direito.** São Paulo: Malheiros, 2002.

______. **A ordem econômica na Constituição de 1988.** 6. ed. São Paulo: Malheiros, 2001.

GRECO, Rogério. **Curso de Direito Penal.** Niterói: Impetus, 2011.

GREIBER, Thomas (ed.). **Pagos por Servicios Ambientales. Marcos Jurídicos e Institucionales.** Gland (Suíça): UICN, 2010.

GRISI, Breno Machado. **Glossário de Ecologia e Ciências Ambientais.** 3. ed. João Pessoa: Editora da UFPB, 2007.

GROOT, Rudolf S. de; WILSON, Matthew A.; BOUMANS, Roelof M.J. A typology for the classification, description and valuation of ecosystem functions, goods and services. *in:* **Ecological Economics.** n. 41. Elsevier, 2002.

GUERRA FILHO, Willis Santiago. **Teoria da Ciência Jurídica.** São Paulo: Saraiva, 2001.

GUIMARÃES, José de Miranda. **Direito Natural:** visão metafísica e antropológica. Rio de Janeiro: Forense Universitária, 1991.

HEINEN, Juliano. Limitações administrativas e o conteúdo econômico da propriedade: uma "desapropriação" à brasileira. *in:* **Revista de Direito Administrativo.** v. 260, maio/ago. Rio de Janeiro, 2012.

HEINZERLING, Lisa. Pragmatism and Environmentalists. *in:* **Harvard Law Review**. vol. 113, 2000.

HERBERT, Tommie; VONADA, Rebecca; JENSKINS, Michael; BAYON, Ricardo; LEVYA, Juan Manuel. **Fondos ambientales e pagos por servicios ambientales.** Rio de Janeiro: RedLac, 2010.

HIROKAWA, Keith. Three Stories About Nature: Property, the Environment, and Ecosystem Services. *in:* **Mercer Law Review.** vol. 62. Macon (EUA): Walter F. George School of Law, Mercer University, 2011.

IBAMA – Instituto Brasileiro do Meio Ambiente e dos Recursos Naturais Renováveis. **Relatório de Pneumáticos (Resolução Conama n. 416/09): dados relativos a 2012.** Brasília: IBAMA, 2013. Disponível em https://servicos.ibama.gov.br, acessado em 16 de fevereiro de 2014.

IBGE – Instituto Brasileiro de Geografia e Estatística. **Perfil dos Municípios Brasileiros – 2012.** Rio de Janeiro: IBGE, 2013.

IEF – Instituto Estadual de Florestas (Minas Gerais). **Manual de Princípios, Critérios e Procedimentos para a implantação da Lei n. 17.727 de agosto de 2008.** Belo Horizonte: IEF, 2010.

IEMA – Instituto Estadual de Meio Ambiente e Recursos Hídricos (Espírito Santo). **Controle de Contratos PSA – Produtores de Água – 2009/2010.** Disponível em http://www.meioambiente.es.gov.br/download/PRODUTORES_CONTRATOS_2009_2010.PDF, acessado em 01 de dezembro de 2014.

JAMES, William. What pragmatism means. *in:* MENAND, Louis. **Pragmatism: a reader.** Nova Iorque: Vintage Books, 1948.

JAYACHANDRAN, Seema. Liquidity Constraints and Deforestation: The Limitations of Payments for Ecosystem Services. *in:* **American Economic Review Papers and Proceedings.** vol. 103, n. 3. Pittsburg: AER, 2013.

JHERING, Rudolf von. **A evolução do direito.** Lisboa: José Bastos Editores, 1963.

JINDAL, Rohit; KERR, John. Payments and Conditionality. **USAID PES Sourcebook: lessons and best practices for pro-poor payment for ecosystem services.** Blacksburg: Virginia Tech, 2007.

JUSTEN FILHO, Marçal. **Curso de Direito Administrativo.** São Paulo: Saraiva, 2005.

JUSTO, A. Santos. **Introdução ao Estudo do Direito.** Coimbra: Coimbra Editora, 2001.

KELLER, David R. **Deep Ecology.** *in:* CALICOTT, J. Baird; FRODEMAN, Robert (edit.). Encyclopedia of Environmental Ethics and Philosophy. EUA: Macmillan Reference, 2008.

KELSEN, Hans. **Teoria Pura do Direito.** São Paulo: Martins Fontes, 2000.

_____. **Teoria Pura do Direito.** São Paulo: Martins Fontes, 1987.

LALANDE, André. **Vocabulário técnico e crítico de Filosofia.** 3 ed. São Paulo: Martins Fontes, 1999.

LAVRATTI, Paula. **Sistemas Estaduais de Pagamento por Serviços Ambientais** – diagnóstico, lições aprendidas e desafios para a futura legislação. São Paulo: Instituto O Direito por um Planeta Verde, 2014.

LEAPE, James; HUMPHREY, Sarah. Towards a sustainable future. *in:* SCHELLNHUBE, Hans J.; *et alli* (ed.). **Global Sustainability:** a nobel cause. Cambridge: Cambridge University Press, 2010.

LEITE, José Rubens Morato. **Dano ambiental:** do individual ao coletivo extrapatrimonial. São Paulo: Revista dos Tribunais, 2000.

LEITE, José Rubens Morato; AYALA, Patrick de Araújo. **Direito ambiental na sociedade de risco.** Rio de Janeiro: Forense Universitária, 2004.

_____;_____. Novas tendências do Direito Ambiental no Brasil. *in:* WOLKMER, Antônio Carlos; LEITE, José Rubens Morato (Orgs.). **Os "novos" direitos no Brasil.** São Paulo: Saraiva, 2003.

LEUZINGER, Márcia. **Meio Ambiente:** propriedade e repartição constitucional de competências. Rio de Janeiro: Esplanada, 2002.

LIGHT, Andrew. Compatibilism in political ecology. *in:* LIGHT, Andrew; KATZ, Eric (edit.). **Environmental Pragmatism.** Nova Iorque: Routledge, 1996.

_____; KATZ, Eric. Introdução. *in:* LIGHT, Andrew; KATZ, Eric (edit.). **Environmental Pragmatism.** Nova Iorque: Routledge, 1996.

LINARES, Juan Francisco. **Derecho Administrativo.** Buenos Aires: Astrea, 1986.

LISBOA, Roberto Sinese. **Contratos difusos e coletivos**. 2 ed. São Paulo: Revista dos Tribunais, 2000.

LIU, Can; WU, Bin. **Grain for Green Programme in China: policy making and implementation?** Briefing Series, n. 60, 2010. China Policy Institute, The University of Nottingham, disponível em www.nottingham.ac.uk/cpi/documents/.../briefing-60-reforestation.pdf, acessado em 13 de fevereiro de 2014.

LOURENÇO, Daniel Braga. **Direito dos Animais:** fundamentos e novas perspectivas. Porto Alegre: Sérgio Antônio Fabris Editor, 2008.

LOSANO, Mario G. O pensamento de Norberto Bobbio, do positivismo jurídico à função do direito. *in:* BOBBIO, Norberto. **Da estrutura à função: novos estudos de Teoria do Direito.** Barueri, SP: Manole, 2007. (prefácio à edição brasileira).

LU, Qingshui; LIANG, Fuyuan; GAO, Zhiqiang; NING, Jicai. Influences of the Grain-for-Green project on grain security in southern China. *in:* **Ecological Indicators.** vol. 34. Elsevier, 2013.

LYRA, Marcos Mendes. Dano Ambiental. *in:* **Revista de Direito Ambiental** - Volume 8. São Paulo: Revista dos Tribunais, dezembro de 1997.

MacLEAN, Douglas. **Environmental ethics and future generation.** *in:* MINTEER, Ben A. (ed.). Nature in common? Environmental ethics and the contested foundations of environmental policy. Filadélfia (EUA): Temple University Press, 2009.

MACHADO, Paulo Afonso Leme. **Direito Ambiental Brasileiro.** 22. ed. São Paulo: Malheiros, 2014.

MAGALHÃES, Juraci Perez. **A evolução do direito ambiental no Brasil.** 2 ed. São Paulo: Juarez de Oliveira, 2002.

MAMED, Daniele de Ouro. Amazonas. *in:* LAVRATTI, Paula; TEJEIRO, Guilherme; STANTON, Marcia Silvia (org.). **Sistemas Estaduais de Pagamento por Serviços Ambientais - relatórios estaduais.** São Paulo: Instituto o Direito por um Planeta Verde, 2014.

MANCUSO, Rodolfo de Camargo. **Interesses difusos:** conceito e legitimação para agir. São Paulo: Revista dos Tribunais, 2011.

MAPA - Ministério da Agricultura, Pecuária e Abastecimento. **Plano setorial de mitigação e de adaptação às mudanças climáticas para a consolidação de uma economia de baixa emissão de carbono na agricultura: plano ABC (Agricultura de Baixa Emissão de Carbono).** Brasília: MAPA-ACS, 2012.

______. **O aquecimento global e a agricultura de baixa emissão de carbono.** Brasília: MAPA-EMBRAPA-FEBRAPDP, 2011.

MARÉS, Carlos Frederico. Desapropriação sanção por descumprimento da função social? *in:* **Revista de Direito Agrário.** ano 19, n. 18. Brasília: INCRA/MDA, 2006.

_____. O dano ambiental e sua reparação. *in:* **Revista de Direito da Associação dos Procuradores do Estado do Rio de Janeiro**, Rio de Janeiro, v. I, 1999.

MARINONI, Luiz Guilherme. **Técnica processual e tutela dos direitos.** São Paulo: Revista dos Tribunais, 2004.

_____. **Tutela inibitória.** 2. ed. São Paulo: Revista dos Tribunais, 2000.

MARSH, George. **Man and Nature.** Boston: Harvard University Press, 1965.

MATTOS, Luciano; ROMEIRO, Ademar Ribeiro; HERCOWITZ, Marcelo. Economia do Meio Ambiente. *in:* NOVION, Henry; VALLE, Raul do (org.). É pagando que se preserva? Subsídios para políticas de compensação por serviços ambientais. São Paulo: Instituto Socioambiental, 2009.

MAYER, Otto. **Derecho Administrativo Alemán: Parte Especial.** Tomo II. Buenos Aires: Depalma, 1950.

MÁYNES, Eduardo Garcia. **Introdución al estúdio del derecho**. México: Editorial Porrúa, 1956.

MAZZILLI, Hugo Nigro. **A defesa dos interesses difusos em juízo.** São Paulo: Saraiva, 2009.

McSHANE, Kate. Anthropocentrism vs. Nonanthropocentrism: why should we care? *in:* **Environmental Values.** n. 16. Ilha de Harris (Inglaterra): White Horse Press, 2007.

MEA – Millennium Ecosystem Assessment. **Ecosystem and human well-being: a framework for assessment.** Washington: Island Press, 2003.

MEDAUAR, Odete. **Direito Administrativo Moderno.** 6. ed. São Paulo: Revista dos Tribunais, 2002.

MEIRELLES, Hely Lopes. **Direito administrativo brasileiro.** 26. ed. São Paulo: Malheiros, 2000.

MELLO, Marcos Bernardes de. **Teoria do fato jurídico:** plano da existência. 12. ed. São Paulo: Saraiva, 2003. (a)

MELLO, Célia. **O fomento da Administração Pública.** Belo Horizonte: Del Rey, 2003. (b)

MILARÉ, Édis. **Direito do ambiente.** 2 ed. São Paulo: Revista dos Tribunais, 2001.

MINAE – Ministério del Ambiente y Energía (Costa Rica). **Decreto Executivo n. 37.666**, de 15 de abril de 2013, disponível em http://www.fonafifo.go.cr/paginas_espanol/servicios_ambientales/servicios_ambientales.htm, acessado em 14 de fevereiro de 2014.

MINTEER, Ben A. **Refounding environmental ethics: pragmatism, principle and practice.** Filadélfia (EUA): Temple University Press, 2012.

MJ – Ministério da Justiça. Eficácia das multas aplicadas em razão dos atos de fiscalização e exercício do poder de polícia ambiental. *in:* **Série Pensando Direito.** n. 49. Brasília: Ministério da Justiça, 2013.

MMA – Ministério do Meio Ambiente. **Relatório Bolsa Verde.** Disponível em http://www.mma.gov.br/desenvolvimento-rural/bolsa-verde/item/9141, acessado em 12 de novembro de 2014.

_____. **Declaração Final da Conferência das Nações Unidas sobre Desenvolvimento Sustentável: o Futuro que Queremos.** Disponível em: http://www.mma.gov.br/port/conama/processos/61AA3835/O-Futuro-que-queremos1.pdf. Acessado em 13 de janeiro de 2014.

_____. A Convenção sobre Diversidade Biológica. *in:* **Série Biodiversidade.** n. 1. Brasília: MMA, 2000.

MOA – **New York City Watershed Memorandum of Agreement**. 21 de janeiro de 1997. Disponível em http://www.nysefc.org/Default.aspx?TabID=76&fid=389, acessado em 11 de fevereiro de 2014.

MORAES, Germana de Oliveira; MARQUES JR., William Paiva. A construção do paradigma ecocêntrico no novo constitucionalismo democrático dos países da Unasul. *in:* SILVEIRA, Vladimir Oliveira da (coord.). **Revista de Direito Brasileira.** ano 3, vol. 5, maio-ago. Florianópolis: Conpedi, 2013.

MOREIRA NETO, Diogo Figueiredo de. **Curso de Direito Administrativo.** 13. ed. Rio de Janeiro: Forense, 2003.

MORIN, Edgar; KERN, Anne Brigitte. **Terra Pátria.** Porto Alegre: Sulina, 1995.

MORRINSON, Wayne. **Filosofia do Direito:** dos gregos aos pós-modernos. São Paulo: Martins Fontes, 2006.

MOTTA, Ronaldo Seroa da. Valoração e precificação dos recursos ambientais para uma economia verde. *in:* **Política Ambiental. Economia Verde: desafios e oportunidades.** n. 8. Belo Horizonte: Conservação Internacional, 2011.

MUKAI, Toshio. **Direito ambiental sistematizado.** 8. ed. Rio de Janeiro. Forense, 2012.

MURADIAN, R.; CORBERA, E.; PASCUAL, U.; KOSOY, N.; MAY, P. H. Reconciling theory and practice: An alternative conceptual framework for understanding payments for environmental services. *in:* **Ecological Economics.** vol. 69, n. 6. Elsevier: 2010.

MURDY, Willian H. Anthropocentrism: a modern view. *in:* ARMSTRONG, Susan; BOTZLER, Richard G. (coord.). **Environmental Ethics: Divergence & Convergence.** Nova Iorque (EUA): MacGraw-Hill, 2004.

NABAIS, José Casalta. **A face oculta dos direitos fundamentais**: os deveres e os custos dos direitos. *in:* **Revista de Direito Público e da Economia.** ano 5, n. 20. Belo Horizonte: Forum, out/dez 2007.

______. **O dever fundamental de pagar impostos:** contributo para a compreensão constitucional do estado fiscal contemporâneo. Coimbra: Almedina, 2004.

NADER, Paulo. **Filosofia do Direito.** 13. ed. Rio de Janeiro: Forense, 2003.

NAESS, Arne. **The Shallow and the Deep, Long-Range Ecology Movement: A Summary.** *in:* Inquiry: an Interdisciplinary Journal of Philosophy and the Social Sciences. n. 16. Abingdon (Inglaterra): Rouledge Journals, 1973.

NEGREIROS, Teresa. A dicotomia Público-Privado frente ao problema da colisão de princípios. *in:* TORRES, Ricardo Lobo (org.). **Teoria dos Direitos Fundamentais.** 2. ed. Rio de Janeiro: Renovar, 2001.

NEVES, Marcelo. **Entre Hidra e Hércules:** princípios e regras constitucionais. São Paulo: Martins Fontes, 2014.

NINO, Carlos Santiago. **Introdução à análise do Direito.** São Paulo: Martins Fontes, 2010.

NORTON, Bryan. Convergence and divergence: the convergence hipothesis twenty years later. *in:* MINTEER, Ben A. (editor). **Nature in common? Environmental ethics and the contested foundations of environmental policy.** Filadélfia (EUA): Temple University Press, 2009.

_____. Environmental ethics and weak anthropocentrism. *in:* LIGHT, Andrew; ROLSTON III, Holmes (editores). **Environmental Ethics: an anthology.** Oxford: Blackwell, 2003.

_____. Convergence and Contextualism: some Clarifications and a Reply to Steverson. *in:* **Environmental Ethics.** vol. 19, n. 1. Denton (EUA): Environmental Philosophy Inc., 1997.

_____. Why I am not a nonanthropocentrist: Callicott and the failure of monistic inherentism. *in:* **Environmental Ethics.** vol. 17. Denton (EUA): Environmental Philosophy Inc., 1995.

NUSDEO, Ana Maria de Oliveira. Pagamento por Serviços Ambientais: comentários sobre sua implantação no Brasil. *in:* MORATO LEITE, José Rubens; PERALTA, Carlos. **Perspectivas e desafios para a proteção da biodiversidade no Brasil e na Costa Rica.** Florianópolis: UFSC-GPDA, 2014.

_____. Pagamento por serviços ambientais. Do debate de política ambiental à implementação jurídica. *in:* LAVRATTI, Paula; TEJEIRO, Guillermo (org.). **Direito e Mudanças Climáticas: pagamento por serviços ambientais, fundamentos e principais aspectos jurídicos.** São Paulo: Instituto O Direito por um Planeta Verde, 2013.

_____. **Pagamento por Serviços Ambientais:** sustentabilidade e disciplina jurídica. São Paulo: Atlas, 2012.

NUSDEO, Fábio. **Curso de Economia Política:** introdução do Direito Econômico. 3. ed. São Paulo: Saraiva, 2001.

NYCDEP – New York City Department of Environmental Protection (EUA). **2011 Watershed Protection Program Summary and Assessment.** Março de 2011. Disponível em www.nyc.gov/.../fad51_wmp_2011_fad_assessment_report_03-11.pdf, acessado em 11 de fevereiro de 2014.

NYSDH – New York State Department of Health. **Implementation of New York City's Watershed Protection Program and Compliance with the**

2007 Filtration Avoidance Determination: Status Review of the First Five-Year Period. 30 de setembro de 2011. Disponível em http://www.epa.gov/r02earth/water/nycshed/documents/DOH-EPA_NYC_FAD_Compliance.pdf, acessado em 7 de fevereiro de 2014.

OECD – Organização para a Cooperação e Desenvolvimento Econômico. **Paying for Biodiversity: Enhancing the Cost-Effectiveness of Payments for Ecosystem Services.** Paris: OECD Publishing, 2010.

OST, François. **A natureza à margem da lei:** a Ecologia à prova do Direito. Tradução de Joana Chaves. Lisboa: Instituto Piaget, 1998.

PAGIOLA, Stefano; *et alli.* **Experiências do Brasil em Pagamentos por Serviços Ambientais.** São Paulo: SMA, 2012.

PARUELO, José M. Valoración de servicios ecosistémicos y planificación del uso del territorio ¿Es necesario hablar de dinero? *in:* LATERRA, Pedro; JOBBAGY, Esteban; PARUELO, José M. (ed.). **Valoración de servicios ecossistémicos: conceptos, herramientas y aplicaciones para el ordenamiento territorial.** Argentina: Instituto Nacional de Tecnologia Agropecuária, 2011.

PEIXOTO, Marcus. Pagamento por Serviços Ambientais – aspectos teóricos e proposições legislativas. *in:* **Textos para Discussão.** n. 105. Brasília: Senado Federal, 2011.

PELIZZOLI, Marcelo L. **Correntes da ética ambiental.** Petrópolis: Vozes, 2002.

PEPPER, David. **Socialismo ecológico:** da ecologia profunda à justiça social. Lisboa: Instituto Piaget, 2000.

PEREIRA, Osny Duarte. **Direito Florestal Brasileiro:** ensaio. Rio de Janeiro: Borsio, 1950.

PEREIRA DA SILVA, Vasco. **Verde cor de Direito:** lições de Direito do Ambiente. Coimbra: Almedina, 2002.

PERROT-MAÎTRE, D. **The Vittel payments for ecosystem services: a "perfect" PES case?** Londres: International Institute for Environment and Development, 2006.

PERSSON, Marthin; MOBERG, Jesper; OSTWALD, Madelene; XU, Jintao. The Chinese Grain for Green Programme: Assessing the carbon sequestered via land reform. *in:* **Journal of Environmental Management.** Elsevier, 2013.

PGANA - Procuradoria Geral da Agência Nacional de Águas. **Parecer PGE/AMC n. 352/07.** De 10 de outubro de 2007. Disponível em http://produtordeagua.ana.gov.br/Portals/0/DocsDNN6/documentos/Parecer%20PGE_AGU%20-%20Programa%20Produtor%20de%20%C3%81gua.pdf, acessado em 7 de outubro de 2014.

PIETRO, Maria Sylvia Zanella di. **Direito Administrativo.** 13. ed. São Paulo: Atlas, 2001.

PIVA, Rui Carvalho. **Bem Ambiental.** São Paulo: Max Limonad, 2000.

PLAZA, Charlene; SANTOS, Nivaldo. O mecanismo de pagamento por serviços ambientais e a discussão sobre a possível incidência do Imposto sobre Serviços de Qualquer Natureza - ISSQN. *in:* **Anais do XIX Encontro Nacional do Conpedi.** Realizado entre 9 e 12 de junho de 2010. Disponível em http://www.conpedi.org.br/manaus/arquivos/anais/fortaleza/3104.pdf, acessado em 05 de novembro de 2014.

POGREBINSCHI, Thamy. Será o Neopragmatismo Pragmatista? *in:* **Revista Novos Estudos.** n. 76. São Paulo: CEBRAP, 2006.

_____. **Pragmatismo:** teoria social e política. Rio de Janeiro: Relume Dumará, 2005.

POSNER, Richard. **A problemática da teoria moral e jurídica.** São Paulo: Martins Fontes, 2012.

_____. **Direito, Pragmatismo e Democracia.** Rio de Janeiro: Forense, 2010.

_____. **Para além do Direito.** São Paulo: Martins Fontes, 2009.

PONTES DE MIRANDA. Francisco C. **Tratado de Direito Privado:** parte geral. Tomo II. Campinas: Bookseller, 2000.

PORRAS, Ina; GRIEG-GAN, Maryanne; NEVES, Nanete. **All that glitters: A review of payments for watershed services in developing countries.**

Natural Resource Issues n. 11. Londres: International Institute for Environment and Development, 2008.

PORTANOVA, Rogério. Qual o papel do Estado no século XXI? Rumo ao Estado de Bem Estar Ambiental. *in:* LEITE, José Rubens Morato (organizador). **Inovações em Direito Ambiental.** Florianópolis: Fundação José Arthur Boiteux, 2000.

POZAS, Luis Jordana de. Ensayo de una teoria del fomento en el derecho administrativo. *in:* **Revista de Estudios Políticos.** v. 54. Madri: El Instituto, nov/dez 1949.

PRADO, Luís Regis. **Curso de Direito Penal Brasileiro**. vol. 3. 4. ed. São Paulo: Revista dos Tribunais, 2006.

RADBRUCH, Gustav. **Filosofia do Direito.** Coimbra: Coimbra Editora, 1997.

RAMOS, Elival da Silva. **Ativismo judicial:** parâmetros dogmáticos. São Paulo: Saraiva, 2010.

RANGEL, Paulo. **Concertação, Programação e Direito do Ambiente.** Coimbra: Coimbra Editora, 1994.

RÁO, Vicente. **O direito e a vida dos direitos.** 5. ed. São Paulo: Revista dos Tribunais, 1999.

REALE, Miguel. **Filosofia do Direito.** São Paulo: Saraiva, 2010.

_____. **Filosofia do Direito.** 20. ed. São Paulo: Saraiva, 2002.

_____. **Lições Preliminares de Direito.** 24 ed. São Paulo: Saraiva, 1998.

REALE JR., Miguel. **No país do BBB, Judiciário é instrumento de paz social.** Entrevista concedida ao *site* Consultor Jurídico em 12 de abril de 2009. Disponível em http://www.conjur.com.br/2009-abr-12/pais-bbb-judiciario--instrumento-harmonia-social Acessado em 10 de novembro de 2014.

REGAN, Tom. **A causa pelos direitos dos animais.** *in:* GORDILHO, Heron; et alli. Revista Brasileira de Direito Animal. vol. 8, n. 12, jan-abri. Salvador: Evolução, 2013.

_____. **The case for animal rights.** versão atualizada. Berkley (EUA): University of California Press, 2004.

REISEWITZ, Lúcia. **Direito Ambiental e patrimônio cultural.** São Paulo: Juarez de Oliveira, 2004.

RIBEIRO, Márcia C. P.; *et all.* **Teoria Geral dos Contratos:** contratos empresariais e análise econômica. São Paulo: Campus, 2009.

ROBBINS, Lionel. **An essay on the nature and significance of Economic Science.** Londres: Macmilian, 1945.

RODRIGUES, Marcelo Abelha. **Instituições de Direito Ambiental.** São Paulo: Max Limonad, 2002.

RODRIGUES, Vasco. **Análise Econômica do Direito:** uma introdução. Coimbra: Gráfica Coimbra, 2007.

ROLSTON III, Holmes. Respect for life: couting what Singer finds or not account. *in:* JAMIESON, Dale (coord.). **Singer and his critics.** Oxford (Inglaterra): Blackwell, 1999.

ROSS, Alf. **Direito e Justiça.** 2. ed. Bauru: Edipro, 2007.

RUHL, J. B., Is the Endangeder Species Act Eco-Pragmatic? *in:* **The Jurisdynamics of Environmental Protection: change and the pragmatic voice in Environmental Law.** Washington: Environmental Law Institute, 2003.

SAE – Secretaria de Assuntos Estratégicos. **REDD no Brasil: um enfoque amazônico.** Brasília: Centro de Gestão e Estudos Estratégicos, 2011.

SALAMA, Bruno. O que é pesquisa em direito e economia? *in:* **Cadernos DireitoGV.** v. 5, n. 2. São Paulo: FGV, 2008. (a)

_____. O que é Direito e Economia. *In:* TIMM, Luciano. **Direito e Economia.** Porto Alegre: Livraria do Advogado, 2008. (b)

SALGADO, Gisele. **Sanção na teoria do direito de Norberto Bobbio.** Curitiba: Juruá, 2010.

SALLES, Carlos Alberto de. **Execução Judicial em matéria ambiental.** São Paulo: Revista dos Tribunais, 1999.

SALZMAN, James. Teaching policy instrument choice in Environmental Law: the five P's. *in:* **Duke Environmental Law and Policy Forum.** vol. 23, n. 2. Durham (EUA): Duke Univerity School of Law, 2013.

______. What is the Emperor Wearing? The Secret Lives of Ecosystem Services. *in:* **Pace Law Reiview.** vol. 28, n. 2. White Plaines (EUA), 2011. ISSN: 0272-2410.

______. Designing Payments for Ecosystem Services. *in:* **PERC Policy Series.** n. 48. Bozeman (USA): PERC, 2010.

______. Um campo verde? O passado e o futuro dos serviços ecossistêmicos. *in:* SARLET, Ingo Wolfgang (org.). **Estado Socioambiental e Direitos Fundamentais.** Porto Alegre: Livraria do Advogado, 2010.

______. **A Policy Maker's Guide to Designing Payments for Ecosystem Services**. Asian Development Bank. 2009. Disponível em http://scholarship.law.duke.edu/faculty_scholarship/2081/, acessado em 19 de janeiro de 2014.

______. A field of green? The past and the future of ecosystem services. *in:* **Journal of Land Use & Environmental Law.** vol. 21, n. 2. Florida: FSU College of Law, 2006.

SALZMAN, James; RUHL, J. B. The Law and Policy beginnings of ecosystem services. *in:* Journal of Land Use & Environmental Law. vol. 22, n. 2. Florida: FSU College of Law, 2007.

SAMPAIO, Rômulo Silveira da Rocha. **Responsabilidade civil ambiental das instituições financeiras.** Rio de Janeiro: Elsevier, 2013.

______. **Direito Ambiental:** doutrina e casos práticos. Rio de Janeiro: Elsevier, 2012.

SANTOS, Boaventura de Sousa. **A crítica da razão indolente:** contra o desperdício da experiência. 2 ed. São Paulo: Cortez, 2000.

SANTOS, Devanir Garcia; MELO, Vivyanne Graça de; CARVALHO, Flávio Hermínio de. Programa Produtor de Água. *in:* PAGIOLA, Stefano; *et alli* (org.). **Experiências de Pagamento por Serviços Ambientais no Brasil.** São Paulo: SMA, 2012.

SANTOS, Rui Ferreira; VIVAN, Jorge Luiz. **Pagamento por Serviços Ecossistêmicos em perspectiva comparada: recomendações para tomada de decisão.** Brasília: Projeto Apoio aos Diálogos Setoriais UE-Brasil, 2012.

SANTANA, Heron José; *et alli.* **Habeas Corpus impetrado em favor da chimpanzé Suíça na 9ª Vara Criminal de Salvador (BA).** *in:* SANTANA, Heron José; SANTANA, Luciano Rocha. Revista Brasileira de Direito Animal. ano 1, n. 1, jun-dez. Salvador: Instituto do Abolicionismo Animal, 2006.

SARLET, Ingo Wolfgang; FENSTERSEIFER, Tiago. **Direito Constitucional Ambiental.** São Paulo: Revista dos Tribunais, 2011.

_____;_____. Estado socioambiental e mínimo existencial (ecológico?). *in:* SARLET, Ingo Wolfgang (org.). **Estado Socioambiental e Direitos Fundamentais.** Porto Alegre: Livraria do Advogado, 2010.

SARMENTO, Daniel. Os princípios constitucionais e a ponderação de bens. *in:* TORRES, Ricardo Lobo (org.). **Teoria dos Direito Fundamentais.** 2. ed. Rio de Janeiro: Renovar, 2001.

_____. **O Neoconstitucionalismo no Brasil: riscos e possibilidades.** Disponível em: http://www.google.com.br/url?sa=t&rct=j&q=daniel%20sarmento%20neoconstitucionalismo&source=web&cd=1&sqi=2&ved=-0CEkQFjAA&url=http%3A%2F%2Fdireitoesubjetividade.files.wordpress.com%2F2010%2F08%2Fdaniel-sarmento-o-neoconstitucionalismo-no-brasil1.doc&ei=lE4oUL3WEaut0AGTk4CYDg&usg=AFQjCNG7q_I5uMd_Y9H-feimBGxxr9F8SuQ, Acessado em 04 de maio de 2012.

SCHAPIRO, Sidney A.; SCHROEDER, Christofer H. Beyond Cost-Benefit Analysis: a pragmatic reorientation. *in:* **Harvard Environmental Law Review.** vol. 32, 2008.

SCHROEDER, Christopher H. Public Choice and Environmental Policy: A Review of the Literature. *in:* FARBER, Daniel A.; O'CONNELL, Anne Joseph (ed.). **Research Handbook on Public Choice and Public Law.** Northampton (EUA): Edward Elgar, 2010.

_____. Prophets, Priests and Pragmatists. *in:* **Minnesota Law Review.** vol. 87, 2003.

SCHWARZ, Henrique. Valoração do capital natural: económica, ecológica ou política? *in:* **Economia Global e Gestão.** vol. 17, n. 1 [online]. 2012.

SEEHUSEN, Susan Edda; PREM, Ingrid. Por que Pagamento por Serviços Ambientais? *in:* GUEDES, Fátima Becker; SEEHUSEN, Susan Edda (org.). **Paga-**

mentos por Serviços Ambientais na Mata Atlântica: lições aprendidas e desafios. 2. ed. Brasília: MMA, 2012.

SEIBEL, Erni. O declínio do *Welfare State* e a emergência do Estado Prisional: tempos de um novo puritanismo? *in:* SANTOS, Hermílio (organizador). **Civitas – Revista de Ciências Sociais.** vol. 5, n. 1. Porto Alegre: EdiPUCRS, 2005.

SENDIM, José de Souza Cunhal. **Responsabilidade civil por danos ecológicos:** da reparação do dano através da restauração natural. Coimbra: Coimbra, 1998.

SERRANO MORENO, José Luis. **Principios de Derecho Ambiental y Ecología Jurídica.** Mardid: Trotta, 2007.

______. **Ecología e Derecho:** principios de Derecho Ambiental e Ecología Jurídica. Granada: Comares, 1992.

SILVA, José Afonso da. **Direito Ambiental Constitucional.** São Paulo: Malheiros, 2003. (a)

______. **Aplicabilidade das normas constitucionais.** São Paulo: Revista dos Tribunais, 1998.

SILVA, Olmiro Ferreira da. **Direito Ambiental e Ecologia:** aspectos filosóficos contemporâneos. Barueri: Manole, 2003. (b)

SILVA, Tagore Trajano de Almeida. Teoria da Constituição: Direito Animal e Pós-humanismo. *in:* ARAÚJO, Fernando. **Revista do Instituto de Direito Brasileiro.** ano 2, n. 10. Lisboa: Faculdade de Direito de Lisboa, 2013.

SILVA-SANCHEZ, Solange. **Cidadania ambiental:** novos direitos no Brasil. 2. ed. São Paulo: Annablume, 2010.

SINGER, Peter. **Animal libertation.** Edição revista. Nova Iorque (EUA): Harper Collins, 2002a.

______. Ética prática. 3. ed. São Paulo: Martins Fontes, 2002.

SINGER, Peter. **Animal libertation.** Edição revista. Nova Iorque (EUA): Harper Collins, 2002a.

______. Ética prática. 3. ed. São Paulo: Martins Fontes, 2002.

SMA – Secretaria Estadual de Meio Ambiente (São Paulo). **Mina D'Água – O Projeto.** Disponível em http://www.ambiente.sp.gov.br/minadagua/o-projeto/, acessado em 4 de dezembro de 2014.

SMITH, M.; GROOT, D.; PERROT-MAÎTE, D.; BERGKAMP, G. **Pay – Establishing payments for watershed services.** Gland (Suíça): IUCN, 2008.

SMITH, S.; ROWCROFT, P.; EVERARD, M.; COULDRICK, L.; REED, M.; ROGERS, H.; QUICK, T.; EVES, C.; WHITE, C. **Payments for Ecosystem Services: A Best Practice Guide**. Londres: Defra, 2013.

SOARES, Cláudia Alexandra Dias. **O imposto ecológico** – contributo para o estudo dos instrumentos econômicos de defesa do ambiente. Coimbra: Coimbra Editora, 2001.

SOMMERVILLE, Mathew; JONES, Julia; MILNER-GULLAND, E. J. A revised conceptual framework for payments for environmental services. *in:* **Ecology and Society.** vol. 14, n. 2, 2009. Disponível em http://www.ecologyandsociety.org/vol14/iss2/art34/, acessado em 02 de fevereiro de 2014.

SOUZA, Motauri Ciocchetti de. **Interesses difusos em espécie.** São Paulo: Saraiva, 2000.

SPAROVEK, G.; et alli. **Considerações sobre o Código Florestal Brasileiro.** Projeto Agricultural Land Use and Expansion Model – AgLUE, Universidade de São Paulo (USP). Disponível em http://www.sosamazonia.org.br/site2/arq_sos/ publicacoes/OpCF_gs_010610_v4.pdf, acessado em 18 de junho de 2010.

STANTON, Marcia Silvia. Análise do Programa Estadual de Certificação de Unidades Produtivas Familiares do Acre/Brasil. *in:* LAVRATTI, Paula; TEJEIRO, Guilherme; STANTON, Marcia Silvia (org.). **Sistemas Estaduais de Pagamento por Serviços Ambientais – relatórios estaduais.** São Paulo: Instituto o Direito por um Planeta Verde, 2014.

STEVERSON, Brian K. Contextualism and Norton's convergence hypothesis. *in:* **Environmental Ethics.** vol. 17. Denton (EUA): Environmental Philosophy Inc., 1995.

STF – Supremo Tribunal Federal. **Recurso Extraordinário n. 548181/PR.** Acórdão publicado no Diário da Justiça (eletrônico) em 30/10/2014.

_____. **Ação Direta de Inconstitucionalidade n. 1856-RJ.** Rel. Min. Celso de Mello. Acórdão publicado no Diário da Justiça (eletrônico) em de 14/10/2010.

_____. **Agravo Regimental no Recurso Extraordinário n. 234010/RJ.** Acórdão publicado no Diário da Justiça em 23/08/2002.

STJ – Superior Tribunal de Justiça. **Recurso Especial n. 1374284/MG.** Acórdão publicado no Diário da Justiça (eletrônico) em 05/09/2014. (a)

_____. **Recurso Especial n. 1307938/GO.** Acórdão publicado no Diário da Justiça (eletrônico) em 16/09/2014. (b)

_____. **Recurso Especial n. 1354536/SE.** Acórdão publicado no Diário da Justiça (eletrônico) em 05/05/2014. (c)

_____. **Habeas Corpus n. 248073/MT.** Acórdão publicado no Diário da Justiça (eletrônico) em 10/04/2014. (c)

_____. **Recurso Especial n. 1198727/MG.** Acórdão publicado no Diário da Justiça (eletrônico) em 09/05/2013. (a)

_____. **Agravo Regimental no Recurso Especial n. 327687/SP.** Acórdão publicado no Diário da Justiça (eletrônico) em 6/08/2013. (b)

_____. **Habeas Corpus n. 187.842/RS.** Julgado em 17/09/2013. (c)

_____. **Menos que públicos, mais que privados:** os direitos transindividuais na jurisprudência do STJ. Publicado em 23 de dezembro de 2012. Disponível em: http://www.stj.jus.br/portal_stj/publicacao/engine.wsp?tmp.area=398&tmp.texto=108171, acessado em 17 de janeiro de 2013. (d)

_____. **Recurso Especial n. 1.334.097-RJ.** Acórdão publicado no Diário da Justiça (eletrônico) em 10/09/2013. (e)

_____. **Recurso Especial n. 1.367.923-RJ.** Acórdão publicado no Diário da Justiça (eletrônico) em 06 de setembro de 2013. (f)

_____. **Recurso Especial n. 1197654/MG.** Acórdão publicado no Diário da Justiça (eletrônico) em 08/03/2012.

_____. **Recurso Especial n. 771.619/PR.** Acórdão publicado no Diário da Justiça (eletrônico) em 11/02/09. (a)

_____. **Recurso Especial n. 650.728/SC.** Acórdão publicado no Diário da Justiça (eletrônico) em 02/12/2009. (b)

_____. **Recurso Especial n. 1120117/AC.** Acórdão publicado no Diário da Justiça (eletrônico) em 19/11/2009. (c)

_____. **Recurso Especial n. 96.344.** Acórdão publicado no Diário da Justiça de 07/12/ 2007. (a)

_____. **Habeas Corpus n. 200600286129.** Publicado no Diário da Justiça em 22/10/2007. (b)

STRECK, Lenio. Que maldição estaria por trás da interpretação do direito em Kelsen: *in:* **Consultor Jurídico.** Publicado em 13 de novembro de 2014, disponível em http://www.conjur.com.br/2014-nov-13/senso-incomum-maldicao-estaria-interpretacao-direito-kelsen, acessado em 13 de dezembro de 2014.

_____. **Verdade e Consenso:** Constituição, hermenêutica e teorias discursivas. São Paulo: Saraiva, 2012.

_____. As recepções teóricas inadequadas em *terrae brasilis. in:* **Revista de Direitos Fundamentais e Democracia.** vol. 10, n. 10, julho-dezembro de 2011. Disponível em http://revistaeletronicardfd.unibrasil.com.br/index.php/rdfd/article/viewFile/541/326. Acessado em 03 de agosto de 2012.

SUNDFELD, Carlos Ari. **Direito Administrativo Ordenador.** São Paulo: Malheiros, 1997.

TALAMINI, Eduardo. **Tutela relativa aos deveres de fazer e de não fazer.** São Paulo: Revista dos Tribunais, 2001.

TALLIS, H.; KAREIVA, P.; MARVIER, M.; CHANG, A. An ecosystem service framework to support both practical conservation and economic development. *in:* **Proceedings of the National Academy of Sciences.** vol. 105, n. 28. Washington: PNAS, 2008.

TALISSE, Robert; AIKIN, Scott. **Pragmatism: a guide for perplexed.** London: Continnum, 2008.

TCU – Tribunal de Contas da União. Arrecadação de multas administrativas. *In:* **Versão simplificada das contas do Governo da República – Exercício**

de 2009. Disponível em http://portal2.tcu.gov.br/portal/page/portal/TCU/comunidades/contas/contas_governo/contas_09/Textos/Ficha%204%20-%20Arrecadacao%20de%20Multas.pdf, acessado em 7 de dezembro de 2014.

TORRES, Ricardo Lobo. A cidadania multidimensional na era dos direitos. *in:* TORRES, Ricardo Lobo (org.). **Teoria dos Direito Fundamentais.** 2. ed. Rio de Janeiro: Renovar, 2001.

TOURAINE, Alain. **Crítica da modernidade.** Trad. de Elias Ferreira Edel. Petrópolis: Vozes, 1994.

TRF4 – Tribunal Regional Federal da 4ª Região. **Apelação Criminal n. 00100647820054047200.** Publicado no Diário da Justiça de 11/09/2012.

_____. **Apelação Criminal n. 200371000652070.** Publicado no Diário da Justiça de 02/12/2009.

UNEP – United Nations Environmental Programme. **Pagamento por Serviços Ambientais:** um manual sobre como iniciar. Nairobi: UNON, 2008.

USDA – United States Department of Agriculture (EUA). **Fact Sheet: Conservation Reserve Program.** Fevereiro de 2013. Disponível em: http://www.fsa.usda.gov/FSA/webapp?area=home&subject=copr&topic=crp, acessado em 19 de fevereiro de 2014.

_____. **Fact Sheet: Conservation Reserve Program Sign-Up 45 Environmental Benefits Index (EBI).** Fevereiro de 2013. Disponível em: http://www.fsa.usda.gov/FSA/webapp?area=home&subject=copr&topic=crp, acessado em 19 de fevereiro de 2014.

_____. **The Conservation Reserve Program: 45th Signup Results.** Washington: USDA, 2013.

_____. **Fact Sheet: Conservation Reserve Program Continuous Sign-Up.** Fevereiro de 2013. Disponível em: http://www.fsa.usda.gov/FSA/webapp?area=home&subject=copr&topic=crp, acessado em 19 de fevereiro de 2014.

VASCONCELOS, Arnaldo. **Teoria da norma jurídica.** 5. ed. São Paulo: Malheiros, 2002.

VATN, A. An institutional analysis of Payments for Environmental Services. *in:* **Ecological Economics.** v. 69, n. 6. Elsevier: 2010.

VEIGA NETO, Fernando César. **A Construção de Mercados de Serviços Ambientais e suas implicações para o desenvolvimento sustentável do Brasil.** Tese de Doutorado. Curso de Pós-graduação em Desenvolvimento, Agricultura e Sociedade – CPDA. Universidade Federal Rural do Rio de Janeiro. 2008.

VERENENGO, Roberto José. **Curso de Teoria General del Decrecho.** 2. ed. Buenos Aires: Cooperadora de Derecho e Ciencias Sociales, 1976.

VIANA, Virgílio; *et alli.* **Impactos do Programa Bolsa Floresta:** uma avaliação preliminar. Manaus: FAS, disponível em fas-amazonas.org/.../Cadernos-de-Sustentabilidade-1.V2.0-web1.pdf, acessado em 7 de novembro de 2014.

VIGLIZZO, Ernesto; CARREÑO, Lorena; VOLANTE, José; MOSCIARO, María. Valuación de bienes y servicios ecosistémicos: ¿Verdad objetiva o cuento de la buena pipa? *in:* LATERRA, Pedro; JOBBAGY, Esteban; PARUELO, José M. (ed.). **Valoración de servicios ecossistémicos: conceptos, herramientas y aplicaciones para el ordenamiento territorial.** Argentina: Instituto Nacional de Tecnologia Agropecuária, 2011.

WAAGE, Sissel. **Investing in the future: an assessment of private sector demand for engaging in Markets & Payments for Ecosystem Services.** PESAL Papers Series n. 2. Roma e Washington: FAO e Forest Trends, 2007.

WANG Jieyong; LIU, Yansuiand; Liu Zhigao. Spatio-Temporal Patterns of Cropland Conversion in Response to the "Grain for Green Project" in China's Loess Hilly Region of Yanchuan County. *in:* **Remote Sensing.** n. 5. Basel (Suíça): MDPI, 2013.

WATANABE, Kazuo; *et alli.* **Código de defesa do consumidor:** comentado pelos autores do anteprojeto. São Paulo: Forense Universitária, 1991.

WOLKMER, Antônio Carlos. Introdução aos fundamentos de uma teoria geral dos novos direitos. *in:* WOLKMER, Antônio Carlos; LEITE, José Rubens Morato (Orgs.). **Os "novos" direitos no Brasil.** São Paulo: Saraiva, 2003.

WUNDER, Sven; WERTZ-KANOUNNIKOFF, Sheila. Payments for Ecosystem Services: A New Way of Conserving Biodiversity in Forests. *in:* **Journal of Sustainable Forestry.** vol. 28. Taylor & Francis Group, 2009.

WUNDER, Sven. **Payments for Environmental Services:** some nuts and bolds. Jacarta: CIFOR, 2005.

YOSHIDA, Consuelo. A efetividade e a eficiência ambiental dos instrumentos econômico-financeiros e tributários. Ênfase na prevenção: a utilização econômica dos bens ambientais e suas implicações. *In:* TORRES, Heleno Taveira (org.). **Direito Tributário Ambiental.** São Paulo: Malheiros, 2005.

ZAFFARONI, Eugénio Raúl. **La natureza como persona: Pachamama y Gaia.** *in:* Bolivia: nueva Constituición Política del Estado: conceptos fundamentales para su desarrollo normativo. La Paz (Bolívia): Vicepresidencia del Estado Plurinacional, 2010.

ZHAO, Fazhu; XINHUI HAN, Gaihe Yang; FENG, Yongzhong; REN, Guangxin. Policy-guided nationwide ecological recovery: assessment of the Grain--to-Green Program of China. *in:* **Journal of Food, Agriculture and Environment.** vol. 11, n. 3 e 4. Helsinque: WFL, 2013.

ZHEN, Lin; ZHANG, Huiyuan. Payment for Ecosystem Services in China: an Overview. *in:* **Living Reviews in Landscape Research.** n. 5, v. 2, 2011 [on line], disponível em http://www.livingreviews.org/lrlr-2011-2, acessado em 23 de fevereiro de 2014.

ZOCKUN, Carolina Zancaner. **A intervenção do Estado no domínio social.** São Paulo: Malheiros, 2009.

Sobre o Livro

Formato: 15,24 x 22,86 cm

Tipologia: Crimson Text 11/14

1º Edição: 2019